BIBLIOTHÈQUE

SCIENTIFIQUE INTERNATIONALE

XI

BIBLIOTHÈQUE SCIENTIFIQUE INTERNATIONALE

Volumes in-8° reliés en toile anglaise. — Prix : 6 fr.

VOLUMES PARUS.

J. Tyndall. LES GLACIERS et les transformations de l'eau, suivis d'une étude de M. *Helmholtz* sur le même sujet, et de la réponse de M. Tyndall. Avec 8 planches tirées à part sur papier teinté et nombreuses figures dans le texte...................... 6 fr.

W. Bagehot. LOIS SCIENTIFIQUES DU DÉVELOPPEMENT DES NATIONS dans leurs rapports avec les principes de l'hérédité et de la sélection naturelle, 2e édition............................ 6 fr.

J. Marey. LA MACHINE ANIMALE, locomotion terrestre et aérienne. Avec 117 figures dans le texte.... .... 6 fr.

A. Bain. L'ESPRIT ET LE CORPS considérés au point de vue de leurs relations, suivis d'études sur les *Erreurs généralement repandues au sujet de l'esprit.* Avec figures......................... 6 fr.

J. A. Pettigrew. LA LOCOMOTION CHEZ LES ANIMAUX. Avec 130 figures dans le texte... 6 fr.

Herbert Spencer. INTRODUCTION A LA SCIENCE SOCIALE, 2e édit. 6 fr.

Oscard Schmidt. DESCENDANCE ET DARWINISME. Avec figures. 6 fr.

H. Maudsley. LE CRIME ET LA FOLIE....................... 6 fr.

P. J. Van Beneden. LES COMMENSAUX ET LES PARASITES dans le règne animal. Avec 83 figures dans le texte.............. 6 fr.

Balfour Stewart. LA CONSERVATION DE L'ÉNERGIE, suivie d'une étude sur LA NATURE DE LA FORCE, par *M. P. de Saint-Robert.* Avec figures.. 6 fr.

Draper. LES CONFLITS DE LA SCIENCE ET DE LA RELIGION...... 6 fr.

Léon Dumont. THÉORIE SCIENTIFIQUE DE LA SENSIBILITÉ. Plaisir et peine... 6 fr.

Schutzenberger. LES FERMENTATIONS. Avec nombreuses figures dans le texte. .... 6 fr.

Cooke et Berkeley. LES CHAMPIGNONS. Avec 110 figures dans le texte... 6 fr.

VOLUMES SUR LE POINT DE PARAITRE.

Vogel. LA PHOTOGRAPHIE ET LA CHIMIE DE LA LUMIÈRE, avec 100 figures.

Bernstein. LES ORGANES DES SENS.

Claude Bernard. HISTOIRE DES THÉORIES DE LA VIE.

Émile Alglave. LES PRINCIPFS DES CONSTITUTIONS POLITIQUES.

Luys. LE CERVEAU ET SES FONCTIONS, avec figures.

Friedel. LES FONCTIONS EN CHIMIE ORGANIQUE.

De Quatrefages. L'ESPÈCE HUMAINE.

A. Giard. L'EMBRYOGÉNIE GÉNÉRALE.

Berthelot. LA SYNTHÈSE CHIMIQUE.

COULOMMIERS. — Typographie A. MOUSSIN.

LES CONFLITS

DE LA SCIENCE

ET DE LA RELIGION

PAR

J. W. DRAPER

Professeur à l'université de New-York.

———————

PARIS

LIBRAIRIE GERMER BAILLIÈRE

17, RUE DE L'ÉCOLE-DE-MÉDECINE, 17

—

1875

PRÉFACE

Quiconque connaît la situation intellectuelle des classes éclairées en Europe et en Amérique, sait qu'elles s'éloignent chaque jour davantage des croyances religieuses établies, et que, si quelques hommes seulement accusent leur divergence, des masses considérables opèrent leur scission en silence et en secret.

Le mouvement est si fort, si irrésistible, qu'il ne saurait être arrêté par le mépris ni par la force. La dérision, l'injure, la contrainte, tout est impuissant contre lui, et le temps approche où devront se réaliser les effets politiques de la révolution religieuse.

Déjà, l'esprit ecclésiastique est banni des conseils des gouvernements ; déjà, l'ardeur militaire mise au service de la foi n'est plus qu'un souvenir, et les marbres qui parlent des chevaliers croisés, le garderont bientôt seuls dans les caveaux des églises.

Qu'une crise soit prochaine et menaçante, voilà ce que démontre assez l'attitude des grandes puissances envers la papauté. Celle-ci représente les idées et les aspirations des deux tiers environ de la population de l'Europe. Elle demande la suprématie politique comme étant le corollaire de sa mission divine, et le retour aux institutions du moyen âge, se déclarant irréconciliable avec la civilisation moderne.

L'antagonisme dont nous sommes témoins est la continuation d'une lutte qui a commencé le jour où le christianisme est devenu une puissance politique. Depuis ce moment, la Religion et la Science sont en présence. Une révélation divine exclue nécessairement la contradiction. Elle exclue le progrès des idées et tout ce qui émane de la spontanéité humaine. Mais nos opinions sur toutes choses sont susceptibles de changer et de s'éclairer par les découvertes de la science.

Peut-on s'exagérer l'importance d'un conflit dans lequel tout homme qui pense est forcé de prendre parti ? En une matière aussi grave que la religion, quiconque n'est pas aveuglé par ses intérêts temporels, désire ardemment rencontrer la vérité. Tout le monde s'enquiert des sujets du litige ; tout le monde veut entendre parler et voir agir les adversaires.

L'histoire de la Science n'est pas seulement l'histoire de ses découvertes. C'est encore celle du conflit existant entre ces deux puissances contraires : d'une part la force expansive de l'intelligence humaine ; d'autre part la compression exercée par la foi traditionnelle et par les intérêts humains.

Personne n'a encore traité le sujet, de ce point de vue. C'est pourtant de ce point de vue qu'il apparaît comme un événement actuel, et le plus important des événements.

Il y a quelques années encore, qu'il était réputé politique et sage de s'abstenir de toute allusion à cette controverse et, autant que possible, de la tenir dans l'ombre. La tranquillité publique est tellement liée à la stabilité des croyances religieuses, qu'on serait en effet inexcusable d'ébranler inconsidérément ces assises. Mais la foi est, de sa nature, immuable ; la science est, de sa nature, progressive, et il faut prévoir le cas où une divergence entre elles, impossible à cacher, viendrait à éclater. Il est donc du devoir de ceux dont la vie toute entière a été consacrée à l'étude de l'une et de l'autre, d'exposer leurs vues personnelles avec modestie, mais avec fermeté ; de comparer les raisons, calmément, impartialement, philosophiquement. L'histoire des peuples nous montre que, faute de ce travail préparatoire, la société serait exposée à de terribles et longs malheurs. Lorsque la vieille religion mythologique de l'Europe vint un jour à succomber sous le poids de son inanité, on ne se souvient pas que les empereurs ni les philosophes de Rome aient rien fait pour guider l'opinion de leurs contemporains. Ils ont abandonné les affaires religieuses au hasard des événements, et ces affaires sont tombées dans les mains d'eunuques, d'esclaves, et de prêtres ignorants ou furieux.

Les ténèbres intellectuelles qui se sont répandues alors sur l'Europe, commencent aujourd'hui à se dissiper. L'aurore d'un jour meilleur luit maintenant sur nous. La société invoque la lumière pour voir enfin la route qu'elle suit. Elle s'aperçoit clairement qu'elle vient de quitter la trace qu'elle suivait sur l'Océan, et qu'elle est partie sur une mer inconnue pour un autre voyage, à la conquête de la civilisation.

Quoique nul plus que moi, ne soit profondément pénétré de ces pensées, je n'aurais pas osé écrire ce livre s'il n'était le fruit de longues méditations. Je m'y suis vu encouragé par l'accueil fait à mon *Histoire du Développement Intellectuel de l'Europe*. Outre un grand nombre d'éditions faites en Amérique et en Angleterre, elle a été traduite en français, en allemand, en russe, en polonais, en serbe, etc., et a été reçue partout avec faveur.

En arrangeant les matériaux des volumes que j'ai publiés sous le titre d'*Histoire de la Guerre civile d'Amérique*, j'ai appris à comparer les termes opposés, à réconcilier les extrêmes. L'approbation que le peuple américain, témoin des événements, a donné à ce laborieux ouvrage, augmente encore ma confiance. J'ai aussi cultivé les sciences naturelles et publié, sur cette matière, de nombreux mémoires. Peut-être est-ce surtout dans cette étude, lorsqu'on y dévoue sa vie, qu'on acquiert le plus l'habitude et l'amour de l'impartialité. La science ne vit que du désir de connaître la vérité, de servir nos semblables, et quand nous lui avons consacré nos forces, nous goûtons, au soir de notre vie, le bonheur attaché aux utiles efforts.

Bien que j'aie donné tous mes soins à la composition de cet ouvrage, je sais combien l'exécution y est restée au-dessous du sujet. Il faudrait, pour le traiter d'une manière satisfaisante, posséder pleinement les sciences historiques, théologiques, politiques ; il faudrait que chaque page, dans un pareil livre, fût chargée de faits et débordante de vie.

Mais je me suis souvenu que nous n'en étions encore qu'aux premiers essais dans un ordre de travaux littéraires que les besoins du siècle vont faire naître, et que ceci n'était, pour ainsi dire, qu'une simple préface. Nous voici à la veille d'une grande révolution intellectuelle ; et les lectures frivoles sont près de faire place à une littérature austère et grave à laquelle les intérêts de l'Église en danger communiqueront la force et la passion.

Tout ce que je me suis proposé, c'est d'exposer d'une façon impartiale et claire les vues et les actes des deux partis en présence. Je me suis, en un sens, identifié avec eux afin de me pénétrer mieux de leurs raisons ; mais, en un sens plus large, je suis resté étranger au débat, afin de ne pas compromettre mon impartialité.

J'espère donc que ceux qui seraient portés à critiquer ce livre voudront bien se souvenir que je ne suis pas l'avocat, mais simplement le rapporteur des opinions. Dans chaque chapitre, j'ai suivi l'ordre suivant : d'abord, l'opinion orthodoxe ; ensuite l'opinion contraire.

En traitant ainsi le sujet, j'ai eu peu à faire intervenir les opinions mixtes dans le débat. Quelle que puisse être leur valeur, dans des conflits de cette nature, ce ne sont pas les partis modérés qu'il faut étudier, mais les partis extrêmes ; car ce sont eux qui préparent l'événement.

Par cette raison, j'ai peu de choses à dire des deux grandes confessions chrétiennes, protestante et grecque. La dernière surtout ne s'est jamais posée en adversaire de la science ; au contraire, elle l'a toujours bien accueillie, et a montré le respect de la vérité d'où qu'elle vienne. Toutes les fois que les découvertes de la Science lui ont paru venir à l'encontre des dogmes révélés, elle a silencieusement attendu que le temps lui apportât les explications satisfaisantes et conciliatrices qui lui ont rarement manqué. Heureux pour la civilisation moderne, si l'Eglise Romaine avait suivi cette sage conduite !

C'est donc de cette dernière Eglise que nous entendons parler, quand nous parlons du christianisme ; d'abord, parce que ses adhérents composent la majeure partie des chrétiens ; ensuite, parce que c'est elle qui porte le plus loin ses exigences, et enfin, parce qu'elle a cherché à les faire triompher par l'appui du pouvoir civil. Aucune Eglise

Protestante n'a jamais occupé une position si haute, ni joui d'une influence politique aussi étendue. Presque toujours, au contraire, ces églises ont repoussé le principe de la contrainte et, à peu d'exceptions près, leurs querelles n'ont pas dépassé le *theologicum odium*.

Quant à la Science, elle n'a jamais eu la pensée de faire alliance avec le pouvoir civil. Elle n'a point cherché à semer la haine entre les hommes, ni à ravager la société. Elle n'a fait souffrir à personne la torture morale ou physique, encore moins la mort, pour la défense de ses idées. Elle est pure de cruautés et de crimes ; tandis qu'au Vatican, nous n'avons qu'à nommer l'Inquisition. — Les mains qui s'élèvent vers le Dieu de miséricorde, sont encore rouges de sang !

Il existe deux manières d'écrire l'histoire, la manière artistique et la manière scientifique. La première, part de cette supposition que les hommes font les événements ; en conquence, elle prend un personnage éminent, le peint sous des couleurs fantastiques, et le travestit en héros de roman. La seconde, au contraire, tient que les choses humaines sont un enchaînement dans lequel un fait sort nécessairement d'un fait et produit, non moins nécessairement, un autre fait ; de sorte que les hommes ne font point les événements, mais que ce sont les événements qui font les hommes. La première, donne naissance à des compositions fort agréables, mais qui, par le fond, ne s'élèvent guère au-dessus du roman. La seconde, est austère, souvent même déplaisante, car elle nous fait sentir que nous vivons sous l'empire de la loi et que nous ne pouvons nous y soustraire. Dans un sujet aussi grave que celui auquel est consacré cet ouvrage, il va sans dire que l'on ne saurait adopter la manière romanesque et populaire. L'auteur doit avoir les yeux sans cesse fixés sur cette chaîne des effets et des causes qui est l'histoire toute entière. Il doit les détourner avec dédain de ces fantômes de pontifes, d'hommes d'état et de rois, qui sont autant d'impostures.

S'il fallait nous convaincre de la fausseté de la méthode artistique en matière d'histoire, il nous suffirait de consulter notre expérience personnelle. Combien souvent nos amis les plus intimes se méprennent sur les vrais motifs de nos actions ! S'il en est ainsi, pour ce qui se passe sous nos yeux, comment pourrions-nous pénétrer dans les sentiments et la

pensée d'hommes qui vivaient dans un autre milieu que le
nôtre et que nous n'avons jamais connus.

Je me suis guidé pour l'ordre des matières, en partie sur
la Confession de Foi du dernier concile du Vatican, en partie
sur la marche des événements historiques. Le lecteur remarquera, non sans intérêt, que les points en litige se présentent à nous exactement comme ils se présentaient aux vieux
philosophes de la Grèce. Nous en sommes toujours aux
mêmes questions. Qu'est-ce que Dieu? Qu'est-ce que l'âme?
Qu'est-ce que le monde? Y a-t-il un critérium de la vérité?
Et le lecteur réfléchi demande : Nos solutions de ces problèmes valent-elles mieux que les leurs?

Voici donc, l'ordre suivi dans cet ouvrage :

J'appelle d'abord l'attention sur l'origine de la science
moderne que je distingue de l'ancienne, comme partant de
l'expérience et de la certitude, au lieu de la pensée pure, et
je montre qu'elle est sortie des conquêtes macédoniennes
qui ont fondé l'Europe et l'Asie. Je fais, à l'appui, un court
récit de ces conquêtes et une description sommaire du Muséum d'Alexandrie.

Je rappelle ensuite l'origine bien connue du christianisme
et je le montre s'avançant graduellement vers le pouvoir impérial ; puis, s'incorporant avec la religion de l'Empire Romain, et se transformant en se mêlant au paganisme. C'est
à ce moment, que, comprenant clairement ses incompatibi-
lités avec la libre pensée, il supprime les écoles d'Alexandrie.
Il s'y voyait contraint par les nécessités de sa nouvelle position politique.

La situation des partis ainsi établie, je raconte l'histoire
de leur première lutte, la première Réforme ou Réforme du
midi. La dispute portait sur la nature de Dieu. Elle comprend
l'apparition du mahométisme. Son résultat fut la sécession
d'une grande partie de l'Asie, de l'Afrique, des villes historiques de Jérusalem, d'Alexandrie, de Carthage, et l'établissement du dogme de l'unité de Dieu dans plus de la moitié
des pays qui avaient formé l'Empire Romain.

Cet événement politique fut suivi de la renaissance des
sciences, du rétablissement des collèges, des écoles, des bibliothèques dans toutes les provinces soumises à la domination arabe. Ces conquérants, dont le développement intellectuel fut rapide, rejetèrent l'idée anthropomorphique de la

nature de Dieu restée dans leur croyance populaire, pour en admettre une plus philosophique et plus semblable à celle qui s'était produite dans l'Inde. Ceci donna lieu à une nouvelle lutte touchant la nature de l'âme. Sous le nom d'Averroïsme, on vit paraître les théories de l'Emanation et de l'Absorption vers la fin du moyen âge. L'Inquisition parvint à chasser ces doctrines de l'Europe, et aujourd'hui, le concile du Vatican les a formellement et solennellement anathématisées.

Pendant ce temps, l'étude de l'astronomie, de la géographie et d'autres sciences avaient appris à connaître la position de la terre, sa forme et ses rapports avec le système général du monde. La religion qui reposait sur l'interprétation des Écritures, voulait, elle, que notre globe fût le centre et la plus importante partie de l'Univers. Un conflit éclata, dans lequel Galilée combattit pour la science ; l'Église fut vaincue. Suivit une controverse sur l'âge de la terre supposée jusque-là n'avoir que six mille ans d'existence ; l'Eglise fut encore vaincue.

La lumière de l'histoire et de la science s'était graduellement répandue sur l'Europe. Au sixième siècle le prestige du christianisme romain était fort amoindri par les échecs intellectuels qu'il avait subis et aussi par sa situation morale et politique. Bien des gens pieux comprenaient que la Religion n'était pas responsable de la fausse situation dans laquelle on l'avait mise et que son ancienne alliance avec le paganisme de l'Empire était la cause réelle de ce malheur ; évidemment, le seul remède était le retour vers ses origines, vers sa pureté primitive. C'est ainsi que naquit le quatrième conflit connu sous le nom de Réforme. La seconde Réforme ou Réforme du Nord. — La forme particulière de celui-ci fut un débat sur le critérium de la vérité, les uns voulant qu'il fût dans l'Eglise et les autres dans la Bible. Cette question emportait celle des droits de la raison humaine et de la liberté intellectuelle de l'homme. Luther, qui se trouve au premier plan dans la bataille, demeura vainqueur et, quand la lutte fut terminée, tout le Nord de l'Europe était perdu pour le christianisme romain.

Nous sommes arrivés de nos jours au cinquième conflit. Il s'agit de savoir qui préside au gouvernement du monde. Est-ce une intervention divine incessante ? Est-ce une immuable et primordiale loi ? Le mouvement intellectuel dans la chrétienté a atteint le point juste auquel il était arrivé chez les arabes au dixième et au onzième siècle, et les doctrines qu'ils discutaient alors, se présentent de nouveau à notre examen ; telles sont celles de l'Évolution, de la Création et du Développement.

En les présentant sous ces trois noms généraux, je pense que l'on peut embrasser tous les points de notre grande controverse. Groupés sous ces trois désignations sommaires, et traités en trois chapitres distincts, nous les verrons dans leurs rapports entre eux et lés suivrons dans leur ordre chronologique.

J'ai eu soin d'observer cet ordre autant que je l'ai pu et j'ai ajouté des chapitres sur :

Ce qu'a fait le Christianisme latin ou catholicisme pour la civilisation moderne.

Ce qu'a fait la Science pour cette même civilisation.

L'attitude prise par l'Eglise Romaine dans le présent conflit, attitude définie par le dernier concile du Vatican.

L'attention des chercheurs de vérité a été tellement absorbée par le détail des controverses particulières, que la lutte séculaire à l'histoire de laquelle ces pages sont consacrées est généralement peu connue. Je me suis efforcé d'être toujours impartial, de ne parler qu'avec respect des partis en présence, mais d'être toujours fidèle à la vérité. Je présente donc mon livre, avec confiance, à l'examen des lecteurs réfléchis.

JOHN WILLIAM DRAPER.

LES CONFLITS
DE LA SCIENCE
ET DE LA RELIGION

CHAPITRE PREMIER

Situation religieuse des Grecs au quatrième siècle avant Jésus-Christ. — Leurs
invasions en Perse. les mettent en contact avec de nouveaux aspects de la
nature et avec de nouveaux systèmes religieux. — L'activité militaire, in-
dustrielle et scientifique imprimée par les campagnes macédoniennes, donne
naissance à l'établissement du Muséum d'Alexandrie institué pour l'étude des
sciences au moyen de l'expérience, de l'observation et du raisonnement exact.
— Il est le berceau de la science.

Il n'existe pas dans le monde un spectacle plus triste, plus
solennel que celui d'une vieille religion qui se meurt après avoir
été pendant des siècles la consolation des hommes.

Quatre cents ans avant la naissance de Jésus-Christ, la Grèce
commençait à prendre rapidement l'avance sur son ancienne
théologie. Ses philosophes, qui avaient étudié la nature, étaient
déjà profondément frappés du contraste entre la majesté de ses
opérations et la misère des dieux de l'Olympe. Ses historiens, qui
avaient contemplé le cours régulier des affaires humaines, la per-
manence de l'action de l'homme, et qui voyaient qu'aucun événement ne se produisait sous leurs yeux sans qu'il ne fût aisé d'en
découvrir la cause dans quelque événement antérieur, avaient
commencé à soupçonner que les miracles et les interventions
célestes qui remplissaient les vieilles annales pouvaient bien
n'être que des fictions. Ils demandaient pourquoi les oracles
étaient devenus muets, les prodiges avaient cessé, et quand l'ère
du surnaturel avait été close.

Des traditions d'une antiquité immémoriale, acceptées jadis par les gens pieux comme des vérités incontestables, avaient peuplé les îles de la Méditerranée et les pays limitrophes, de merveilles surnaturelles : — Enchanteresses, sorciers, géants, ogres, harpies, gorgones, centaures, cyclopes. La voûte azurée était le ciel. Là, Zeus, entouré des dieux inférieurs avec leurs femmes et leurs maîtresses, tenait sa cour, occupé d'affaires semblables à celles des hommes et livré, comme eux, à la passion et au crime.

Des côtes accidentées, un archipel formé par les îles les plus délicieuses qu'il y ait au monde, inspirèrent aux Grecs le goût de la vie maritime, des découvertes géographiques et de la colonisation. Leurs vaisseaux parcoururent la mer Noire et la Méditerranée. Les merveilles auxquelles on croyait depuis des siècles et qui étaient inscrites dans la religion de l'état, furent reconnues ne point exister. On apprit à connaitre la nature ; on comprit que la voûte azurée était un effet d'optique ; qu'il n'y avait point d'Olympe sur nos têtes, mais seulement l'espace et les étoiles. Quand les dieux n'eurent plus de demeure, ils s'évanouirent, aussi bien ceux du type ionien d'Homère, que ceux du type dorique d'Hésiode.

Toutefois cela n'eut pas lieu sans résistance. D'abord, le peuple, et en particulier la partie pieuse du peuple, signala les doutes qui s'élevaient comme une invasion de l'athéisme. Les coupables furent privés de leurs biens, exilés, mis à mort. Le public demeura convaincu que des choses qui avaient été crues par les esprits religieux de temps immémorial et qui avaient résisté à l'épreuve des siècles ne pouvaient être que vraies. Puis, quand la preuve du contraire devint irréfragable, on se contenta d'admettre que ces merveilles étaient des allégories sous lesquelles la sagesse des anciens avait caché des vérités sacrées et mystérieuses. On essaya de réconcilier les dogmes, qu'on craignait maintenant n'être autre chose que des mythes, avec le progrès intellectuel. Mais les efforts furent vains ; car il y a des phases nécessaires par lesquelles l'opinion publique doit fatalement passer en pareil cas. D'abord le doute se substitue à la vénération : puis, viennent les interprétations nouvelles ; puis, on tombe dans la dissidence ; puis, enfin, on rejette comme de pures fables tout l'ensemble des vieilles croyances.

Les historiens et les philosophes furent suivis par les poëtes. Euripide encourut le reproche d'hérésie. Eschyle fut sur le point d'être lapidé pour blasphème. Mais les frénétiques efforts de ceux qui sont intéressés à défendre l'erreur finissent toujours par être vaincus. La démoralisation s'étendit d'une façon irrésistible dans toutes les branches de la littérature et finit par gagner les couches populaires elles-mêmes.

La critique philosophique s'était jointe en Grèce à la critique scientifique pour renverser la religion nationale. Elle soutint de ses arguments l'incrédulité qui se répandait. Elle compara les doctrines des différentes écoles, et fit voir par leurs contradictions, que l'homme ne possède pas un critérium de la vérité ; que, du moment que ses notions du bien et du mal varient avec les temps et les lieux, c'est qu'elles ne sont point fondées sur la nature des choses, mais créées par l'éducation ; que le bon et le mauvais sont deux fictions, que la société fait servir à son but. A Athènes, les classes éclairées en étaient arrivées, non-seulement à nier le surnaturel et tout ce qui ne tombait pas sous les sens, mais à penser que le monde pourrait bien être un rêve, un fantôme, et à douter de la réalité de toutes choses.

La configuration topographique de la Grèce, déterminait la forme de sa constitution politique. Elle était partagée en communautés distinctes, divisées d'intérêts et impropres à la centralisation. Des guerres continuelles entre les états mettaient obstacle au progrès. Elle était pauvre et ses chefs étaient corrompus. Ils étaient toujours prêts à trahir, pour l'or de la Perse, les intérêts de leur pays. Accessibles à l'idée du beau plastique, ainsi que nous le montrent assez leur architecture et leur statuaire, plus que peuple ne l'avait jamais été et ne le fut jamais depuis eux, les Grecs avaient perdu, dans les choses morales, le discernement du vrai et du bien.

Tandis que les Grecs d'Europe, pleins des idées de liberté et d'indépendance, repoussaient la souveraineté de la Perse, les Grecs d'Asie l'accueillaient sans répugnance. A cette époque, l'empire persan égalait en étendue la moitié de l'Europe moderne. Il confinait à la Méditerranée, à la mer Noire, à la mer Egée, à la mer Caspienne, à la mer des Indes, à la mer Rouge. Six des plus grands fleuves qu'il y ait dans le monde, l'Euphrate, le Tigre, l'Indus, l'Oxus, le Jaxartes, le Nil, ayant chacun un parcours de plus de mille milles, sillonnaient son territoire. Une partie de sa surface descendait à treize cents pieds au-dessous du niveau de la mer et une autre s'élevait à vingt mille pieds au-dessus. Son sol était donc apte à tous les genres de culture. Ses richesses minérales étaient sans bornes. De plus, il avait hérité du prestige des vieux empires médique, babylonien, assyrien et chaldéen, dont les annales remplissaient vingt siècles écoulés.

La Perse avait toujours regardé la Grèce d'Europe comme un pays de peu d'importance au point de vue politique. A peine avait-elle l'étendue de la moitié d'une satrapie. Cependant les expéditions qu'elle avait entreprises pour la réduire en servitude, lui avaient montré les qualités militaires de ses habitants. Aussi, elle incorpora dans l'armée persane des mercenaires grecs et ceux-ci étaient considérés comme ses meilleurs soldats. Quelquefois, elle n'hésita pas à donner le commandement de ses armées à des généraux grecs, de ses flottes à des capitaines grecs. Les résultats de cette faute furent considérables. Les mercenaires étrangers jetèrent un œil pénétrant sur la situation de l'empire. Ils se rendirent compte de sa faiblesse réelle et virent que rien n'était plus facile que de pénétrer jusqu'à la capitale. Après la mort de Cyrus sur le champ de bataille de Cunaxa, il fut prouvé par l'immortelle retraite des dix mille, qu'une armée grecque pouvait s'ouvrir une route à travers la Perse.

La haute opinion que des exploits du génie militaire, tels que le pont jeté sur l'Hellespont par Xercès et le percement de l'isthme au pied du mont Athos, avaient fait concevoir aux Grecs de l'habileté des généraux persans, s'était effacée à Salamine, à Platée, à Mycale. Piller les riches provinces de la Perse était devenu une tentation irrésistible. Ce fut dans ce but qu'Agésilas, roi de Sparte, entreprit l'expédition qui fut commencée avec un brillant succès, mais bientôt arrêtée, grâce à la politique des Perses qui soudoyaient toujours les voisins de Sparte, quand ils avaient besoin qu'elle fût attaquée. « J'ai été vaincu par trente mille archers persans, » s'écria amèrement Agésilas en se rembarquant, faisant allusion aux monnaies persanes, les dariques, qui portaient au revers l'effigie d'un archer.

Enfin, Philippe de Macédoine médita de renouveler ces efforts, mais cette fois avec des moyens plus considérables et dans un but plus noble. Il travailla à se faire élire généralissime de toute la Grèce, non pas pour faire une incursion dans les satrapies de Perse, mais pour renverser la dynastie persane au cœur même de l'empire. Assassiné avant que ses préparatifs fussent achevés, il eut pour successeur son fils Alexandre, encore adolescent. Une assemblée générale des Grecs, tenue à Corinthe, l'avait unanimement élu comme successeur de son père. Il y eut quelques troubles en Illyrie. Alexandre dut marcher au nord du Danube pour les apaiser. Pendant son absence, les Thébains et quelques autres conspirèrent contre lui. A son retour, il prit Thèbes d'assaut, massacra six mille de ses habitants, en vendit trente mille comme esclaves, démolit ses murs et rasa ses maisons. La sagesse qui avait dicté ses rigueurs, lui fut prouvée pendant ses campagnes d'Asie, car il ne fut troublé par aucune révolte sur ses derrières.

Au printemps de l'année 334 av. J.-C., Alexandre traversa l'Hellespont et entra en Asie. Son armée consistait en trente-quatre mille hommes de pied et quatre mille hommes de cavalerie. Il ne portait avec lui que soixante-dix talents d'argent. Il marcha droit à l'armée persane qui, fort supérieure en nombre, était retranchée sur les bords du Granique, il passa le fleuve, mit en déroute l'ennemi, et la conquête de l'Asie Mineure avec tous ses trésors fut le prix de sa victoire. Il employa le reste de l'année à l'organisation militaire des provinces conquises. Pendant ce temps, Darius roi de Perse s'avançait avec une armée de six cent mille hommes, pour empêcher les Macédoniens d'entrer en Syrie. Dans une bataille livrée au milieu des défilés d'Issus, les Persans furent vaincus. Si grand fut le massacre, qu'Alexandre et Ptolemée un de ses lieutenants, purent traverser à niveau un ravin profond, parce qu'il était comblé par les cadavres ennemis. On évalua leurs pertes à quatre-vingt mille hommes de pied et dix mille cavaliers. L'étendard royal tomba dans les mains du vainqueur et, avec l'étendard, la femme et plusieurs des enfants de Darius. C'est ainsi que la Syrie fut adjointe aux conquêtes des Grecs. On trouva dans la ville de Damas les concubines du roi, plusieurs de ses principaux officiers et des trésors considérables.

Avant de s'aventurer dans les plaines de la Mésopotamie pour y livrer la bataille décisive, Alexandre, afin d'assurer ses derrières et de tenir libres ses communications avec la mer, se dirigea vers le sud et soumit tout le pays jusqu'aux bords de la Méditerranée. Dans le conseil de guerre qu'il tint après la bataille d'Issus, il exposa à ses généraux qu'il ne fallait pas songer à poursuivre Darius, tant qu'on ne serait pas maître de Tyr. et que la Perse règnerait encore en Chypre et en Égypte; car, dit-il, si l'armée persane réussissait à gagner les ports de l'Empire, elle porterait la guerre en Grèce, tandis que quand les Grecs tiendront l'Égypte et Chypre, ils n'auront plus aucun souci pour la sûreté de leur propre pays. Le siége de Tyr dura six mois. On dit que, pour se venger de cette longue résistance, il fit périr en croix deux mille prisonniers. Jérusalem se rendit à son approche, ce qui lui mérita d'être traitée avec douceur ; mais à Gaza le gouverneur, Bétis, fit une défense obstinée, et les Macédoniens, pour qui cette place était la clef de l'Égypte, furent arrêtés pendant deux mois. Quand elle fut enfin emportée d'assaut, dix mille de ses habitants furent passés au fil de l'épée, le reste vendu comme esclaves avec les femmes et les enfants et le gouverneur traîné vivant autour de la ville, attaché aux roues du char du vainqueur. Le dernier obstacle était tombé. Les Égyptiens qui détestaient la domination persane, reçurent avec joie les nouveaux envahisseurs. Alexandre organisa le pays comme il convenait à ses intérêts ; confiant tous les emplois militaires aux Macédoniens, il abandonna aux Égyptiens le soin de leurs affaires civiles.

Tandis qu'il se préparait à sa campagne décisive, Alexandre entreprit un voyage au temple de Jupiter Ammon, qui était distant d'environ deux cents milles et situé dans une oasis au milieu du désert de Lybie. L'oracle déclara qu'il était fils de ce Dieu, lequel, sous la forme d'un serpent, avait séduit Olympie, sa mère. Les conceptions immaculées et les lignages divins étaient si couramment admis alors que quiconque s'était élevé au-dessus des autres hommes était cru d'origine céleste. A Rome même, et longtemps après le temps dont nous parlons, personne n'eût osé contester que la naissance de son fondateur Romulus ne fût due à la rencontre accidentelle du dieu Mars avec la vierge Rhéa Sylvie, un jour qu'elle allait, avec une cruche, puiser de l'eau à la fontaine. Les disciples égyptiens de Platon eussent vu avec colère ceux qui rejetaient la légende selon laquelle Périctione, la mère du grand philosophe, une vierge pure, avait conçu sans tache sous l'influence d'Apollon, et le Dieu l'avait fait savoir à Ariston, l'époux promis à Périctione. Donc, quand Alexandre envoyait ses lettres, ses ordres, ses décrets sous ce titre : « de par Alexandre, roi, fils de Jupiter Ammon, » ils étaient reçus par les habitants de l'Égypte et de la Syrie avec un respect dont nous ne pouvons plus avoir l'idée. Cependant, les libres penseurs de la Grèce estimaient à sa juste valeur cette origine surnaturelle. Olympie, qui savait mieux que personne ce qu'il en était, disait en plaisantant « qu'elle souhaitait qu'Alexandre ne la confondît pas toujours avec la femme de Jupiter. » Arrien, l'historien des conquêtes macédoniennes, dit : « Je ne saurais le blâmer d'avoir cherché à imprimer chez ses sujets la croyance à son extraction divine, ni regarder comme un crime d'avoir voulu, comme on peut raisonnablement croire qu'il voulait en effet, augmenter seulement par là la confiance de ses soldats. »

Étant assuré sur ses derrières, Alexandre revint en Syrie et dirigea vers l'est la marche de son armée qui consistait alors en cinquante mille vétérans. Après avoir traversé l'Euphrate, il longea les collines de Masie pour éviter les chaleurs intenses qui règnent dans les plaines méridionales de la Mésopotamie. On pouvait, d'ailleurs, se procurer ainsi plus aisément des fourrages pour la cavalerie. Sur la rive gauche du Tigre, il rencontra, près d'Arbelles, une grande armée de onze cent mille hommes que Darius amenait de Babylone. La mort du monarque persan, qui suivit bientôt sa défaite, laissa le général macédonien maître de tout le pays qui s'étend du Danube à l'Indus. Il poussa même ses conquêtes jusqu'au Gange. Les trésors dont il s'empara passent toute croyance. A Suze seulement, il trouva, selon Arrien, cinquante mille talents d'argent.

Le lecteur moderne, surtout s'il est lui-même militaire, ne peut avoir pour de pareilles campagnes une assez grande admiration. Le passage de l'Hellespont, celui du Granique au milieu de la bataille; l'hiver consacré à l'organisation politique de l'Asie Mineure conquise; des travaux de siége fort redoutables détruits à Tyr; Gaza prise d'assaut; la Perse isolée de la Grèce; sa marine exclue de la Méditerranée; l'échec de tous les efforts qu'elle fit encore, comme elle l'avait toujours fait jusque-là avec succès, pour corrompre, en l'absence des généraux, les chefs politiques d'Athènes et de Sparte; l'Égypte subjuguée; un second hiver employé à organiser politiquement ce pays vénérable par son antiquité; l'armée entière rassemblée au printemps suivant des bords de la Mer Noire et de la Mer Rouge dans les plaines nitreuses de la Mésopotamie; le passage de l'Euphrate, le fleuve aux saules pleureurs, à l'endroit où le pont de Thapsacus avait été rompu; le passage du Tigre; la reconnaissance nocturne avant la grande et mémorable bataille d'Arbelles; le mouvement oblique exécuté pendant le combat; le centre de l'ennemi percé — manœuvre qui fut reproduite bien des siècles après à Austerlitz — la poursuite vigoureuse du monarque persan; ce sont là des exploits qu'aucun général n'a surpassés dans aucun temps.

Une prodigieuse impulsion fut ainsi donnée à l'activité intellectuelle de la Grèce. Il y avait des hommes qui avaient suivi les armées du Danube au Nil, du Nil au Gange. Ils avaient senti le souffle hyperboréen des pays qui s'étendent au nord de la Mer Noire,
le simoun et les ouragans de sable des déserts d'Égypte. Ils avaient
vu les pyramides, debout déjà depuis vingt siècles ; les obélisques
de Louqsor chargés d'hiéroglyphes; de longues files de sphinx mystérieux et muets ; les statues colossales des monarques qui avaient
regné à l'aurore du monde. Dans les salles d'Esar-Haddon, ils
s'étaient assis sur les trônes des vieux et sombres rois d'Assyrie,
gardés par des taureaux ailés. Ils avaient contemplé les murailles de Babylone debout toujours malgré les ravages de trois
conquêtes et de trois siècles et hautes encore de quatre-vingts
pieds. Il y avait encore dans cette ville les ruines du temple de Bel,
le Dieu entouré de nuages, et, au sommet de l'édifice, l'observatoire d'où les mystiques astronomes chaldéens avaient. été en
communion nocturne avec les étoiles. Puis, les vestiges des
deux palais, avec leurs jardins suspendus, dans lesquels de
grands arbres s'élevaient au milieu des airs, et les débris de
la machine hydraulique qui leur apportait l'eau de la rivière.
Dans le lac artificiel, formé par un vaste système d'aqueducs et
d'écluses, les eaux des montagnes de l'Arménie venaient se réunir, et de là elles se répandaient dans la ville, endiguées par les
bords profonds de l'Euphrate. Plus merveilleux que tout le
reste, peut-être, était le tunnel creusé sous le lit de la rivière.

Si la Chaldée, l'Assyrie, Babylone, offraient de merveilleuses
et vénérables antiquités dont l'origine se perdait dans la nuit
des temps, la Perse avait aussi ses merveilles plus modernes.
Les salles soutenues par des colonnes de Persépolis, étaient remplies d'œuvres artistiques prodigieuses, de gravures, de sculptures, d'émaux, de bibliothèques en albâtre, d'obélisques, de
sphinx, de taureaux gigantesques. Ecbatane, la fraîche résidence
d'été des monarques persans, était défendue par sept enceintes
de murailles formées de pierres taillées et polies, de différentes
couleurs, s'élevant progressivement vers le centre, lesquelles étaient destinées à figurer les orbites des sept planètes. Le
palais était couvert en tuiles d'argent; les poutres étaient revêtues d'or. Au milieu de la nuit, les salles étaient éclairées par
des croissants lumineux de naphte qui rivalisaient avec la lumière du jour. Un paradis, ce luxe cher aux monarques d'Asie,

était planté au milieu de la ville. L'empire persique, depuis l'Hellespont jusqu'à l'Indus, était vraiment le jardin du monde.

J'ai consacré quelques pages au récit de ces campagnes merveilleuses, parce qu'en surexcitant le génie militaire, elles conduisirent à l'établissement des écoles pratiques et mathématiques d'Alexandrie, qui furent le véritable berceau de la science. Nous pouvons faire remonter toutes nos connaissances exactes aux campagnes macédoniennes. Humboldt a fort bien remarqué que la vue des nouveaux et grands aspects de la nature, élargit l'esprit humain. Les soldats d'Alexandre et les troupes d'hommes qui suivaient ses armées rencontraient à chaque pas des scènes inattendues et pittoresques. Les Grecs étaient le plus observateur de tous les peuples, le plus impressionnable. Là, il y avait des plaines de sables sans fin ; ailleurs, des montagnes dont le sommet se perdait dans les nuages ; le désert présentait ses mirages ; les collines, les ombres et les vapeurs qui glissaient sur leurs flancs. Ils étaient dans le pays des dattiers dorés, des cyprès, des tamarins, des myrtes verts et des oléandres. Ils avaient combattu à Arbelles contre les éléphants des Indes, et, dans les bois caspiens, fait sortir de sa tanière le tigre royal aux aguets. Ils avaient vu des animaux qui, comparés à ceux d'Europe, n'étaient pas seulement étranges par la bizarrerie de leurs formes mais par leur taille colossale : — le rhinocéros, l'hippopotame, le chameau, le crocodile du Nil et du Gange — et ils avaient rencontré des hommes de toutes les races, vêtus de tous les costumes ; le Syrien brûlé par le soleil, le Persan olivâtre, le noir Africain. On raconte qu'Alexandre lui-même fit asseoir son amiral Néarque auprès de son lit de mort et trouva encore du plaisir à lui faire raconter ses aventures nautiques sur le fleuve Indus et le golfe Persique. Le conquérant avait remarqué avec surprise le flux et reflux de la mer. Il avait fait construire des vaisseaux dans le but d'explorer la mer Caspienne, pensant que cette mer pouvait bien être, ainsi que la mer Noire, des golfes d'un grand océan, puisque Néarque avait découvert que telles étaient la mer de Perse et la mer Rouge. Il avait l'intention que sa flotte entreprît un voyage de circumnavigation autour de l'Afrique et rentrât dans la Méditerranée par le chemin des Colonnes d'Hercules, exploit qu'on prétendait avoir été jadis accompli par les Pharaons.

Non-seulement les grands soldats, mais les grands penseurs de la Grèce trouvèrent dans l'empire conquis des objets dignes de leur admiration. Callisthènes se procura à Babylone une série d'observations astronomiques faites par les Chaldéens, qui embrassaient une période écoulée de 1903 ans. Il l'envoya à Aristote. Comme elles étaient inscrites sur la brique cuite au feu, il n'est pas impossible que les fouilles exécutées de nos jours en fassent retrouver de semblables dans ces bibliothèques des rois d'Assyrie qui sont composées de tablettes d'argile. Ptolemée, l'astronome égyptien, possédait à Babylone des observations d'éclipses remontant à 747 ans avant notre ère. Il avait fallu de bien longues et rigoureuses études astronomiques pour qu'on en arrivât à ce point. Les Babyloniens avaient déterminé la durée d'une année tropicale, en ne restant que vingt-cinq secondes au-dessous de la durée réelle. De même, ils n'avaient erré que de deux minutes, dans la fixation de l'année sidérale. Ils avaient découvert la précession des équinoxes ; ils connaissaient la cause des éclipses, et à l'aide de leurs cycles, appelé saros, ils pouvaient les prédire. Ils ne s'étaient trompés que de dix-neuf minutes et demie dans la détermination de la durée de ce cycle, lequel embrasse plus de 6,585 jours.

De semblabes faits fournissent la preuve irrécusable de la patience et de l'habileté avec lesquelles l'étude de l'astronomie avait été conduite en Mésopotamie, puisqu'avec des instruments très-insuffisants, elle avait atteint un tel degré de perfection. Ces vieux observateurs avaient dressé un catalogue des étoiles et divisé le zodiaque en douze signes, le jour et la nuit en douze heures. Ils avaient, selon Aristote, observé longtemps la disparition des étoiles derrière la lune ! Ils possédaient des notions exactes sur le système solaire et connaissaient l'ordre et la position des planètes. Ce furent eux qui construisirent les cadrans solaires, les clepsydres, les astrolabes et les gnomons.

Il n'est pas sans intérêt de rappeler leurs essais d'imprimerie. Ils gravaient leurs souvenirs, en caractères cunéiformes, sur des cylindres, et, en les roulant sur une couche d'argile plastique, ils obtenaient des épreuves ineffaçables. Nous pouvons espérer recueillir dans leurs bibliothèques, ainsi formées de tablettes en terre cuite, une véritable moisson historique et littéraire. Ils n'étaient pas, non plus, sans connaître l'optique. Les lentilles convexes, qui ont été trouvées à Nimrod, prouvent qu'ils avaient des instruments grossissants. En arithmétique, ils avaient trouvé la valeur de la position des chiffres, quoiqu'ils manquassent de la grande invention indienne du zéro.

Quel spectacle pour les conquérants grecs , qui, jusque-là, n'avaient connu ni l'expérimentation, ni l'observation, et qui n'avaient vécu que de méditations vaines et d'inutiles spéculations !

Mais, ce qui contribua le plus puissamment au développement intellectuel des Grecs, ce fut, outre des idées nouvelles sur la nature, la connaissance de la religion des pays conquis. L'idolâtrie qui régnait en Grèce avait toujours été un objet d'horreur pour les Perses et, dans leurs invasions, ils avaient toujours détruit les temples et insulté les autels de ces dieux immoraux. L'impunité qui avait suivi ces sacriléges avait profondément étonné le peuple et contribué à saper la foi hellénique. Maintenant l'adorateur des impures divinités de l'Olympe, apprenait à connaître un grand, un beau et solide système religieux dont les bases étaient toutes philosophiques. La Perse, ainsi qu'il arrive dans tous les vieux empires, avait subi plusieurs changements de religion. Elle avait suivi le monothéisme de Zoroastre; puis le dualisme; puis le magisme. Au temps de la conquête macédonienne, elle reconnaissait une intelligence universelle, créatrice, conservatrice, souveraine, pure essence du vrai, source de tout bien ; et, de même que nous voyons sur la terre le mouvement et la vie résulter de l'opposition des forces, il y avait au-dessous de cette intelligence, deux principes égaux, coéternels, représentés par l'image de la lumière et des ténèbres. Ces principes sont éternellement en lutte ; le monde est leur champ de bataille ; l'homme est le prix qu'ils se disputent.

Dans la vieille légende du dualisme, il était dit que le mauvais esprit avait envoyé un serpent pour détruire le paradis, œuvre du bon Esprit. Cette légende était bien connue des Juifs qui avaient été emmenés en captivité à Babylone.

L'existence d'un principe du mal est la conséquence de l'existence d'un principe du bien, comme l'ombre est nécessaire à la perception de la lumière. On peut ainsi rendre compte de l'apparition du mal dans un monde créé et gouverné par un Dieu souverainement bon. Chacun des deux principes, le génie de la lumière, Ormuzd, le génie des ténèbres, Ahriman, a ses anges qui lui obéissent, ses conseillers, ses armées. L'homme bon doit chercher la vérité, garder la pureté, se livrer au travail. Il peut espérer, quand sa vie mortelle sera finie, une autre vie dans un autre monde et compter sur la résurrection du corps, l'immortalité de l'âme et la persistance de son individualité.

Dans les dernières années de l'empire, les idées du magisme

avaient prévalu de plus en plus sur les idées de Zoroastre. Le magisme était essentiellement le culte des éléments, et, parmi ceux-ci, le feu était regardé comme l'expression la plus vivante de l'Être suprême. Sur des autels érigés, non dans les temples, mais sous la voûte azurée, brûlaient des feux perpétuels, et le soleil levant apparaissait aux mages comme le plus noble objet de l'adoration des hommes. Dans les sociétés asiatiques rien ne s'élève que le monarque : dans l'espace, tous les astres s'évanouissent en la présence du soleil.

Enlevé prématurément au milieu de ses grands projets, Alexandre mourut à Babylone avant d'avoir accompli sa trente-troisième année (323 av. J. C.). On supposa qu'il avait été empoisonné. Son humeur était devenue si déréglée, ses passions si féroces, que ses généraux et même ses plus intimes amis vivaient dans des appréhensions continuelles. Il avait, dans un moment de colère, frappé à mort Clitus qui était un de ces derniers. Il avait fait pendre Callisthènes, qui servait d'intermédiaire habituel entre lui et Aristote, et même quelqu'un de bien informé avait positivement assuré qu'il l'avait fait exposer sur la roue, puis crucifier. Peut-être les conspirateurs n'avaient-ils cherché dans sa mort que leur propre salut. Ce serait pourtant une calomnie que d'imputer à Aristote une part dans le crime. Il eût souffert tous les tourments qu'il eût plu à Alexandre de lui infliger plutôt que de s'associer à l'assassinat.

Un tableau de désordre et de sang répandu, succède à cet événement. Le mal ne cessa point avec le partage de l'empire. Au milieu de toutes ces vicissitudes, un incident appelle notre attention. Ptolémée, fils de Philippe et d'Arsinoë, sa belle concubine, lequel avait dans sa jeunesse partagé l'exil d'Alexandre quand ils eurent encouru le mécontentement de leur père, et était devenu plus tard son compagnon dans les batailles, fut fait gouverneur et éventuellement roi d'Egypte.

Au siége de Rhodes, Ptolémée avait rendu aux habitants des services tellement signalés que ceux-ci dans leur reconnaissance, lui avaient décerné les honneurs divins. Ils l'avaient surnommé Soter — Sauveur — ; c'est par ce nom, Ptolémée Soter, qu'on le distingue des autres rois macédoniens qui lui succédèrent sur le trône d'Egypte.

Il n'établit pas le siége de son gouvernement dans les vieilles capitales des Pharaons, mais dans la ville nouvelle d'Alexandrie. A l'époque de son voyage au temple de Jupiter Ammon, le conquérant en avait fait jeter les fondements, prévoyant qu'elle deviendrait un jour le grand entrepôt commercial de l'Europe et de l'Asie. Il faut remarquer que non-seulement Alexandre y amena des Juifs de Palestine pour former le premier noyau de sa population, que non-seulement Ptolémée Soter en envoya cent mille après la prise de Jérusalem ; mais Ptolémée Philadelphe, son successeur, racheta cent quatre-vingt-dix-huit mille esclaves Juifs qui avaient appartenu à des Egyptiens et leur conféra les mêmes priviléges qu'aux citoyens macédoniens. Ce traitement favorable attira leurs compatriotes et beaucoup de Syriens accoururent en Egypte. On les appela Juifs-Hellènes. Egalement tentés de vivre sous le doux gouvernement de Soter, une multitude de Grecs cherchèrent un asile dans ce pays, et dans les invasions de Perdiccas et d'Antigone on vit les soldats déserter pour se rendre au camp de Ptolémée.

La population d'Alexandrie se composait ainsi de trois nationalités distinctes : les natifs, c'est-à-dire les Egyptiens ; les Grecs ; les Juifs. Cette circonstance a profondément influé sur la forme qu'a prise la religion de l'Europe moderne.

Les architectes et les ingénieurs de Grèce avaient fait d'Alexandrie la plus belle ville qu'il y eût au monde. Ils l'avaient peuplée de temples, de palais, de théâtres magnifiques. A son centre, au point d'intersection des deux voies principales qui se coupaient à angle droit, au milieu de jardins, de fontaines et d'obélisques, s'élevait le mausolée où reposait le corps d'Alexandre embaumé à la manière égyptienne. On l'avait apporté en pompe de Babylone avec un cortége funèbre, qui n'avait pas mis moins de deux années à accomplir son voyage. Le cercueil avait été fait d'abord d'or pur ; mais il le fut ensuite d'albâtre, de peur que l'appât de l'or ne fût cause que l'on ne violât la tombe. Mais ni ces magnificences, ni même la merveille des phares en marbre blanc, si hauts que les feux qui y étaient allumés, se voyaient à une distance prodigieuse, ne méritent d'arrêter notre attention. Le vrai, le glorieux monument des rois macédoniens en Egypte est le Muséum. L'influence de cette fondation se fera sentir encore dans le monde, après que les Pyramides seront retombées en poussière.

Le Muséum d'Alexandrie fut commencé par Ptolémée Soter et continué par Ptolémée Philadelphe, son fils. Il était situé dans le Bruchion, le quartier aristocratique de la ville, touchant au palais du roi. Bâti en marbre, il était entouré d'une place dans laquelle

les citoyens pouvaient se promener en conversant. Ses salles
sculptées renfermaient la bibliothèque Philadelphienne avec une
quantité innombrable de statues et de tableaux. Plus tard,
comme l'espace ne suffisait pas au nombre des volumes, on établit une autre bibliothèque dans le temple de Sérapis, situé dans
le quartier adjacent de Rhacotis. On comptait peut-être trois
cent mille volumes dans celle-ci qu'on appelait la fille de celle
du Muséum. Il y avait donc environ sept cent mille volumes
dans ces deux collections royales.

Alexandrie n'était plus seulement la capitale de l'Egypte, elle
était la métropole intellectuelle du monde. Là, on a dit avec
vérité que le génie de l'Orient s'était rencontré avec le génie de
l'Occident et ce Paris de l'antiquité devint un foyer de dissipa-
tion, de luxe et de scepticisme. Dans les séductions de sa vie
sociale, les Juifs eux-mêmes oublièrent leur patrie. Ils abandonnèrent la langue de leurs pères et adoptèrent la langue grecque.

En établissant le Muséum, Ptolémée Soter et Ptolémée Philadelphe avaient trois objets en vue : 1º Conserver les connaissances acquises ; 2º les accroître ; 3º les répandre.

1º Pour conserver les connaissances acquises, ordre fut donné
au premier bibliothécaire d'acheter sans distinction tous les livres
existants. On entretenait dans le Muséum un corps de copistes
chargés de reproduire correctement les ouvrages dont les pro-
priétaires ne voulaient pas consentir à se séparer. Tout livre qui
entrait en Egypte devait être de suite porté au Muséum. On en
faisait une copie correcte que l'on donnait au possesseur de l'ouvrage et l'on gardait l'original. On y ajoutait une indemnité
pécuniaire. On dit que Ptolémée Évergètes, ayant obtenu qu'on
envoyât d'Athènes les œuvres de Sophocle, d'Euripide et d'Eschyle, donna au propriétaire des manuscrits originaux, environ
quinze mille écus et de belles copies. A son retour de l'expédition de Syrie, il rapporta en triomphe d'Ecbatane et de Suze tous
les monuments égyptiens que Cambyse et les autres conquérants d'Asie avaient enlevés à l'Egypte. Ces objets furent remis
à leurs anciennes places ou consacrés à l'ornement du Muséum.
Quand, au lieu d'être seulement copiés, les ouvrages étaient traduits, on payait des sommes fabuleuses, comme il arriva pour la
version des Septante, laquelle fut faite par ordre de Ptolémée
Philadelphe.

2º Pour accroître les connaissances. Un des principaux objets
du Muséum était de servir d'asile à un certain nombre d'hommes

qui se consacraient à l'étude et qui étaient nourris et logés aux frais du roi. Quelquefois, il venait lui-même s'asseoir à leur table. On a conservé plus d'une anecdote à ce sujet. Dans l'organisation primitive, les résidents étaient divisés en quatre facultés : belles lettres, mathématiques, astronomie, médecine. Les branches de la science qui ramifiaient de ces quatre troncs y restaient attachées. Un personnage public important avait la surintendance de l'établissement et le soin de ses affaires. Démétrius de Phalère, l'homme le plus savant de son temps peut-être, et qui avait été pendant plusieurs années, gouverneur d'Athènes, eut le premier cet emploi. Sous lui, il y avait le bibliothécaire, et c'était souvent un homme dont le nom devait passer à la postérité, par exemple, Eratosthènes et Appollonius de Rhodes.

Joint au Muséum, il y avait un jardin botanique et zoologique. Ce jardin, comme son nom l'indique, servait à faciliter l'étude des plantes et des animaux. Il existait aussi un observatoire muni de sphères armillaires, de globes, de solstices, de cercles équatoriaux, de règles parallactiques, enfin de tous les instruments alors en usage, les divisions étant par degrés et par secondes. Sur le plancher de cet observatoire, une méridienne était tracée. On sentait vivement l'absence d'une méthode exacte pour mesurer le temps et la température. Le clepsydre de Ctésibius ne répondait qu'imparfaitement au premier de ces objets, l'hydromètre flottant dans un vase d'eau, ne remplissait guère mieux le second ; il mesurait les variations de la température par les variations de la densité. Philadelphe, qui, vers la fin de sa carrière, avait peur de la mort, consacra une partie de son temps à la recherche d'un élixir de longue vie. Cela fit qu'on installa dans le Muséum un laboratoire de chimie. En dépit des préjugés de l'époque, et surtout des préjugés égyptiens, on adjoignit au département de la médecine une salle de dissections anatomiques, dissections qui se pratiquaient non-seulement sur les cadavres, mais sur les vivants, c'est-à-dire sur les condamnés.

3° Pour étendre les connaissances. Au muséum, on instruisait le peuple, dans toutes les branches de la science et de la littérature, par des lectures et des conférences. Un grand nombre d'étudiants de tous pays accouraient vers ce centre intellectuel. On rapporte qu'il n'y en avait pas moins de quatorze mille à la fois. Plusieurs des plus illustres pères de l'Eglise, Clément d'Alexandrie, Origène, Athanase sortaient de cette école.

La bibliothèque du Muséum fut brûlée pendant le siége d'Alexandrie par Jules César. Pour compenser cette grande perte, Marc-Antoine fit présent à Cléopâtre de celle qui avait été formée par Eumènes, roi de Pergame. Elle était la rivale de celle des Ptolémée et fut ajoutée à la collection sérapienne.

Il nous reste à dire brièvement quelle était la base philosophique du Muséum, et ce que cette institution a ajouté à la somme des connaissances humaines.

En mémoire de l'illustre fondateur de ce noble établissement que l'antiquité nommait « la divine école d'Alexandrie », il faut citer d'abord l'*Histoire des campagnes d'Alexandre*, par Ptolémée Soter, lequel réunit à la gloire militaire et aux talents de gouverneur le mérite d'historien. Le temps qui nous a conservé le souvenir des services qu'il nous a rendus, n'a pas respecté son livre. Il est aujourd'hui perdu.

En conséquence de l'étroite amitié qui régnait entre Alexandre, Ptolémée et Aristote, la philosophie péripatéticienne devint la pierre angulaire du Muséum. Le roi Philippe avait confié à Aristote l'éducation de son fils et pendant le temps de ses campagnes de Perse, le conquérant avait fourni au philosophe de l'argent et d'autres secours, pour contribuer à l'achèvement de l'*Histoire de la nature*, qui était alors en préparation.

Le principe fondamental de la philosophie péripatéticienne était de s'élever des faits particuliers aux faits généraux et des faits généraux aux universaux au moyen de l'induction. L'induction tire sa certitude du nombre de faits qui se trouvent à la base de ses propositions, la prouve par la découverte de faits encore inconnus. Cette méthode demande un grand labeur parce qu'il faut acquérir la connaissance des faits par l'expérience et par l'observation, puis les comprendre et en saisir les rapports par une méditation profonde. Elle est donc affaire de raisonnement, non d'imagination. Les nombreuses erreurs d'Aristote ne prouvent rien contre sa méthode, car elles proviennent de l'insuffisance des faits observés.

Quelques-uns des résultats obtenus par lui sont très-importants. Il a vu que la vie est universellement répandue dans la nature ; que les différentes formes organiques qui s'offrent à nos yeux, se façonnent sous l'influence du milieu ; que si le milieu change, les formes changent aussi ; que la vie organique est une chaîne ininterrompue, commençant au plus simple végétal et se terminant à l'homme et que les différentes séries se fondent les unes dans les autres par une dégradation insensible.

La méthode inductive ainsi formulée, est un instrument d'une grande puissance. C'est à elle que sont dus tous les progrès de la science moderne. Celle-ci, en effet, s'élève par induction du phénomène à la cause, puis, comme faisait l'Académie, elle descend, par déduction, de la cause aux détails du phénomène.

Tandis que l'école scientifique d'Alexandrie se fondait sur les principes d'un illustre philosophe d'Athènes, l'école des sciences morales s'élevait sur les maximes d'un autre philosophe, Zénon, qui, bien que cypriote et phénicien, était aussi devenu athénien par le long séjour qu'il avait fait dans la capitale de l'Attique. Ses disciples prirent le nom de stoïciens. Ses doctrines lui survécurent longtemps, et, à une époque où il n'existait pas d'autres consolations pour l'homme, elles fortifièrent dans les épreuves et guidèrent dans la vie, non-seulement d'illustres Grecs, mais aussi beaucoup de grands philosophes, hommes d'état, généraux et empereurs romains.

Le but de Zénon était de donner aux hommes une règle de conduite et de les porter à la vertu. Il considérait l'éducation comme la source de toute perfection, car si nous savons ce qui est bon, disait-il, nous serons enclins à le suivre. Nous devons nous en rapporter à nos sens pour nous fournir les premières données de la connaissance et à notre raison pour les combiner. En cela, l'affinité entre Zénon et Aristote est manifeste. Toute convoitise, toute concupiscence, tout désir, vient de l'imperfection de notre connaissance. La fatalité a fait notre nature physique, mais nous devons apprendre à régner sur nos passions, à vivre libres, intelligents, vertueux, et, en toutes choses, conformément à la raison. Notre vie doit être toute intellectuelle, et nous devons être indifférents au plaisir et à la douleur. Nous ne devons jamais oublier que nous sommes des citoyens, non des esclaves dans la société. « Je possède, dit le stoïcien, un trésor que personne ne me ravira, car personne ne peut m'ôter le bienfait de la mort. » Nous devons nous souvenir que la nature dans ses opérations tend à l'universel et sacrifie l'individuel à son but. Nous n'avons donc qu'à nous soumettre au destin, et à cultiver en nous, comme étant les éléments nécessaires de la vertu, la connaissance, la tempérance et la justice. Nous savons que toutes choses changent autour de nous, que la mort succède à la vie, la vie à la mort, et qu'il est insensé de ne vouloir pas mourir dans un monde où tout meurt. De même qu'un torrent conserve toujours sa forme et son aspect, quoique ses eaux se renouvellent sans cesse, de même la nature est un fleuve qui s'écoule toujours. L'univers, considéré dans son ensemble, est invariable; mais rien n'est éternel que l'espace, les atomes, la force. Les formes de la nature sont essentiellement transitoires et passagères.

Nous devons encore nous souvenir que la majorité des hommes a reçu une éducation imparfaite et par conséquent nous garder de blesser les croyances religieuses de notre siècle. Il nous suffit, à nous, de savoir que bien qu'il existe une puissance supérieure, il n'y a point d'Être supérieur. Il y a un principe invisible; mais non un Dieu personnel, auquel il serait encore plus absurde que blasphématoire d'attribuer les formes, les sentiments, les passions des hommes. Toute révélation est nécessairement une fiction. Ce que l'on appelle le hasard, n'est que l'effet d'une cause inconnue; le hasard lui-même a sa loi. Il n'y a point de Providence, car la nature est soumise à des lois irrésistibles qui font de l'univers un immense automate. La force vitale qui remplit le monde est ce que les simples nomment Dieu. Les modifications que subissent toutes choses sont produites d'une manière fatale et l'on pourrait dire que le monde, dans son progrès, procède comme un germe qui ne peut évoluer que d'une manière déterminée.

L'âme de l'homme est une étincelle de la flamme de la vie, du principe général des choses. Elle se transmet comme la chaleur de l'un à l'autre, et, finalement, elle est absorbée de nouveau dans le principe universel. Ce n'est donc pas la destruction qui nous attend, c'est la réunion ; mais comme l'homme fatigué espère le sommeil, le philosophe las de ce monde appelle le repos de la mort. Sur ces choses, cependant, nous n'avons que des idées incertaines, puisque l'esprit ne peut tirer aucune certitude de son propre fond. Il est contraire à la saine philosophie de s'attacher à la recherche des causes; contentons-nous d'étudier les phénomènes. Surtout n'oublions jamais que l'homme ne saurait parvenir à la vérité absolue. Le résultat final des efforts humains pour pénétrer les secrets de la matière, c'est de savoir que nous sommes incapables de tout savoir et que même quand nous possédons la vérité nous manquons encore de la certitude.

Que nous reste-t-il donc? La science, telle que peut nous la procurer l'étude, la vertu, l'amitié, l'amour de la vérité et de la bonne foi, l'acceptation résignée des conditions de notre existence, une vie conforme aux principes de la raison.

Quoique le muséum d'Alexandrie ait été principalement institué pour l'étude de la philosophie péripatéticienne, il ne faudrait pas croire que les autres systèmes philosophiques en aient été bannis. Platon y fut non-seulement étudié dans ses derniers développements, mais il finit par supplanter Aristote et à travers la nouvelle académie, il marqua le christianisme d'une empreinte profonde. Sa méthode philosophique était l'inverse de celle du péripatéticien. Il prenait son point de départ dans les universaux ; l'existence même était affaire de foi, et de là, il descendait aux détails. Aristote, au contraire, allait du particulier au général en procédant par induction.

Platon se fiait donc à l'imagination, Aristote à la raison. Le premier décomposait une idée primordiale en idées subséquentes ; le second formait une conception totale avec plusieurs idées particulières. De là vient que la méthode platonicienne produisait rapidement un idéal splendide mais vain, et que la péripatéticienne, plus lente en ses opérations, était beaucoup plus solide. Elle demandait un travail infini pour l'étude des faits, une ennuyeuse fidélité à l'expérience et à l'observation, et enfin la démonstration rigoureuse. La philosophie de Platon ressemble à un élégant palais suspendu dans les airs ; celle d'Aristote à une bonne construction laborieusement et à plusieurs reprises fondée sur le roc.

Il est beaucoup plus agréable d'évoquer l'imagination que de faire appel à la raison. Dans la période de son déclin, l'École d'Alexandrie préféra les méthodes paresseuses au sévère exercice intellectuel que requiert l'observation des faits. Les Écoles des Néoplatoniciens regorgeaient de mystiques et de philosophes spéculatifs, comme Ammonius Saccas et Plotin. Ceux-ci prirent la place des graves géomètres du vieux muséum.

L'École d'Alexandrie présente la première application de ce système, qui, dans les mains de nos modernes physiciens, a donné de si merveilleux résultats. Elle a rejeté tout ce qui émane de l'imagination, et fait de ses théories la synthèse des faits démontrés par l'expérience, l'observation et le raisonnement exact. Elle a reconnu ce principe que l'on n'étudie bien la nature que sur la nature elle-même. Les recherches d'Archimède sur la pesanteur spécifique, et les ouvrages de Ptolémée sur l'optique, ressemblent aux investigations de la philosophie expérimentale et forment un frappant contraste avec les divagations des vieux écrivains. Laplace nous apprend que la seule observation que nous présente l'histoire de l'astronomie chez les Grecs avant la fondation de l'École d'Alexandrie, est celle du solstice d'été en l'an 432 avant J.-C. faite par Meton et Euctémon. Nous voyons pour la première fois dans cette école, un système d'observation complexe formé d'instruments pour le mesurage des angles, et calculé par des méthodes trigonométriques. L'astronomie prit dès lors, une forme que les siècles suivants ne purent faire autre chose que perfectionner.

Il n'entre pas dans le cadre et le plan de cet ouvrage de donner le détail des découvertes ajoutées par le muséum d'Alexandrie aux connaissances humaines. Il suffit que le lecteur ait une idée générale de leur caractère. Je le renvoie pour chaque objet particulier au sixième chapitre de mon *Histoire du Développement Intellectuel de l'Europe.*

Nous avons vu tout à l'heure que la philosophie stoïque doutait que l'esprit de l'homme pût arriver à la vérité absolue. Pendant que Zénon exprimait ce doute, Euclide préparait son grand ouvrage, fait pour défier toute contradiction humaine. Après plus de vingt-deux siècles, il vit encore, modèle d'exactitude, de clarté, type de la démonstration exacte. Ce grand géomètre écrivit non-seulement sur d'autres sujets de mathématiques, tels que les sections coniques et les porismes, mais on lui attribue des traités d'harmonie et d'optique. Dans ce dernier, il posait l'hypothèse des rayons visuels partant de l'œil, et s'étendant aux objets.

Il faut classer Archimède parmi les physiciens et les mathématiciens d'Alexandrie, bien qu'il ait accidentellement vécu en Sicile. Parmi ses ouvrages de mathématiques, se trouvaient deux livres sur la sphère et sur le cylindre, dans lesquels il démontrait que le cube de la sphère est égal aux deux tiers de sa circonférence. Tel était le prix qu'il attachait à cette découverte qu'il en avait fait graver la figure sur son tombeau. Il traita aussi de la quadrature du cercle, et de la parabole. Il écrivit sur les conoïdes et les sphéroïdes, ainsi que sur la spirale qui porte son nom et dont le principe lui fut suggéré par son ami Corion, d'Alexandrie. Comme mathématicien, il a été sans rival en Europe pendant près de deux mille ans. Comme physicien, il a posé les fondements de la science hydrostatique, inventé la manière de mesurer la pesanteur spécifique, discuté l'équilibre des corps flottants, découvert la véritable théorie du levier, trouvé la vis d'Archimède pour élever les eaux du Nil. A lui aussi appartient l'hélice sans fin, et une forme de lentilles de verre qui pendant le siége de Syracuse mirent, dit-on, le feu aux vaisseaux des Romains.

Eratosthènes, qui fut à une époque bibliothécaire d'Alexandrie, était l'auteur de plusieurs ouvrages importants. Parmi ceux-ci, on peut citer la détermination de l'intervalle des tropiques, et une tentative pour mesurer la dimension de la terre. Il s'occupa de l'articulation et de l'expansion des continents, de la position des chaines de montagnes, de l'action des nuages sur la terre, des catastrophes géologiques, des déluges, de l'élévation du sol dans des lieux autrefois couverts par les eaux, de la formation des Dardanelles, du détroit de Gibraltar et du Pont-Euxin. Il composa un système du monde en trois volumes, — physique, — mathématique, — histoire, — accompagné de cartes représentant tous les pays alors connus. On n'a justement apprécié que depuis quelques années, les fragments qui nous restent de ses *Chroniques des rois de Thèbes*. Pendant bien des siècles ils furent jetés dans le discrédit par nos absurdes chronologies théologiques.

Il est inutile de rapporter les arguments employés par les Alexandrins, pour démontrer la rotondité de la terre. Ils avaient des notions exactes touchant la sphère, les pôles, l'axe, l'équateur, les cercles arctiques et antarctiques, les points équinoxiaux, les solstices, la variété des climats, etc. Il suffit de rappeler les traités des sections coniques, et de Maxima et Minima par Apollonius qui employa le premier, dit-on, les mots d'ellipses et d'hyperbole. Je ne puis également que mentionner les observations astronomiques d'Aristylle et de Timocharis. C'est à celles de ce dernier sur l'Epi, qu'Hypparque a dû sa grande découverte de la précession des Equinoxes. Celui-ci détermina les inégalités de la lune et l'équation du centre. Il adopta la théorie des Epicycles et des excentriques, conception géométrique servant à expliquer le mouvement apparent des corps célestes, par le mouvement circulaire. Il entreprit aussi de dresser un catalogue des étoiles par une méthode d'alignement, c'est-à-dire en indiquant successivement celles qui paraissent se trouver dans une même zone. Le nombre des étoiles ainsi cataloguées était de 1080. En même temps qu'il cherchait à donner une description du firmament, il en faisait de même pour la surface de la terre, indiquant la position des villes et des autres objets par des degrés de latitude et de longitude. Il fut le premier qui construisit des tables de la lune et du soleil.

Au milieu d'une si brillante pléiade de géomètres, d'astronomes, de physiciens, brillait au premier rang, Ptolemée, auteur de la *Syntaxe, Traité de la mathématique céleste*. Cet ouvrage a vécu pendant près de quinze cents ans, et n'a été remplacé que par les immortels *Principes* de Newton. Il pose la doctrine que la terre est ronde et fixée dans l'espace; il décrit tout un système d'instruments pour observer les solstices; il déduit l'obliquité de l'écliptique, indique les latitudes terrestres au moyen du gnomon, marque les différents climats, montre le rapport d'un jour terrestre avec un jour sidéral, donne des raisons pour préférer à l'année sidérale l'année tropicale, expose la théorie solaire, en partant du principe que l'orbite du soleil est une excentrique, explique l'équation du temps, fait avancer la discussion sur les mouvements de la lune, traite de la première inégalité, de ses éclipses et des variations de ses nœuds. Il donne ensuite la grande découverte de Ptolemée, celle qui a rendu son nom immortel, la découverte du balancement de la lune, ou seconde inégalité, en la ramenant à la théorie de l'épicycle. Il s'efforce de mesurer, avec peu de bonheur, il est vrai, la distance du soleil et de la lune à la terre. Il s'étend sur la découverte d'Hipparque, celle de la précession des équinoxes dont le cycle entier est de vingt-cinq mille ans. Il donne un catalogue de 1022 étoiles, parle de la nature de la voie lactée, et discute d'une manière magistrale le mouvement des planètes. C'est là un dernier point qui mérite à Ptolemée un renom immortel. Des déterminations des orbites planétaires furent faites en comparant ses propres observations avec celles des anciens astronomes, et en particulier, les observations de Timocharis sur la planète Vénus.

Dans le muséum d'Alexandrie, Ctésibius inventa la machine à feu. Son disciple, Héro, la perfectionna en y ajoutant deux cylindres. Là, aussi, parut la première machine à vapeur. C'était encore une invention d'Héro, et c'était une machine à réaction construite sur le modèle de l'Eolipile. Le silence des salles de Sérapis fut troublé par les horloges à eau de Ctésibius et d'Appollonius qui mesuraient le temps goutte à goutte. Quand le calendrier romain fut tombé dans une confusion telle qu'il devint nécessaire de le corriger, Jules César fit venir d'Alexandrie l'astronome Sosigènes. Par son conseil, l'année lunaire fut abandonnée, l'année solaire instituée comme année civile, et le calendrier Julien introduit à Rome.

On a blâmé les rois macédoniens d'Égypte pour la manière dont ils ont traité le sentiment religieux de leur peuple. Ils ont prostitué la religion en la faisant descendre au rang de ruse d'état, de moyen de gouvernement. Aux classes intelligentes, toutefois, ils donnèrent la philosophie.

Nul doute qu'ils n'aient appris cette politique pendant ces mémorables campagnes qui avaient fait des Grecs la première nation du monde. Il avaient vu les conceptions mythologiques de leurs ancêtres réduites à n'être plus que des fables et les merveilles dont les vieux poëtes avaient peuplé la Méditerranée, de pures illusions. Les divinités de l'Olympe s'étaient évanouies, et, avec elles, l'Olympe lui-même. Pluton n'était plus un objet de terreur ; on ne savait plus où le placer. Les dieux et les déesses avaient quitté les bois, les grottes et les fleuves de l'Asie Mineure. Leurs dévots eux-mêmes commençaient à douter qu'ils les eussent jamais habités. Si les jeunes Syriennes se lamentaient encore dans d'amoureuses clameurs sur le sort d'Adonis, ce n'était plus qu'à titre de coutume nationale. La Perse avait plusieurs fois changé de dieux ; à la révélation de Zoroastre elle avait substitué le dualisme. Sous de nouvelles influences politiques, elle avait adopté le magisme. Elle avait adoré le feu sur des autels allumés au sommet des montagnes ; puis, le soleil ; et quand parut Alexandre, elle tombait rapidement dans le panthéisme.

Un pays que ses Dieux n'ont pas secouru dans ses dangers politiques est bien près de perdre sa foi. Les vénérables divinités de l'Égypte, auxquelles on avait élevé des obélisques et des temples, s'étaient trop souvent laissé vaincre par l'épée des conquérants. Dans la terre des Pyramides, des Colosses, des Sphinx, les images des dieux ne représentaient plus des réalités vivantes. On n'y croyait plus ; on en voulait d'autres, et Sérapis renversa Osiris. Dans les boutiques et dans les rues d'Alexandrie, il y avait des milliers de Juifs qui avaient oublié le Dieu du tabernacle.

La tradition, la révélation, le témoignage des siècles, tout avait perdu son pouvoir. Les souvenirs mythologiques de l'Europe, les incarnations de l'Asie, les dogmes séculaires de l'Égypte, tout s'était évanoui, et les Ptolémée reconnurent combien éphémères sont les formes de la Foi.

Mais, ce qu'ils reconnurent aussi, c'est qu'il y a quelque chose de plus durable que ces formes religieuses, qui, une fois détruites, sont comme les formes organiques enfouies dans les couches géologiques, passées sans retour, et que sous ce monde d'illusions passagères se cache un monde d'éternelles réalités.

Ce monde, on ne saurait le découvrir à travers les vaines traditions que nous ont laissées des hommes qui vivaient à l'aurore de la civilisation, non plus que dans les rêves des inspirés mystiques. Il faut demander ses secrets à la géométrie et à la nature. Elles répandront sur l'humanité des bienfaits sans nombre, durables et de haut prix.

Le jour ne viendra pas où l'on pourra contester les propositions d'Euclide. Le jour ne viendra pas où l'on mettra en question la rotondité de la terre reconnue par Eratosthènes. Le monde ne permettra pas que les grandes découvertes et les grandes inventions de la physique, faites à Alexandrie et à Syracuse, tombent jamais dans l'oubli. Les noms d'Hipparque, d'Appollonius, de Ptolemée, d'Archimède seront prononcés avec respect, tant qu'il y aura des hommes sur la terre.

Le muséum d'Alexandrie a donc été le berceau de la science moderne. Il est vrai que, longtemps avant sa fondation, des observations astronomiques avaient été faites en Chine et en Mésopotamie. Les mathématiques aussi avaient été cultivées dans l'Inde avec un certain succès. Mais nulle part, la méthode d'investigation n'avait pris encore une forme correcte et sérieuse; nulle part, on n'avait eu recours aux expériences physiques. Or, le caractère spécial de la science d'Alexandrie, comme aussi de la science moderne, c'est qu'elle ne se contente pas d'observer la nature, mais qu'elle sait l'interroger.

CHAPITRE DEUXIÈME

L'ORIGINE DU CHRISTIANISME. — SA TRANSFORMATION AU MOMENT OU IL S'EMPARE DU POUVOIR CIVIL. — SES RAPPORTS AVEC LA SCIENCE.

Situation religieuse de la République romaine. — L'impérialisme conduit au monothéisme. — Le christianisme se répand dans l'Empire. — Les conditions dans lesquelles il s'empare du pouvoir civil, font une nécessité politique de sa fusion avec le paganisme. — Description faite par Tertullien de ses doctrines et de ses pratiques. — La suprématie de Constantin a pour résultat de l'abaisser. — Il s'allie avec les empereurs et les rois. — Son incompatibilité avec la science. — Destruction de la bibliothèque d'Alexandrie et condamnation de la philosophie. — Exposé de la philosophie de saint Augustin et de la patristique en général. — Les Écritures sont érigées en critérium de la science.

Au sens politique, le christianisme est le legs que l'empire romain a fait au monde.

A l'époque de transition où Rome passa de la forme républicàine à la forme monarchique, tous les pays indépendants qui s'étendaient sur les rivages de la Méditerranée, avaient été soumis à son pouvoir centralisateur : La conquête n'avait pas été pour eux un malheur ; elle les avait délivrés des guerres éternelles qu'ils se faisaient les uns les autres et avait remplacé les misères attachées à un conflit sans fin par les bienfaits de la paix générale.

Non-seulement comme un signe visible de ses conquêtes et de sa domination, mais comme autant d'orgueilleux trophées, la République victorieuse avait apporté à Rome les dieux des peuples vaincus. Avec une dédaigneuse tolérance, elle permit qu'ils fussent tous adorés. La haute autorité dont chaque divinité particulière avait joui dans son pays disparut au milieu de la foule des dieux et des déesses venus de tous les coins du monde. Déjà, comme nous l'avons vu, les découvertes géographiques et la critique philosophique avaient profondément ébranlé la foi des anciens âges. La politique romaine acheva de la détruire.

Les rois aussi avaient disparu; les dynasties particulières des royaumes conquis avaient fait place à un empereur universel. Considérant l'étroite liaison qui a toujours existé entre les idées religieuses, il était naturel que le polythéisme manifestât une tendance à se réduire au monothéisme.

En conséquence, on commença à rendre les honneurs divins, d'abord à l'empereur mort, et, plus tard, à l'empereur vivant.

La facilité avec laquelle on créait ainsi des dieux eut un puissant effet moral. A mesure qu'on en faisait de nouveaux, le ridicule se répandit sur les anciens. Les incarnations en Orient, les apothéoses en Occident peuplaient rapidement l'Olympe. Là les dieux descendaient du ciel et prenaient la forme humaine; ici, ils s'élevaient de la terre et prenaient rang parmi les dieux. Ce ne fut pas le scepticisme grec qui rendit Rome sceptique; les folies religieuses contribuèrent plus que le reste à saper la religion.

Toutes les classes de la société n'entrèrent pas avec une égale rapidité dans les idées du monothéisme. Les commerçants, les gens de loi, les militaires, qui, par la nature de leurs occupations, sont plus exposés aux vicissitudes de la vie et ont l'esprit plus ouvert, en furent, les premiers, frappés, tandis que les habitants des campagnes ne le furent que longtemps après eux.

Lorsque l'empire eut, au sens politique et militaire, atteint l'apogée de sa grandeur, il avait aussi, au point de vue religieux et social, atteint le comble de l'immoralité. Il était devenu profondément épicurien. Sa maxime favorite était que la vie doit être une fête dans laquelle la vertu n'entre que comme l'assaisonnement du plaisir, et la tempérance comme un moyen de durée. Des salles de festin ruisselantes d'or et de pierreries, des esclaves splendidement ornés, les séductions de femmes dissolues, des bains magnifiques, des spectacles et des combats de gladiateurs, voilà quels étaient alors les nobles objets de l'ambition romaine. Les conquérants du monde en étaient venus à n'adorer plus que la force. La force suffisait à leur donner tout ce que les hommes avaient gagné jadis par le travail et le commerce. La confiscation des biens et des terres, les contributions levées sur les provinces étaient le fruit des guerres heureuses et l'empereur était le symbole vivant de la force. L'éclat dont semblait briller la société romaine, n'était que les lueurs phosphorescentes qui s'échappaient du monde méditerranéen, effroyablement corrompu.

Dans une des provinces d'Asie, la Syrie. quelques hommes d'humble condition s'étaient associés dans un but de charité et de religion. Leurs doctrines étaient en harmonie avec ce sentiment de fraternité universelle né de la parité de la situation entre les royaumes conquis. C'étaient les doctrines enseignées par Jésus.

Le peuple juif gardait alors la croyance fondée sur de vieilles traditions en un Sauveur qui devait naître parmi lui et rétablir son ancienne splendeur. Les disciples de Jésus le prirent pour le Messie longtemps attendu. Mais les prêtres crurent qur les doctrines qu'il enseignait étaient contraires à leurs intérêts, et ils le traduisirent devant le gouverneur romain, qui, pour les satisfaire, le livra avec répugnance à la mort.

Les préceptes de charité et de fraternité humaine qu'il avait enseignés survécurent à cet événement. Les disciples, au lieu de se disperser, s'organisèrent. Ils s'associèrent sur la base du communisme, chacun mettant dans la communauté ses biens et ses gains. Les veuves et les orphelins étaient soutenus, les pauvres et les malades secourus. De ces essais, naquit une société nouvelle et toute-puissante : nouvelle, car rien de semblable n'avait existé dans l'antiquité ; puissante, car les églises particulières, d'abord isolées, ne tardèrent pas à se fédérer dans un intérêt mutuel. C'est par cette organisation que le christianisme a obtenu tous ses triomphes politiques.

Ainsi que nous l'avons dit, la domination militaire de Rome avait produit la paix universelle et engendré un sentiment de fraternité chez les nations vaincues. Les conditions étaient propices à la diffusion rapide du nouveau principe chrétien à travers l'empire. Parti de la Syrie, il s'étendit bientôt dans l'Asie Mineure , Chypre, la Grèce, l'Italie, et pénétra même jusque dans les Gaules et la Grande-Bretagne.

Des missionnaires qui se répandirent dans toutes les directions à la fois, hâtèrent sa propagation. Aucune des anciennes philosophies ne s'était prévalu d'un pareil moyen.

Les conditions politiques déterminèrent les limites de la nouvelle religion. Elles furent celles de l'empire romain. Rome où l'on prétend que mourut Pierre, et non Jérusalem où, incontestablement, notre Sauveur était mort, devint la capitale religieuse. Mieux valait s'établir dans la ville impériale aux sept collines que sur les hauteurs de Gethsémani et du Calvaire, malgré leurs souvenirs sacrés.

Pendant plusieurs années, le christianisme se montra sous trois aspects : Le respect de Dieu; la pureté de la vie; la charité envers ses frères. Dans ses jours de faiblesse, il ne fit de prosélytes que par la persuasion; mais, à mesure qu'il croissait en nombre et en force, il commença à manifester des tendances politiques, à vouloir former un état dans l'État, un empire dans l'empire. Ce sont là les résultats logiques de son développement. Les empereurs romains, s'apercevant que ce système était incompatible avec le système impérial, entreprirent de détruire le christianisme, fidèles en cela à l'esprit de leur gouvernement militaire, lequel ne connaissait d'autre moyen que la force pour produire l'uniformité.

Pendant l'hiver de 302 à 303, les soldats chrétiens des légions refusèrent de s'unir aux rites solennels institués de temps immémorial en l'honneur des dieux. La révolte se propagea si rapidement, le cas était si pressant, que l'empereur Dioclétien tint conseil pour décider de ce qu'il avait à faire. On comprendra la difficulté de la situation quand on saura que la femme et la fille de Dioclétien étaient chrétiennes. C'était un homme de grands talents et qui avait de grandes vues politiques. Il comprit que c'était une nécessité gouvernementale que de s'opposer aux progrès du parti nouveau; cependant, il ordonna expressément qu'il n'y eût point de sang répandu. Mais qui peut arrêter les fureurs des commotions civiles ? Nicomédie fut rasée jusqu'au sol. En représailles, le palais de l'empereur fut brûlé, et un de ses édits insulté et mis en pièces. Les officiers chrétiens qui servaient dans l'armée furent dégradés; il y eut partout des massacres et des martyrs ; la marche des événements était tellement irrésistible que l'empereur, lui-même, ne pouvait plus arrêter la persécution.

Il fut, dès lors, évident que les chrétiens formaient un puissant parti dans l'état et qu'indignés des atrocités qu'ils avaient souffertes, ils étaient résolus à ne pas les endurer davantage. Après l'abdication de Dioclétien (305 ap. J.-C.), Constantin, un des compétiteurs au trône, comprenant l'avantage qu'il retirerait de cette politique, se mit à la tête du parti chrétien. Cela lui donna pour partisans dans tous les coins de l'empire, une foule d'hommes et de femmes qui lui devinrent dévoués jusqu'à la mort, et lui assura la fidélité inébranlable de nombreux adhérents dans l'armée. Dans une bataille décisive livrée près du pont Milvien, la victoire prouva la justesse de ses calculs. La mort de Maximin, et bientôt après celle de Licinius, écarta devant lui tous les obstacles. Il s'assit sur le trône des Césars, premier empereur chrétien.

Quiconque entrait, désormais, dans la secte triomphante avait en vue les places, le profit, le pouvoir. Bien des gens mondains qui ne se souciaient guère de ses doctrines religieuses se montrèrent ses zélés défenseurs. Païens par le cœur, ils influèrent d'une façon manifeste sur la paganisation du christianisme. L'empereur, qui ne valait pas mieux qu'eux, ne fit rien pour s'y opposer. D'ailleurs, il ne se conforma lui-même aux prescriptions cérémoniales de l'Église que vers la fin de sa vie criminelle, laquelle arriva en l'an 337 de J.-C.

Afin de mieux nous rendre compte des modifications survenues dans le Christianisme — modifications qui amenèrent, plus tard, un conflit avec la science — nous devons exposer par voie de comparaison, ce qu'il était au temps de sa pureté. Nous le trouvons, fort heureusement, dans l'*Apologie* de Tertullien ou *Défense des chrétiens, contre les accusations des Gentils*. Cet ouvrage fut écrit à Rome pendant la persécution de Sévère. L'auteur l'avait adressé, non à l'Empereur, mais aux magistrats qui jugeaient les chrétiens accusés. C'est un sérieux et grave exposé, dans lequel se trouvent tous les éclaircissements possibles sur le sujet ; un compte-rendu des croyances et de la cause des fidèles, fait dans la ville impériale, à la face du monde entier ; un respectable document historique, et non un appel bruyant et passionné des prêtres. Il a toujours été considéré comme un des meilleurs écrits des premiers siècles du Christianisme et remonte environ à l'an 300 après J.-C.

Tertullien entre dans son sujet avec une grande habileté. Il dit aux magistrats que le christianisme est un étranger sur la terre et qu'il n'est pas étonnant qu'il trouve des ennemis dans un pays qui n'est pas le sien. Il demande seulement qu'on ne le condamne pas sans l'entendre et que les magistrats romains lui permettent d'exposer sa défense ; il observe que les lois de l'empire recevront un nouveau lustre d'un jugement rendu après examen, mais non d'une sentence portée sans que la cause ait été entendue ; qu'il est injuste d'avoir de la haine pour ce que nous ignorons, cet objet en fût-il digne ; que les tribunaux romains jugent les actions, non les mots, et que pourtant on a vu condamner des hommes dont le seul crime était de porter le nom de chrétiens.

Il procède ensuite à l'exposition de l'origine, de la nature, et des effets du christianisme, établissant qu'il est fondé sur les Écritures hébraïques qui sont les livres les plus vénérables qu'il y ait dans le monde. Il dit aux juges : « Les livres de Moïse dans lesquels Dieu a renfermé comme dans un trésor, toute la religion des Juifs, et, par conséquent, la religion chrétienne toute entière, remontent beaucoup au delà de vos plus vieilles annales, de vos monuments publics, de la fondation de votre état et de celle d'un grand nombre de cités antiques ; de tout ce que vous connaissez de l'histoire et de la tradition ; de l'invention de l'écriture qui est la gardienne des sciences et de toutes les choses excellentes. J'oserai dire plus encore : ils remontent au delà du culte de vos Dieux ; au delà de vos temples, de vos oracles et de vos sacrifices. L'auteur de ces livres vivait mille ans avant le siége de Troie et plus de sept cents ans avant Homère. — Le temps est l'allié de la vérité et les hommes sages ne croient que ce qui est certain et ce qui a reçu la consécration des siècles. La principale autorité de ces Écritures, c'est leur antiquité vénérable. Le plus savant des Ptolémées, celui qui fut surnommé Philadelphe, un prince accompli, fit faire, par le conseil de Démétrius de Phalère, une copie de ces livres sacrés. Cette copie existe aujourd'hui dans sa bibliothèque. L'inspiration de ces livres est prouvée par ceci : que tout ce qui s'est accompli de nos jours y avait été prédit. Ils renferment, à l'état de prédictions, tout ce dont les hommes ont été, depuis, témoins.

« L'accomplissement d'une prophétie n'est-elle pas la mesure de sa vérité ? Quand nous voyons que les événements passés ont accompli les prophéties, nous blâmera-t-on de les croire en ce qui touche aux événements futurs ? Comme nous croyons aux choses qui ont eu lieu et qui avaient été prophétisées, de même nous croyons aux choses prophétisées qui n'ont pas encore eu lieu, parce que toutes sont renfermées dans les Écritures, aussi bien ce qui s'est accompli déjà que ce qui doit s'accomplir encore.

« Ces livres sacrés nous enseignent qu'il n'y a qu'un Dieu ;
qu'il a tiré le monde du néant, et qu'il est un Dieu caché. Cependant, il se montre sans cesse dans ses ouvrages. Lui seul se connaît ; l'Immensité le dérobe et le montre à nos yeux. Il récompense et punit les hommes, selon leurs mérites. Il ressuscitera les morts et leur commandera de reprendre leurs corps ; puis, il leur donnera la félicité éternelle ou les vouera aux flammes de l'enfer. L'enfer, ce sont les feux souterrains que le globe enferme en ses entrailles. Dieu a envoyé jadis des prédicateurs et des prophètes dans le monde. Ces prophètes étaient juifs. Ils rendirent leurs oracles parmi les Juifs qui les ont conservés dans les Écritures. C'est sur ces oracles, ainsi que nous l'avons dit, que le christianisme est fondé, quoique le chrétien diffère du Juif en matière de prescriptions cérémonielles. On nous accuse d'adorer un homme et d'oublier le Dieu des Hébreux. Non ; l'honneur que nous rendons au Christ est le même que l'honneur que nous rendons à Dieu.

« Pour mieux comprendre l'importance des anciens patriarches, il faut se souvenir que les Juifs étaient le seul peuple chéri de Dieu. Il faisait ses délices de leur parler par sa bouche. Il les élevait au sommet de la grandeur. Mais ils eurent la perversité de lui être infidèles. Ils abandonnèrent son culte pour un culte profane. Dieu les avertit qu'il se choisirait un autre peuple et qu'il les punirait en les chassant de la Judée. Ils sont, aujourd'hui, dispersés par toute la terre ; ils errent de toutes parts ; ils ne respireront plus l'air de leur pays natal. Ils n'ont plus un Dieu, ni même un homme pour roi. Les menaces du Très-Haut se sont accomplies. Il s'est choisi des enfants plus fidèles parmi toutes les nations. Il avait annoncé par ses prophètes qu'ils étaient son peuple, que d'eux naîtrait le Messie qui promulguerait une loi nouvelle. Ce Messie n'était autre que Jésus Dieu ; car, de même qu'un flambeau s'allume à un flambeau, la Divinité peut sortir de la Divinité. Dieu et son Fils sont un même Dieu. La lumière est toujours la lumière, d'où qu'elle vienne.

« Les Écritures ont annoncé deux avénements du Fils de Dieu : le premier, dans l'humiliation ; le second, dans la gloire. Les Juifs eussent dû savoir tout cela par leurs prophètes ; mais ils étaient tellement aveuglés par le péché qu'ils ne le reconnurent pas à sa première venue sur la terre et qu'ils l'attendent toujours en vain. Ils crurent que les miracles opérés par lui étaient œuvres de magie. Les docteurs de la loi et les princes des prêtres étaient ses envieux. Ils l'accusèrent devant Pilate. Il fut crucifié, expira sur la croix, fut enseveli et ressuscita trois jours après. Il demeura quarante jours avec ses disciples, et ensuite il fut enlevé au ciel dans un nuage : fait beaucoup plus certain que l'ascension de Romulus et autres princes romains, montés au ciel de la même manière, et en faveur de laquelle on n'a recueilli que des témoignages humains. »

Tertullien décrit ensuite l'origine et la nature des démons qui, sous Satan, leur prince, sont les auteurs des maladies, des intempéries, des pestes, de la destruction des germes de la terre, qui persuadent aux hommes d'offrir des sacrifices sanglants, afin de se repaître du sang des victimes. Ils sont aussi légers que les oiseaux et savent, comme eux, tout ce qui se passe sur la terre ; ils vivent dans les airs et voient ce qui s'accomplit dans les cieux. C'est ainsi qu'ils peuvent tromper les hommes par de fausses prophéties et rendre des oracles menteurs. Ce sont eux qui ont annoncé à Rome la victoire prochaine sur Persée, quand déjà la bataille était gagnée. Ils prétendent guérir les maladies, parce qu'ils s'emparent du corps d'un homme et y engendrent eux-mêmes des désordres qu'ils apaisent ensuite par des remèdes, ce que les hommes croient être des maladies naturelles et des guérisons.

Quoique les chrétiens nient que l'empereur soit Dieu, ils prient pour sa prospérité, parce qu'ils savent que tant que durera le glorieux éclat de l'empire romain, la conflagration du monde et la dissolution générale qui menace l'univers sera suspendue. Ils ne désirent point la subversion de la nature. Ils ne reconnaissent qu'une république, c'est la république des chrétiens et celle-là embrasse le monde entier ! Ils ne forment qu'un corps, n'adorent qu'un Dieu et attendent la félicité éternelle. Ils ne prient pas seulement pour l'empereur, et pour les magistrats, mais aussi pour la paix. Ils lisent les Écritures pour nourrir leur foi, élèvent leurs pensées, s'affermissent dans la confiance en Dieu. Ils s'assemblent pour s'exhorter mutuellement. Ils se séparent des pécheurs. Ils ont des évêques pour présider à leurs assemblées, lesquels sont élus par le suffrage de ceux qu'ils gouvernent. A la fin de chaque mois chacun fait son offrande, librement. L'argent ainsi réuni est le don de la piété. Il n'est point employé à manger, ni à boire ; mais à nourrir les pauvres, à les ensevelir ; à secourir les orphelins, à soutenir les vieillards qui ont consacré leur jeunesse au service des fidèles ; à assister ceux qui ont perdu leurs biens dans les naufrages, ou qui sont condamnés au travail des mines, à l'exil, à la prison parce qu'ils font profession de la foi chrétienne. Il n'y a qu'une seule chose que les chrétiens ne possèdent pas en commun et, cela, ce sont leurs femmes. Ils ne se divertissent point comme s'ils devaient mourir demain, et ne bâtissent point comme s'ils devaient vivre toujours. Le but de leur vie est l'innocence, la justice, la patience, la tempérance, la chasteté. .

A ce noble exposé de la foi chrétienne de son temps, Tertullien n'hésite pas à ajouter un formidable avertissement aux magistrats auxquels il s'adresse — formidable, parce qu'il contenait le présage du grand événement qui allait s'accomplir. — « Nous ne faisons que de naître ; et déjà, pourtant, nous remplissons la terre, jusqu'aux dernières limites de votre domination : les villes, les forteresses, les îles, les provinces, les assemblées du peuple, les faubourgs de Rome, le palais, le sénat, les places publiques et surtout les armées. Nous ne vous avons laissé que vos temples. Quelles guerres ne pourrions-nous pas entreprendre ! Avec quelle promptitude ne pourrions-nous pas nous armer, si notre religion ne nous arrêtait pas, si elle ne nous enseignait point que mieux vaut être tué que de tuer ! »

Avant de terminer sa défense, Tertullien renouvelle une assertion, depuis maintenue dans la pratique, et qui a considérablement affecté le développement intellectuel de l'Europe. Il déclare que les Écritures sont le trésor où toute sagesse est contenue ; que toute philosophie, toute poésie en est sortie. Il s'attache à prouver qu'elles sont la pierre de touche et la mesure de toute vérité et que ce qui ne concorde pas avec elles est nécessairement faux.

Nous voyons, par l'habile ouvrage de Tertullien, ce qu'était le Christianisme au temps où il souffrait la persécution et soutenait la lutte pour l'existence. Nous allons voir, maintenant, ce qu'il devint, quand il fut parvenu au pouvoir. Il y a loin du Christianisme sous Sévère au Christianisme sous Constantin. Bien des doctrines, devenues courantes dans la seconde période, étaient inconnues dans la première.

Deux causes conduisirent à l'amalgamation de la religion chrétienne avec le paganisme : 1° les nécessités politiques de la dynastie ; 2° la marche adoptée par la nouvelle religion pour procurer sa propre expansion.

1° Quoique le parti chrétien eût été assez fort pour donner un maître à l'Empire, il ne le fut jamais assez pour détruire son ennemi, le paganisme. L'issue de la lutte entre eux fut une fusion de principes. Le Christianisme ne fut pas, en cela, semblable au mahométisme, lequel anéantit complétement ses adversaires et fit régner sans mélange sa doctrine.

Constantin fit voir constamment par sa conduite qu'il se croyait obligé d'être le souverain impartial de son peuple tout entier, et ne voulait point être seulement le représentant couronné d'une faction heureuse. S'il éleva des Églises chrétiennes, il restaura aussi des temples païens. S'il prêta l'oreille au clergé, il écouta de même les aruspices. S'il assembla le concile de Nicée, il rendit des honneurs à la statue de la Fortune; s'il reçut le baptême, il frappa une médaille qui portait son titre de dieu. Sa statue, élevée sur une grande colonne de porphyre à Constantinople, était une ancienne image d'Apollon, dont les traits furent effacés pour faire place à ceux de l'empereur, et des clous, que l'on disait avoir servi au crucifiement du Christ, étaient arrangés autour de sa tête de manière à figurer des rayons de gloire.

Jugeant qu'il fallait accorder des compensations au parti païen, il vit avec faveur le mouvement idolâtrique qui se produisit à sa cour. Les chefs de ce mouvement étaient même des membres de sa propre famille.

2° L'Empereur, en homme occupé uniquement des affaires humaines et pour qui les opinions religieuses étaient peu de chose, pensa que le mieux pour l'Empire, pour les parties belligérantes et pour lui-même, était que chrétiens et païens se fusionnassent et se laissassent amalgamer le plus possible. Il semble que les chrétiens les plus sincères n'y fussent point, d'ailleurs, opposés. Peut-être crurent-ils que les nouveaux dogmes se répandraient d'une façon plus générale en s'incorporant les anciens, que la vérité finirait par triompher et que l'impureté serait détruite. Hélène, mère de l'Empereur, aidée en cela par les femmes de la cour, travailla la première à opérer cette amalgamation. Pour contenter son désir, on tira d'une caverne de Jérusalem où elles étaient restées ensevelies pendant plus de trois siècles, la croix du Sauveur et celles des deux larrons, l'inscription et les clous qui avaient servi au crucifiement. On en vérifia l'authenticité par le moyen du miracle. Un vrai culte des reliques fut institué. Les superstitions de la vieille Grèce reparurent, alors que l'on montrait à Métaponte les outils qui avaient servi à faire le cheval de Troie, à Chéronée, le sceptre de Pelops, à Phaselis, la lance d'Achille, à Nicomédie, l'épée d'Agamemnon; alors que les Phéagœtes pouvaient faire voir au pèlerin la retraite du sanglier calydonien, et que plusieurs cités se vantaient de posséder le vrai Palladium de Troie; alors qu'il y avait des statues de Minerve qui brandissaient la lance, des peintures qui pouvaient rougir, des images qui suaient, et des sanctuaires et des châsses en nombre infini, où s'opéraient des guérisons miraculeuses.

A mesure que les années s'écoulaient, la foi décrite par Tertullien se changeait en une autre, plus chargée d'ornements et moins pure. Elle se fondait avec la vieille mythologie grecque. L'Olympe se reformait; seulement, les dieux avaient changé de noms. Les provinces, dont l'influence dans l'état était la plus puissante, parvinrent à faire admettre leurs vieux mythes honorés. On commença à concevoir la Trinité d'une manière conforme aux traditions de l'Égypte. Non-seulement le culte d'Isis fut rétabli sous un nouveau nom, mais son image même, debout sur le croissant de la lune, reparut. La figure bien connue de cette divinité, tenant entre ses bras l'enfant Orus, est arrivée jusqu'à nous dans les belles créations artistiques de la *Madone et du Bambino.* De tels retours aux conceptions anciennes sous des formes nouvelles étaient partout accueillis avec bonheur. Quand on annonça aux Ephésiens que le Concile tenu dans leur ville avait décrété que la Vierge porterait le titre de Mère de Dieu, ils embrassaient les genoux des évêques avec des larmes de joie. C'était le vieil homme qui reparaissait. Leurs ancêtres en eussent fait de même pour Diane.

Ces efforts pour se concilier des convertis encore profanes, en adoptant leurs idées et leurs pratiques, ne laissèrent pas de soulever des remontrances de la part de ceux dont l'intelligence découvrait les vrais motifs. « Vous avez, dit Faustus à Augustin, substitué vos agapes aux sacrifices des païens; à leurs idoles, vos martyrs, à qui vous rendez les mêmes honneurs. Vous apaisez les ombres des morts avec du vin et des festins. Vous célébrez les fêtes solennelles des Gentils, leurs calendes et leurs solstices, et, quant à leurs mœurs, vous les avez conservées sans mélange. Rien ne vous sépare plus des païens, si ce n'est que vos assemblées sont distinctes des leurs. » Les rites païens étaient, en effet, mêlés à tout. Aux noces, on chantait des hymnes à Vénus.

Arrêtons-nous ici et considérons, par avance, à quel degré de dégradation intellectuelle cette politique de paganisation devait conduire. Tout l'attirail du vieux culte fut emprunté : un rituel pompeux, des robes magnifiques, la mitre, la tiare, les cierges, les processions, les lustrations, les vases d'or et d'argent furent introduits dans l'Église ; le bâton augural devint la crosse des évêques ; des églises s'élevèrent sur la tombe des martyrs et on les consacra avec des rites imités des pontifes de Rome. Les fêtes et les commémorations des saints se multiplièrent avec les prétendues découvertes de reliques. Le jeûne devint le grand moyen de chasser le démon et d'apaiser la colère de Dieu. Le célibat fut érigé en vertu de premier ordre. On fit des pélerinages en Palestine et au tombeau des martyrs. Des quantités de poussière et de terre furent apportées des Lieux Saints et vendues à des prix énormes comme antidote contre les démons. On vanta la vertu de l'eau bénite. On introduisit dans les Églises des images et des reliques auxquelles on rendit un culte, comme faisaient les païens. On prétendit, comme ils avaient prétendu, que des prodiges et des miracles s'accomplissaient en certains lieux. Les âmes des bienheureux furent invoquées, et l'on crut qu'elles erraient sur la terre et particulièrement autour des tombeaux. On multiplia les temples, les autels, les habits de pénitents. On inventa la fête de la Purification de la Vierge, pour satisfaire ceux qui regrettaient les Lupercales ou fêtes de Pan. Le culte des images, des parcelles de la vraie croix, des os, des clous, et autres reliques, vrai culte fétichiste, fut consacré. L'authenticité de ces objets était établie de deux manières : par l'autorité de l'Église et par les miracles. On vénéra jusqu'aux vieux vêtements des saints et à la terre de leur tombeau. On apporta de la Palestine les squelettes de saint Marc, de saint Jacques et d'autres personnages illustres par leur sainteté. La canonisation remplaça l'apothéose ; les saints patrons succédèrent aux divinités tutélaires. Puis, vint le mystère de la transsubstantiation, ou changement du pain et du vin par le prêtre au corps et au sang de Jésus-Christ. A mesure que le temps s'écoulait, la paganisation devenait de plus en plus complète. Des fêtes furent instituées en l'honneur des clous qui avaient attaché le Sauveur à la croix, de la lance qui avait percé son côté, des épines qui avaient couronné sa tête. Quoique plusieurs abbayes possédassent en même temps cette dernière relique insigne, personne n'osa s'élever contre son authenticité.

Nous pouvons lire avec profit les remarques faites par l'évêque Newton sur cette dégénérescence du Christianisme. Il dit quelque part : « Le culte des anges et des saints n'est-il pas, à tous égards, le même que l'ancien culte des démons et y a-t-il autre chose que le nom de changé?... » Et ailleurs : « Les chrétiens ont déifié des hommes absolument comme les païens. Les instituteurs du nouveau culte savaient bien qu'il était le même que l'ancien et non-seulement le fond, mais les cérémonies étaient identiques. L'encens et les parfums qui brûlent sur les autels ; l'eau sainte, c'est-à-dire l'eau et le sel dont on s'asperge en entrant et sortant des églises ; les cierges et les lampes allumés en plein jour devant les statues de ces divinités ; les ex-votos suspendus dans les temples, en signe de délivrance et de guérison miraculeuse ; la canonisation, ou déification des morts vertueux ; les patronages particuliers assignés aux saints comme aux antiques héros ; le culte rendu aux morts dans leurs tombeaux et leurs châsses ; les génuflexions devant les images ; la puissance miraculeuse attribuée aux idoles ; l'érection de petits oratoires, autels et statues, dans les rues, sur les voies publiques et sur le haut des montagnes ; le port des images et reliques en procession, avec cierges, musique et chants ; les flagellations à certaines époques de l'année par manière de pénitence ; la tonsure des prêtres sur le sommet de la tête ; le célibat et les vœux de chasteté imposés aux religieux des deux sexes ; toutes ces choses, et beaucoup d'autres, appartiennent aussi bien à la superstition païenne qu'à la superstition papiste. Bien plus, les mêmes temples, les mêmes images qui étaient autrefois consacrés à Jupiter et aux dieux, le sont aujourd'hui à la Vierge Marie et aux Saints ; les mêmes rites, les mêmes inscriptions servent aux uns et aux autres ; les mêmes prodiges, les mêmes miracles leur sont attribués. Enfin, le paganisme tout entier est devenu le papisme. Le dernier est construit sur le même plan que le premier, de façon qu'il n'y a pas seulement conformité, mais identité, entre le culte ancien et moderne, païen et chrétien de Rome. »

Ainsi s'exprime l'évêque Newton. Mais pour en revenir au temps de Constantin, le parti religieux dominant, malgré ces concessions aux vieilles habitudes populaires qui lui furent permises et même demandées, n'hésita jamais à prêter force à ses décisions par le secours du pouvoir civil, secours qui lui fut volontairement accordé. C'est ainsi que Constantin assura le triomphe du concile de Nicée et l'acceptation de ses actes. Dans l'affaire d'Arius, il fut même jusqu'à ordonner que quiconque aurait en son pouvoir un ouvrage de cet hérétique et ne le brûlerait pas, fût mis à mort. De la même manière, Nestorius fut banni dans une oasis d'Égypte, par Théodore le Jeune.

Le parti païen comptait beaucoup de vieilles familles patriciennes dans l'Empire. Il comptait aussi dans ses rangs les disciples des vieilles écoles philosophiques. Il regardait ses adversaires avec dédain et maintenait que la science ne saurait s'acquérir que par le laborieux exercice de l'observation et de la raison humaine.

Le parti chrétien, au contraire, déclarait que le fondement de toute science est dans les Écritures et dans la tradition de l'Église; que dans la Révélation écrite, Dieu ne nous a pas seulement donné un critérium du vrai, mais qu'il nous a appris tout ce qu'il voulait que nous sussions. Les Écritures contiennent donc toute la somme des connaissances nécessaires. Le clergé, soutenu par l'Empereur, ne voulait point souffrir de rivaux dans les choses intellectuelles.

Ainsi se posèrent dans le monde ce qu'on a appelé la science sacrée et la science profane; ainsi se trouvèrent en présence deux partis adverses, l'un qui prenait la raison pour guide, et l'autre, la Révélation. Le Paganisme en appelait au savoir de ses philosophes; le Christianisme, à l'inspiration de ses pères.

L'Église se donna donc pour le dépositaire et l'arbitre de toute science. Elle était toujours prête à se valoir du bras séculier pour rendre obligatoires ses décisions. Elle prit ainsi une route qui fixa son rôle futur dans le monde; elle devint une pierre d'achoppement pour le progrès en Europe pendant plus de mille ans.

Le règne de Constantin marque l'époque où le christianisme subit sa transformation, et devient, au lieu d'une religion, un système politique. Quoiqu'en un sens ce système soit tombé dans l'idolâtrie, dans un autre, il éleva jusqu'à la perfection la mythologie grecque. C'est un axiome que quand deux corps se pénètrent, la composition des deux change. Le paganisme fut modifié par le christianisme, comme le christianisme l'avait été par le paganisme.

Dans la dispute sur la Trinité qui éclata d'abord en Égypte — l'Égypte était la terre des Trinités — le principal point en litige était de définir le rapport du Fils. Il y avait à Alexandrie un prêtre du nom d'Arius — candidat évincé à l'épiscopat — qui prit pour point de départ de son argumentation que le Fils n'avait pas toujours été, parce que le Père est nécessairement plus vieux que le Fils. Le Fils avait donc commencé d'être. Cette prétention détruisait la coéternité des trois personnes divines. Elle supposait une subordination ou inégalité entre elles et un temps où la Trinité n'eût pas existé. Là-dessus, l'évêque qui avait été l'heureux compétiteur d'Arius, fit étalage de rhétorique dans un débat public sur le sujet, et la querelle étant venue à s'étendre, les Juifs et les païens, qui formaient une grande partie de la population d'Alexandrie, s'amusaient à mettre en scène la dispute et les combattants, en se livrant à des plaisanteries sur l'égalité d'âge du Père et du Fils.

La controverse finit par devenir si violente qu'il fut nécessaire d'en référer à l'Empereur. Il regarda la dispute, d'abord, comme tout à fait frivole et peut-être il inclinait à penser, comme Arius, que la nature des choses eût voulu que le Père fût plus vieux que le Fils. Si grande cependant était la pression qu'on exerçait sur lui qu'il fut forcé d'assembler le concile de Nicée, qui, pour régler la matière, donna un symbole de Foi en y attachant cet anathème : « La sainte Eglise Catholique et Apostolique anathématise ceux qui disent qu'il fut un temps où le Fils de Dieu n'était pas et qu'avant d'être engendré, il n'existait pas, et qu'il a été tiré du néant ou d'une autre essence que celle de Dieu même, et qu'il est créé ou variable ou soumis aux altérations du temps. » Constantin prêta aussitôt à la décision du Concile l'appui du pouvoir séculier.

Quelques années après, l'Empereur Théodose défendit les sacrifices, fit de l'inspection des entrailles des victimes un crime capital, et prohiba l'entrée des temples. Il institua des inquisiteurs de la Foi et ordonna que quiconque n'aurait pas une croyance conforme à celle de Damase, évêque de Rome, et de Pierre, évêque d'Alexandrie, fût envoyé en exil et privé de ses droits civils. Il condamna à mort ceux qui oseraient célébrer la Pâque le même jour que les Juifs. On commençait alors à oublier le grec en Occident et la vraie science allait s'éteignant.

A cette époque, un certain Théophile occupait le siége épiscopal d'Alexandrie. Un ancien temple d'Osiris ayant été donné aux chrétiens pour construire une église sur son emplacement, il arriva qu'en creusant les fondations du nouvel édifice, on découvrit quelques obscènes symboles de l'ancien culte. Théophile, avec plus de zèle que de pudeur, les fit exposer sur le marché à la dérision publique. Les païens, moins patients que ne l'avaient été les chrétiens quand on avait mis en scène au théâtre leurs disputes sur la Trinité, recoururent à la force et s'insurgèrent. Ils établirent leur quartier-général dans le Sérapion et tels furent le désordre et l'effusion du sang, que l'Empereur fut forcé d'intervenir. Il envoya un rescrit à Théophile, lui enjoignant de détruire le Sérapion, de sorte que la grande bibliothèque qui avait été rassemblée par les Ptolémées et qui avait échappé au feu de Jules César, fut en partie anéantie, en partie dispersée par ce fanatique.

Plus tard, le siége de Théophile fut occupé par son neveu, saint Cyrille. Celui-ci s'était recommandé aux suffrages des Alexandrins par ses qualités d'orateur. C'est le même qui a pris une si grande part à l'introduction du culte de la Vierge Marie. Cependant, son pouvoir sur ce peuple inconstant, avait été fort ébranlé par Hypathie, fille de Théon, la mathématicienne, qui se distingua , non-seulement par son Exposition de la doctrine d'Aristote et de Platon, mais aussi par ses commentaires sur les écrits d'Apollonius et d'autres géomètres. Chaque jour, de longues files de chars élégants stationnaient à la porte de son Académie. Les salles de ses conférences étaient remplies de tout ce qu'Alexandrie comptait de gens riches et de gens du monde. Ils venaient l'entendre sur ces questions qui ont éternellement occupé l'attention des hommes et auxquelles il n'a jamais encore été répondu : *Qui suis-je? Où suis-je? Que puis-je savoir ?*

Hypathie et Cyrille ! La philosophie et la bigoterie! Ces deux choses ne peuvent exister ensemble. Cyrille le sentit et il agit en conséquence. Pendant qu'Hypathie se rendait à son Académie, elle fut assaillie par la populace que Cyrille avait excitée et au milieu de laquelle il y avait un grand nombre de moines. Dépouillée de ses vêtements, elle fut traînée dans l'église et là, tuée par les compagnons de Pierre le Lecteur. Son corps fut coupé en morceaux, la chair arrachée des os , et les restes jetés au feu. Cyrille ne fut jamais appelé à répondre pour ce crime effroyable. Il semble qu'il fut, dès lors, admis que la fin justifie les moyens.

C'est ainsi que périt à Alexandrie la philosophie grecque, et que ce grand savoir que les Ptolémées s'étaient efforcés d'acquérir fut prématurément étouffé. La bibliothèque Fille, celle du Sérapion , avait été dispersée. Le sort d'Hypathie servait d'avertissement à ceux qui eussent voulu se livrer à l'étude de

la science profane. La pensée humaine ne devait plus être libre.
Tout le monde devait penser d'après l'Église. On était alors, en
l'an 414 après J.-C. A Athènes même, la philosophie subit son
sort. Justinien défendit un jour qu'elle fût enseignée et fit fermer
toutes les écoles.

Pendant que ces événements s'accomplissaient dans les provinces orientales de l'Empire, l'esprit qui les avait produits se
développait en Occident. Un moine breton, qui avait pris le nom
de Pélage, parcourait l'Europe Occidentale et le nord de l'Afrique en enseignant que la mort n'était pas entrée dans le monde
par le péché d'Adam ; qu'Adam était de sa nature et nécessairement mortel et que quand même il n'eût point péché, il serait
mort; que lui seul avait la responsabilité de sa faute, mais qu'elle
n'atteignait pas sa postérité. De ces prémisses, Pélage tirait des
conclusions théologiques importantes.

A Rome, Pélage avait été favorablement accueilli; à Carthage,
il fut dénoncé à l'instigation de saint Augustin. Un synode
assemblé à Diospolis, le déclara innocent du crime d'hérésie;
mais quand la cause fut portée devant l'évêque de Rome, Innocent I, il fut condamné. A ce moment, Innocent vint à mourir,
et son successeur, Zozime, réforma le jugement déclarant orthodoxes les opinions de Pélage. Ces décisions contradictoires sont
souvent rappelées de nos jours par les adversaires de l'infaillibilité du pape. Les choses se trouvaient dans cette situation con-
fuse, quand les rusés évêques d'Afrique obtinrent de l'empereur, par l'influence du comte Valère, un édit qui dénonçait
Pélage comme hérétique et le condamnait, lui et ses adhérents,
à l'exil et à la confiscation des biens. Prétendre que la mort
existait dans le monde avant la chute d'Adam, devint un crime
d'état.

Il est fort instructif d'examiner les principes sur lesquels cette
étrange décision était fondée. Puisque la question était purement philosophique, on eût pu croire qu'elle aurait été discutée
au moyen d'arguments tirés de la nature; loin de là, on ne fit
intervenir dans le débat que des considérations théologiques.
Le lecteur attentif aura remarqué que, dans l'exposé des dogmes
du Christianisme par Tertullien, il n'est point fait mention du
péché originel, de la corruption de l'homme, de la prédestination, de la grâce, de l'expiation. La forme du Christianisme,
telle qu'elle est tracée par lui, n'a rien de commun avec le plan
de rédemption qui fut mis en avant deux siècles après. C'est à

saint Augustin, un Carthaginois, que nous devons d'être parfaitement instruits sur ces importantes questions.

Pour décider si la mort avait été dans le monde avant la chute d'Adam ou si elle était la peine due au péché, on ne confronta point les doctrines de Pélage avec les lois de la nature, mais bien avec l'enseignement théologique de saint Augustin. Le résultat fut tel qu'on pouvait s'y attendre. L'enseignement que l'autorité ecclésiastique tenait pour orthodoxe a été détruit par les incontestables découvertes de la science moderne. Longtemps avant que l'homme ait paru sur la terre, des millions d'individus, des millions d'espèces, avaient vécu et étaient morts. Ceux qui subsistent aujourd'hui ne sont qu'une portion insignifiante des immenses familles qui ont peuplé notre globe.

Une conséquence grave est sortie de la dispute contre Pélage. Le livre de la Genèse est devenu la base des dogmes chrétiens. Si, au point de vue théologique, l'explication qu'elle donne de la faute originelle et du châtiment d'Adam a une si grande importance, l'autorité de ce livre ne devint pas moins souveraine dans la patristique, en matière de science. Astronomie, géologie, géographie, anthropologie, chronologie, en un mot, toutes les sciences humaines furent tenues de s'y conformer.

Comme les doctrines de saint Augustin ont eu ainsi pour effet de mettre la théologie dans un état d'antagonisme avec la science, il n'est pas sans intérêt d'examiner brièvement quelques-unes des idées purement philosophiques de ce grand homme. Nous choisirons, dans ce but, quelques parties de son étude sur le premier chapitre de la Genèse, laquelle se trouve dans les onzième, douzième et treizième livres des *Confessions*.

Cette étude se compose de raisonnements philosophiques et de compilations. L'auteur commence par demander à Dieu de lui ouvrir le sens des Écritures. Il déclare qu'elles ne renferment rien d'inutile ; mais que les mots y ont plusieurs sens différents.

L'existence du monde rend témoignage au Créateur ; mais la question s'élève : Quand et comment ont été créés le ciel et la terre ? Le monde n'a pas pu préexister à lui-même ; le monde n'a pas pu être fait de rien : Augustin répond ainsi à cette question fondamentale : « Tu as parlé et tout a été fait ! »

Mais la difficulté ne finit pas là. Saint Augustin remarque que les syllabes prononcées par Dieu sortent successivement de sa bouche, et qu'il faut que des mots s'expriment par quelque chose. Cette chose créée devait donc exister avant le ciel et la terre, et pourtant, avant le ciel et la terre, il n'y avait rien. Les mots doivent avoir été créés puisqu'ils commencent et qu'ils finissent. Cependant, « les paroles du Seigneur sont éternelles. »

De plus, il est évident que les mots sortis de la bouche de Dieu n'ont pas été prononcés successivement mais simultanément, puisque la succession implique le temps et le changement, tandis que rien n'existait que l'immortalité. Dieu sait et dit éternellement les choses qui s'accomplissent dans le temps.

Saint Augustin définit alors, avec un grand luxe de mysticisme, ce qu'il faut entendre par les mots qui ouvrent le livre de la Genèse : « Au commencement. » Il est guidé dans ses conclusions par un autre passage de l'Écriture : « Combien admirables sont tes ouvrages, ô Seigneur! tu les as tous faits dans ta sagesse. » Cette « sagesse, » dit saint Augustin, c'est là le « commencement, » et c'est dans ce commencement de toutes choses que Dieu a créé le ciel et la terre.

« Mais, reprend-il, quelqu'un demande : Que faisait Dieu avant qu'il n'eût créé le ciel et la terre? Car s'il a commencé à faire ses ouvrages cela implique le temps dans l'éternité. Dans l'éternité, rien n'est transitoire, tout est présent. » En répondant à cette question, saint Augustin ne peut s'empêcher de se livrer à un de ces mouvements de rhétorique pour lesquels il avait une si grande réputation. « Je ne répondrai pas, dit-il, que Dieu préparait les ténèbres de l'enfer pour les hommes coupables de vouloir pénétrer ses mystères; non; je dirai que Dieu ne faisait aucune chose; car aucune créature ne pouvait préexister à la création. Or, le temps, qui est une créature, ne pouvait exister non plus.

Qu'est-ce que le temps? Le passé n'est pas; le futur n'est pas; et qui peut dire ce que c'est que le présent à moins que ce ne soit la négation de la durée placée entre deux affirmations du néant? Il n'y a point de temps long; il n'y a point de temps court; car il n'y a ni passé ni futur. Ce sont des choses qui n'ont d'existence que dans l'âme. »

Le style dont saint Augustin enveloppe ses idées est celui d'une conversation de rhapsode avec le Créateur. Son œuvre ressemble à un songe incohérent. Il suffit, pour mettre le lecteur à même d'en juger, de copier au hasard un paragraphe. Celui qui suit est tiré du douzième livre.

« Ceci donc, ô mon Dieu! est ce que je comprends quand tes Écritures me disent : Au commencement, Dieu créa le ciel et la terre, et la terre était invisible et sans forme, et les ténèbres couvraient l'abîme, et ils ne furent pas créés dans le temps. Ceci est ce que je comprends, qu'à cause du ciel des cieux, ce ciel de l'intelligence où l'esprit sait tout, non pas imparfaitement, confusément et comme dans un miroir, mais parfaitement, clairement et face à face, non pas successivement mais à la fois, et à cause de cette terre invisible et sans forme, sans succession de temps, parce que là où il n'y a point de formes, il n'y a point de temps, qu'à cause, dis-je, de ces deux choses : l'une, le ciel, mais le ciel des cieux, l'autre, la terre, mais une terre invisible et sans forme, à cause de ces deux choses, je comprends ce que disent les Écritures, sans mention du temps : Au commencement, Dieu créa le ciel et la terre. Car elles disent ensuite quelle est la terre que tu créas, et quel est le ciel, ce firmament que tu fis le second jour, avant que le temps n'existât.

« Admirable profondeur des paroles de Dieu! Leur sens, vois! est ouvert devant nous, invitant les petits à l'entendre, et pourtant elles sont d'une admirable profondeur, ô mon Dieu! C'est un abîme où l'œil ne plonge qu'avec terreur, une beauté incommensurable, un tremblement d'amour. Tes ennemis sont l'objet de ma haine. Oh! qu'il te plaise de les faire mourir avec l'épée à deux tranchants, afin qu'ils ne soient plus les ennemis de ta parole; car j'aime qu'ils meurent à eux-mêmes, afin de vivre pour toi. »

Comme un exemple de la manière dont saint Augustin déroule le sens caché des Écritures, je puis citer le passage suivant, tiré du treizième livre des confessions. Son but est de montrer que le dogme de la Trinité se trouve contenu dans le récit mosaïque de la création.

« Vois, la Trinité m'apparaît dans un miroir, d'une façon obscure. Qui es-tu mon Dieu, né de Dieu? ô Père! en toi est le commencement de notre sagesse; cette sagesse sortie de toi, égale à toi, coéternelle à toi, par qui tu as créé, dans ton Fils, le ciel et la terre. Nous avons dit ce qu'était le ciel des cieux, et cette terre invisible et sans forme, et l'abîme ténébreux, et l'instabilité chancelante de son être informe et spirituel, jusqu'à ce qu'elle ait été convertie par celui qui lui a donné la vie et la lumière, en une créature magnifique et flottante sur les eaux. Et par le nom de Dieu, j'entends maintenant le Père qui a fait ces choses, et par le nom de commencement, j'entends le Fils en qui il a fait ces choses; et croyant comme je crois que mon Dieu est Trinité, je cherche encore et regarde! ton esprit flotte sur les eaux.

Voilà la Trinité, ô mon Dieu ! le Père, le Fils, le Saint-Esprit, créatrice de toute création. »

Pour donner au lecteur une juste idée de la valeur philosophique de saint Augustin, j'ai emprunté pour ces deux citations, la traduction du révérend docteur Pusey, tome Ier de la *Bibliothèque des Pères de l'Église catholique*, publiée à Oxford, 1840.

Considérant la haute autorité que l'on accorde aux écrits de saint Augustin dans le monde religieux, depuis près de quinze siècles, je n'en parlerai qu'avec respect. Et, en vérité, pas n'est besoin d'en agir autrement. Les paragraphes que j'ai cités contiennent leur propre critique. Personne n'a plus contribué que ce Père à créer l'antagonisme de la science et de la religion. Il a détourné la Bible de son véritable but, qui est de conduire les hommes à une vie pure, et il lui a donné le dangereux office d'arbitre de la vérité scientifique et de tyran de l'esprit humain. L'exemple, une fois donné, a été suivi. Les ouvrages des grands philosophes grecs furent stigmatisés comme profanes ; les glorieux monuments du Muséum d'Alexandrie furent cachés sous un jargon obscur et sous un épais nuage d'ignorance et de mysticisme, d'où s'échappaient souvent les éclairs redoutables des vengeances ecclésiastiques.

La science divinement révélée ne saurait admettre le changement ni le progrès. Elle détourne de toute recherche, de toute découverte nouvelle, parce qu'elle les considère d'avance comme présomptueuses, inutiles, et regarde les investigations humaines comme l'effet d'une coupable curiosité à l'endroit des secrets qu'il n'a pas plu à Dieu de nous découvrir.

Quelle est donc cette science sacrée, cette science révélée que les Pères déclarent être la somme suffisante du savoir humain ?

Cette science compare tout phénomène matériel ou spirituel à un acte humain. Pour elle le Tout-Puissant lui-même n'est qu'un homme de stature gigantesque.

La terre est une surface plane ; sur nos têtes, le firmament s'arrondit comme un dôme, ou, comme nous le dit saint Augustin, s'étend comme une peau dont on forme les tentes. Les étoiles, le soleil et la lune s'y meuvent pour éclairer l'homme pendant le jour et la nuit. La terre a été créée de rien, et les tribus qui l'habitent, les plantes, les animaux, ont tous été faits en six jours ; au-dessus du firmament sont les cieux ; dans l'abîme, au-dessous de nos pieds, est l'enfer et ses ténèbres. La terre est le centre de l'univers, son point le plus important, et toutes choses ont été créées pour elle.

Quant à l'homme, il a été fait du limon de la terre. D'abord, il était seul ; mais ensuite la femme fut formée d'une de ses côtes. Il est la plus haute et la plus parfaite des œuvres de Dieu. Il a été placé dans un paradis, sur les bords de l'Euphrate, et il possédait la sagesse et la pureté ; mais ayant goûté au fruit défendu et transgressé les commandements de Dieu, il a été condamné au travail et à la mort.

Les descendants du premier homme, non intimidés par son châtiment, menèrent une vie si coupable qu'il devint nécessaire de les détruire. En conséquence, le déluge couvrit la terre et les eaux s'élevèrent jusqu'au sommet des montagnes. Le déluge ayant exécuté l'ordre de Dieu, les eaux furent séchées par les vents.

Noé, ses trois fils et leurs femmes, furent sauvés dans l'arche. De ces trois fils, le premier, Sem, demeura en Asie et la repeupla ; Cham peupla l'Afrique ; Japhet, l'Europe. Comme les Pères ne connaissaient pas l'existence de l'Amérique, ils ne s'embarrassèrent pas de trouver un ancêtre à ses habitants.

Écoutons ce que quelques-uns d'entre eux disent à l'appui de leurs assertions.

Lactance, parlant de la doctrine hérétique de la forme sphérique de la terre, dit : « Se peut-il qu'il existe des hommes assez insensés pour croire que les moissons et les arbres croissent la tête en bas, et que les habitants de l'autre hémisphère ont les pieds plus haut que la tête ? Si vous demandez à ceux qui défendent ces monstrueuses opinions, comment il se fait, en ce cas, que les objets ne se détachent pas de la terre, ils répondent qu'il est dans la nature des choses que les corps pesants tendent vers le centre comme font les rayons des roues, tandis que les corps légers, comme les nuages, la fumée, la flamme, tendent vers le ciel de tous côtés. Que dire de ceux qui après être tombés ainsi dans l'erreur, s'obstinent dans leur folie, et défendent une opinion absurde par une autre opinion non moins absurde. » Au sujet des antipodes, saint Augustin déclare « qu'il est impossible qu'il y ait des habitants de l'autre côté de la terre, puisque l'Écriture ne fait point mention de cette race en parlant des descendants d'Adam. » Toutefois, une meilleure raison le frappe ; c'est « qu'au jour du jugement, les hommes qui seraient de l'autre côté de la terre ne pourraient pas voir le Seigneur descendre dans les airs. »

Je n'ai pas besoin de rappeler la venue de la mort sur la terre, les interventions des esprits, celles des anges et des démons, la conflagration future, la Tour de Babel, la confusion des langues, la dispersion des hommes ; non plus que l'interprétation donnée aux phénomènes naturels, comme les éclipses, l'arc-en-ciel, etc. Je m'abstiens, surtout, de commenter la manière dont la patristique conçoit le Tout-Puissant. Elle est par trop anthropomorphique et vide de sublimité.

Peut-être, cependant, pourrais-je citer quelques-unes des idées qu'on avait au sixième siècle, tirées de Cosmas Indicopleustes. Il écrivit un ouvrage intitulé : *Topographie chrétienne*, dans le but de réfuter l'opinion hérétique de la sphéricité de la terre et l'assertion païenne qu'il existe une zone tempérée au sud de la zone torride. Il affirme que d'après le véritable système orthodoxe de géographie, la terre est une surface plane et quadrangulaire s'étendant à quatre cents journées à l'Est, autant à l'Ouest, deux cents au Sud et deux cents au Nord ; qu'elle est entourée de montagnes sur lesquelles repose la voûte des cieux et qu'une de ces montagnes, située au Nord et plus haute que les autres, interceptant les rayons du soleil, cela cause l'obscurité de la nuit ; que le plan de la terre n'est pas parfaitement horizontal ; mais incline un peu du Nord au Sud, ce qui fait que l'Euphrate, le Tigre, et les autres fleuves qui coulent du septentrion au midi ont un cours rapide, tandis que le Nil, qui remonte vers le Nord, en a, nécessairement, un plus lent.

Le vénérable Bède, qui écrivait au septième siècle, nous dit que « la création a été accomplie en six jours et que notre terre est son point central et son objet le plus important. Celle-ci tourne chaque jour avec une ineffable rapidité, modérée seulement par la résistance des sept planètes : trois au-dessus du soleil — Saturne, Jupiter, Mars — trois au-dessous — Vénus, Mercure, la Lune. Les étoiles tournent aussi et celles plus au Nord ont des cercles moins longs à parcourir. Le ciel le plus élevé a ses limites. Il renferme les vertus angéliques qui descendent sur la terre, prennent des corps éthérés, accomplissent des fonctions humaines et retournent aux cieux. Le ciel est tempéré par des eaux glacées de peur qu'il ne s'enflamme. Le ciel inférieur est appelé le firmament parce qu'il sépare les eaux qui sont sur nos têtes des eaux qui sont sous nos pieds. Les eaux du ciel sont plus bas que le monde des esprits célestes, plus haut que toutes les choses corporelles, et réservées, selon les uns, pour produire un second déluge, selon les autres, et avec plus de vérité, pour tempérer la chaleur des étoiles fixes.

Etait-ce donc pour ces spéculations extravagantes, pour ce produit de l'ignorance et de l'audace, qu'il fallait abandonner les ouvrages des philosophes grecs ? Il n'était pas trop tôt que les grands critiques qui apparurent au temps de la Réforme, vinssent, en comparant les œuvres des uns avec les divagations des autres, réduire celles-ci à leur juste valeur, et nous apprendre à les regarder toutes d'un œil de mépris.

La plus étrange partie de tout ce présomptueux système était encore sa logique et la nature de ses preuves. Celles-ci reposaient toujours sur le miracle. On supposait un fait prouvé par quelque fait extraordinaire mais différent ! Un écrivain arabe, parlant de cela, dit : « Si quelqu'un m'affirme que trois sont plus que dix et ajoute : en preuve de ceci, je vais changer ce bâton en serpent ; je peux admirer son adresse, mais je ne serai certainement pas convaincu. » Et cependant, pendant plus de mille ans, ce fut là la logique courante, acceptée dans toute l'Europe. Des propositions absurdes étaient acceptées sur des preuves non moins absurdes.

Du moment que le parti devenu dominant dans l'Empire ne pouvait pas produire des œuvres dignes de rivaliser avec celles des païens, et du moment qu'il ne pouvait accepter une position d'infériorité, la persécution, l'extinction de la science profane devint une nécessité politique. C'est en vertu de cette nécessité que les Platoniciens furent poursuivis sous Valentinien, qu'on les accusa de magie et que beaucoup d'entre eux furent mis à mort. La philosophie était devenue dangereuse ; on en faisait un crime d'état ; à sa place, il se produisit une vraie fureur de merveilleux et de superstition. L'Egypte échangea les grands hommes qui avaient rendu son muséum immortel contre des troupes de moines solitaires et de vierges cloîtrées qui préparèrent et achevèrent sa ruine.

CHAPITRE TROISIÈME

CONFLIT TOUCHANT LA DOCTRINE DE L'UNITÉ DE DIEU. — LA
PREMIÈRE RÉFORME OU RÉFORME DU SUD.

Les Égyptiens insistent pour l'introduction du culte de la vierge Marie. — Ils
rencontrent l'opposition de Nestorius, patriarche de Constantinople. — Mais
par leur influence auprès de l'Empereur, ils obtiennent l'exil de Nestorius
et la dispersion de ses partisans. — Prélude de la réforme du Sud. —
Ses effets moraux. — La réforme arabique. — Mahomet est mis en contact avec les nestoriens. — Il adopte et développe leurs doctrines, rejetant
le culte de la vierge Marie, le dogme de la Trinité et tout ce qui est en
opposition avec l'Unité de Dieu. — Il détruit l'idolâtrie par la force en
Arabie, et se prépare à faire la guerre à l'Empire romain. — Ses successeurs conquièrent la Syrie, l'Égypte, l'Asie Mineure, le nord de l'Afrique,
l'Espagne, et envahissent la France. — Comme résultat de ce conflit, le
dogme de l'Unité de Dieu s'établit dans la plus grande partie de l'Empire
romain. — L'étude des sciences est remise en honneur et la chrétienté
perd plusieurs de ses plus illustres capitales historiques : Alexandrie, Carthage, et surtout Jérusalem.

La politique de la cour de Byzance avait revêtu le christianisme primitif des formes païennes et contribué ainsi à le répandre dans toutes les populations idolâtres de l'Empire. Il y
avait eu fusion de partis. Le christianisme avait modifié le paganisme. Cette religion bâtarde couvrait maintenant toutes les provinces romaines.

Cette grande extension avait procuré aux chrétiens du pouvoir
et des richesses. Une portion importante des revenus publics
allait maintenant au trésor de l'Église. Comme il arrive toujours
en pareil cas, bien des gens vinrent à la curée et, sous le masque
du zèle, cherchèrent les profits et les honneurs.

La conquête romaine avait atteint sous les Césars ses derniers développements. L'Empire était fait. Il ne restait plus rien à conquérir et les beaux jours de la vie militaire, les guerres de convoitise, le pillage des provinces ennemies étaient passés. D'autres objets s'offraient aux ambitieux ; un autre chemin leur était ouvert et la carrière de l'Église conduisait à des avantages qui n'étaient point indignes de comparaison avec ceux auxquels avait conduit, jadis, la carrière de l'armée.

L'histoire ecclésiastique, on pourrait dire l'histoire politique de cette époque roule sur les luttes des trois évêques des trois grandes villes Métropolitaines — Constantinople, Alexandrie, Rome — pour obtenir la suprématie. Constantinople se fondait dans ses prétentions sur ce qu'elle était la résidence actuelle de l'Empereur ; Alexandrie, sur sa situation commerciale et littéraire ; Rome, sur ses grands souvenirs. Mais le patriarche de Constantinople avait le désavantage d'être trop sous l'œil, et, comme il l'éprouva souvent, trop sous la main de l'Empereur. Les évêques d'Alexandrie et de Rome trouvaient plus de sûreté dans leur éloignement.

Les disputes religieuses de l'Orient ont généralement roulé sur la nature et les attributs de Dieu ; celles de l'Occident, sur l'homme et ses rapports. Cette circonstance a beaucoup influé sur la transformation que le christianisme a subie en Asie et en Europe. A l'époque dont nous parlons, les provinces orientales de l'Empire offraient le spectacle de l'anarchie intellectuelle ; il y avait de violentes querelles sur la Trinité, sur l'essence Divine, sur l'origine du Fils, sur la nature du Saint-Esprit, sur l'intercession de la Vierge. Les clameurs triomphantes tantôt d'une secte, tantôt d'une autre, se mêlaient aux miracles et au sang répandu. Jamais personne ne s'avisa d'examiner les opinions de ses adversaires à la lumière de la raison. Cependant, tous les partis étaient d'accord en ceci que la fausseté des divinités païennes était prouvée par la facilité avec laquelle elles avaient été renversées. Les prêtres remarquaient triomphalement que les images de ces dieux avaient été, au jour de l'épreuve, impuissantes à se défendre.

Les idées polythéistes ont toujours été en honneur chez les nations du midi de l'Europe et les monothéistes chez la race sémitique. Peut-être cela est-il dû, ainsi que l'a remarqué un auteur moderne, à ce qu'un sol accidenté, des paysages variés, formés de montagnes et de vallées, d'îles, de rivières et de golfes, prédisposent l'homme à admettre une variété de Divinités, tandis qu'un désert de sable, un Océan sans bornes, le frappent de l'idée de l'Unité de Dieu.

Des raisons politiques avaient porté les Empereurs à favoriser la fusion du christianisme avec le paganisme et diminué par là leur rivalité. Le ciel du christianisme populaire et mondain n'était autre que le vieil Olympe, dont les dieux antiques avaient été chassés. Là, sur un grand trône blanc, était assis Dieu le Père ; à sa droite le Fils, et la Vierge bénie vêtue d'or et « couverte d'ornements précieux ! » à la gauche de Dieu, le Saint-Esprit. Des légions d'anges, portant des harpes, entouraient le trône. Derrière , dans un vaste espace , il y avait des tables auxquelles les bienheureux étaient conviés dans un éternel banquet.

Si les simples n'étaient points tentés de s'enquérir des détails, et ne se demandaient point comment le bonheur pouvait se trouver dans l'ennui de cette scène éternelle et sans changement possible, il n'en était pas de même des esprits éclairés. Comme nous le verrons bientôt, il y avait des hommes dans le haut clergé qui rejetaient avec horreur ces imaginations charnelles, ces conceptions matérialistes, et qui élevaient la voix en faveur des attributs du Tout-Puissant présent partout.

Pendant le travail de paganisation qui s'était opéré sur tous les points du christianisme, chaque évêque avait eu intérêt à faire adopter les idées, qui, de temps immémorial, avaient eu cours dans la communauté qu'il gouvernait. C'est ainsi que les Egyptiens avaient déjà réussi à imposer à l'Église leur croyance à la Trinité ; maintenant, ils voulaient que, sous la forme du culte de Marie, le culte d'Isis fût rétabli.

Il arriva que Nestorius, évêque d'Antioche, qui partageait les opinions philosophiques de Théodore de Mopseste, avait été appelé par l'Empereur au siége de Constantinople (an. de J.-C. 427.) Nestorius rejetait le bas anthropomorphisme populaire qu'il regardait presque comme blasphématoire et adorait un principe divin remplissant l'univers, et étranger aux attributs de l'homme. Il était profondément imbu de la doctrine d'Aristote et s'attachait à la concilier avec ce qu'il tenait pour être la foi orthodoxe. Une dispute s'éleva donc entre lui et Cyrille, patriarche d'Alexandrie. Cyrille représentait le parti paganisant, Nestorius le parti philosophique dans l'Eglise. C'était ce même Cyrille qui avait fait massacrer Hypathie. Il était résolu à instituer le culte de la Mère de Dieu, Nestorius à l'empêcher. Dans un sermon qu'il prononça dans l'église métropolitaine de Constantinople, ce dernier revendica les attributs essentiels du Dieu Eternel et Tout-Puissant. « Or, ce Dieu, s'écria-t-il, peut-il donc avoir une mère ? » Dans d'autres sermons et dans ses écrits, il prouva que la Vierge ne devait pas être appelée la Mère de Dieu, mais la Mère de l'humanité du Christ, humanité aussi distincte de sa divinité que l'est un temple du Dieu qu'on y adore.

Excités par les moines d'Alexandrie, les moines de Constantinople prirent les armes en faveur de la Mère de Dieu. La querelle en vint à ce point que l'Empereur fut obligé d'assembler un concile à Ephèse. Pendant ce temps, Cyrille avait fait au chef des eunuques de la cour Impériale un présent consistant en une grande somme d'or et avait ainsi obtenu l'appui de la sœur de l'Empereur. « La Vierge sainte du ciel trouva une alliée de son sexe dans la vierge sainte de Constantinople. » Cyrille se rendit au concile, suivi d'une tourbe d'hommes et de femmes du plus bas peuple. Il s'empara de la présidence et, au milieu du tumulte, il lut le rescrit de l'Empereur, avant que les évêques de Syrie n'aient eu le temps d'arriver. Un jour suffit à son triomphe. Il refusa toutes propositions d'accommodement de la part de Nestorius, s'opposa à ce que ses explications fussent lues et le fit condamner sans l'entendre. Quand les évêques Syriens arrivèrent, ils s'assemblèrent pour protester. Une révolte sanglante eut lieu jusque dans l'église de Saint-Jean. Nestorius, abandonné par la cour, fut plus tard exilé dans une oasis d'égypte. Ses persécuteurs le tourmentèrent tout le temps de sa vie par tous les moyens possibles et publièrent, à sa mort, que « sa langue de blasphémateur avait été rongée par les vers et qu'il n'était sorti du désert brûlant d'Egypte que pour entrer dans le feu plus ardent de l'enfer. »

Cependant la défaite et le châtiment de Nestorius n'avaient pas détruit sa doctrine. Lui et ses sectateurs, se fondant sur le sens manifeste du dernier verset du premier chapitre de saint Matthieu, ainsi que sur le cinquante-cinquième et cinquante-sixième verset du treizième livre du même évangile, se refusèrent constamment à reconnaître la virginité perpétuelle de la reine des cieux. Leurs opinions philosophiques s'exprimèrent bientôt par des actes. Tandis que leur chef était livré aux tourments dans un désert d'Afrique, beaucoup d'entre eux avaient émigré sur les bords de l'Euphrate où ils fondèrent l'Eglise chaldéenne. Le collége d'Edesse fut créé sous leurs auspices. De leur collége de

Nisibe sortirent des docteurs qui répandirent les opinions nestoriennes en Syrie, en Arabie, dans l'Inde, dans la Tartarie, en Chine et en Egypte. Les Nestoriens suivaient la doctrine d'Aristote et ils traduisirent les œuvres de ce grand philosophe en syriaque et en persan. Ils firent aussi des traductions dans ces langues d'ouvrages plus récents, comme ceux de Pline. D'accord avec les Juifs, ils établirent l'école de médecine de Djondesabour. Leurs missionnaires répandirent le christianisme nestorien dans une si grande partie de l'Asie, que ses sectateurs dépassèrent plus tard en nombre les chrétiens d'Europe des deux Eglises, la Grecque et la Latine. En Arabie, et il faut remarquer particulièrement ce fait, ils avaient un évêque.

Les disputes entre Constantinople et Alexandrie avaient ainsi rempli l'Asie occidentale de sectaires, animés d'une haine féroce les uns contre les autres, et surtout contre l'Empereur qui les avait persécutés. Il en résulta une révolution religieuse qui affecta le monde entier et dont les conséquences se font encore sentir de nos jours.

Nous comprendrons parfaitement ce grand événement si nous l'envisageons sous ses deux aspects divers : 1° le renversement du christianisme asiatique par les Persans ; 2° la réforme fiscale opérée par les Arabes.

1° En l'an de Jésus-Christ 590, par une de ces révolutions qui sont si fréquentes dans les cours d'Orient, Chosroës, l'héritier légitime du trône persan, fut contraint de chercher un refuge à Byzance et d'implorer le secours de l'Empereur Maurice. Ce secours lui fut accordé et dans une courte et heureuse campagne, Chosroës fut rétabli sur le trône de ses ancêtres.

Mais la gloire de cette campagne généreuse ne put sauver Maurice lui-même. Une révolte éclata dans l'armée romaine, excitée par le centurion Phocas. Les statues de Maurice furent renversées. Le patriarche de Constantinople, après s'être assuré de l'orthodoxie de Phocas, le sacra empereur. Le malheureux Maurice fut arraché d'un sanctuaire où il avait cherché un refuge, ses cinq fils furent décapités sous ses yeux, et lui-même fut mis à mort. L'impératrice, sa femme, fut attirée hors de l'église de Sainte-Sophie, mise à la torture, et décapitée aussi, avec ses trois filles. Les amis de la famille massacrée furent poursuivis avec une vindicte implacable. Les uns eurent les yeux crevés, les autres la langue arrachée ; d'autres, enfin, les pieds et les mains coupés ; quelques-uns furent battus de verges et mis à mort.

Quand cette nouvelle arriva à Rome, le pape Grégoire la reçut avec joie, demandant à Dieu que le bras de Phocas fût fortifié contre ses ennemis. En retour, Grégoire fut salué du titre « d'Evêque universel. » La raison de l'attitude prise par le pape était, sans doute, que Maurice était soupçonné de magisme, ses rapports avec les Persans l'y ayant probablement exposé. La populace de Constantinople l'avait poursuivi dans les rues en le honnissant comme Marcionite, secte qui suivait la doctrine des Mages touchant les deux principes en lutte dans l'univers.

Chosroës en apprenant l'assassinat de son ami éprouva des sentiments bien différents. Phocas lui avait envoyé la tête de Maurice et de ses enfants. Le roi persan se détourna de ce spectacle avec horreur et résolut de venger son bienfaiteur, les armes à la main.

L'exarque d'Afrique, Héraclius, un des premiers officiers de l'Empire, reçut aussi l'affreuse nouvelle avec indignation. Il se décida à ne point permettre que la pourpre impériale fût usurpée par un obscur centurion hideux de sa personne. « Phocas était petit et difforme. Ses sourcils épais se joignaient sur son front, ses cheveux étaient roux, son menton sans barbe et ses joues, sans couleur, couvertes d'énormes cicatrices. Ignorant dans les lettres et dans les lois, sans talents militaires, il ne dépassait les autres hommes qu'en luxure et en ivrognerie. » Héraclius refusa d'abord de lui payer le tribut et de lui rendre obéissance. Ensuite, empêché lui-même par l'âge et les infirmités, il confia à son fils, du même nom que lui, le soin dangereux de la résistance armée. Le jeune Héraclius, dans une course heureuse et rapide, arriva bientôt devant Constantinople. L'inconstant clergé, le sénat, le peuple se joignirent à lui; l'usurpateur fut arrêté dans son palais et décapité.

Mais la révolution qui venait d'avoir lieu à Constantinople n'arrêta point le mouvement du roi persan. Les prêtres du magisme lui avaient conseillé d'agir isolément des Grecs, dont la superstition, disaient-ils, était contraire à toute vérité et à toute justice. En conséquence, Chosroës franchit l'Euphrate. Son armée fut reçue avec transport par les sectaires syriens, et des insurrections en sa faveur éclatèrent de toutes parts. Antioche, Césarée, Damas, tombèrent successivement en son pouvoir. Jérusalem elle-même fut prise d'assaut ; le sépulcre du Christ, les églises de Constantin et d'Hélène furent réduits en cendres. La croix du sauveur fut envoyée comme trophée en Perse ; les églises furent dépouillées de leurs richesses ; les reliques, consacrées par la superstition, jetées au vent. L'Egypte fut envahie, conquise et annexée à l'Empire persan. Le patriarche d'Alexandrie échappa par la fuite et se sauva en Chypre. La côte d'Afrique fut prise jusqu'à Tripoli. Au nord, l'Asie Mineure fut subjuguée et, pendant dix ans, les armées persanes campèrent sur les rives du Bosphore, en face de Constantinople.

Dans cette situation désespérée, Héraclius demanda la paix. « Je n'accorderai jamais la paix à l'empereur de Byzance, répondit le fier Persan, qu'il n'ait abjuré son Dieu crucifié et embrassé le culte du soleil. » Après un long délai , on obtint pourtant des conditions, et l'Empire paya pour sa rançon mille talents d'or, mille talents d'argent, mille robes de soie, mille chevaux et mille vierges.

Toutefois Héraclius ne se soumit qu'un moment. Il trouva moyen, non-seulement de rétablir ses affaires, mais de prendre l'offensive contre l'Empire persan. Les moyens par lesquels il obtint ce résultat, sont dignes des beaux jours de Rome.

Quoique l'Empire romain eût relevé l'honneur de ses armes et reconquis son territoire, il y eut une chose qu'il ne put reconquérir. La foi religieuse était irréparablement perdue. Le magisme avait insulté le christianisme à la face du monde, en profanant ses sanctuaires — Bethléem, Gethsémani, le calvaire — en brûlant le sépulcre du Christ, en dépouillant et détruisant ses églises, en jetant ses reliques au vent, en enlevant, au milieu de cris de triomphe, la croix du Sauveur.

Les miracles avaient autrefois abondé en Syrie, en Egypte, en Asie Mineure. Il s'en était fait dans les occasions les moins importantes et pour les objets les plus insignifiants ; et pourtant , dans ce moment suprême, aucun miracle ne s'était accompli !

Les populations chrétiennes de l'Orient furent remplies d'étonnement quand elles virent les sacriléges des Perses, perpétrés avec impunité. Le soleil aurait dû rebrousser sa marche, la terre entr'ouvrir ses abîmes, l'épée du Tout-Puissant lancer ses éclairs et le sort de Sennachérib eût dû être celui de l'envahisseur. Cependant, il n'en avait rien été. Dans la terre classique du miracle, l'étonnement fut suivi de la consternation et la consternation s'éteignit dans le doute.

2º Terrible comme elle l'avait été, la conquête persane n'était pourtant qu'un prélude d'un plus grand événement dont nous allons raconter l'histoire, la révolte du sud contre le christianisme. Cet événement eut pour résultat la perte des neuf dixièmes de ses possessions géographiques, l'Asie, l'Afrique et une partie de l'Europe.

Pendant l'été de 581 de l'ère chrétienne, une caravane de chameaux arrivait à Bosrah, ville située aux confins de la Syrie et au sud de Damas. Elle venait de la Mecque et était chargée des riches productions de l'Arabie Heureuse. Le conducteur de la caravane, un certain Abou-Saleb, et son neveu, un enfant de douze ans, furent reçus d'une façon hospitalière et généreuse dans le couvent nestorien de cette ville.

Les moines apprirent bientôt que leur jeune hôte s'appelait Halibi ou Mohammed (Mahomet) et qu'il était neveu du gardien de la Kaaba, le temple sacré des Arabes. Un d'eux, nommé Bahirah, n'épargna rien pour obtenir sa conversion et pour l'arracher à l'idolâtrie dans laquelle il était né. Il trouva chez l'enfant, non-seulement une intelligence précoce, mais un ardent désir de s'instruire, surtout en matière religieuse.

Dans le pays de Mahomet, la Mecque, le principal objet du culte national était une aérolithe noire, conservée dans la Kaaba et entourée de trois cent soixante autres idoles inférieures, figurant les trois cent soixante jours de l'année, d'après le calcul d'alors.

A cette époque, l'Église chrétienne avait été amenée, comme nous l'avons vu, à un étrange état d'anarchie, par l'ambition et la perversité des prêtres. On avait tenu, sous divers prétextes, des conciles dont on dissimulait l'objet caché. Il y avait des scènes fréquentes de violence, de vénalité, de corruption. En Occident, les siéges épiscopaux offraient un tel appât de richesses, de luxe et de pouvoir que l'élection d'un évêque était souvent l'occasion de scènes sanglantes. En Orient, la politique de Constantinople avait causé des déchirements dans l'Église et donné naissance à des schismes. Parmi les combattants, il suffit de nommer les ariens, les basilidiens, les carpocratiens, les collyridiens, les eutychéens, les gnostiques, les jacobites, les marcionites, les marionites, les nestoriens, les sabelliens, les valentiniens. Les marionites disaient que la Trinité se composait du Père, du Fils et de la Vierge Marie; les collyridiens adoraient la Vierge comme une divinité et lui offraient des gâteaux en sacrifice; les nestoriens, nous l'avons déjà vu, niaient que Dieu eût une mère et ils se faisaient gloire d'être les héritiers de la science grecque.

Mais quoiqu'ils fussent irréconciliables en matière de foi, il y avait un point sur lequel toutes ces sectes étaient d'accord, c'était une haine féroce les unes pour les autres. L'Arabie, pays indépendant qui s'étend de l'Océan indien au désert de Syrie, leur donnait refuge à toutes dans leurs fortunes changeantes. Cela durait depuis longtemps. Là, un grand nombre de Juifs s'étaient enfuis après la prise de Jérusalem par les Romains : après sa conversion, saint Paul nous apprend dans une épître aux Galatiens, qu'il s'y était retiré. Les déserts de l'Arabie étaient maintenant peuplés d'anachorètes chrétiens et ceux-ci avaient fait beaucoup de prosélytes parmi les principales tribus arabes. On avait, çà et là, bâti des églises. Les princes chrétiens d'Abyssinie, qui étaient nestoriens, possédaient l'Yémen, province méridionale de l'Arabie.

Le moine Bahirah instruisit Mahomet dans le couvent de Bosrah de la doctrine des nestoriens. Par lui, le jeune arabe apprit l'histoire de leurs persécutions. Ce fut là qu'il conçut la haine des pratiques idolâtriques de l'Église d'Orient et qu'il s'accoutuma à parler de Jésus, non comme du Fils de Dieu, mais comme du Fils de Marie, habitude qu'il ne perdit jamais pendant sa merveilleuse carrière. Son esprit inculte, mais actif, ne pouvait qu'être profondément impressionné, non-seulement par les idées religieuses, mais aussi par les idées philosophiques de ses maîtres qui se glorifiaient d'être les représentants de la science aristotélique. La suite fit voir combien leurs idées religieuses avaient pris possession de son esprit, et ses actes prouvèrent son affection et sa sympathie pour eux. Sa vie toute entière fut consacrée à répandre leurs doctrines théologiques et celles-ci une fois établies, ses successeurs patronnèrent fortement leurs doctrines scientifiques et toutes les opinions qu'ils tenaient d'Aristote.

Quand Mahomet fut devenu homme, il fit d'autres expéditions en Syrie. Il est permis de supposer qu'en ces occasions le couvent et ses hôtes hospitaliers ne furent pas oubliés. Il avait un mystérieux respect pour ce pays. Une riche veuve de la Mecque, Khadidjah, lui avait confié le soin de son commerce avec la Syrie. Elle fut charmée de son intelligence, de sa probité et peut-être de sa personne, puisqu'il joignait, dit-on, à une mâle beauté des manières extrêmement agréables. Le cœur des femmes est le même dans tous les temps et dans tous les pays. Elle chargea un esclave de lui ouvrir ses pensées et, pendant les

vingt-quatre années qu'elle vécut encore, Mahomet fut son fidèle
époux. Dans un pays où la polygamie était permise, il ne l'affli-
gea point par la présence d'une rivale. Bien des années après et
lorsqu'il était au faîte de sa puissance, Ayesha, une des plus
belles femmes de l'Arabie, lui disait un jour : « N'était-elle pas
vieille? Et Dieu ne vous a-t-il pas donné en moi une meilleure
épouse à sa place? » — « Non, en vérité! » s'écria Mahomet, et
avec une explosion d'honnête reconnaissance : « Il n'y en eut
jamais une meilleure ! Elle a cru en moi quand les hommes me
méprisaient ; elle est venue à moi quand j'étais pauvre et persé-
cuté par le monde ! »

Son mariage avec Khadidja lui procura tous les avantages de
l'aisance et lui permit de se livrer à son goût pour la méditation
religieuse. Il était arrivé que son cousin Varaka, qui était juif,
s'était fait chrétien et qu'il avait le premier traduit la Bible en
arabe. Les conversations qu'il eut avec Mahomet, confirmèrent
ce dernier dans sa haine pour l'idolâtrie.

D'après l'exemple des anachorètes chrétiens qui habitaient des
ermitages dans le désert, Mahomet se retira dans la grotte du
mont Hirah, à quelque distance de la Mecque, pour se livrer à
la méditation et à la prière. Dans cette retraite, contemplant les
imposants attributs du Dieu éternel et tout-puissant, il interro-
gea sa conscience pour savoir s'il pouvait adopter les dogmes
suivis alors dans la chrétienté asiatique sur la Trinité, sur la
filiation de Jésus, comme engendré par le Père, sur le caractère
de la Vierge Marie, à la fois vierge, mère, et reine des cieux,
sans se rendre coupable de blasphème.

Dans ses réflexions solitaires au fond de sa grotte, Mahomet
en vint à cette conclusion, qu'à travers tous les dogmes et toutes
les disputes qui l'entouraient, une chose ressortait clairement à
ses yeux, le principe de l'unité de Dieu. Appuyé sur le tronc
d'un palmier, il développa ses idées sur ce sujet à ses parents et
à ses amis et il leur annonça qu'il allait consacrer sa vie à la
prédication de la vérité. Cent fois, dans ses sermons et dans le
koran, il répéta : « Je ne suis rien qu'un prédicateur public, je
prêche l'unité de Dieu. » C'était ainsi qu'il comprenait lui-même
son apostolat. Jusqu'à l'heure de sa mort, il porta au doigt un
cachet en forme d'anneau, sur lequel étaient gravés ces mots :
« Mahomet envoyé de Dieu. »

C'est un fait bien connu des médecins que le jeûne prolongé,
joint à la surexcitation intellectuelle, produit des hallucinations.

Peut-être n'y a-t-il jamais eu une religion qui n'ait été fondée par des hommes graves et dévoués qui offraient l'exemple de tentations surnaturelles et d'ordres divins. Des voix mystérieuses encourageaient le prédicateur arabe à persévérer dans sa résolution. Des formes étranges passaient devant ses yeux. Il entendait des sons dans les airs, semblables à ceux d'une cloche lointaine. Pendant un songe nocturne, il fut transporté par l'ange Gabriel de la Mecque à Jérusalem et, de là, à travers six des sept cieux. Arrivé au septième, l'ange n'osa pas entrer plus avant, et Mahomet traversa seul le nuage redouté qui environne le trône du Tout-Puissant. « Un frisson passa dans son cœur quand il sentit sur son épaule se poser la main du Seigneur. »

Sa mission publique rencontra d'abord beaucoup de résistance et peu de succès. Chassé de la Mecque par les suppôts de l'idolâtrie nationale, il chercha un refuge à Médine, ville peuplée d'un grand nombre de juifs et de nestoriens. Après six années de prédication, il n'avait encore converti que quinze cents personnes. Mais dans trois petites escarmouches, dont la renommée et la légende s'accordèrent plus tard pour faire les batailles de Beder, d'Ohud et des Nations, Mahomet découvrit que le plus convainquant de ses arguments était l'épée. Il disait, dans la suite, avec une éloquence orientale : « On trouvera le Paradis à l'ombre des épées croisées. » Dans une suite d'opérations militaires bien dirigées, ses adversaires furent complétement défaits. L'idolâtrie de l'Arabie fut détruite, le dogme de l'unité de Dieu proclamé et son apostolat universellement reconnu.

Passons sur les vicissitudes de sa vie agitée et écoutons ce qu'il disait quand, au pinacle de la puissance et de la gloire, il sentait approcher son terme.

Ferme dans sa croyance en l'unité de Dieu, il partit de Médine pour son dernier pélerinage à la Mecque à la tête de cent quatorze mille dévots, avec des chameaux ornés de guirlandes de fleurs et de banderoles flottantes. Quand il approcha de la ville sainte, il prononça l'invocation solennelle : « Me voici, Seigneur, pour te servir. Oh! mon Dieu! nul n'est semblable à toi. A toi seul appartient l'adoration. Tu es le seul roi et personne ne partage ta royauté. »

Il offrit ensuite les chameaux en sacrifice. Il regardait cette institution primitive comme aussi sacrée que la prière et ne voyait point de raisons en faveur de l'une qu'on ne pût alléguer en faveur de l'autre.

Du haut de la chaire de la Kaaba, il dit encore : « Je ne suis qu'un homme comme vous. » On se souvint qu'il avait dit autrefois à quelqu'un qui l'approchait d'un air timide : « Que craignez-vous ? Je ne suis pas un roi. Je ne suis que le fils d'une femme arabe qui mangeait de la chair séchée au soleil. »

Il revint à Médine pour mourir. Dans ses adieux à son peuple il dit : « Tout arrive selon la volonté de Dieu et a son jour fixé d'avance, que l'homme ne peut ni retarder ni avancer. Je retourne à Celui qui m'a envoyé, et mon dernier commandement est que vous vous aimiez, honoriez et souteniez les uns les autres ; que vous vous exhortiez, mutuellement, à la foi, à la constance, à la piété. J'ai vécu pour vous et je meurs pour vous ! »

Dans les derniers moments de son agonie, sa tête s'appuyait sur les genoux d'Ayesha. De temps en temps, il trempait ses doigts dans un vase d'eau froide dont il rafraîchissait son visage ; enfin il cessa ! et regardant fixement vers le ciel, il dit d'une voix éteinte : « Mon Dieu ! qu'il en soit ainsi ! Pardonne-moi mes péchés : Je viens à toi. »

Parlerons-nous donc sans respect d'un pareil homme ? Ses préceptes sont aujourd'hui le guide religieux d'un tiers de la race humaine.

Mahomet qui avait déjà rompu avec le vieux culte idolâtrique de son pays, avait encore préparé le renversement de ces dogmes nestoriens qu'on lui avait fait connaître dans son enfance et qui étaient incompatibles avec la raison et le sens intime de l'homme. Quoique dans les premières pages du Koran il affirme sa croyance dans les révélations faites par Dieu à Moïse et à Jésus et les nomme tous deux avec respect, la vénération pour le Tout-Puissant est l'objet toujours présent à sa pensée. Il parle avec horreur du dogme de la divinité de Jésus, du culte de Marie comme Mère de Dieu, et celui des images est à ses yeux une basse idolâtrie. Il rejette la Trinité d'une façon absolue, paraissant croire qu'on ne peut comprendre ce dogme que comme la reconnaissance de trois dieux distincts.

Son idée première et dominante était d'opérer une réforme religieuse, de renverser l'idolâtrie dans son pays et de mettre fin au sauvage sectairianisme chrétien. Qu'il se soit proposé de créer une nouvelle religion est une calomnie inventée contre lui à Constantinople, où on le haïssait comme, dans les âges suivants, on haïssait Luther à Rome.

Cependant, quoiqu'il rejetât avec indignation tout ce qui tendait à altérer la notion d'un Dieu unique, il ne sut point s'affranchir des conceptions anthropomorphiques. Le Dieu du Koran est un homme en corps et en esprit, s'il est permis de s'exprimer ainsi. Bientôt après, pourtant, les descendants de Mahomet se défirent de ces idées mesquines et s'élevèrent à de plus hautes pensées.

L'opinion que nous avons émise sur le caractère primitif du mahométisme est acceptée depuis longtemps par des autorités compétentes. Sir William Jones, d'accord avec Locke, trouve que le seul point de divergence entre le christianisme et le mahométisme est dans le refus de reconnaître le Sauveur comme Fils de Dieu, égal au Père, des attributs duquel le mahométisme a la plus haute idée. Cette opinion a été aussi celle de l'Italie. Dante regardait Mahomet comme un simple schismatique et le mahométisme comme une secte arienne. En Angleterre, Whately le considère comme un christianisme dégénéré. C'était un rejeton du Nestorianisme, et ce ne fut qu'après qu'il eut vaincu les Grecs dans plusieurs batailles et commencé à se répandre en Asie et en Afrique, qu'enflé de son triomphe, il franchit ses premières limites et se posa comme une nouvelle et distincte révélation.

La vie de Mahomet a été presque entièrement consacrée à la conversion et à la conquête de son pays. Vers la fin, cependant, il se sentit assez fort pour menacer d'invasion la Syrie et la Perse. Il n'avait point fait de disposition pour la transmission de son pouvoir, et ce ne fut pas sans de grandes difficultés, qu'un successeur lui fut donné. A la fin, Abubeker, le père d'Ayesha, fut élu et proclamé premier calife ou successeur du prophète.

Il y a d'importantes différences entre la manière dont se répandit le mahométisme et celle dont le christianisme s'était universalisé. Celui-ci n'avait jamais été assez fort pour extirper l'idolâtrie de l'empire romain; il n'avait pu que l'absorber; les vieilles formes de l'un furent vivifiées par l'esprit nouveau de l'autre, et il en était résulté cette paganisation dont nous avons déjà parlé.

Mais en Arabie, Mahomet renversa et détruisit complétement les idoles. On n'en trouve plus aucune trace dans la doctrine prêchée par lui et par ses successeurs. La pierre noire de la Kaaba et les idoles qui l'entouraient sont oubliées pour toujours. Le dogme essentiel de l'Unité de Dieu est promulgué sans mé-

lange. Les succès militaires avaient, au sens humain, fait un
bienfait de la religion nouvelle ; car, qu'importent les dogmes,
quand ils sont généralement acceptés ?

Je n'ai rien à dire de la doctrine populaire du mahométisme.
Le lecteur qui prend intérêt à la connaître peut en trouver l'exposé dans le onzième chapitre de mon *Histoire du développement intellectuel de l'Europe*. Il suffit de remarquer que le
ciel des mahométans était en sept étages et que c'était un palais
oriental peuplé de délices charnelles. On n'y voit que concubines
et qu'esclaves aux yeux noirs. La figure de Dieu est peut-être
plus imposante que celle qu'il revêt dans le christianisme païen.
Toutefois, on n'effacera jamais les idées anthropomorphiques de
l'esprit des ignorants. Leur Dieu ne sera jamais, tout au plus,
qu'un homme gigantesque, un vaste fantôme de l'humanité,
semblable à un de ces spectres alpins vus au milieu des nuages
par celui qui tourne le dos au soleil.

Abubecker fut à peine assis sur le trône des califes qu'il publia
la proclamation suivante :

« Au nom de Dieu Tout Puissant ! Abubecker, aux vrais
croyans santé et bonheur ! La grâce et la bénédiction de Dieu
soient sur vous ! Louange au Très-Haut ! Je l'invoque par Mahomet son prophète.

« Ceci est pour vous informer que j'ai l'intention d'envoyer les
vrais croyans en Syrie pour arracher ce pays des mains des infidèles, et je veux que vous sachiez que combattre pour la religion
c'est obéir à Dieu. »

A la première rencontre, Khaleb, le général sarrazin, se trouvant serré de près, leva les mains au ciel et dit : « O Dieu ! ces
misérables prient comme des idolâtres et adorent un autre Dieu
que toi ! Sois-nous secourable contre eux, nous t'en prions, au
nom de Mahomet ton prophète ! » Les Sarrazins se conduisirent
en Syrie avec un zèle féroce : la foi professée par leurs ennemis
les remplissait d'horreur et d'indignation. « Je fendrai le crâne
à tout blasphémateur idolâtre qui dira que le Très-Saint, le
Tout-Puissant, l'Eternel a engendré un Fils. » Le calife Omar,
qui prit Jérusalem, commence ainsi sa lettre à l'empereur Héraclius : « Au nom du Dieu Très-Miséricordieux ! Louange à Dieu
le maître de ce monde et de l'autre, lequel n'a ni épouse ni fils. »
Les Sarrazins surnommaient les chrétiens : les Associateurs,
parce qu'ils adoraient et vénéraient ensemble le Père, le Fils, le
Saint-Esprit et la Vierge Marie.

Il n'entrait pas dans le plan du calife de commander lui-même ses armées. Il chargea nominalement de ce devoir Abou Obeidah et ce fut Khaleb qui l'exerça en réalité. Dans une revue militaire qu'il passa avant leur départ, le calife enjoignit à ses soldats d'observer la justice, la charité et la fidélité à leurs engagements. Il leur commanda de s'abstenir de toute conversation frivole et du vin, de prier aux heures consacrées, de se conduire avec bonté envers les peuples au milieu desquels ils allaient se rendre, mais de n'épargner point leurs prêtres.

A l'est du Jourdain est Bosrah, ville forte où Mahomet avait autrefois rencontré ses catéchistes nestoriens. C'était une de ces forteresses dont les Romains avaient hérissé le pays. L'armée des Sarrazins campait devant cette place. La garnison était forte; les remparts étaient couverts de croix miraculeuses et de bannières consacrées. Elle aurait pu faire une longue défense; mais le gouverneur, Romanus, trahit ses devoirs et ouvrit secrètement les portes aux assiégeants. Sa conduite nous montre à quel point d'abaissement en étaient venues les populations syriennes. Dans un discours qu'il fit au peuple qu'il venait de livrer, il lui dit : « Je renonce à votre société dans ce monde et dans l'autre. Je défie le Crucifié et tous ses adorateurs. Je prends Dieu pour maître, l'Islamisme pour foi, la Mecque pour temple, les musulmans pour frères, et pour prophète Mahomet qui a été envoyé pour nous conduire dans le vrai chemin et pour exalter la vraie religion, en dépit de ceux qui adorent plusieurs Dieux. » Depuis l'invasion persane, l'Asie-Mineure, la Syrie et même la Palestine étaient peuplées de traîtres et d'apostats prêts à se joindre aux Sarrazins. Romanus faisait comme des milliers d'autres. Il ne croyait plus au Christ depuis les victoires des Perses.

Damas, capitale de la Syrie, n'était qu'à soixante-dix milles au nord de Bosrah. L'armée des Sarrazins marcha sans retard sur cette ville. Ils la sommèrent de choisir entre ces trois choses : la conversion au mahométisme, le tribut, ou l'épée. L'Empereur Héraclius était dans son palais d'Antioche à cent cinquante milles, nord, de Damas, quand il reçut l'alarmante nouvelle. Il envoya promptement une armée de soixante-dix mille hommes. Les Sarrazins furent forcés de lever le siège. Une bataille fut livrée dans les plaines de Jaradin; les Romains furent vaincus et dispersés. Khaleb revint à Damas portant l'étendard de l'Aigle Noire, et, après un nouveau siége qui dura soixante-dix jours, la ville se rendit.

Si nous lisons les historiens arabes sur ces événements, nous pouvons nous convaincre que les armées sarrazines n'étaient jusque-là guère autre chose qu'une tourbe de fanatiques. Une partie des hommes combattaient nus. Souvent un guerrier s'avançait au front de l'armée et provoquait un ennemi à un combat à mort. Bien plus, il y avait jusqu'à des femmes qui prenaient part aux batailles et nous avons de très-pittoresques récits de leur brillante valeur.

De Damas, l'armée sarrazine marcha vers le nord, guidée par les pics neigeux du Liban et de la rivière Orontes. Elle réduisit sur sa route Balbec, capitale de la vallée Syrienne, et Emese, la principale ville de la plaine occidentale. Héraclius rassembla une armée de cent quarante mille hommes pour essayer de lui résister, une bataille fut donnée à Yermuck ; l'aile gauche des Sarrazins fut enfoncée, mais les soldats furent ramenés sur le champ de bataille par les exhortations des femmes et la journée finit par la déroute complète des Romains. Quarante mille hommes furent faits prisonniers et un grand nombre furent tués. Tout le pays fut ainsi ouvert aux vainqueurs. Ceux-ci s'étaient avancés à l'Est du Jourdain. Il était clair qu'avant que l'Asie Mineure pût être entamée, il fallait que les fortes et importantes villes de la Palestine qui se trouvaient sur les derrières des Sarrazins fussent prises. Les généraux différaient d'opinion sur la question de savoir si ce serait Jérusalem ou Césarée qui serait attaquée la première. On en référa au calife qui, préférant sagement l'avantage moral de la prise de Jérusalem à l'avantage militaire de celle de Césarée, ordonna d'assiéger la sainte ville et de s'en rendre maître à tout prix. Elle fut donc étroitement investie. Les habitants, se souvenant des atrocités commises par les Persans et des outrages faits au Saint-Sépulcre, se préparèrent à faire une vigoureuse résistance. Mais, après un siége de quatre mois, le patriarche Sophronius parut sur les murailles et demanda la capitulation. Il y avait eu malentendu entre les généraux, au moment de la capitulation de Damas, et le massacre des habitants fugitifs s'en était ensuivi. Sophronius stipula, en conséquence, que la reddition de Jérusalem aurait lieu en présence du calife en personne. Omar vint donc, de Médine. Il voyageait sur un chameau rouge portant un sac de blé et un sac de dattes, une écuelle en bois et une gourde en cuir. Le conquérant Arabe entra dans la Ville Sainte à cheval aux côtés du patriarche chrétien, et la capitale du Christianisme devint la capitale du mahométisme, sans tumulte et sans outrage. Après avoir donné l'ordre de bâtir une mosquée sur l'emplacement du temple de Salomon, le calife s'en retourna à Médine auprès du tombeau du prophète.

Héraclius voyait clairement que les désastres qui fondaient rapidement sur la chrétienté, étaient dus aux déchirements du sectairianisme, et tandis qu'il s'efforçait de défendre l'Empire par les armes, il travaillait assidûment à régler les différends des chrétiens. Dans ce but, il tâchait de faire prévaloir la doctrine monothélite de la nature unique du Christ. Mais il était trop tard. Alep et Antioche étaient tombées, et rien ne pouvait plus empêcher les Sarrazins de se répandre dans l'Asie Mineure. Héraclius lui-même dut chercher son salut dans la fuite. La Syrie, que les victoires de Pompée avaient ajoutée sept cents ans auparavant à l'empire romain, la Syrie, berceau du Christianisme, gardienne de ses souvenirs les plus chers et les plus sacrés, la Syrie dont Héraclius lui-même avait réussi à chasser les Persans, était perdue pour toujours. Les apostats et les traîtres avaient consommé son désastre. On dit que lorsque Héraclius monta sur le vaisseau qui devait le ramener à Constantinople, il jeta un long regard sur les montagnes qui se perdaient dans le lointain et s'écria avec amertume : « Adieu, Syrie ! pour jamais, adieu ! »

Il est inutile d'insister sur les autres détails de la conquête des Sarrazins : de dire comment Tyr et Tripoli furent livrées ; comment la flotte sarrazine fut construite avec les cèdres du Liban et équipée avec les marins de Phénicie ; comment elle poussa la flotte romaine dans l'Hellespont ; comment Chypre, Rhodes et les Cyclades furent ravagées et comment le colosse de Rhodes, qui passait pour une des sept merveilles du monde, fut vendu à un Juif qui, du bronze, forma la charge de neuf cents chameaux ; comment les armées du calife s'avancèrent jusqu'aux bords de la mer Noire et vinrent camper devant Constantinople : tout cela n'était rien en comparaison de la chute de Jérusalem.

La chute de Jérusalem ! la perte de la métropole chrétienne ! Dans les idées du temps, les deux religions avaient passé par l'ordalie des armes ; elles avaient subi le jugement de Dieu ! La victoire avait adjugé au mahométisme Jérusalem le prix du combat ! Et malgré les succès temporaires des croisés, après mille ans écoulés, elle est encore dans ses mains ! On comprend les historiens grecs de Byzance « de n'avoir point raconté le grand événement de la ruine de l'Église d'Asie » et quant à l'Église d'Occident, les papes dégénérés du moyen-âge — de l'âge des Croisades — ne pouvaient se voir sans indignation, forcés de fonder les prétentions de Rome au titre de métropole de la chrétienté sur l'histoire légendaire du voyage de Pierre, tandis que les lieux sacrés de la naissance et de la mort du Christ étaient au pouvoir des infidèles! Il n'y a pas que les historiens grecs de Byzance qui aient tâché de dissimuler l'événement. Les historiens chrétiens de l'Empire ont évité le sujet toutes les fois qu'il s'est présenté dans l'histoire, la science ou la religion; car ils ont constamment suivi cette politique de cacher ce qu'ils ne pouvaient pas travestir et de travestir ce qu'ils ne pouvaient pas cacher.

Je n'ai pas l'intention, et il n'entre pas dans mon sujet, de raconter les autres conquêtes des Sarrazins avec autant de détails que j'en ai donnés pour ce qui a rapport à la prise de Jérusalem, bien que ces conquêtes aient eu pour résultat la formation d'un empire beaucoup plus vaste que celui d'Alexandre et même que celui de Rome. On peut dire cependant en peu de mots, comment le magisme reçut alors un coup plus rude encore que ceux qui avaient frappé le Christianisme. Le sort de la Perse fut décidé à la bataille de Cadesia. Dans le sac de Ctésiphon, le trésor royal, les armes du roi et d'immenses dépouilles tombèrent entre les mains des Sarrazins. Ce n'est pas sans raison que les musulmans appellent la bataille de Nehavend, la victoire des victoires. Ils s'avancèrent d'un côté le long de la mer Caspienne, de l'autre, ils suivirent les bords du Tigre jusqu'à Persépolis. Le roi de Perse n'échappa que par la fuite et se sauva dans le grand désert salé abandonnant à l'ennemi la salle aux colonnes et aux statues qui avait vu le banquet triomphal d'Alexandre et qui, depuis lors, était tombée en ruines. Une division de l'armée arabe le poursuivit jusqu'au delà de l'Oxus, où il fut assassiné par les Turcs. Son fils fut poussé jusqu'en Chine, où il devint un des capitaines des gardes de l'Empereur. Le pays audelà de l'Oxus fut entièrement soumis et paya un tribut de mille pièces d'or. Quand l'empereur de la Chine demanda l'alliance et l'amitié du calife de Médine, l'étendard du prophète flottait déjà sur les bords de l'Indus.

Parmi les généraux qui s'étaient le plus distingués pendant les guerres de Syrie, se trouvait un certain Amrou, qui devait être un jour le conquérant de l'Egypte; car les califes, non contents de leurs victoires dans le nord et dans l'est, tournaient, maintenant, les yeux vers l'Ouest et méditaient la conquête de l'Afrique. La trahison leur vint encore une fois en aide. L'armée sarrazine fut accueillie par les Egyptiens comme une libératrice qui venait les délivrer de l'Eglise jacobite. Des chrétiens monophysites d'Egypte (on appelait ainsi ceux qui, dans le symbole d'Athanase, voyaient la consubstantialité du Fils) déclarèrent par la voix de leur chef, Mokansas, qu'ils ne voulaient plus avoir aucune communion avec les Grecs dans ce monde ni dans l'autre et qu'ils abjuraient pour toujours le tyran de Byzance et son concile de Chalcédoine. Ils se hâtèrent d'offrir le tribut au calife, de réparer les ponts et les routes, et de prêter aide et secours à l'armée des envahisseurs.

Memphis, une des vieilles capitales des Pharaons, tomba aussitôt et Alexandrie fut investie. La mer, qui était libre, permettait à Héraclius de renforcer sans cesse la garnison. De son côté, Omar, maintenant calife, envoya au secours de l'armée assiégeante les vieilles troupes de Syrie. Il y eut beaucoup d'assauts et beaucoup de sorties ; Amrou fut même fait prisonnier par les assiégés ; mais il trouva moyen de s'échapper par la ruse d'un esclave. Après un siége de quatorze mois qui coûta la vie à vingt-cinq millé hommes, la ville tomba au pouvoir des Sarrasins. Dans sa dépêche au calife, Amrou énumérait les splendeurs et les richesses de la Reine de l'Occident : « Ses quatre mille palais, ses quatre mille bains, ses quatre mille théâtres, ses quatre mille boutiques pour le commerce des esclaves et les douze mille autres pour la vente des denrées alimentaires, et sa population de quarante mille Juifs qui payaient tribut. »

Ainsi tomba la seconde capitale de la chrétienté : Alexandrie, la ville d'Athanase, d'Arius et de Cyrille. La ville qui avait imposé les idées trinitaires et la mariolâtrie à l'Église, partageait le sort de Jérusalem ! Héraclius reçut la fatale nouvelle au fond de son palais à Constantinople. Il en fut accablé de chagrin. Il lui sembla que son règne était déshonoré par la ruine de la chrétienté. Il survécut un mois à peine à cet événement.

Si la possession d'Alexandrie avait été importante pour la religion catholique, elle n'était pas moins nécessaire à Constantinople pour l'approvisionnement de la ville. L'Égypte était le grenier de Byzance. Par cette raison, on essaya deux fois de la reprendre, et Amrou dut recommencer deux fois la lutte contre des flottes et des armées nombreuses. Il vit combien facilement ces attaques pouvaient être renouvelées par la route toujours ouverte de la mer ; à cela il n'existait qu'un remède, et ce remède était terrible : « Par le Dieu vivant, s'écria-t-il, si cela arrive une troisième fois, je rendrai l'accès de cette ville aussi facile que celui d'une maison de prostituées. » Il n'attendit pas cette éventualité ; il la démantela de suite et lui enleva toute son importance militaire.

Les califes n'avaient pas l'intention de borner leur conquête à l'Égypte. Otman méditait l'annexion de la côte d'Afrique toute entière. Son général, Abdallah, partit de Memphis avec quarante mille hommes, traversa le désert de Barca et vint mettre le siége devant Tripoli ; mais la peste s'étant déclarée dans son armée, il fut contraint de revenir en Égypte.

Une trêve de vingt années suivit. Ensuite Akbah s'ouvrit un chemin depuis le Nil jusqu'à l'Océan Atlantique. Quand il arriva au rivage d'Espagne, en face des îles Canaries, il poussa son cheval dans la mer et s'écria : « Grand Dieu ! si ma course n'était pas arrêtée par cette mer, j'irais jusque dans les royaumes inconnus de l'Occident, pour prêcher l'unité de ton nom et pour détruire par l'épée les nations rebelles qui adorent un autre Dieu que toi ! »

Ces expéditions des Sarrasins avaient été faites par les routes de terre ; car les empereurs de Byzance tenaient la Méditerranée et conservaient encore les villes de la côte. Le calife Abdalmalek résolut enfin de réduire Carthage, la plus importante d'entre elles, et la capitale de l'Afrique septentrionale. Son général, Hassan, la prit d'assaut ; mais des renforts étant arrivés de Constantinople conjointement avec des troupes siciliennes et des Goths, il fut forcé de battre en retraite. Ce ne fut cependant pas pour longtemps. Hassan revint quelques mois après, reprit Carthage et la livra aux flammes.

Jérusalem, Alexandrie, Carthage, trois des cinq grandes capitales chrétiennes étaient perdues ; la chute de Constantinople n'était plus qu'une affaire de temps. Après Constantinople, il ne resterait plus que Rome.

Carthage avait joué un rôle important dans l'histoire du christianisme. Elle avait donné à l'Europe la doctrine qui devint celle de Rome et quelques-uns de ses plus grands théologiens. C'était la patrie de saint Augustin.

Le monde n'avait jamais vu aucune religion se répandre si largement et si rapidement que venait de le faire la religion musulmane. Elle régnait maintenant des montagnes d'Altaï aux rivages de l'Océan Atlantique, du centre de l'Asie aux confins de l'Afrique occidentale.

Le calife Alvalid permit ensuite à son peuple de tenter la conquête de l'Europe, et fit celle de l'Andalousie, ou « de la région du soir. » Musa, son général, rencontra là comme ailleurs des alliés dans le sectairianisme et dans la trahison. L'archevêque de Tolède et le comte Julien, général des Goths, livrèrent le pays. Sous leur conduite, à Xérès, au plus fort de la bataille, une partie de l'armée passa à l'ennemi. Le roi d'Espagne forcé de fuir du champ de bataille, fut poursuivi par les envahisseurs et noyé dans les eaux du Guadalquivir.

Sans perdre de temps, Tarik, le lieutenant de Musa, marcha sur Tolède et de là, au nord. A l'arrivée de Musa, la Péninsule ibérique était soumise, et l'armée des Goths rejetée de l'autre côté des Pyrénées. Regardant l'Espagne comme le premier échelon de ses conquêtes, il annonça le projet de s'ouvrir un chemin vers l'Italie et d'aller prêcher le Dieu unique jusques dans le Vatican. De là, il passerait à Constantinople, et, après avoir mis fin à l'empire romain et au christianisme, il rentrerait en Asie et irait déposer son épée victorieuse sur le marchepied du trône des califes à Damas.

Mais cela ne devait pas arriver. Musa, jaloux de son lieutenant, avait traité Tarik avec indignité ; les amis que celui-ci avait à la cour usèrent de représailles ; un envoyé de Damas vint arrêter Musa jusque dans son camp et le traîner devant son souverain qui le déshonora en le faisant publiquement fouetter. Musa mourut de chagrin.

Pourtant, les Sarrasins tentèrent, sous d'autres chefs, la conquête de la France. Dans une première campagne, ils s'emparèrent de tout le pays depuis l'embouchure de la Garonne jusqu'à la Loire. Ensuite, Abderaman, le général des Sarrasins, divisant ses forces en deux colonnes, traversa avec l'une la vallée du Rhône et vint mettre le siége devant Arles. Une armée chrétienne qui s'avança pour défendre cette place fut écrasée. Pendant ce temps, la seconde colonne passait la Dordogne et détruisait une autre armée chrétienne, dans laquelle, selon les fugitifs, « Dieu seul pouvait compter le nombre des morts. » Toute la France centrale fut envahie. Les Sarrasins arrivèrent sur les bords de la Loire. Les églises, les monastères furent dépouillés de leurs trésors, et les saints tutélaires, qui avaient eu coutume de faire tant de miracles inutiles, furent trouvés impuissants à l'heure de la nécessité.

Le progrès de l'invasion fut enfin arrêté par Charles-Martel (an de J.-C. 732). On livra, entre Tours et Poitiers, une grande bataille qui dura sept jours. Abdéraman fut tué, les Sarrasins firent retraite et bientôt après ils furent contraints de repasser les Pyrénées.

Les bords de la Loire marquent donc la limite de l'invasion mahométane dans l'Europe occidentale. Gibbon, dans son récit de ces grands événements, fait cette remarque : « Les Sarrasins avaient exécuté une marche victorieuse d'environ mille milles, depuis la pointe de Gibraltar jusqu'à la Loire ; une autre marche d'égale longueur les aurait conduits jusqu'aux confins de la Pologne et jusqu'aux montagnes d'Écosse. »

Je n'ai pas besoin d'ajouter à cette esquisse des progrès militaires du mahométisme, les opérations des Sarrasins dans la Méditerranée, la conquête de la Crète et de la Sicile, et leur attaque contre Rome. On remarquera, cependant, que leur présence dans le sud de l'Italie exerça une influence marquée sur le développement intellectuel de l'Europe.

L'attaque de Rome par les Sarrasins ! y eut-il jamais rien de plus outrageux que la manière dont elle eut lieu ? (an. de J.-C. 846). Une petite colonne ennemie remonta le Tibre et parut devant la ville. Trop faible en nombre pour en forcer l'entrée, elle insulta et pilla les faubourgs et viola les tombeaux de saint Pierre et de saint Paul. Rome aurait été mise à sac que l'effet moral n'eût pas été plus grand. L'autel d'argent qui était dans l'église de Saint-Pierre fut enlevé et envoyé en Afrique. — L'autel de Saint-Pierre ! l'emblême du christianisme romain !

Constantinople avait été assiégée plus d'une fois par les Sarrasins. Sa chute était certaine et seulement différée, Rome avait reçu l'insulte directe, la plus cruelle qui pût lui être infligée ; les vénérables églises de l'Asie-Mineure étaient détruites ; aucun chrétien ne pouvait plus entrer sans permission dans Jérusalem. La mosquée d'Omar s'élevait sur l'emplacement même du temple de Salomon. Au milieu des ruines d'Alexandrie, la mosquée de la Miséricorde marquait le lieu où le général sarrasin, las de massacres, avait ordonné de faire grâce aux derniers fuyards de la nation ennemie de Mahomet. Rien ne restait plus de Carthage que des pierres noircies par le feu. Le plus puissant empire religieux que le monde ait jamais vu était né tout à coup. Il s'étendait de l'Océan Atlantique à la grande muraille de la Chine, et pourtant, en un sens, il n'avait pas encore atteint l'apogée de sa carrière. Le jour devait venir où il chasserait les successeurs des Césars, où il serait maître de la Grèce, où il disputerait au Christianisme l'Europe elle-même, et où il étendrait l'influence de ses dogmes à travers les déserts barbares et les forêts pestilentielles, depuis les rivages de la Méditerranée jusqu'à la ligne équinoxiale.

Toutefois, bien que le mahométisme n'eût pas encore atteint ses derniers développements, la puissance des califes avait touché le point culminant de sa grandeur. Ce ne fut point l'épée de Charles Martel, ce furent les dissensions intestines du vaste empire arabique qui sauvèrent l'Europe. Si la dynastie des Omniades était populaire en Syrie, ailleurs, ils étaient regardés comme des usurpateurs. Les parents du prophète passaient pour les représentants légitimes de son pouvoir et de sa foi. Trois partis, trois couleurs, se disputèrent le califat et le déshonorèrent par leurs crimes. Le drapeau des Omniades était blanc; celui des Fatimites, vert; celui des Abassides, noir. Ce dernier représentait le parti d'Abbas, oncle de Mahomet. Le résultat final de ces discordes fut le partage de l'empire en trois parties, les Califats de Bagdad, du Caire et de Cordoue. Cet événement eut lieu dans le dixième siècle. L'unité d'action politique n'existait plus dans l'Empire musulman, et la chrétienté trouva son salut, non dans des interventions surnaturelles, mais dans les querelles de potentats rivaux. Aux divisions intestines vint s'ajouter, plus tard, l'intrusion étrangère, et l'arabisme qui avait tant fait pour le développement intellectuel de l'humanité, périt, quand les Turcs et les Berbères arrivèrent au pouvoir.

Les Sarrasins, occupés de leurs querelles domestiques, avaient complétement oublié l'Europe. Ockley dit avec vérité dans son histoire : « Les Sarrasins n'avaient pas un général ni un capitaine qui n'eût pas regardé comme un affront et comme une honte éternelle d'être attaqué par les forces unies de l'Europe entière. Et si quelqu'un demande pourquoi les Grecs ne firent pas plus d'efforts pour extirper ces insolents envahisseurs, il suffira de répondre à toute personne qui connaît le caractère de ce peuple qu'Amrou faisait sa résidence à Alexandrie et Moawiah à Damas. »

Voici un exemple de leur méprisante hauteur : à une lettre menaçante adressée par l'Empereur Nicéphore au calife Haroun-al-Raschid, celui-ci répondit : « Au nom du Dieu miséricordieux, Haroun-al-Raschid, commandeur des fidèles, à Nicéphore, le chien romain. J'ai lu ta lettre, ô fils d'une mère infidèle! tu n'entendras pas ma réponse, mais tu la verras de tes yeux ! » La réponse, elle fut écrite plus tard, en caractères de sang et de flammes dans les plaines de Phrygie.

Une nation peut réparer la perte de ses provinces ; elle peut survivre à la perte de ses richesses, au payement d'énormes indemnités de guerre ; mais elle ne peut jamais se relever après le plus effroyable des maux de la défaite, la perte de ses femmes. Quand Abou Obeidah envoya à Omar la nouvelle de la prise d'Antioche, celui-ci lui reprocha avec douceur de n'avoir point enlevé les femmes pour les donner à ses soldats : « Laissez-les, lui dit-il, se marier en Syrie et qu'ils aient autant de femmes esclaves qu'ils voudront. » C'est l'institution de la polygamie, fondée sur la capture des femmes dans les pays conquis, qui a perpétué la domination musulmane. Les enfants nés de ces unions se faisaient gloire d'être descendus des conquérants. On ne saurait avoir une meilleure preuve de l'efficacité de cette politique que ce qui se passa dans le nord de l'Afrique. L'effet irrésistible de la polygamie pour consolider le nouvel ordre de choses fut frappant. Deux générations ne s'étaient pas écoulées que le Calife fut informé qu'il fallait cesser de demander le tribut parce que tous les enfants nés dans cette région étaient mahométans et tous parlaient l'arabe.

Le mahométisme, tel qu'il a été légué au peuple par ses fondateurs, était une religion anthropomorphique. Dieu était un homme fort, le ciel un palais. Les classes intelligentes se défirent bientôt de ces conceptions grossières et leur substituèrent des idées plus justes et plus philosophiques. Dans la suite, ces idées s'accordèrent même avec celles que le concile du Vatican vient de déclarer orthodoxes. Ainsi, Al-Gazzali dit : « L'homme ne saurait parvenir à la connaissance de Dieu par la connaissance de soi-même et de son âme. Les attributs de Dieu ne peuvent être déterminés par les attributs de l'homme. Sa souveraineté et ses lois ne peuvent être comparées, ni comprises. »

CHAPITRE QUATRIÈME

Par l'influence des juifs et des nestoriens, les arabes sont conduits à l'étude des sciences. — Ils modifient leurs idées sur la destinée de l'homme et en conçoivent d'exactes sur la configuration du monde. — Ils mesurent la dimension de la terre, et déterminent la forme du globe. — Les califes fondent de grandes bibliothèques, protégent les sciences et les lettres, établissent des observatoires astronomiques. — Les arabes développent les sciences mathématiques, inventent l'algèbre, perfectionnent la géométrie et la trigonométrie. — Ils collectionnent et traduisent les vieux livres grecs sur les mathématiques et l'astronomie, et adoptent la méthode inductive d'Aristote. — Ils fondent un grand nombre de colléges, et avec l'aide des nestoriens, organisent un système d'enseignement public. — Ils introduisent le système de numération arabe. — Ils dressent un système sidéral et donnent des noms aux étoiles. — Ils jettent les fondements de l'astronomie moderne, de la chimie, de la physique et ils introduisent de grands perfectionnements dans l'agriculture et dans l'industrie.

« Pendant le cours de ma longue vie, disait le calife Ali, j'ai souvent remarqué que les hommes ressemblent plus au temps dans lequel ils vivent qu'ils ne ressemblent à leurs pères. » Cette remarque philosophique profonde du gendre de Mahomet est parfaitement vraie; car, bien que les traits et les formes physiques d'un homme puissent indiquer sa descendance, c'est le milieu dans lequel il vit qui fait sa nature intellectuelle et qui décide de la direction de son esprit.

Quand Amrou, le lieutenant du calife Omar, conquit l'Egypte et l'annexa à l'empire arabique. il trouva à Alexandrie un grammairien grec, Jean, surnommé Philoponus ou *Amant du travail.* Se prévalant de l'amitié qui s'était formée entre eux, le Grec le pria de lui faire présent des débris de la grande bibliothèque, que la guerre, le fanatisme et le temps avaient encore épargnés. Amrou demanda les ordres du calife : « Si ces livres s'accordent avec le Koran, répondit-il, ils sont inutiles ; s'ils ne s'accordent pas, ils sont mauvais. Donc, qu'on les détruise. » En conséquence, on les répartit entre les bains d'Alexandrie, et au bout de six mois, il n'en existait plus.

Quoique le fait ait été contesté, on ne peut guère douter qu'Omar n'ait donné cet ordre. Le calife était un homme illettré ; son entourage était un entourage de fanatisme et d'ignorance. L'action d'Omar justifiait l'observation d'Ali.

Il ne faudrait pas croire que les livres convoités par Jean, l'Amant du travail, étaient la grande bibliothèque des Ptolémées et d'Eumènes, roi de Pergame. Près de mille ans s'étaient écoulés depuis que Philadelphe avait commencé sa collection. Jules César en avait brûlé plus de la moitié. Les patriarches d'Alexandrie avaient non-seulement permis la dispersion du reste, mais y avaient eux-mêmes contribué. Orosius dit expressément qu'il avait vu vïdes les casiers de la bibliothèque vingt ans après que Théophile, oncle de saint Cyrille, eut obtenu un rescrit de l'empereur ordonnant de la détruire. Lors même que cette collection n'eût jamais souffert de tels actes de violence, l'usage, les accidents partiels, les larcins, l'auraient, pendant un laps de dix siècles, tristement amoindrie. Et quoique Jean eût pu, comme son nom nous le fait supposer, se réjouir d'un pareil surcroît de travail, il est certain que le soin d'un demi-million de volumes aurait dépassé ses forces et que les dépenses d'une pareille charge, dépenses faites pour les Ptolémées et les Césars, auraient excédé les ressources d'un simple grammairien. La durée du temps qu'on mit à consumer et à détruire la bibliothèque ne saurait pas d'ailleurs, servir de base à nos calculs. Le papyrus et le papier sont d'excellents combustibles, mais le parchemin brûle mal et difficilement ; il est d'un emploi peu commode pour les autres usages que l'écriture, et les esclaves des bains d'Alexandrie n'ont point dû s'en servir tant qu'ils ont eu autre chose à leur disposition. Or, la plus grande partie de ces livres était sur parchemin.

Il n'est pas plus douteux qu'Omar ordonna de détruire la bibliothèque qu'il ne l'est que les croisés brûlèrent celle de Tripoli qu'on a fantastiquement évaluée à trois millions de volumes. C'était affaire de religion des deux parts. La première salle dans laquelle ils entrèrent s'étant trouvée ne renfermer que des exemplaires du Koran, les croisés en conclurent qu'il en était de même des autres salles, et ils livrèrent le tout aux flammes. Le récit de ces deux événements contient un peu de vérité et beaucoup d'exagération. Cependant, la fanatisme a souvent donné de ces exemples. Les Espagnols n'ont-ils pas brûlé à Mexico des monceaux d'écritures hiéroglyphiques, perte irréparable? Et le cardinal Ximenès n'a-t-il pas réduit en cendres, sur la place de Grenade, huit mille manuscrits arabes, dont beaucoup étaient des traductions des auteurs classiques ?

Nous avons vu combien les nécessités de la guerre savante avaient, en stimulant le génie de l'industrie pendant les campagnes d'Alexandre en Perse, contribué au développement de la science pure sous les Ptolémées. Un résultat semblable fut amené par les opérations militaires des Sarrasins.

L'amitié établie entre Amrou, le conquérant de l'Égypte, et Jean le grammairien, montre combien l'esprit des Arabes était porté aux idées libérales. Une fois affranchi de l'idolâtrie de la Kaaba et entré dans le monothéisme de Mahomet, il était tout disposé pour les études philosophiques et littéraires. Deux influences agirent constamment sur lui et lui tracèrent sa voie : 1° Celle des Nestoriens de Syrie; 2° celle des Juifs d'Égypte.

Dans le précédent chapitre, j'ai raconté brièvement la persécution de Nestorius et de ses disciples. Ils avaient rendu témoignage à l'Unité de Dieu dans les souffrances et le martyre. Ils répudiaient toute idée d'un Olympe peuplé de dieux et de déesses. « Loin de nous une Reine des Cieux! » disaient-ils.

Cette situation d'esprit avait rendu faciles leurs relations avec les Sarrasins, et non-seulement ceux-ci les traitèrent avec respect, mais ils leur confièrent des charges dans l'état. Mahomet défendit péremptoirement à ses disciples de leur faire aucun mal. Jesui-Abbas leur évêque conclut plus d'un traité avec lui et avec Omar, et, plus tard, le calife Haroun-al-Raschid plaça toutes les écoles publiques sous la surveillance de Jean Masné, un Nestorien.

A l'influence des Nestoriens, s'ajouta celle des Juifs. Quand le christianisme montra une tendance à s'assimiler le paganisme, les conversions juives cessèrent. Ce fut pis encore après l'introduction du dogme de la Trinité. Les villes de Syrie et d'Égypte étaient peuplées en partie de Juifs. Dans Alexandrie seulement, au temps de la conquête d'Amrou, il y avait quarante mille personnes qui payaient le tribut. Des siècles entiers de calamités et de persécutions, n'avaient fait que les affermir dans leurs croyances monothéistes et que les fortifier dans ces sentiments

de haine pour l'idolâtrie qu'ils avaient rapportés de la captivité
de Babylone. De concert avec les Nestoriens, ils traduisirent en
syriaque plusieurs ouvrages grecs et latins, qui furent traduits
de nouveau en arabe. Tandis que les Nestoriens travaillaient
ainsi à l'éducation des enfants des grandes familles mahométanes, les Juifs pénétraient auprès d'eux sous l'habit de médecins.

Ce contact adoucit le sauvage fanatisme des Sarrasins, leurs
manières se polirent, et leurs pensées s'élevèrent. Ils parcoururent
le royaume de la philosophie et de la science aussi rapidement
qu'ils avaient parcouru les provinces de l'Empire romain. Ils
abandonnèrent les illusions du mahométisme populaire, et à
leur place, ils connurent les vérités scientifiques.

Dans un monde envahi par l'idolâtrie, l'épée des Sarrasins
avait vengé la majesté de Dieu. La doctrine du fatalisme contenue dans le Koran, avait puissamment contribué à ce résultat.
« Nul homme né peut devancer ou reculer sa mort. La mort
nous surprendra jusque sur les sommets élevés. Dieu a réglé
dès le commencement le temps et le lieu de notre fin. » Dans
son langage figuré l'arabe dit : Nul homme ne peut échapper à
son sort par la fuite. Les chevaux des destins courent pendant
la nuit..... Soit que tu dormes, soit que tu combattes, l'ange de
la mort saura te trouver. « Je suis convaincu, disait Ali, que les
affaires des hommes sont conduites par Dieu seul. » Les vrais
musulmans sont ceux qui se soumettent à la volonté de Dieu.
Ils concilient la notion du libre arbitre et celle de la prédestination en disant : « Le dessin nous est donné ; c'est nous qui
mettons les couleurs. » Ils disent aussi, que si nous voulions
nous rendre maîtres des forces de la nature, il ne faudrait pas essayer de leur résister, mais les balancer les unes par les autres.

Cette sombre doctrine préparait ses adeptes à accomplir de
grandes choses. Elle changeait le désespoir en résignation, et
dédaignait l'espérance. Il y a un proverbe arabe qui dit : « Le
désespoir est un homme libre ; l'espérance est une esclave. »

Mais les vicissitudes du métier des armes, firent voir, pourtant,
que la médecine peut soulager la douleur, la chirurgie guérir
les blessures et que les mourants peuvent être par la science,
rappelés à la vie. Les médecins juifs devinrent une protestation
vivante contre le fatalisme du Koran. Peu à peu la rigoureuse
doctrine de la prédestination s'adoucit et l'on commença à
admettre que dans la vie individuelle, le libre arbitre a sa part ;
que l'homme peut, jusqu'à un certain point et par des actes

volontaires, faire lui-même sa destinée; mais que les nations prises en masse n'ont point de responsabilité collective et vivent sous l'empire d'immuables lois.

A cet égard, le contraste entre les nations chrétiennes et les nations mahométanes était frappant. Le chrétien croyait à l'intervention incessante de la Providence ; il ne pensait pas qu'une loi gouvernât le monde. Il espérait changer la marche des choses par ses prières, par ses supplications, et, si elles n'étaient point exaucées, par les prières de la Vierge Marie, ou bien par celles des saints, ou bien encore par la vertu des reliques, etc. Si sa voix était, croyait-il, trop faible, il faisait prier les prêtres, les personnes réputées saintes, et joignait à leurs supplications des oblations et des aumônes. La chrétienté toute entière était persuadée que le monde pouvait être bouleversé par des interventions surnaturelles. L'Islam, au contraire, reposait sur une pieuse résignation à la volonté immuable de Dieu. La prière du chrétien contenait l'ardente demande des biens désirés, celle du musulman n'était qu'une expression de dévote reconnaissance. L'un et l'autre substituaient la prière aux méditations extatiques de l'Inde. Pour le chrétien, le progrès du monde ne pouvait guère être autre chose qu'une série d'impulsions contraires, qu'une succession de surprises. Pour le mahométan, c'était un enchaînement de causes et d'effets. Le mouvement d'un corps était toujours le résultat d'un mouvement antérieur; la pensée succédait nécessairement à la pensée. Tout événement historique avait sa source dans un précédent événement; toute action humaine était la conséquence d'une autre action. Dans les annales de notre race, rien n'était survenu sans avoir été préparé. Elles étaient une suite logique et inévitable d'événements; la destinée était une chaîne de fer dont chaque fait n'était qu'un anneau. Cet anneau était à sa place de toute éternité. Nous venions dans le monde sans le savoir; nous en sortions sans le vouloir ; nous n'avions donc rien à faire qu'à nous croiser les bras et attendre.

En même temps que se produisait cette opinion sur le gouvernement de la vie individuelle, il survint une notion nouvelle de la construction mécanique du monde. Selon le Koran, la terre est une surface plane et quadrangulaire, entourée de hautes montagnes qui servent en même temps à la suspendre à la voûte des cieux, et à supporter le firmament. Nous devons admirer dévotement la puissance de Dieu en considérant que cette vaste et brillante étendue cristalline, a été déployée sans lacune et sans accident. Au-dessus du firmament sont les cieux à sept étages, et au plus haut, Dieu est assis sur son trône, sous la figure d'un homme de stature gigantesque, ayant à ses pieds des taureaux ailés comme les vieux rois d'Assyrie.

Ces idées, qui ne sont point particulières au mahométisme, mais se produisent toujours chez l'homme à un certain stage de son développement intellectuel, furent remplacées chez les mahométans éclairés par d'autres plus scientifiques et plus correctes. Pourtant, de même que dans les pays chrétiens, ce changement ne s'accomplit pas sans résistance de là part des défenseurs de la vérité révélée. Ainsi, quand Al-Mamum, ayant connu la sphéricité de la terre, donna ordre à ses mathématiciens de mesurer un degré du cercle terrestre, Sakyuddin, un des docteurs célèbres de l'Islamisme, dénonça la scélératesse du calife et déclara que Dieu punirait la présomption qu'il avait de troubler la dévotion des fidèles, et de les infecter des idées d'une philosophie fausse et athée. Al-Mamum persévéra néanmoins. Sur les bords de la mer Rouge et dans la plaine de Shinar, on mesura au moyen d'un astrolabe et on fixa l'élévation du pôle au-dessus de l'horizon, à deux stations, moins un degré, sur le même méridien. On mesura ensuite la distance entre les deux stations, et l'on trouva qu'elle était de deux cent mille coudées hashémites. Ceci donna pour l'entière circonférence du globe deux cent mille coudées hashémites, calcul qui ne s'éloignait pas beaucoup de la vérité. Puisque la sphéricité ne pouvait pas être assurée d'après une seule mensuration, le calife ordonna d'en faire une seconde près Cufa, en Mésopotamie. Ses astronomes se séparèrent en deux corps, et partant d'un point donné, chacun mesura un arc d'un degré, l'un au nord, l'autre au sud. On connaît le résultat qu'ils obtinrent. Si la coudée qui leur servait de mesure était celle qu'on connaît sous le nom de coudée royale, la longueur du degré fut alors parfaitement mesurée, à un tiers de mille près. Le calife conclut de ces opérations à la forme sphérique de la terre.

C'est une chose digne de remarque que le fanatisme des Sarrasins céda très-promptement à l'ardeur des recherches scientifiques. Le Koran fut d'abord un obstacle au progrès de la littérature et de la science. Mahomet avait donné son livre pour la plus grande des œuvres possibles, et avait fait de son irréprochable vérité une preuve de sa mission divine. Cependant, vingt ans après sa mort, l'expérience acquise en Syrie, en Asie Mineure, en Égypte, avait déjà frappé les esprits, et le calife Ali avait commencé à encourager les études littéraires de toutes sortes. Moawiah, le fondateur de la dynastie des Omniades, qui régna en 661, révolutionna le gouvernement. D'électif, il le rendit héréditaire. Il transféra le siége de sa résidence de Médine à Damas, position plus centrale, et introduisit le luxe et la magnificence à sa cour. Il brisa les liens d'un fanatisme rigoureux et se posa en protecteur et ami des lettres. Un satrape persan qui était venu trouver Omar, le second calife, l'avait trouvé endormi sur les marches de la mosquée de Médine, au milieu des mendiants; mais les envoyés étrangers qui furent chargés de missions auprès de Moawyah, furent introduits dans un palais somptueux, décoré d'arabesques, et orné de jardins en fleur et de fontaines.

Moins d'un siècle après la mort de Mahomet, des traductions des principaux ouvrages grecs avaient été faites en langue arabe. Des poëmes, tels que l'Iliade et l'Odyssée, le furent en syriaque et pour le seul usage des savants, à cause de ce qu'on trouvait de dangereux et d'impie dans leurs récits mythologiques. Le calife Almanzor (an de J. C. 753 — 775) transféra sa capitale à Bagdad, dont il fit une métropole splendide. Il consacra beaucoup de temps à l'étude de l'astronomie et fonda des écoles de médecine et de droit. Son petit-fils, Haroun-al-Raschid (an de J. C. 786) suivit son exemple et ordonna que des écoles fussent annexées aux mosquées, dans toute l'étendue de ses états. Mais le siècle d'Auguste, pour la science en Asie, fut le Califat d'Al-Mamum (an de J. C. 813 — 832). Il fit de Bagdad une grande capitale scientifique, rassembla d'immenses collections de livres et s'entoura de savants.

Cette situation acquise et ce goût cultivé se conservèrent chez les Sarrasins après que les divisions intestines eurent séparé l'Empire en trois parties. Les Abassides en Asie, les Fatimites en Égypte, les Omniades en Espagne, ne furent pas seulement trois dynasties, rivales dans le gouvernement, elles le furent aussi dans les lettres et dans les sciences.

Dans les lettres, les Arabes goûtaient tout ce qui pouvait aiguiser l'esprit. Ils se vantèrent, plus tard, d'avoir produit plus de poëtes que toutes les autres nations ensemble. Dans la science, leur supériorité fut dans la méthode, qu'ils empruntèrent aux Grecs d'Alexandrie et non pas aux Grecs d'Europe. Ils comprirent que la spéculation ne saurait conduire au progrès et que tout espoir repose sur l'observation pratique des faits.

Leur caractéristique est l'attachement à la méthode expérimentale. Ils regardaient la géométrie et les mathématiques comme des instruments de logique. Dans leurs nombreux ouvrages sur la mécanique, l'hydrostatique, l'optique, on remarque qu'ils ont trouvé toujours la solution des problèmes par le chemin d'une expérience directe ou d'une observation instrumentale. Voilà ce qui a fait des Arabes les créateurs de la chimie; ce qui les a conduits à l'invention d'une foule d'appareils pour la distillation, la sublimation, la fusion, la filtration, etc.; ce qui, en astronomie, leur a fait employer les instruments gradués, les cadrans, les astrolabes; ce qui leur a fait employer en chimie la balance, dont la théorie leur était parfaitement familière; ce qui leur a enseigné à construire des tables de gravité spécifique et des tables astronomiques, comme celles de Bagdad, de Cordoue, de Samarcande; ce qui leur a valu tant de progrès dans la géométrie, la trigonométrie; ce qui enfin les a rendus les inventeurs de l'algèbre et leur a fait adopter le système de numération des Indiens. Voilà ce que leur a valu d'avoir suivi la méthode inductive d'Aristote, au lieu des divagations déductives de Platon.

On collectionna assidûment des livres pour arriver à former les grandes bibliothèques dont j'ai parlé. Le Calife Al-Mamum apporta, dit-on, à Bagdad cent charges de chameaux de manuscrits. Une des conditions de son traité avec l'Empereur Michel III fut qu'il lui donnerait une des bibliothèques de Constantinople. Il s'y trouva, parmi d'autres trésors, le traité de Ptolémée sur la mathématique céleste. Al-Mamum le fit immédiatement traduire en arabe sous le nom d'almageste. Les collections furent bientôt si soignées que la bibliothèque du Caire contenait cent mille volumes élégamment transcrits et reliés. Parmi ceux-ci, il y en avait six mille cinq cents sur la médecine et l'astronomie seulement. Les règlements de cette bibliothèque permettaient de prêter des livres aux étudiants qui résidaient au Caire. On y voyait aussi deux sphères : l'une en argent massif et l'autre en bronze. On dit que la dernière avait été construite par Ptolémée et qu'elle avait coûté trois mille couronnes d'or. La Bibliothèque des Califes d'Espagne renferma plus tard six cent mille volumes et le catalogue seul en formait quarante-quatre. Outre cela, il y avait en Andalousie soixante-dix bibliothèques publiques et beaucoup de bibliothèques particulières. On raconte qu'un docteur refusa un jour une invitation, de la part du sultan de Boukkara, de se rendre à sa cour, parce que le transport de ses livres aurait nécessité quatre cents chameaux.

Il y avait dans toutes les grandes bibliothèques un quartier pour le travail de copie et de traduction. C'était aussi, parfois, affaire d'entreprises privées. Honian, médecin nestorien, avait un établissement de ce genre à Bagdad (an de J. C. 850) et il donna des traductions d'Aristote, de Platon, d'Hippocrate, de Gallien, etc. Quant aux ouvrages originaux, c'était la coutume chez les professeurs de collége, de préparer des traités sur des sujets donnés. Tout calife avait son historiographe. Des contes et des romans, dans le goût des *Mille et une nuits*, montrent combien les Arabes étaient doués du côté de l'imagination. Tous les sujets étaient traités : histoire, jurisprudence, politique, philosophie, biographies d'hommes, de chevaux et de chameaux. Tous ces ouvrages paraissaient, sans être soumis à aucune censure, ni à aucune restriction ; ce ne fut que plus tard que l'autorisation devint nécessaire pour la publication des ouvrages de théologie. Les ouvrages de référence abondaient pour la géographie, la statistique, la médecine, l'histoire, ainsi que les dictionnaires de langues. Il y avait un « Dictionnaire Encyclopédique des sciences », œuvre de Mohammed Abu Abdallah. Les Arabes mettaient une grande coquetterie dans la pureté, la blancheur du papier, dans les encres de différentes couleurs, agréablement entremêlées, dans l'ornementation des frontispices des livres, qu'ils peignaient et doraient de mille manières.

L'empire arabe fut partout couvert d'écoles et de colléges. Il y en eut en Mongolie, en Tartarie, à Maroc, à Fez, en Espagne. A l'une des extrémités de ce vaste empire qui dépassait de beaucoup en étendue l'empire romain, s'élevait l'observatoire de Samarcande, et à l'autre, celui de Giralda, en Espagne. Gibbon, parlant de la protection accordée aux sciences, dit : « Les émirs des provinces rivalisaient avec les souverains, et leurs encouragements répandirent le goût de la science depuis Samarcande et Boukkara jusqu'à Fez et à Cordoue. Le visir d'un sultan consacra deux cent mille couronnes d'or à la fondation d'un collége à Bagdad, qu'il dota de quinze mille deniers de revenu annuel. Les bienfaits de l'instruction étaient donnés à six mille étudiants à la fois, depuis le fils du grand seigneur jusqu'à celui de l'artisan. On subvenait aux dépenses des élèves indigents et l'on payait les professeurs avec libéralité. Dans toutes les villes les productions littéraires étaient copiées et collectionnées pour sa-

tisfaire à la fois la curiosité des lettrés et la vanité des riches. »
La direction des écoles était confiée avec une noble largeur
d'idées, tantôt à des nestoriens, tantôt à des Juifs. On ne s'in-
quiétait ni du pays où un savant avait vécu ni de la religion où
il était né ; on ne regardait que son mérite. Le grand calife
Ali-Mamum n'avait-il pas déclaré : « Qu'ils sont les élus de
Dieu, ses meilleurs et ses plus utiles serviteurs, ceux qui con-
sacrent leur vie au développement de leurs facultés naturelles ;
que ceux qui enseignent la science et la sagesse sont les lumi-
naires et les législateurs du monde, lequel retomberait sans leur
secours dans l'ignorance et la barbarie. »

Suivant l'exemple donné par l'école de médecine du Caire, les
autres écoles exigèrent que leurs élèves passassent des examens
rigoureux. Ce n'était qu'à cette condition qu'ils pouvaient exercer ensuite la profession médicale. Le premier collège de ce
genre en Europe, fut celui que les Sarrasins fondèrent à Salerne,
en Italie. Le premier observatoire astronomique fut érigé par
eux à Séville, en Espagne.

Nous sortirions des limites de cet ouvrage, si nous voulions
rapporter tous les effets de ce vaste mouvement scientifique. Les
sciences anciennes furent grandement développées ; des sciences
nouvelles naquirent. La méthode arithmétique des Indiens fut
importée en Europe, belle invention de l'esprit humain, qui
permet d'exprimer tous les nombres par dix chiffres d'une double
valeur, l'absolue et la relative, et qui fournit des règles simples pour faire tous les calculs. L'algèbre ou arithmétique géné-
ralisée, qui opère sur les quantités inconnues ou qui cherche
les rapports entre les quantités de toutes sortes, arithmétiques
et géométriques, fut tirée par eux du germe dans lequel Diophantus l'avait enfermée ; Mohammed-Ben-Musa donna la solution des équations du carré ; Omar-Ben-Ibrahim celle des équations cubiques. Les Sarrasins ont aussi donné à la trigonométrie
sa forme actuelle, substituant les sinus à la corde de l'arc dont on
se servait jusqu'à eux. Ils en ont fait une science distincte. Musa,
le même que nous venons de nommer, était l'auteur d'un *Traité
sur la trigonométrie sphérique.* Al-Baghadadi en laissa un sur
l'arpentage des terres, tellement parfait, que beaucoup de gens
ont cru que c'était une copie de quelque ouvrage d'Euclide, qui
depuis aurait été perdu.

En astronomie, ils firent non-seulement des catalogues, mais
des cartes des étoiles visibles et donnèrent à celles de première

grandeur, les noms qu'elles portent encore sur nos sphères célestes. Ils mesurèrent comme nous l'avons vu les dimensions de
la terre et la longueur du degré. Ils déterminèrent l'obliquité de
l'écliptique, publièrent des tables correctes du mouvement de la
lune et du soleil, fixèrent la durée de l'année solaire, vérifièrent
la précession des équinoxes. Le traité d'Albategnius, intitulé *La
science des étoiles*, est mentionné avec respect par Laplace. Le
même Laplace cite aussi un important fragment d'un certain
Ibn-Junis, l'astronome de Hakem, qui fut calife d'Égypte en l'an
1000, lequel contient une longue série d'observations, faites depuis l'époque d'Almanzor, sur les éclipses, les équinoxes, les solstices, la conjonction des planètes, l'occultation des astres, observations qui ont jeté beaucoup de lumière sur les variations de
la sphère céleste. Les astronomes arabes se vouèrent aussi au
perfectionnement des instruments d'astronomie, à la mesure du
temps par des horloges de divers genres, des clepsydres et des
cadrans solaires. Ils furent les premiers à se servir du pendule
pour cet objet.

Dans les sciences expérimentales, ils découvrirent la chimie,
et quelques-uns de ses principaux réactifs, l'acide sulfurique,
l'acide nitrique, l'alcool. Ils appliquèrent cette science à la médecine, ayant été les premiers à publier des pharmacopées, des
dispensaires, et à y indiquer des préparations minérales. Dans la
mécanique, ils ont déterminé les lois de la chute des corps et
presque connu l'attraction. Ils étaient familiers avec la dynamique. En hydrostatique, ils ont construit les premières tables
de gravités spécifiques et ont écrit des traités sur les corps qui
surnagent et ceux qui vont au fond de l'eau. En optique, ils ont
changé l'hypothèse des Grecs, que le rayon va de l'œil au corps
observé, en l'hypothèse contraire. Ils connaissaient le phénomène de la réflexion et de la réfraction de la lumière. Alhazen
fit l'importante découverte du rayon curviligne qui traverse
l'atmosphère et prouva que nous voyons la lune et le soleil avant
qu'ils ne soient réellement au-dessus de l'horizon et après qu'ils
sont descendus au-dessous.

Les effets de cette grande activité scientifique sont visibles
dans les grands perfectionnements industriels qui se produisirent. L'agriculture en profita pour l'irrigation des terres, la
bonne distribution des engrais, l'élevage des bestiaux, la promulgation de sages codes ruraux, l'introduction de la culture du
riz, du sucre et du café. Les manufactures reçurent une grande

extension pour tout ce qui touche au tissage de la laine, de la soie, du coton ; on fabriqua du papier et des cuirs à Cordoue et à Maroc ; on coula les métaux ; on perfectionna toutes les opérations métallurgiques. Enfin la coutellerie de Tolède obtint une grande réputation.

Amants passionnés de la musique et de la poésie, les Arabes consacrèrent beaucoup de loisirs à ces plaisirs de l'esprit. Ce sont eux qui ont appris le jeu des échecs aux Européens et qui leur ont donné le goût des romans. Ils se plaisaient aussi dans les champs plus sévères de la littérature philosophique. Ils avaient des ouvrages excellents sur l'instabilité des grandeurs humaines ; sur les suites de l'irréligion ; sur les revers de fortune ; sur l'origine, la durée et la fin du monde. Nous sommes parfois surpris de rencontrer dans leurs livres des idées que nous croyions nées dans notre siècle. C'est ainsi que la doctrine moderne de l'évolution et du développement des êtres organisés était enseignée dans leurs écoles. Ils la portaient même beaucoup plus loin que nous, l'appliquant aux substances inorganiques et minérales. Le principe fondamental de l'alchimie était la formation progressive des corps métalliques. « Quand le peuple ignorant », écrivait Al-Khazini, « entend dire aux savants que l'or est un corps qui s'est formé par voie de perfectionnement, il comprend qu'il a passé par la forme des autres corps métalliques, c'est-à-dire qu'il était d'abord plomb, puis étain, puis bronze, puis argent, puis qu'il est devenu finalement or. Il ne sait pas que les philosophes veulent dire ce qu'ils veulent dire aussi de l'homme quand ils avancent qu'il est arrivé à l'état où il se trouve aujourd'hui progressivement et non point par des transformations totales, comme s'il avait passé par la figure du bœuf, puis par celle de l'âne, puis du cheval, puis du singe et, finalement, était devenu homme. »

CHAPITRE CINQUIÈME

Les païens grecs et romains croyaient que l'esprit de l'homme
ressemblait à sa forme corporelle, changeait avec elle, se développait avec elle. Les héros auxquels il avait été permis de descendre
aux enfers n'avaient pas eu de peine à reconnaître leurs anciens
amis. Non-seulement ceux-ci avaient conservé leurs traits, mais
encore les vêtements accoutumés.

Les premiers chrétiens, qui avaient une foi beaucoup plus vive
encore dans l'autre vie et qui croyaient voir clairement la demeure des justes et celle des pécheurs, acceptèrent et dévelop-
pèrent ces idées. Ils ne doutaient pas que dans l'autre monde,

ils ne rencontrassent leurs amis et ne pussent converser avec
eux comme ils avaient fait sur la terre, espérance qui ôtait aux
vivants la pire des douleurs et leur rendait leurs morts. Sur la
destinée des âmes, entre le jour de leur départ de la terre et celui
du Jugement dernier, il y avait différentes opinions. Les uns
pensaient qu'elles erraient autour des tombeaux, les autres
qu'elles parcouraient les airs et demeuraient inconsolées. Dans
la croyance populaire, saint Pierre était le porte-clefs des cieux.
A lui de les ouvrir ou de les fermer. Il recevait ou repoussait les
âmes à son gré. Il y avait pourtant des gens qui lui refusaient ce
pouvoir, parce que c'eût été selon eux une anticipation du Jugement dernier. Après le temps de Grégoire-le-Grand, on admit
généralement la doctrine du Purgatoire; un abri provisoire était
ainsi donné aux âmes.

Que les esprits des morts reviennent auprès des vivants et
hantent leurs anciennes demeures, cela a été de tout temps et
dans tous les pays d'Europe une croyance constante, non-seulement chez les illettrés mais même chez les classes intelligentes.
Une agréable terreur se répand autour du foyer quand on raconte
pendant les veillées d'hiver, les histoires d'apparitions, de reve-
nants, de fantômes. Les Romains avaient, jadis, leurs Lares ou
esprits bienfaisants de ceux qui avaient mené une vie vertueuse,
leurs lutins et leurs larves, ou esprits malfaisants des méchants.
Les mânes étaient les âmes dont le mérite était douteux. Si le
témoignage des hommes avait quelque valeur en pareille matière on pourrait fournir un corps de preuves remontant à l'époque la plus reculée, que les âmes des morts se rassemblent autour des tombeaux, des châteaux en ruines, au clair de la lune et
dans les tristes solitudes.

Tandis que ces idées ont été généralement acceptées du peuple
en Europe, d'autres, de nature différente, ont prévalu en Asie et
cela non-seulement chez le peuple mais dans les classes les plus
éclairées. L'autorité ecclésiastique travailla au sixième siècle à
les détruire, mais n'y parvint qu'incomplétement. De nos jours,
elles ont été silencieusement répandues en Europe et ont gagné
tant de terrain que le Pape a cru devoir les signaler ouvertement dans le Syllabus, et que le concile du Vatican, voyant à la
fois leur tendance et leur diffusion, a formellement anathématisé,
dans son premier canon, ceux qui disent que : « les esprits sont
des émanations de la substance divine, ou que la substance
divine devient toutes choses, par voie de manifestation et de dé-

veloppement. » Devant un acte aussi important, il devient utile d'envisager le caractère et l'histoire de ces idées.

Les idées sur la nature de Dieu font les idées sur la nature de l'âme. Les Asiatiques occidentaux avaient adopté la notion d'un Dieu impersonnel et la conséquence nécessaire était, pour ce qui regarde l'âme, la doctrine de l'émanation et de l'absorption.

Ainsi, la théologie védique est fondée sur la reconnaissance d'un esprit universel qui pénètre tout. « Il n'y a qu'un Dieu, l'Esprit Suprême, et il est de la même nature que l'âme de l'homme ; » les Vedas aussi bien que les préceptes de Menou affirment que l'âme est une émanation de l'intelligence partout répandue et qu'elle doit nécessairement être réabsorbée. Ils la regardent comme sans corps et considèrent la nature visible, avec ses beautés et ses harmonies, comme l'ombre de Dieu.

Le védisme devint le Bouddhisme, lequel a régné et règne encore sur une grande partie de la race humaine. Ce système admet une force suprême, mais non un Être Suprême. Il regarde la force comme donnant la vie à la matière. Il adopte la théorie de l'émanation et de l'absorption. Pour lui, une cire qui brûle est une parfaite image de l'homme : c'est un corps matériel et une évolution de force. Si nous l'interrogeons sur la destinée de l'âme, il nous répond en nous demandant ce que devient la flamme, après qu'elle est éteinte, et ce qu'était la cire avant qu'elle ne fût allumée. Du reste, il ne croit pas que la conscience et la personnalité qui nous a fait illusion pendant la vie s'éteigne instantanément, mais plutôt par degrés. C'est là-dessus qu'il fonde la doctrine de la transmigration des âmes. Mais à la fin la réunion à l'intelligence universelle a lieu et l'on arrive au *Nirwana*, à l'oubli, à un état indépendant du temps, de la matière, de l'espace, l'état dans lequel est la flamme éteinte, l'état où nous étions avant d'être nés. Telle est la fin que nous devons espérer : la réabsorption dans la force universelle, le bonheur suprême, l'éternel repos.

Aristote fit le premier connaître ces doctrines dans l'Europe orientale. On finit même, comme nous le verrons plus tard, par croire qu'il en était le créateur. Elles exercèrent une influence considérable sur l'esprit public pendant les dernières années de l'école d'Alexandrie. Philon, le Juif, qui vivait au temps de Caligula, basait sa philosophie sur la doctrine de l'émanation. Plotin acceptait cette théorie, non-seulement comme étant applicable à l'âme de l'homme, mais aussi comme fournissant une explication de la Trinité. Car, ainsi qu'un rayon de soleil émane de l'astre central, et comme la chaleur émane ensuite du corps touché par ce rayon, ainsi le Fils émanait du Père et le Saint-Esprit du Fils. Plotin partait de là pour enseigner aux dévots qu'ils devaient s'efforcer de produire en eux l'extase religieuse, avant-goût de l'absorption dans l'âme universelle du monde. L'âme perd dans cet état la conscience de son individualité. Porphyre enseignait de même l'absorption ou l'union avec Dieu. C'était un Syrien qui avait établi une école dans Rome et qui écrivait contre le christianisme. Eusèbe et saint Jérôme combattirent les propositions contenues dans un traité qu'il publia sur la matière; mais l'empereur Théodose les réfuta d'une manière plus effective encore en faisant brûler toutes les copies des ouvrages de Porphyre. Celui-ci déplorait son indignité en disant que, dans sa longue vie de quatre-vingt-six ans, il n'avait été ravi en extase qu'une fois, tandis que Plotin, son maître, l'avait été six fois dans l'espace de soixante ans. Proclus construisit un système complet de théologie fondé sur la doctrine de l'émanation, et chercha à expliquer la manière dont l'absorption a lieu, se demandant si l'âme est absorbée instantanément au moment de la mort, ou si elle conserve encore, pendant quelque temps, la conscience de sa personnalité et ne se réunit à l'âme universelle que par degrés.

Des Grecs d'Alexandrie, ces idées passèrent aux philosophes arabes qui, bien peu de temps après la prise de la grande capitale égyptienne, abandonnèrent au peuple leurs imaginations anthropomorphiques sur la nature de Dieu et sur la forme affectée à l'âme de l'homme. A mesure que l'Arabisme se développait en un système scientifique, ces théories de l'émanation et de l'absorption, acquéraient plus de crédit. L'exemple des Juifs contribua beaucoup à l'abandon des notions mahométanes vulgaires. Eux aussi, ils avaient rompu avec l'anthropomorphisme de leurs ancêtres. Ils avaient échangé le Dieu qui habitait derrière le voile du temple, pour une intelligence infinie répandue dans l'univers, et s'avouant incapables de comprendre comment une chose qui aurait eu un commencement pourrait ne pas avoir de fin, ils commençaient à croire que l'âme de l'homme appartient à un passé et à un avenir également sans fin.

Dans l'histoire intellectuelle de l'Arabisme, on voit les Juifs et les Sarrasins marcher constamment ensemble. Il en est de même dans leur histoire politique, que nous la prenions en Egypte, en

Syrie, ou en Espagne. L'Europe occidentale leur dut ses idées philosophiques qui, avec le temps, devinrent l'averroïsme. L'averroïsme c'est l'islamisme philosophique. Les Européens regardèrent généralement Averroës comme l'auteur de ces hérésies et le flétrirent en conséquence, mais la vérité est qu'il n'en était que le compilateur et le rapporteur. Ses ouvrages se répandirent dans la chrétienté par deux chemins. De l'Espagne ils gagnèrent le nord de l'Italie par les provinces méridionales de la France, engendrant de nombreuses hérésies sur la route ; de la Sicile, ils passèrent à Naples et dans le sud de l'Italie, sous les auspices de Frédéric II.

Mais longtemps avant que l'Europe ne subît cette grande invasion intellectuelle, il y avait ce que j'appellerai des exemples sporadiques d'orientalisme. Je puis citer les opinions de Jean Érigène (an de J. C. 800), lequel enseignait la philosophie d'Aristote ; il avait fait un pélerinage au lieu de sa naissance et il espérait réconcilier la science avec la religion, comme le proposaient des prêtres chrétiens qui étudiaient, alors, dans les universités mahométanes d'Espagne. Erigène était Anglais.

Dans une lettre à Charles le Chauve, Anastase exprime son étonnement qu'un barbare, venu des confins de la terre et privé dans sa jeunesse de toute conversation avec les hommes, puisse exprimer si clairement ses idées et les traduire dans une langue étrangère. Le but général de ses écrits était, comme nous l'avons dit, de fondre ensemble la philosophie et la religion ; mais il encourut les censures ecclésiastiques, et plusieurs de ses ouvrages furent livrés aux flammes. Le plus important est : *De Divisione naturæ*.

La philosophie d'Erigène repose sur ce fait observé et reconnu que toute chose vivante procède d'une chose vivante antérieure. Le monde visible étant un monde vivant, émane nécessairement d'un être vivant primordial, et cet être, c'est Dieu. Dieu est la source de toutes choses, et c'est lui qui conserve tout. Tout ce que nous voyons ne conserve sa forme qu'en vertu d'une force émanée de lui, et si cette force était retirée, tout retomberait dans le chaos. Erigène conçoit ainsi Dieu comme sans cesse présent dans la nature, la soutenant, la maintenant, et, à cet égard, il se rapproche du concept grec de l'âme du monde. La vie particulière de l'individu est donc une partie de la vie générale ou de l'âme universelle.

Si la force conservatrice de toute chose venait à se retirer, tout retournerait à la source d'où tout émane, c'est-à-dire à Dieu, et serait absorbé en lui. La nature visible toute entière, doit finalement redevenir intelligence. La mort des créatures n'est que les prémisses de leur retour à leur ancien état et du rétablissement de toutes choses. Ainsi, les sons s'évanouissent dans l'air qui les a formés et soutenus pour un temps, et cessent d'être entendus. Personne ne saurait dire ce qu'ils sont devenus. Dans cette absorption finale qui viendra nécessairement dans un laps de temps indéterminé, Dieu sera tout dans tout et lui seul sera..»..... « Je le regarde comme la source de toutes choses. Tout ce qui est, tout ce qui a été et qui n'est plus, a été créé par lui de sa propre substance. Il est aussi le but et la fin dernière de toutes choses... Il existe un quadruple concept de la nature universelle : deux de la nature divine comme principe et comme fin, deux de la nature créée comme effets et comme causes. Mais il n'y a d'éternel que Dieu. »

Le retour de l'âme à l'intelligence universelle est désignée par Erigène sous le nom de théosis ou de déification. Dans cette absorption finale la mémoire du passé n'existe pas. L'âme retourne à l'état dans lequel elle était avant d'être unie à un corps. Naturellement, Erigène déplut à l'Eglise.

C'est dans l'Inde que l'homme a, pour la première fois, compris et reconnu le grand fait de l'éternité et de l'indestructibilité de la force. Ceci implique l'idée plus ou moins distincte de ce que nous appelons maintenant la conservation et la corrélation des forces. Des considérations liées à la stabilité de l'univers appuient cette opinion puisqu'il est certain que si les forces venaient à s'accroître ou à diminuer, l'ordre du monde cesserait. Une somme d'énergie universelle déterminée, invariable, doit donc être acceptée comme un fait scientifique. Les changements dont nous sommes témoins ne peuvent être que dans la distribution de cette énergie.

Mais puisque l'âme doit être regardée comme un principe actif, appeler une âme à l'existence en la tirant du néant, serait nécessairement ajouter une force nouvelle à la somme de force préalablement existante dans l'univers. Et si cela avait eu lieu pour chaque individu qui est venu au monde et devait avoir lieu pour tous ceux qui naîtront à l'avenir, la totalité des forces irait sans cesse en augmentant.

De plus, il doit y avoir quelque chose de révoltant pour les gens pieux à penser que le Tout-Puissant est le serviteur des caprices et des passions de l'homme et que à un certain moment soit de la conception soit de la gestation, il est obligé de créer une âme pour animer l'embryon.

Regardant l'homme comme composé de deux parties distinctes, l'âme et le corps, les rapports visibles du dernier peuvent servir à jeter la lumière sur les rapports obscurs de la première. Or, la substance du corps est tirée de la masse générale de la matière et y retourne après la mort. La nature a-t-elle, dans les phases du développement et de la dissolution du corps, dans sa destinée finale, fait à l'observateur quelque révélation sur la destinée de l'âme sa compagne ?

Ecoutons un moment l'un des plus puissants écrivains mahométans : « Dieu a créé l'esprit de l'homme d'une goutte de sa lumière : cet esprit retournera vers lui. Ne vous laissez pas tromper par cette vaine supposition que l'esprit meurt avec le corps. La forme que vous aviez en naissant et votre forme actuelle ne sont pas les mêmes. Il n'est donc pas nécessaire que vous mourriez parce que votre corps meurt ; vous êtes entré en ce monde comme un étranger et vous n'y demeurez qu'en passant. Dieu est notre refuge contre les épreuves et les orages de cette vie agitée ; nous trouverons en lui un repos éternel, un repos sans chagrins, une joie sans douleurs, une force sans infirmités, une science exempte de doutes, une vision extatique et sereine de la source de vie, de lumière et de gloire, cette source d'où nous sommes sortis. » Ainsi parle le philosophe arabe Al-Gazzali. (An de J.-C. 1010.)

Dans une pierre, les molécules de matière sont dans un équilibre stable ; elle peut donc durer toujours. Mais un animal est en réalité une forme à travers laquelle un courant de matière passe incessamment. Il reçoit son nécessaire et rejette son superflu. En cela, il ressemble à une rivière, une cataracte, une flamme. Les particules qui le composaient il y a un moment sont déjà dispersées. Il ne peut durer encore qu'à la condition d'en recevoir d'autres du dehors. Il occupe un espace fixe dans le temps et doit nécessairement finir.

Dans le grand problème de la psychologie nous ne pouvons pas espérer d'atteindre un résultat scientifique si nous continuons à nous restreindre à l'observation d'un seul fait. Nous devons nous prévaloir de tous les faits accessibles à nos sens. La psychologie humaine ne sera jamais résolue que par la psychologie comparée. Il faut nous demander avec Descartes si l'âme des

animaux est parente de l'âme de l'homme et si les animaux sont
des membres incomplets de la même série. Il faut tenir compte
de la portion d'intelligence que nous découvrons dans la fourmi
aussi bien que de l'intelligence de l'homme. Où en serait la physiologie humaine si elle n'était pas éclairée par les brillantes irra-
diations de la physiologie comparée?

Brodie, après d'amples considérations sur la matière, affirme
que l'intelligence des animaux est de la même nature que celle
de l'homme. Quiconque a étudié un chien sait que cet animal
connaît la distinction du bien et du mal et a conscience de ses
fautes. Beaucoup d'animaux domestiques donnent des preuves
manifestes de la faculté de raisonnement et emploient les moyens
convenables pour atteindre leur but. Combien d'exemples donnés d'actions intentionnelles chez l'éléphant et le singe ! Il ne
faut pas croire que cette intelligence ne soit qu'apparente et due
à l'imitation instinctive, à la cohabitation avec l'homme, car on
trouve les mêmes faits et les mêmes actes chez les animaux qui
vivent à l'état sauvage. Les aptitudes et le caractère chez certaines espèces, varient avec les individus. Le chien n'est pas seulement plus intelligent que le chat, mais il possède des qualités
sociales et morales que l'autre ne possède pas ; le premier aime
son maître ; le second, sa maison.

Du Bois Reymond fait cette remarque frappante : « C'est avec
respect et admiration que celui qui se livre à l'étude de la nature
regarde cette molécule microscopique de substance nerveuse,
le siége des facultés de travail, d'ordre, de création, d'affection et de courage qui constituent l'âme de la fourmi. Elle s'est
développée jusqu'à son état présent à travers une suite infinie de
générations. » Quelle déduction frappante nous pouvons tirer de
cette observation de Huber qui a si bien écrit sur le sujet : « Si
vous regardez attentivement une fourmi au travail, vous pour-
rez dire après chaque opération, l'opération qu'elle fera ensuite ! »
Cette fourmi raisonne donc, et voit donc les choses de la même
manière que nous. Ecoutez une des nombreuses anecdotes que ce
même Huber, homme véridique et sans artifice, nous raconte :
« Un jour qu'une fourmi inspectrice visitait les travaux, et que
les travailleuses avaient, paraît-il, commencé le toit trop tôt, je la
vis faire démolir le toit, élever les murailles à la hauteur conve-
nable et faire refaire un nouveau toit avec les débris de l'ancien. »
Nul doute que ces insectes ne soient point des automates et
qu'ils ne soient doués de la faculté de vouloir. Ils reconnaissent

leurs anciens compagnons quand même ils ont été séparés d'eux pendant plusieurs mois et témoignent leur joie de les revoir. Leur langage antennal est varié, et ce langage convient au séjour de la fourmilière où il fait obscur et où il y a peu de sonorité.

Les insectes solitaires ne vivent pas assez longtemps pour élever leurs petits; mais les insectes qui vivent en société ayant une existence plus longue, manifestent des facultés morales et affectives dans l'éducation des jeunes. Modèles de patience et de persévérance au travail, ces petites créatures sont à l'ouvrage pendant seize ou dix-huit heures par jour. Les hommes ne sont pas, généralement, capables d'une application mentale soutenue de plus de quatre ou cinq heures.

Les mêmes effets annoncent les mêmes causes; les mêmes actions requièrent les mêmes organes. Je prie le lecteur de ce paragraphe, et, en particulier, celui qui se trouvera être familier avec les mœurs de ce merveilleux insecte dont nous venons de parler, de se reporter au dix-neuvième chapitre de mon ouvrage, *Le Développement intellectuel de l'Europe*, dans lequel il trouvera la description du système social établi sous les Incas du Pérou. Peut-être alors, qu'en voyant la parité entre les institutions sociales et la conduite personnelle de l'insecte, et les institutions sociales et la conduite personnelle de l'Indien civilisé — un être minuscule et un homme — il ne sera pas éloigné d'admettre avec moi que « c'est de l'abeille, de la guêpe, de la fourmi, de l'oiseau, de toute cette création animale inférieure qu'il regarde avec mépris, que l'homme doit apprendre un jour à connaître ce qu'il est lui-même. »

L'opinion de Descartes qui regardait tous les insectes comme des automates ne saurait être acceptée sans réserves. Les insectes ne sont des automates qu'en tant que le cordon nerveux qui traverse leur ventre et la portion de leur ganglion encéphalique qui correspond aux impressions actuelles sont les seuls organes en jeu.

C'est une des fonctions de la matière vésiculaire nerveuse de conserver la trace des impressions perçues par les organes des sens. Or, les ganglions nerveux étant formés de cette matière, on peut les considérer comme des appareils d'enregistrement. Ils servent aussi à faire entrer le temps comme élément dans le jeu du système nerveux. Une impression qui, sans eux, se serait instantanément transformée en action réflexe, est prolongée et en se prolongeant contribue aux importants résultats donnés par la combinaison de plusieurs impressions anciennes et nouvelles et par leur action réciproque.

Une pensée spontanément produite par le sujet pensant est
une chimère ; tout acte intellectuel est la conséquence d'un acte
antérieur ; il se produit en vertu de causes génératrices. Deux
esprits qui seraient constitués exactement de même et placés
dans un milieu exactement identique se développeraient de la
même manière et produiraient les mêmes pensées. C'est à cette
uniformité d'action que nous faisons allusion quand nous disons : *le sens commun.* Cette expression populaire est pleine de
sens. Dans la génération d'une idée il y a deux sortes de causes :
l'état de l'organisme comme dépendant des impressions antérieurement reçues, et ce même état, comme affecté par les conditions physiques.

Dans les ganglions encéphaliques des insectes, s'emmagasinent, pour ainsi dire, les impressions reçues par les nerfs de la
périphérie et se conservent celles qui leur ont été apportées par
les organes spéciaux de la vision, de l'olfaction et de l'audition.
L'action mutuelle et combinée de ces diverses impressions élève
les insectes au-dessus de la condition d'automates, condition
dans laquelle la réaction suit instantanément l'action.

Dans tous les cas, l'action du centre nerveux, quel que soit le
degré occupé dans l'échelle des êtres par l'animal à qui ce centre
appartient, dépend d'une condition chimique essentielle, l'oxydation. Même chez l'homme, si l'afflux du sang artériel est un
instant arrêté, l'appareil nerveux perd sa puissance ; s'il n'est
que diminué, cette puissance décroît dans la même proportion ;
si, au contraire, il est augmenté, comme il arrive quand on respire, l'action devient plus énergique. De là vient le besoin de
réparer, la nécessité du repos et du sommeil.

Deux idées fondamentales s'attachent, nécessairement, à toutes
nos perceptions des objets extérieurs : le TEMPS et l'ESPACE, et,
pour ces idées, il existe des organes tout prêts dans le système
nerveux, dès l'état presque rudimentaire. L'œil est l'organe de
l'espace ; l'oreille, l'organe du temps ; et la perception de l'un et
de l'autre par ces appareils admirables est infiniment plus juste
qu'elle ne le serait s'il était possible que l'espace et le temps
fussent perçus par l'organe du toucher.

Il y a quelques expériences très-simples qui servent à faire
comprendre ce que peuvent être les vestiges des impressions
ganglionnaires. Si l'on met sur un métal froid et poli, comme par

exemple, sur une lame neuve de rasoir un objet comme un pain
à cacheter, puis, si l'on souffle sur le métal et qu'ensuite on
enlève le pain à cacheter et qu'on laisse sécher la légère humidité de l'haleine, aucune inspection, si minutieuse qu'elle soit,
ne pourra faire découvrir sur la surface polie, la moindre trace
d'une figure quelconque; mais, si l'on souffle de nouveau sur le
métal, l'image spectrale du pain à cacheter reparaîtra, et cela
aussi souvent qu'on voudra recommencer. Bien plus, si le rasoir
est conservé pendant plusieurs mois à l'abri de toute détérioration de sa surface et qu'on souffle de nouveau sur le métal poli,
l'ombre du pain à cacheter reparaîtra encore.

Un tel exemple montre combien les impressions, en apparence
les plus légères, peuvent être conservées; mais, s'il en est ainsi
sur une surface inorganique, que doit-il en être sur les surfaces
ganglionnaires qui ont été organisées pour cet objet spécial?
Une ombre n'est pas projetée sur un mur sans y laisser une
trace durable, une trace qui deviendrait visible si nous em-
ployions les moyens convenables pour la faire apparaître. Les
opérations de la photographie nous en fournissent des exemples.
Les portraits de nos amis, les vues de paysages, peuvent être
cachés pour la surface sensitive de notre œil; mais ils existent,
et sont prêts à apparaître sous l'influence des réactifs appro-
priés. Un spectre est là, invisible, sur une plaque d'argent ou de
verre, jusqu'à ce que notre nécromancie le fasse apparaître. Sur
les murs de notre chambre, là où nous croyons que nul œil n'a
pu pénétrer, et que notre retraite est à l'abri de toute profana-
tion indiscrète, il y a des vestiges de toutes nos actions, des sil-
houettes de toutes nos attitudes, et tous nos mouvements sont
écrits.

Si, après que nos paupières ont été closes pendant quelque
temps, comme à notre réveil, le matin, nous fixons un objet
fortement éclairé, puis refermons les paupières, une image spectrale est perçue par nous dans l'obscurité. Nous pouvons nous
assurer que ce n'est point une imagination, mais une réalité, par
ce fait que plusieurs détails que nous n'avions pas eu le temps
de saisir dans un coup d'œil rapide, se laissent voir à loisir dans
le spectre. C'est ainsi que nous pouvons retracer le dessin d'un
rideau de dentelle ou d'un arbre vu derrière. Par degré l'image
devient indistincte; en une minute ou deux elle a disparu. Elle a
comme une tendance à flotter dans le vide et si nous essayons de
la ressaisir en remuant la prunelle, elle s'évanouit tout à coup.

Une telle durée dans les impressions de la rétine prouve que les influences extérieures exercées sur le nerf optique ne sont pas nécessairement transitoires. Cela ressemble à la persistance, à l'apparition, à l'effacement des images sur les préparations photographiques. J'ai vu des paysages et des vues pris à Mexico être développés, comme disent les artistes, plusieurs mois après à New-York, et les images reparaître, après leur long voyage, dans une entière perfection. La photographie n'avait rien oublié ; elle avait conservé les contours des montagnes éternelles et l'ombre de la fumée passagère d'un feu de bandits.

Les traces des impressions perçues et transmises par les organes des sens, sont-elles donc conservées plus longtemps dans le cerveau que dans la rétine ? Est-ce là l'explication de la mémoire ? La mémoire est-elle l'esprit contemplant sur la surface cérébrale, les images des choses passées confiées à sa garde ? Dans ses arcanes silencieuses sont suspendus peut-être les portraits micrographiques des vivants et des morts, les vues de tous les paysages que nous avons contemplés, les représentations de toutes les scènes auxquelles nous avons pris part ? Ces impressions persistantes sont-elles de simples signes, destinés, comme les caractères d'un livre, à éveiller les idées, ou bien des représentations réelles, des images incompréhensiblement plus petites que les micrographies dans lesquelles, à l'aide du microscope, nous pouvons voir, d'un regard, une famille entière dans un espace grand comme le trou d'une aiguille ?

Les images imprimées sur la rétine ne sont pas perceptibles à la lumière du jour. Celles qui existent dans l'organe de la sensibilité n'éveillent point notre attention, tant que les organes des sens sont fortement en action et employés à lui apporter des impressions nouvelles. Mais quand ces organes deviennent fatigués et s'usent, ou quand nous éprouvons des émotions violentes, ou quand nous sommes plongés dans une rêverie somnolente, ou encore quand nous dormons, les images latentes deviennent plus vives par le contraste, et se présentent d'elles-mêmes à l'esprit. C'est la raison pour laquelle nous les voyons dans le délire de la fièvre et aussi, sans doute, à l'heure solennelle de la mort. Pendant le tiers de notre vie rempli par le sommeil, nous sommes soustraits aux influences extérieures : la vue et l'ouïe, et tous les autres sens sont au repos. Mais l'esprit, qui ne sommeille point, cet enchanteur caché, regarde, du fond de son mystère, les types qu'il a rassemblés, vrais types, car ils sont ineffaçables, et, en les combinant à l'aventure, il en construit le panorama d'un songe.

La nature a donc mis dans la machine humaine des facultés qui suggèrent à l'homme, par voie d'impression, l'idée d'immortalité et de vie future. Le sauvage anuité a lui-même la vision intérieure des formes du paysage où il a éprouvé quelque plaisir ou quelque peine; et quelle autre conclusion peut-il tirer de ces peintures idéales, si ce n'est qu'elles sont l'image d'une autre terre que celle sur laquelle il se trouve? Parfois, il est visité dans ses rêves par le spectre de ceux qu'il a aimés ou haïs pendant leur vie; il y voit la preuve de leur existence actuelle, de leur immortalité. Dans notre vie sociale raffinée, nous ne nous affranchissons point des impressions que font sur nous les mêmes causes, et, nous en tirons toujours les mêmes conclusions qu'en ont tirées nos ancêtres, non civilisés. Notre élévation intellectuelle et morale ne nous soustrait point aux opérations naturelles de notre organisme, pas plus que notre perfectionnement matériel ne nous soustrait à la maladie et à l'infirmité. A cet égard, tous les hommes sont égaux. Sauvages ou civilisés, nous portons avec nous un mécanisme qui nous montre le souvenir ou l'image de tout ce que nous avons éprouvé d'important dans notre vie. Il ne faut qu'un moment de repos ou de fièvre, moment où l'activité des sens et, par conséquent, les influences extérieures cessent, pour qu'il entre en jeu, et c'est précisément l'heure où nous sommes le plus prêts à recevoir les idées qu'il va nous suggérer. Ce mécanisme ne respecte personne. Les plus orgueilleux sont contraints de subir les avertissements qu'il leur donne, comme les plus humbles reçoivent les consolations qu'il leur fournit. A l'abri de toute action spontanée contraire de la part du sujet pensant, n'ayant besoin d'aucune influence extérieure actuelle pour produire ses effets naturels, toujours présent à l'homme où qu'il puisse porter ses pas, ce mécanisme tire admirablement des images du passé l'évidence accablante de la réalité de l'avenir, et, puisant sa force dans ce qui nous paraîtrait la plus invraisemblable source, il nous conduit insensiblement, tous tant que nous sommes, à la croyance en l'impérissable, au moyen de fantômes qui ne sont déjà plus!

L'insecte diffère de l'automate en ce qu'il est influencé par des impressions anciennes, des impressions enregistrées. Dans les animaux supérieurs, cette enregistration devient de plus en plus complète, la mémoire se perfectionne. Il n'est pas plus nécessaire qu'il y ait ressemblance entre la forme extérieure du ganglion cérébral et les impressions qu'il garde, qu'il ne l'est que les mots composant la dépêche télégraphique qu'on vous remet dans un bureau ressemblent aux signaux du télégraphe qui l'a transmise, ou que les caractères d'un livre soient la représentation figurée des choses qu'ils expriment.

Un animal qui n'a pas d'organes propres à conserver les impressions perçues, doit être un simple automate. Il n'est pas doué de mémoire. Un organe de cette nature est formé par une lente évolution, et de son état vague, rudimentaire, à son état de perfection relative, la capacité intellectuelle a de nombreux degrés de développement. Dans l'homme, l'organe chargé d'enregistrer les impressions est complet; l'homme est conduit par le souvenir, par les influences du passé, aussi bien que par les influences du présent. Il possède donc l'expérience; il est déterminé par la raison.

Il y a un grand pas de fait dans la voie du perfectionnement de l'espèce quand un sujet possède le moyen de communiquer à un autre sujet la connaissance des impressions emmagasinées dans son centre nerveux. Ici, commence la vie sociale qui est l'extension, l'accroissement de la vie individuelle. Chez les insectes d'organisation supérieure, ce moyen c'est le langage antennal; chez l'homme, c'est la parole; l'humanité dans ses commencements en était à ce point seulement; la connaissance d'un individu était verbalement transmise à un autre. Les actions et les pensées d'une génération étaient connues de la génération suivante et elles influençaient les actions et les pensées de celle-ci.

Mais la tradition a des bornes en ses effets. La faculté du discours rend la société possible. Voilà tout.

Nous voyons avec intérêt le développement progressif de cette fonction. L'invention de l'écriture donne de l'extension et de la durée au souvenir des impressions perçues. Celles qui, jusquelà, n'avaient pu subsister que dans le cerveau d'un seul individu sont communiquées à la race et peuvent durer toujours. La civilisation devient possible; car, la civilisation ne saurait exister sans l'écriture ou quelque autre moyen de perpétuer le souvenir.

De ce point de vue psychologique nous découvrons la véritable signification de l'invention de l'imprimerie, développement de l'écriture, qui, en augmentant la diffusion des idées et en assurant leur conservation, tend au progrès de la civilisation et à l'unification de la race humaine.

Dans les paragraphes précédents, lesquels se rapportent aux impressions nerveuses, à leur registration et aux conséquences qui en résultent, j'ai donné l'abrégé des opinions présentées dans mon ouvrage : *La Philosophie humaine*, publié en 1856, et je peux, par conséquent, renvoyer le lecteur au chapitre sur la *Vision inverse* ou la *Vue cérébrale*, chap. XIV, livre Ier, et au chap. VIII, livre II, du même ouvrage pour les autres détails.

Le seul chemin de la psychologie humaine, au point de vue scientifique, est la psychologie comparée. C'est une route longue et fatigante ; mais elle mène à la vérité.

Y a-t-il donc une vaste existence spirituelle dans l'univers, comme il y a une vaste existence matérielle ? Un esprit qui, selon l'expression d'un grand poète allemand, dort dans la pierre, rêve dans l'animal, s'éveille dans l'homme ? L'âme dérive-t-elle de l'une, comme le corps dérive de l'autre ? Retournent-ils tous deux de la même manière, à la source d'où ils émanent ? S'il en est ainsi, nous pouvons interpréter l'existence de l'homme et concilier nos idées avec la vérité scientifique et avec notre concept de la stabilité et de l'invariabilité de l'univers.

A cette entité spirituelle, les Arabes, suivant en cela l'exemple des peuples orientaux, donnaient le nom d'*Intelligence active*. Ils croyaient que l'âme de l'homme en fait partie, comme la goutte d'eau fait partie de l'Océan, le quitte par vaporisation, y retourne sous la forme de pluie. C'est ainsi que se produisirent parmi eux les imposantes doctrines de l'émanation et de l'absorption ; l'Intelligence active, c'est Dieu.

Nous avons vu que cette idée avait été développée, sous une de ses formes, par Chakia-Mouni d'une façon magistrale, et enfermée dans le vaste système de la religion boudhique. Sous une autre, elle fut, avec une égale puissance, présentée aux Arabes par Averroës.

Nous devons dire que les Européens tiennent Averroës pour l'auteur de cette doctrine, parce qu'ils n'ont pas, d'abord, connu les antécédents ; mais Mahomet, lui, ne s'y trompa point. Il la voyait à la lumière d'un commentateur d'Aristote et la trouvait dans l'école d'Alexandrie et les autres écoles de philosophie de son temps. L'extrait suivant des *Essais historiques sur l'Averroïsme* de M. Renan, montrera combien les opinions des Arabes se rapprochaient de la doctrine en question.

Ce système suppose que, l'homme mort, son principe intelligent ou son âme n'a plus une existence distincte, mais qu'elle retourne à l'esprit universel, qu'elle est absorbée par l'intelligence active, par l'âme du monde ou Dieu, source d'où elle était sortie.

L'intelligence universelle, ou active, ou objective, est incréée, impassible, incorruptible et n'a ni commencement ni fin. Elle ne reçoit point d'accroissement des âmes individuelles. Elle est complétement distincte de la matière. C'est, pour ainsi dire, un principe cosmique. Cette solitude de l'intelligence active est la base de l'Averroïsme et est en harmonie avec la base théologique du mahométisme : l'Unité de Dieu.

L'intelligence individuelle, ou passive, ou subjective, est une émanation de l'intelligence universelle et constitue ce qu'on appelle l'âme de l'homme. En un sens, elle est périssable et finit avec le corps ; en un autre sens, elle est indestructible : Car, après la mort, elle fait retour à l'âme universelle, et toutes les âmes humaines sont ainsi fondues en une seule, l'âme de tous. La vie n'appartient pas à l'individu ; elle appartient à la nature. La fin de l'homme est de s'unir de plus en plus étroitement à l'intelligence active, à la raison suprême. C'est en cela que consiste le bonheur de l'âme. Notre but est la quiétude. Averroës pensait que la transition de l'individuel à l'universel est instantanée au moment de la mort, mais les Boudhistes croyaient que la personnalité humaine ne s'éteignait que par degrés et persistait quelque temps encore avant d'arriver au non être, au Nirwana.

La philosophie n'a jamais proposé que deux hypothèses pour expliquer le système du monde : premièrement, un Dieu personnel, ayant une existence distincte et séparée; une âme humaine créée par lui et immortelle dès l'instant où elle a reçu l'être ; secondement, une intelligence ou un Dieu impersonnel et une âme humaine qui sort de lui et y retourne. Quant à l'origine des êtres, il y a deux opinions opposées l'une à l'autre : l'une, qu'ils sont faits de rien ; l'autre, qu'ils sont le développement de formes préexistantes. La théorie de la création appartient à la première, celle de l'évolution, à la seconde.

La philosophie, chez les Arabes, prit donc la même route qu'elle avait suivie chez les Chinois, les Indiens, et tous les Orientaux. Sa base était l'indestructibilité de la matière et de la force. Elle vit de l'analogie entre la manière dont se rassemblent, par agrégation, les éléments que le corps humain tire de la matière dont ces éléments retournent à leur source par désagrégation, et la manière dont l'esprit pourrait sortir de l'intelligence universelle, et, plus tard, y rentrer.

Après avoir suffisamment indiqué les caractères philosophiques de la doctrine de l'émanation et de l'absorption, il me reste à raconter son histoire. Elle s'est introduite en Europe par les Arabes espagnols. L'Espagne est le foyer d'où elle est sortie pour se répandre dans tous les rangs de la société et c'est en Espagne qu'elle a le plus tristement fini.

Les califes d'Espagne s'étaient entourés de tout le luxe de la vie orientale. Ils avaient des palais magnifiques, des jardins délicieux, des sérails peuplés de beautés. L'Europe moderne ne déploie pas plus de goût, plus de raffinement, plus d'élégance, que n'en déployaient les capitales arabes espagnoles, à l'époque dont nous parlons. Les rues y étaient éclairées et bien pavées ; les maisons garnies de tapis et décorées de fresques ; elles étaient chauffées en hiver par des brasiers, rafraîchies en été par des courants d'air parfumé, amenés de dessous terre par des conduits cachés sous des corbeilles de fleurs. Elles avaient encore des bains, des bibliothèques, des salles à manger, des fontaines d'eau et de vif-argent. La ville et les campagnes étaient remplies de fêtes et de danses auxquelles on se livrait au son du luth et de la mandoline. Au lieu de la gloutonnerie et de l'ivrognerie qui régnaient dans les festins nocturnes de leurs voisins septentrionaux, les Sarrasins marquaient les leurs par la sobriété. Le vin était défendu. Les délicieux clairs de lune de l'Andalousie voyaient les Maures se promener dans leurs jardins féeriques, dans leurs solitaires bosquets d'orangers, en écoutant raconter un conte ou en discutant sur un sujet philosophique ; se consolant des tristesses de la vie, en se disant que si elle était sans douleurs nous oublierions la vie future, et se réconciliant avec les labeurs du jour par l'espérance de l'éternel repos.

Au dixième siècle, le calife Hakem II avait fait de la belle Andalousie le paradis du monde. Les chrétiens, les juifs, les musulmans, s'y rencontraient sans crainte. Là, parmi d'autres noms célèbres qui sont venus jusqu'à nous, il y avait Gerbert, destiné à s'asseoir plus tard sur le trône de saint Pierre. Il y avait aussi Pierre-le-Vénérable et plusieurs prêtres chrétiens. Pierre-le-Vénérable dit qu'il y connut des savants qui venaient depuis l'Angleterre pour étudier l'astronomie. Tous ceux qui poursuivaient la science, de quelque pays qu'ils vinssent et quelles que fussent leurs opinions religieuses, étaient bien reçus.

Le calife avait dans son palais une véritable manufacture de livres : des copistes, des relieurs, des enlumineurs. Il avait aussi des agents dans toutes les grandes villes d'Afrique et d'Asie, chargés de lui en acheter. Sa bibliothèque renfermait quatre cent mille volumes magnifiquement reliés et enluminés.

Dans tout l'empire musulman, en Asie, en Afrique, en Espagne, les classes inférieures conservaient une haine fanatique contre la science. Les gens les plus dévots, ceux qui se faisaient gloire d'être orthodoxes avaient des doutes pénibles sur le sort de l'âme du grand calife Al-Mamum, le méchant calife comme ils l'appelaient, — car il n'avait pas seulement troublé les esprits en introduisant chez son peuple les ouvrages d'Aristote et d'autres Grecs païens, mais il avait attaqué l'existence du ciel et de l'enfer, en prétendant que la terre est un globe et qu'on en peut mesurer le diamètre. Ces gens-là constituaient par le nombre une véritable puissance politique.

Almanzor, qui usurpa le califat sur le fils de Hakem, pensa que son usurpation trouverait de l'appui s'il se mettait à la tête du parti orthodoxe. En conséquence, il fit enlever de la bibliothèque de Hakem tous les ouvrages de science et de philosophie, qui furent brûlés sur les places publiques ou jetés dans les fontaines. Par une révolution de palais de même nature, Averroès fut dans sa vieillesse (il mourut en 1198) expulsé d'Espagne. Le parti religieux l'avait emporté sur le parti philosophique. L'opposition au progrès avait été organisée dans tout l'empire musulman. Presque tous les philosophes furent persécutés ; quelques-uns furent mis à mort, et comme conséquence, le royaume islamite se peupla d'hypocrites.

Cependant, l'Averroïsme avait fait silencieusement son chemin en Italie, en Allemagne, en Angleterre. Il fut bien accueilli des Franciscains et de l'Université de Paris. Beaucoup d'esprits avancés l'avaient accepté ; mais enfin, les Dominicains, rivaux éternels des Franciscains, sonnèrent l'alarme. Ils déclarèrent que l'Averroïsme détruit la personnalité, conduit au fatalisme et rend inexplicables la différence et le progrès des intelligences individuelles. L'opinion qu'il n'y a qu'une intelligence unique dans le monde est une erreur subversive du mérite des saints, et contient l'assertion que tous les hommes sont égaux dans le bien. Comment ! il n'y aurait point de différence entre l'âme sainte de saint Pierre et l'âme coupable de Judas ? Elles seraient identiques ? Averroès, dans sa doctrine blasphématoire nie la

création, la Providence, la révélation, la Trinité, l'efficacité de
la prière, de l'aumône, des litanies. Il nie la Résurrection, l'immortalité; il place le *summum bonum* dans la jouissance.

Parmi les Juifs aussi, qui étaient alors les esprits avancés de
la société, l'Averroïsme avait été très-répandu. Leur grand
écrivain Maimonides, l'avait complétement accepté; son école le
répandait encore davantage dans toutes les directions. Une persécution furieuse de la part des Juifs orthodoxes s'éleva. Maimonides qu'ils avaient auparavant déclaré l'Aigle des docteurs, le
Grand sage, la Gloire de l'Occident, la Lumière de l'Orient, et
inférieur seulement à Moïse, passa maintenant pour avoir déserté
la foi d'Abraham; pour avoir nié la création; pour avoir cru en
l'éternité de la matière; pour avoir enfanté l'athéisme; pour
avoir enlevé à Dieu ses attributs essentiels, en avoir fait un
espace vide, l'avoir déclaré inaccessible à la prière, étranger au
gouvernement du monde, etc., etc. Les ouvrages de Maimonides
furent livrés aux flammes par les synagogues de Montpellier,
de Barcelone et de Tolède.

A peine les armes heureuses de Ferdinand et d'Isabelle eurent-
elles détruit en Espagne la domination arabe, que la papauté
prit des mesures pour extirper l'Averroïsme, qui minait, croyait-
on, le christianisme en Europe.

Jusqu'à Innocent IV (1243) il n'y avait point de tribunal spécial distinct de celui des évêques pour connaître du crime d'hérésie. L'Inquisition, établie à cette époque, conformément aux
tendances de la centralisation romaine, fut un tribunal papal et
universel substitué aux tribunaux locaux. Les évêques ne purent
voir cette innovation sans déplaisir, la regardant comme un
empiétement sur leurs droits. Elle fut établie en Italie, en
Espagne, en Allemagne, et dans les provinces méridionales de
la France.

Les souverains temporels ne désiraient que trop de se servir
pour leurs desseins politiques de cet instrument puissant. Les
papes protestèrent fortement contre cette tendance. Ils enten-
daient qu'il restât dans la main de l'Église.

L'Inquisition avait prouvé par ses premiers essais dans le
midi de la France, qu'elle savait supprimer l'hérésie. On l'introduisit en Aragon et on lui assigna la mission d'extirper le
Judaïsme.

Jadis, sous les Visigoths, les Juifs avaient joui d'une grande
prospérité; mais quand les Visigoths abandonnèrent l'arianisme

pour l'orthodoxie, ils eurent à souffrir une atroce persécution ;
on fit contre eux les ordonnances les plus inhumaines. Ils furent
déclarés esclaves. Il n'est donc pas étonnant que lors de l'invasion des Sarrasins, les Juifs aient travaillé de tout leur pouvoir
à leur triomphe. Comme eux, ils étaient Orientaux ; comme eux,
ils descendaient d'Abraham ; comme eux, ils croyaient à l'Unité
de Dieu. C'était précisément leur attachement à ce dogme, qui
les avait rendus un objet de haine pour leurs maîtres visigoths.

Sous la domination arabe, ils furent traités avec la plus grande
considération. Ils devinrent puissants par leurs richesses et leur
savoir. La plupart d'entre eux étaient péripatéticiens. Ils fondèrent
un grand nombre d'écoles et de colléges. Leurs affaires commerciales leur firent parcourir le monde. Ils étudièrent spécialement la médecine. Dans tout le Moyen-Age, les Juifs étaient les
banquiers et les médecins de l'Europe. C'étaient, de tous les
hommes, ceux qui avaient le don de voir les choses de plus
haut. Dans les sciences spéciales, ils se distinguèrent comme
mathématiciens et astronomes. Ils composèrent les tables d'Alphonse, et furent les auteurs du voyage entrepris par Vasco de
Gama. Dans la littérature légère, ils étaient également distingués,
et du dixième au quatorzième siècle, ils n'avaient point, sous
ce rapport, de rivaux en Europe. On les trouvait à la cour des
princes, comme médecins et financiers, chargés parfois de l'administration des deniers publics.

Le clergé orthodoxe en Navarre, avait excité contre eux les
préjugés populaires. Pour échapper à la persécution naissante,
beaucoup feignirent d'être chrétiens, et beaucoup retournèrent
ensuite à la foi de leurs pères. Le nonce du Pape à la cour de
Castille, excita le peuple à demander l'établissement de l'Inquisition. Les Juifs pauvres furent accusés de sacrifier des enfants
au temps de Pâques, en dérision du crucifiement ; les riches
furent dénoncés comme averroïstes. Sous l'influence de son
confesseur Torquemada, moine dominicain, Isabelle sollicita
du pape une bulle pour l'établissement de l'Inquisition dans ses
états. Elle fut donnée en 1478, et le tribunal institué en 1481.
Dans la première année de son fonctionnement, deux mille
victimes furent brûlées en Andalousie ; plusieurs milliers de
cadavres furent déterrés, et livrés aux flammes ; dix-sept mille
personnes furent condamnées à l'amende ou à la prison
perpétuelle. Ce fut un sauve-qui-peut général. Torquemada,
revêtu maintenant des fonctions de grand Inquisiteur de Cas-

tille et de Léon, illustra sa carrière par sa férocité. On recevait les accusations anonymes ; on ne confrontait pas les accusés avec les témoins ; la torture se chargeait de fournir les preuves ; elle était appliquée dans des caveaux d'où l'on ne pouvait entendre les cris des victimes ; par une feinte pitié, on ne recommençait pas la torture et l'on prétendait qu'elle n'avait pas été complète, et qu'on l'avait suspendue par humanité jusqu'au lendemain. Les familles des condamnés étaient plongées dans la misère. Llorente, l'historien de l'Inquisition, calcule que Torquemada et ses collaborateurs, brûlèrent dans l'espace de dix-huit ans, dix mille deux cent vingt personnes vivantes, six mille huit cent soixante en effigie, et appliquèrent diverses peines à quatre-vingt-dix-sept mille trois cent vingt et une autres personnes. Ce prêtre frénétique détruisit les Bibles écrites en hébreu partout où il put les découvrir, et brûla six mille volumes de littérature orientale à Salamanque, sous prétexte qu'ils enseignaient le judaïsme. Nous apprenons avec dégoût et indignation que le gouvernement papal se faisait d'immenses revenus, en vendant aux riches des dispenses qui les mettaient à l'abri de l'Inqui-sition.

Mais toutes ces effroyables atrocités échouèrent. Les conversions furent peu nombreuses. Torquemada réclama donc le bannissement immédiat des Juifs. Le 30 mars 1492 l'édit d'expulsion fut signé. Tous les Juifs non baptisés, de quelque condition, âge ou sexe qu'ils fussent, reçurent l'ordre de quitter l'Espagne avant le mois de juillet. S'ils y rentraient, ils encouraient la peine de mort. Ils pouvaient vendre leurs effets et en emporter la valeur en marchandises ou en lettres de change, mais non en or ou en argent. Exilés ainsi, subitement, de leur terre natale ils ne purent point vendre leurs propriétés et leurs biens sur le marché encombré que créait cet événement. Personne ne voulait acheter ce qui allait être donné pour rien après le mois de juillet. Le clergé espagnol s'occupait à prêcher sur les places publiques des sermons contre ses victimes, qui, lorsque vint l'heure de l'expatriation, couvraient les chemins de leurs longues files et remplissaient l'air de leurs lamentations. Les Espagnols eux-mêmes pleuraient à la vue de ce spectacle douloureux. Cependant Torquemada ajouta à l'ordonnance la défense de leur prêter aide et secours.

Les bannis se dirigèrent les uns sur l'Italie, les autres sur l'Afrique. Comme ils se rendirent à Naples par mer, ils y portèrent des fièvres contractées à bord par l'entassement sur les navires et ces maladies ne firent pas périr moins de vingt mille personnes dans la ville. Elles ravagèrent aussi la Péninsule et passèrent même en Turquie et en Angleterre. Des milliers de Juifs, surtout de femmes juives nourrices, d'enfants et de vieillards, moururent dans la traversée; beaucoup d'entre eux dans les tortures de la soif.

Cette mesure prise contre les juifs d'Espagne fut bientôt suivie d'une autre dirigée contre les Maures. Une pragmatique fut publiée à Séville en février 1502, qui mettait sous les yeux des Castillans le devoir qu'ils avaient de chasser les ennemis de Dieu de leur pays et qui ordonnait aux Maures non baptisés de quitter· l'Espagne avant la fin d'avril. Ils pouvaient, comme les Juifs, vendre leurs biens mais ne devaient emporter avec eux ni or, ni argent. De plus, on leur défendait de se rendre dans les contrées mahométanes et la peine de mort était portée contre la désobéissance. Leur condition était donc pire que celle des Juifs qui avaient eu la permission d'aller où ils voulaient. Telle était la féroce intolérance des Espagnols, qu'ils étaient persuadés que leur gouvernement avait le droit de faire périr tous les Maures à cause de leur endurcissement dans l'infidélité.

Quel ingrat retour pour la tolérance que les Maures, au jour de leur puissance, avaient accordée aux chrétiens ! On ne se crut pas même obligé de garder sa parole envers ses victimes. Grenade s'était rendue sous la garantie de la liberté civile et religieuse. A l'instigation du cardinal Ximenès, cette condition fut violée et, après avoir habité le pays pendant huit siècles, les mahométans en furent exclus.

La coexistence de trois religions en Andalousie : la mahométane, la chrétienne, la judaïque, avait favorisé le développement de l'Averroïsme ou de l'Arabisme philosophique. C'était une répétition de ce qui avait eu lieu à Rome, quand les dieux de tous les pays vaincus furent confondus dans cette capitale et qu'une incrédulité générale s'ensuivit. Averroës lui-même fut accusé d'avoir été d'abord musulman, puis chrétien, puis juif, et, finalement un véritable incrédule. On a prétendu qu'il était l'auteur du livre mystérieux intitulé : *De Tribus Impostoribus.*

Il parut, dans le moyen âge, deux ouvrages hérétiques célèbres : *l'Evangile éternel* et le *De Tribus Impostoribus.* Le dernier a été attribué au pape Gerbert, à Frédéric II, à Averroës. Dans leur haine impitoyable, les Dominicains accueillaient toutes les calomnies qui avaient cours alors contre ce dernier et ne se lassaient pas de rappeler ses paroles outrageantes contre l'Eucharistie. Ses écrits avaient été répandus en Europe par la traduction de Michel Scot au commencement du treizième siècle ; mais longtemps auparavant, la littérature de l'Occident, aussi bien que celle de l'Asie, était remplie de ces idées. Nous avons vu comment Jean Érigène s'en était emparé. Les Arabes en avaient été pleins depuis qu'ils cultivaient la philosophie. Elles étaient courantes dans toutes les écoles des trois califats. N'étant pas considérées comme une des formes actuelles de la pensée à certaine phase du développement intellectuel de l'homme, mais étant attribuées à Aristote, elles trouvèrent accès auprès des hommes les plus cultivés. Nous les trouvons dans Robert Grostête, dans Roger Bacon et plus tard dans Spinoza. Averroës n'en était pas le créateur. Il n'avait fait que leur donner plus de clarté. Mais, chez les Juifs du treizième siècle, il avait complétement supplanté son prétendu maître. Ils avaient oublié Aristote et ne voyaient plus que son grand commentateur Averroës. Si nombreux étaient les partisans de la doctrine de l'émanation dans la chrétienté, que le pape, Alexandre IV (1255), jugea nécessaire d'intervenir. Par son ordre, Albert le Grand composa son ouvrage contre l'*Unité de l'Intelligence*. Traitant de l'origine et de la nature de l'âme, il s'efforça de prouver « que la théorie d'une intelligence séparée qui éclairerait l'homme par une irradiation antérieure à la vie de l'individu et postérieure à sa mort est une erreur détestable. » Mais le plus illustre adversaire du grand commentateur fut saint Thomas d'Aquin, le destructeur d'hérésies telles que l'Unité de l'Intelligence, la négation de la Providence, l'impossibilité de la création. Les victoires du Docteur angélique furent célébrées non-seulement dans les controverses des Dominicains, mais encore par les œuvres d'art de Florence et de Pise. L'indignation de ce saint ne connaissait point de bornes quand des chrétiens devenaient les disciples d'un infidèle qui était pire qu'un mahométan. La colère des Dominicains, l'ordre auquel saint Thomas appartenait, était encore échauffée par cette circonstance que les Franciscains, leurs rivaux, penchaient pour les opinions d'Averroës, et Dante, qui était leur ami, dénonça ce philosophe comme étant l'auteur d'un système dangereux. L'odium théologique des trois religions dominantes s'attaqua à lui. On le peignit comme l'inventeur de l'affreuse maxime que « toutes les religions sont fausses quoiqu'elles soient, probablement, toutes utiles. » Une tentative fut faite dans le concile de Vienne pour obtenir la suppression de ses ouvrages et la défense aux chrétiens de les lire. Les Dominicains, armés des moyens terribles de l'Inquisition, épouvantèrent l'Europe chrétienne par leurs persécutions. Ils imputèrent toute l'impiété du siècle au philosophe arabe. Cependant, il ne laissa pas que d'avoir ses partisans, puissants aussi. A Paris, et dans les villes du nord de l'Italie, les Franciscains soutinrent ses idées et toute la chrétienté fut agitée par ces disputes.

Sous l'inspiration des Dominicains, Averroës devint pour les peintres italiens l'emblème de l'incrédulité. Dans plusieurs villes d'Italie, on voyait des peintures à fresque représentant le Jugement dernier, l'Enfer, et Averroës y tenait souvent une place. Dans un de ces tableaux, à Pise, on le voyait côte à côte avec Arius, Mahomet et l'Antechrist. Dans un autre, il est représenté terrassé par saint Thomas. Il était devenu l'accompagnement obligé des triomphes du docteur dominicain. Averroës continua ainsi à défrayer l'imagination des peintres de l'Italie jusqu'au seizième siècle. Ses doctrines subsistèrent dans l'Université de Padoue, jusqu'au dix-septième.

Telle est, en résumé, l'histoire de l'Averroïsme, qui, de l'Espagne, avait passé dans toute l'Europe. Sous les auspices de Frédéric II, il avait aussi gagné par la Sicile. Ce prince l'avait complétement adopté. Dans son livre : *Questions Siciliennes*, il demandait à être éclairé sur l'éternité du monde, sur la nature de l'âme et supposait qu'il avait trouvé la lumière dans les réponses de Ibn Sabin, un partisan de cette doctrine. Mais il fut vaincu dans ses luttes contre la papauté, et l'Averroïsme avec lui.

Dans la Haute-Italie, il se maintint pourtant pendant longtemps. Il était tellement à la mode dans la société vénitienne que tout gentilhomme se croyait tenu d'en faire profession. Enfin, l'Eglise prit un parti décisif contre lui. Le Concile de Latran, tenu en 1512, condamna les adeptes de ces détestables doctrines et les déclara hérétiques et infidèles. Comme nous l'avons vu, le dernier Concile du Vatican les a anathématisées. N'oublions pas que, malgré ce stigmate, l'Averroïsme est encore tenu pour vrai par une grande majorité de l'espèce humaine.

CHAPITRE SIXIÈME

CONFLIT TOUCHANT LA NATURE DU MONDE.

Données des Écritures sur le monde. — La terre est une surface plane. — Localisation du ciel et de l'enfer. — Données scientifiques ; la terre est un globe ; ses dimensions sont déterminées ; sa position et ses rapports dans le système solaire. — Les trois grands voyages. — Christophe Colomb, Gama, Magellan. — Circumnavigation autour de la terre. — Sa courbe est déterminée par la mensuration d'un degré et par le pendule. — Découvertes de Copernic. — Invention du télescope. — Galilée est amené devant l'inquisition. — Sa condamnation. — Victoire sur l'Église. — Efforts pour déterminer les dimensions du système solaire. — On détermine la parallaxe du soleil par le passage de Vénus. — Petitesse de l'homme et de la terre. — Idées sur les dimensions de l'univers. — Parallaxe des étoiles. — La pluralité des mondes est affirmée par Bruno. — Il est arrêté et assassiné par l'Inquisition.

J'ai maintenant à rendre compte du conflit qui s'est élevé sur le troisième grand problème philosophique : la nature du monde.

Une observation superficielle et non critique de la nature nous fait concevoir la terre comme une surface plane qui supporte le dôme des cieux, avec un firmament qui sépare les eaux inférieures des eaux supérieures ; elle nous montre les corps célestes, le soleil, la lune, les étoiles, poursuivant leur cours de l'est à l'ouest, dans un mouvement lent autour de la terre immobile, et proclamant par leur petitesse comparative leur infériorité à son égard. De toutes les formes organiques qui environnent l'homme, aucune ne l'égale en dignité, et de là, il semble autorisé à conclure que tout a été créé pour son usage, le soleil pour l'éclairer pendant le jour, la lune, pendant la nuit.

La théologie comparée nous fait voir que telle a été la conception qu'on avait de la nature, à certaine époque de notre histoire intellectuelle. Telle est la croyance de toutes les nations, dans toutes les parties du monde, à l'aurore de la civilisation : croyance géocentrique, car elle fait de la terre le centre de l'univers ; anthropocentrique, car elle suppose que l'homme est l'objet principal de la création. Et ces idées ne sont pas seulement les conclusions légèrement tirées d'une observation superficielle, elles sont encore le fond philosophique des diverses révélations que Dieu a, de temps en temps, daigné faire à l'humanité. Ces révélations ajoutent qu'au dessus du dôme cristallin du firmament est une région d'éternel bonheur et d'éternelle lumière qu'elles appellent : le ciel — demeure de Dieu, des cohortes angéliques, peut-être aussi de l'homme, après sa mort, — et qu'au-dessous de la terre, est une région d'éternelles ténèbres, d'éternelle douleur, demeure des méchants. Dans le monde visible, on croit donc voir l'image du monde invisible.

Plus d'un grand système religieux a été fondé sur ces idées touchant la structure du monde; par conséquent, de grands intérêts matériels se sont trouvés liés à leur conservation et ceux-ci les ont défendues quelquefois par le crime et le meurtre, ne voulant pas permettre qu'on touchât à la localisation du ciel et de la terre non plus qu'à la prééminence de l'homme dans l'univers.

Cependant, il était inévitable que ces idées fussent attaquées. Aussitôt que les hommes commencèrent à raisonner un peu sur le sujet, ils ne purent pas manquer de combattre l'assertion que la terre est une surface plane. Personne ne peut douter que le soleil que nous voyons aujourd'hui, soit le même soleil que nous voyions hier et son retour chaque matin sur l'horizon nous force à penser qu'il a été caché pendant la nuit de l'autre côté de la terre. Ceci ne peut se concilier avec la notion de ténèbres éternelles qui régneraient dans cette région, et l'idée de la sphéricité de la terre se présente plus ou moins distinctement à l'esprit.

La terre ne saurait s'étendre indéfiniment à notre nadir, puisqu'il est évident que le soleil ne peut passer au travers. Il est certain qu'il ne trouve pas un chemin souterrain, comme serait une fente ou une crevasse, puisqu'il se lève tous les jours dans une position nouvelle. D'ailleurs, ce qui arrive pour le soleil, arrive aussi pour tous les astres. Il faut donc admettre qu'il existe un espace vide sous nos pieds.

Pour concilier la révélation avec ces faits nouvellement reconnus, on inventa des systèmes comme celui de Cosmas Indicopleustes, dans sa *Topographie chrétienne.* Nous en avons déjà parlé. Il supposait qu'au nord de la terre plane, était une immense montagne derrière laquelle le soleil disparaissait, ce qui produisait la nuit.

A une époque très-reculée, on avait découvert le mécanisme des éclipses. Les éclipses de lune montraient que l'ombre de la terre est toujours circulaire. De là, à conclure à la sphéricité de la terre, il n'y avait qu'un pas. Un corps qui projette dans toutes les positions une ombre circulaire, doit être sphérique. D'autres raisons, qui nous sont aujourd'hui familières, corroboraient cette conclusion.

Toutefois, la connaissance de la forme de la terre n'enlevait rien à celle-ci de sa prééminence. Beaucoup plus grande en apparence que tous les autres astres, il était naturel de la considérer non-seulement comme le centre du monde, mais comme le monde tout entier. Tout le reste n'était rien auprès d'elle.

Quoique les conséquences qui découlaient de la sphéricité de la terre affectassent très-profondément les idées théologiques, elles étaient beaucoup moins importantes que celles qu'on pouvait tirer de sa mensuration. Il ne fallait que des connaissances élémentaires en géométrie pour comprendre qu'on arriverait à determiner les dimensions du globe en mesurant un degré à sa surface. Probablement qu'on l'avait déjà fait dans les temps reculés ; mais le résultat de l'opération était tombé dans l'oubli. Eratosthènes la recommença entre Syène et Alexandrie, Syène, ville d'Egypte, étant supposée sous le tropique du Cancer ; c'était une erreur, puisque Alexandrie et Syène ne sont pas sous le même méridien, et il n'obtint qu'un chiffre approximatif de la distance qui les sépare. Deux siècles après, Posidonius la renouvela entre Alexandrie et Rhodes. L'étoile brillante Canopus rasait exactement l'horizon, vue de Rhodes, et, vue d'Alexandrie, elle s'élevait à 7 1/2. — Dans ce cas encore, la distance fut évaluée et non mesurée, puisque la mer sépare les deux points. Enfin, nous avons raconté comment le calife Al-Mamun fit prendre deux échelles, l'une sur le rivage de la mer Rouge, l'autre à Cufa en Mésopotamie. Le résultat de ces observations fut que le diamètre de la terre variait de sept à huit mille milles.

La détermination approximative de la dimension de la terre, tendait à la dépouiller de sa prééminence dans l'Univers et produisit des résultats théologiques très-importants ; les recherches d'Aristarque de Samos, de l'école d'Alexandrie (280 avant J. C.), y aidèrent puissamment. Dans son traité sur la grandeur et la distance du soleil et de la lune, il explique la méthode ingénieuse quoique imparfaite, qu'il avait appliquée à la solution de ce problème. Plusieurs siècles avant lui, un système avait été apporté de l'Inde par Pythagore. D'après ce système, le soleil était au centre ; autour de lui, les planètes accomplissaient leur révolution dans une orbite circulaire, et leur ordre de position était le suivant : Mercure, Vénus, la Terre, Mars, Jupiter, Saturne, chacune d'elles étant supposée tourner sur son axe en même temps qu'elle tournait autour du soleil. Nicétas, dit Cicéron, avait remarqué que si l'on admettait que la terre tourne sur son axe, on éviterait les difficultés que présente l'inconcevable vélocité des autres astres.

Il est à croire que les ouvrages d'Aristarque qui se trouvaient dans la bibliothèque d'Alexandrie, ont péri dans l'incendie qui eut lieu sous Jules César. Le seul traité de lui qui soit parvenu jusqu'à nous, est celui dont j'ai parlé sur la distance et la grandeur du soleil et de la lune.

Aristarque avait adopté le système pythagoricien, parce qu'il avait reconnu la prodigieuse distance du soleil, et par conséquent son prodigieux volume. Ce système héliocentrique, c'est-à-dire qui plaçait le soleil au centre, faisait descendre la terre à un rang très-inférieur dans la création et la réduisait à n'être plus qu'un des six satellites.

Mais ce n'est pas là le seul contingent qu'Aristarque ait apporté à la science astronomique ; car, remarquant que le mouvement de la terre n'affectait pas sensiblement la position apparente des étoiles, il en conclut que celles-ci sont infiniment plus éloignées de nous que le soleil. Il fut donc, comme dit Laplace, celui de tous les anciens, qui eut l'idée la plus exacte de la grandeur de l'univers. Il vit que la terre était un point insignifiant du monde, si l'on compare ses dimensions aux distances stellaires. Il vit aussi qu'il n'existe rien au-dessus de nos têtes que l'espace et les étoiles.

Mais les opinions d'Aristarque sur la position des corps planétaires ne furent pas acceptées par l'antiquité. Le système proposé par Ptolémée et compris dans sa Syntaxe était généralement préféré. La physique n'était guère avancée et l'une des objections de Ptolémée au système pythagoricien était que si la terre marchait, elle laisserait derrière elle l'atmosphère et tous les corps légers. Il plaçait donc la terre au centre du système planétaire et faisait tourner autour d'elle la Lune, Mercure,

Vénus, le Soleil, Mars, Jupiter, Saturne. Après l'orbite de Saturne, venait le firmament des étoiles fixes. Quant aux sphères cristallines solides qui auraient progressé, l'une de l'est à l'ouest, l'autre du nord au sud, c'était là une imagination d'Eudoxus, de laquelle Ptolémée ne s'occupa point.

Le système de Ptolémée était donc un système géocentrique. Il laissait à la terre sa position supérieure dans le monde et par cette raison, il ne donna point d'ombrage aux théologiens chrétiens ou mahométans. L'immense réputation de l'auteur, l'habileté qu'il avait déployée dans son grand ouvrage sur la mécanique céleste, firent que son système vécut pendant près de quatorze cents ans, du second au seizième siècle.

La plus grande partie de cette période de temps fut consumée par la chrétienté dans des disputes sur la nature de Dieu, et des luttes pour le pouvoir ecclésiastique. L'autorité des Pères de l'Église et l'opinion que toute vérité était contenue dans les Écritures décourageaient toutes les recherches scientifiques. Si parfois un certain intérêt s'attachait à une question astronomique, cette question était aussitôt résolue par un passage d'Augustin ou de Lactance et pas n'était besoin de consulter les phénomènes célestes. Telle était la préférence accordée à la science sacrée sur la science profane que le christianisme existait depuis quinze cents ans, que la chrétienté n'avait pas encore produit un seul astronome.

Les mahométans agissaient en cela beaucoup mieux. Leur application aux études scientifiques date de la prise d'Alexandrie en 638, six ans après la mort du prophète, et en moins de deux siècles, il étaient devenus familiers avec les ouvrages des savants de la Grèce et les appréciaient sainement. Comme nous l'avons déjà dit, le calife Al-Mamum avait acquis, par son traité avec Michel III, un exemplaire de la Syntaxe de Ptolémée. Il l'avait fait immédiatement traduire en arabe et elle était devenue la grande autorité des astronomes sarrasins. Ils étaient partis de cette base et avaient résolu plusieurs problèmes importants; ils avaient mesuré le diamètre de la terre, catalogué les étoiles visibles, et donné à celles de la première grandeur, les noms qu'elles conservent encore sur nos sphères célestes. Ils avaient fixé la durée de l'année solaire, découvert la réfraction astronomique, inventé le pendule, perfectionné la photométrie des astres, compris la courbe des rayons lumineux dans l'astmosphère, expliqué le phénomène de l'apparition du soleil et de la lune au-dessus de l'ho-

rizon avant et après leur présence effective, mesuré la hauteur
de l'atmosphère terrestre, et déclaré qu'elle était d'environ cinquante-huit milles ; enfin, donné la théorie de la lumière crépus-
culaire et du scintillement des étoiles. Ils avaient bâti le premier
observatoire qui ait existé en Europe, et si justes avaient été
beaucoup de leurs observations, que les plus habiles mathématiciens modernes se sont servis de leurs calculs. Laplace, dans
son *Système du monde*, cite les observations d'A-Batagni, comme
fournissant la preuve incontestable de la diminution de l'excentricité de l'orbite terrestre, et celles de Ibn Junis, dans sa discussion sur l'obliquité de l'écliptique, ainsi qu'au sujet des problèmes
des plus grandes inégalités de Jupiter et de Saturne.

Tout cela n'est qu'une partie, et une petite partie des services
rendus par les astronomes arabes pour la solution des problèmes
de la nature et du monde. Pendant ce temps, telles étaient les
ténèbres dans lesquelles était plongée la chrétienté, telle était
son ignorance, qu'elle ne se souciait aucunement de ces matières ;
son attention était absorbée par les disputes sur le culte des
images, sur la transsubstantiation, sur les mérites des saints,
par les miracles et les guérisons opérés auprès des châsses.

Cette indifférence dura jusqu'à la fin du quinzième siècle. Même
alors, il n'existait encore aucune impulsion vers la science. Les
motifs qui engagèrent à s'en occuper furent autres que ceux de
la curiosité scientifique : il s'agissait de rivalités commerciales, et
ce furent trois navigateurs, Christophe Colomb, Vasco de Gama,
et surtout Ferdinand Magellan, qui réglèrent définitivement
la question de la sphéricité de la terre.

Le commerce de l'extrême Asie a toujours été une source immense de richesses pour les nations occidentales qui en ont eu
successivement le monopole. Au moyen-âge, il appartenait à la
Haute Italie. Il suivait deux lignes : l'une au nord, par la mer
Noire, la mer Caspienne et ensuite les caravanes ; l'autre au sud,
par les ports de l'Égypte, de la Syrie et la mer Arabique. Le
quartier général du commerce par le nord, était Gênes ; celui du
commerce par le sud, était Venise. Celle-ci avait déjà fait de
grands bénéfices par le service des transports pendant les guerres
des croisades.

Les Vénitiens s'étaient maintenus en bons rapports avec les
autorités mahométanes d'Egypte et de Syrie. On leur permettait
d'avoir des consuls à Alexandrie et à Damas, et malgré les troubles politiques qui avaient agité ces deux pays, le commerce y

était resté dans un état assez florissant. Mais, un jour, la ligne du nord ou ligne Génoise fut complétement rompue par les irruptions des Tartares et des Turcs, ainsi que par les bouleversements survenus dans les pays que suivait cette ligne. Le commerce de Gênes dans l'est ne se trouva pas seulement dans un état précaire ; il se vit sur le bord de la ruine.

La forme circulaire de l'horizon visible qui semble plonger dans la mer, la disparition graduelle des navires au large ne pouvaient pas manquer de disposer les marins intelligents à croire à la sphéricité de la terre. Les écrits des astronomes et des philosophes arabes avaient répandu cette idée par toute l'Europe ; mais elle avait été fort mal accueillie par les théologiens. Au moment où Gênes touchait à sa ruine, il vint à l'esprit de quelques-uns de ses navigateurs que si la terre était ronde, on pouvait encore rétablir les affaires de leur pays, et qu'un vaisseau qui sortirait par le détroit de Gibraltar et irait devant lui à travers l'Atlantique pourrait arriver aux Indes. Ce serait là un grand avantage, puisqu'on pourrait transporter de lourds chargements sans les grandes dépenses des voyages par terre. Au nombre des navigateurs que hantaient ces pensées, se trouvait Christophe Colomb.

Lui-même nous a raconté que son attention fut attirée vers ce sujet par les écrits d'Averroës ; mais il avait, parmi ses amis, un Florentin nommé Toscanelli qui avait étudié l'astronomie, et était devenu partisan déclaré de la forme globulaire de la terre. A Gênes, Colomb ne trouva que peu d'encouragement. Il employa plusieurs années à solliciter l'appui des princes pour pouvoir tenter son entreprise. Mais ce qu'il y avait d'irréligieux dans son projet fut signalé par le clergé espagnol et condamné dans le concile de Salamanque. On avait vérifié l'orthodoxie du projet de Colomb par la confrontation avec les textes des Pères, saint Chrysostome, saint Augustin, saint Jérôme, saint Grégoire, saint Basile, saint Ambroise ; avec les épitres des apôtres, avec l'évangile, les prophéties, les psaumes et le Pentateuque.

A la fin, cependant, encouragé par la reine Isabelle et aidé par les Pinzons de Palos, famille de riches commerçants dont quelques membres se joignirent à lui, Colomb fit voile le 3 août 1492 avec trois petits bâtiments du port de Palos, emportant une lettre de recommandation du roi Ferdinand au grand khan de Tartarie, une carte géographique et une mappemonde construite sur le plan de celle de Toscanelli. Un peu avant minuit, le 11 octobre 1492, il aperçut de l'avant de son navire, une lumière mobile à distance. Deux heures après, un de ses trois vaisseaux tirait le canon pour signaler la terre. Au lever du soleil, Christophe Colomb mettait le pied sur le nouveau-monde.

A son retour en Europe, tout le monde resta persuadé qu'il avait touché l'extrême Asie et que par conséquent son voyage avait prouvé la justesse de sa théorie. Colomb lui-même mourut dans cette croyance. Mais de nombreuses expéditions qui furent faites en peu de temps, découvrirent le contour général des côtes de l'Amérique ; la connaissance qu'on acquit de la grande mer du Sud par le voyage de Balboa, révéla enfin la vérité et fit comprendre la méprise de Toscanelli et de Colomb, lesquels croyaient que la distance entre l'Europe et l'Asie, par le chemin de l'ouest, ne pouvait pas excéder celle de l'Italie au golfe de Guinée, voyage que ce dernier avait fait souvent.

Dans son premier voyage, au jour tombant, et comme il se trouvait à deux degrés et demi à l'est de Corvo, une des Açores, Colomb remarqua que l'aiguille de sa boussole variait un peu à l'ouest. La déviation devint de plus en plus sensible à mesure qu'il avançait. Il n'était pas le premier qui eût observé la déviation de l'aiguille, mais il fut le premier qui trouva le point où elle ne dévie plus. A son retour, le même phénomène se produisit, mais en sens inverse. La variation du côté de l'ouest diminua jusqu'à ce qu'il eût atteint le méridien en question où l'aiguille marqua plein nord. Colomb en conclut que la ligne de non variation était une ligne géographique fixe, une limite entre les deux hémisphères, l'oriental et l'occidental. Par sa bulle donnée en mai 1493, le pape Alexandre VI adopte cette ligne pour la démarcation perpétuelle entre les possessions espagnoles et les possessions portugaises, réglant ainsi la dispute entre les deux États. Plus tard, on s'aperçut que la ligne se déplaçait vers l'est. C'était précisément la même que celle du méridien de Londres de 1662.

Par la bulle du pape, les possessions portugaises s'étendaient à l'Est de la ligne de non variation. Le gouvernement portugais avait appris de certains juifs égyptiens qu'on pouvait faire le tour du continent africain et qu'il y avait à son extrémité sud un cap qu'il était aisé de doubler. Une expédition de trois navires, commandée par Vasco de Gama, partit le 9 juillet 1497 ; elle doubla le cap le 20 novembre, et arriva le 19 mai 1498 à Calicut sur la côte de l'Inde. Conformément à la Bulle, les Portugais acquéraient par ce voyage, exécuté dans la direction de l'est, le droit au commerce de l'Inde.

Jusqu'à la pointe du cap, le voyage de Gama avait été fait à peu près exactement dans la direction du sud. Bientôt on vit que l'élévation de l'étoile polaire au-dessus de l'horizon allait diminuant, et après qu'on eut passé la ligne équatoriale l'étoile n'était plus visible. Pendant ce temps, d'autres étoiles, dont quelques-unes formaient des constellations magnifiques, avaient paru : les étoiles de l'hémisphère austral. Tout ceci concordait parfaitement avec la théorie de la sphéricité de la terre.

Les conséquences politiques qui s'ensuivirent placèrent la papauté dans une situation très-embarrassante. Ses traditions et sa politique lui interdisaient d'admettre que la terre pût être autre chose qu'une surface plane, puisqu'ainsi l'avaient révélé les Écritures. D'un autre côté, il était impossible de nier ou de cacher les faits. La prospérité commerciale passa de Venise et de Gênes au Portugal et à l'Espagne. La puissance maritime, de la Méditerranée à l'Atlantique. La face de l'Europe était changée.

Mais le gouvernement espagnol ne se résigna point sans conteste aux avantages que son rival venait d'obtenir. Il prêta l'oreille à un certain Ferdinand Magellan, qui lui représenta que si l'on pouvait trouver un détroit ou un passage à travers ce qu'on reconnaissait maintenant être le continent américain, on arriverait par la route de l'ouest aux îles des épices et aux Indes, ce qui donnerait à l'Espagne, aux termes de la Bulle pontificale, les mêmes droits qu'aux Portugais sur ces pays. Sous le commandement de Magellan, une expédition de cinq vaisseaux partit de Séville le 10 août 1519.

Magellan fit de suite hardiment voile pour la côte sud américaine espérant trouver de ce côté un passage dans la mer du sud. Pendant soixante-dix jours, il fut retenu sous la ligne par un calme. Les matelots, frappés de l'idée qu'ils étaient tombés dans une région où les vents ne soufflaient jamais et dont ils ne pourraient jamais sortir, se mutinèrent : mais, calmes, tempêtes, révoltes, désertions, rien ne put ébranler son courage. Après plus d'un an de recherches, il découvrit le détroit qui porte son nom, et l'Italien Pigafetti, un de ses compagnons, nous raconte qu'il répandit des larmes de joie, quand il vit que Dieu lui permettait de se mesurer avec les dangers inconnus de la mer du sud, le Grand Océan Pacifique.

Réduit par la faim à manger des morceaux de cuir arrachés à

son gréement, à boire de l'eau putride, voyant son équipage périr par la famine et le scorbut, cet homme intrépide, ferme dans sa croyance à la sphéricité de la terre, fit voile constamment au nord-ouest, et pendant près de quatre mois ne trouva pas de terre habitée. Il calcula qu'il avait fait sur le Pacifique douze mille milles. Il passa l'équateur, revit l'étoile polaire et enfin toucha terre aux Iles Mariannes ou Iles des Larrons. Là, il rencontra des aventuriers venus de Sumatra. Il fut tué dans ces îles, soit par les sauvages, soit par ses hommes. Son lieutenant, Sébastien d'Elcano, prit le commandement et fit voile pour le cap de Bonne-Espérance à travers d'effroyables misères. Il doubla, enfin, ce cap, et ensuite traversa pour la quatrième fois la ligne équatoriale. Le 7 septembre 1522, après un voyage qui avait duré plus de trois ans, il rentra dans le port de Saint-Lucas près Séville avec son vaisseau la *Sainte-Victoire*. Ce célèbre navire avait accompli le plus grand exploit qui soit rapporté dans les annales humaines; il avait fait le tour du monde.

La *Sainte-Victoire* était revenue à son point de départ en faisant voile à l'ouest. Les doctrines théologiques sur la figure de la terre étaient décidément renversées.

Quatre ans après le voyage de Magellan, eut lieu la première tentative faite dans la chrétienté pour mesurer le diamètre de la terre. Elle fut due à un physicien français, Fernel, lequel, après avoir observé la hauteur du pôle à Paris, se dirigea vers le nord jusqu'à un endroit où la hauteur du pôle fût à un degré de plus que dans cette ville. Il mesura la distance entre ces deux points de la terre au moyen des tours de roues de sa voiture, et arriva à cette conclusion que la circonférence de la terre est d'environ vingt-quatre mille quatre cent quatre-vingt milles italiens.

Des mesures furent prises avec de plus en plus de soin dans plusieurs pays : par Snell, en Hollande; par Norwood, entre Londres et York en Angleterre; par Picard, en France. Le plan de Picard était de relier deux points de la terre par une série de triangles et après avoir ainsi vérifié la longueur de l'arc d'un méridien, intercepté entre eux, de le comparer avec la différence des latitudes prises dans le ciel. Les points choisis étaient Malvoisine, près Paris, et Sourdon, près Amiens. La différence des latitudes fut déterminée en observant la distance du zénith à l'étoile δ de Cassiopée. Deux circonstances intéressantes se rattachent à l'opération de Picard : 1° C'est la première fois qu'on ait employé le télescope; 2° Ses résultats, ainsi que nous le verrons bientôt, confirmèrent Newton dans sa théorie de la gravitation universelle.

A cette époque, il était devenu évident, par des considérations tirées de la mécanique, que puisque la terre est un corps emporté dans un mouvement rotatoire, il ne peut pas être sphérique, mais est sphéroïde et aplati aux pôles. Il s'ensuivait que la longueur d'un degré serait plus grande aux pôles qu'à l'équateur.

L'Académie de France résolut d'étendre l'observation de Picard, en prolongeant les mesures dans chaque direction et en faisant des résultats obtenus, la base d'une carte de France plus exacte. Des délais, cependant, eurent lieu et ce ne fut pas avant 1718, que les mesures furent complétées depuis Dunkerque jusqu'à la frontière sud. Une discussion s'éleva sur l'interprétation de ces mesures; les uns affirmant qu'elles indiquaient un sphéroïde allongé, les autres, un sphéroïde aplati. La première figure peut être vulgairement comparée à un citron, la seconde à une orange. Pour trancher la question, le gouvernement français envoya deux expéditions pour mesurer les degrés du méridien, l'une sous l'équateur, l'autre aussi près du pôle nord que possible. La première se rendit au Pérou; la seconde dans la Laponie suédoise. Toutes les deux rencontrèrent de grandes difficultés. Cependant, la commission de Laponie put compléter ses observations longtemps avant celle du Pérou, laquelle n'y employa pas moins de neuf ans. Les résultats ainsi obtenus confirmèrent la théorie de la forme aplatie et depuis ce temps, plusieurs répétitions exactes de cette observation ont été faites, parmi lesquelles celle des Anglais en Angleterre et aux Indes, et celles des Français à l'occasion de l'introduction du système métrique de poids et mesures. Elle fut commencée par Delambre et Méchain entre Dunkerque et Barcelonne, et de là, étendue, par Biot et Arago, à l'île de Formentera près Minorque. La distance était de près de douze degrés et demi.

Outre cette méthode de mensuration directe, la figure de la terre peut être déterminée par le nombre des oscillations d'un pendule de longueur fixe à différentes latitudes. Celles-ci, quoiqu'elles confirment les résultats précédents, supposent à la terre plus d'ellipticité qu'on ne lui en trouve par la mensuration des degrés. Le mouvement du pendule se ralentit à mesure qu'on s'approche de l'équateur. Il s'ensuit qu'il se trouve à cet endroit plus éloigné qu'aux pôles du centre de la terre.

D'après les mensurations les plus dignes de foi qui aient

été faites , les dimensions de la terre peuvent être déterminées ainsi :

Plus grand diamètre ou diamètre équatorial . . 7925 milles
Diamètre plus petit ou diamètre polaire 7899   «
Différence, ou aplatissement polaire 26   «

Tel fut le résultat de la discussion touchant la forme et la grandeur de la terre. Pendant qu'elle se continuait, une autre controverse s'élevait qui était grosse de conséquences plus sérieuses encore : C'était celle qui touchait à la position de la terre relativement au soleil et aux autres corps planétaires.

Copernic, un Prussien, avait, vers l'année 1507, achevé son ouvrage sur les *Révolutions des corps célestes*. Il avait voyagé en Italie dans sa jeunesse, consacré son temps à l'étude de l'astronomie, enseigné les mathématiques à Rome. Une étude approfondie des deux systèmes de Pythagore et de Ptolémée l'avait conduit à adopter le dernier et son livre était écrit pour le soutenir. Comprenant que ses doctrines allaient se trouver en contradiction avec la vérité révélée et appeler sur lui les rigueurs de l'Église, il s'exprimait d'une façon prudente et apologétique, disant « qu'il avait pris, seulement, la liberté d'essayer, dans la supposition que la terre se meut, s'il pourrait trouver une explication des révolutions des corps célestes meilleure que celle donnée par les païens, et qu'il n'avait fait en cela qu'user du privilége qui avait été accordé à d'autres de feindre les hypothèses qu'il leur plairait. » La préface était adressée au pape Paul III.

Se méfiant du résultat, Copernic s'abstint de publier son ouvrage pendant trente-six ans, pensant « qu'il valait mieux peut-être faire comme Pythagore et se contenter de transmettre ses idées par la tradition orale. » Enfin, à la prière du cardinal Schomberg, il le publia en 1543. On lui en apporta un exemplaire sur son lit de mort. Son sort fut tel qu'il l'avait prévu. L'inquisition le condamna comme hérétique. Dans son décret de condamnation, la congrégation de l'Index qualifiait le système de Copernic de « fausses doctrines pythagoriciennes, entièrement contraires aux saintes Écritures. »

Les astronomes affirment avec raison que l'ouvrage *De Revolutionibus* a changé complétement la face de leur science. Il a établi d'une manière incontestable la théorie héliocentrique. Il a montré que la distance des étoiles fixes est immense et que la terre n'est qu'un point dans l'espace. Devançant Newton, Copernic attribuait l'attraction au soleil, à la lune, aux corps célestes, mais il se trompa en soutenant que leurs orbites doivent être circulaires. Des observations sur la planète Mars et sur ses divers diamètres à différents moments, avaient donné naissance à la théorie de Copernic sur ce point.

En dénonçant le système de Copernic comme contraire à la révélation, l'autorité ecclésiastique avait certainement été décidée par la considération des conséquences auxquelles il devait conduire. Enlever à la terre son importance prééminente dans le système de l'univers, lui donner des égaux et des supérieurs dans les autres astres, semblait diminuer ses droits devant Dieu. Si chacune des innombrables étoiles du firmament était un soleil entouré de satellites, peuplé d'êtres responsables comme nous, si nous étions tombés si aisément et n'avions pu être rachetés qu'au prix de la mort du Fils de Dieu, qu'en était-il de tous ces êtres? Chez eux, n'y avait-il pas eu de chute ? Pour eux, n'y avait-il pas de Sauveur?

En l'année 1608, Lippershey, Hollandais, découvrit qu'en regardant à travers deux lentilles de verre combinées d'une certaine manière, les objets éloignés paraissaient plus grands et plus nets. Le télescope était trouvé. L'année suivante, Galilée, un Florentin distingué par ses écrits sur la science et les mathématiques, apprenant le fait sans en connaître les détails, inventa un instrument de ce genre pour son usage. Il le perfectionna, jusqu'à lui donner le grossissement de trente diamètres. En examinant la lune, il vit qu'elle avait, comme la terre, des vallées et des montagnes qui projetaient une ombre. On avait dit dans l'antiquité que les Pléiades avaient été jadis composées de sept étoiles; mais que l'une d'elles avait mystérieusement disparu. En dirigeant sur elles le télescope, Galilée vit qu'on en comptait, à première vue, quarante. De quelque côté qu'il regardât, il découvrait des étoiles qui étaient invisibles à l'œil nu.

Dans la nuit du 7 janvier 1610, il aperçut trois petites étoiles sur la même ligne, adjacentes à la planète Jupiter, et, quelques jours plus tard, une quatrième. Il vit qu'elles tournaient dans leurs orbites autour de la planète et reconnut, avec transport, qu'elles offraient en miniature la représentation du système de Copernic.

L'annonce de ces merveilles attira l'attention du monde entier. L'autorité ecclésiastique fut prompte à en découvrir la tendance, et à voir qu'elles mettaient en danger la doctrine que l'univers est fait pour l'homme. Dans la création de myriades d'étoiles qui avaient été, jusque-là, invisibles, il y avait un autre dessein que celui d'éclairer ses nuits.

On avait objecté au système de Copernic que si les planètes Mercure et Vénus se mouvaient autour du soleil dans des orbites contenus dans celui de la terre, elles devraient avoir des phases comme la lune, et que celles de Vénus, qui était si brillante, devraient être très-visibles. Copernic lui-même avait reconnu la force de l'objection et vainement essayé d'y répondre. Galilée, appliquant le télescope à la planète, s'aperçut que les phases existaient. Elle était d'abord croissant, puis demi-lune, puis disque parfait. Avant Copernic on avait toujours cru que les planètes avaient leur atmosphère lumineuse ; mais les phases de Vénus montrèrent qu'elles ne brillent que d'une lumière réfléchie. L'idée d'Aristote que les corps célestes diffèrent du corps terrestre en ce qu'ils sont incorruptibles, reçut un rude choc de la découverte de Galilée qui démontrait qu'il y a des montagnes et des vallées dans la lune comme sur la terre, que le soleil a des taches et qu'il tourne sur son axe, au lieu d'être dans un état de majestueux repos. L'apparition de nouvelles étoiles avait déjà jeté un doute sérieux sur la théorie de leur incorruptibilité.

Ceci et plusieurs autres belles découvertes télescopiques tendaient à établir la vérité du système de Copernic et causèrent à l'Eglise une immense alarme. Le clergé inférieur ou ignorant déclara que c'était mensonge. Les uns disaient que l'on pouvait s'en rapporter au télescope pour les objets terrestres, mais que pour les célestes c'était différent ; les autres prétendaient que cet instrument n'était qu'une application de l'observation d'Aristote qu'on peut voir, pendant le jour, les étoiles au fond d'un puits très-profond. Galilée fut accusé d'imposture, d'hérésie, de blasphème, d'athéisme. Il adressa, pour sa défense, une lettre à l'abbé Castelli, dans laquelle il disait que les Ecritures n'avaient pas été données aux hommes comme guide scientifique mais comme guide moral. Ceci ne fit que rendre son affaire plus mauvaise. Il fut cité devant la Sainte Inquisition, sous l'inculpation d'avoir enseigné que la terre tourne autour du soleil, doctrine « diamétralement opposée à l'Ecriture. » On lui ordonna de renoncer à son hérésie sous peine de prison. On le fit s'engager à ne plus enseigner ni défendre la doctrine de Copernic et à ne plus publier aucun livre à son sujet. Il y consentit, parce qu'il savait que la vérité n'a pas besoin d'avoir des martyrs.

L'Église jouit , après cela, d'un repos de seize ans. Mais, au bout de ce temps, Galilée risqua la publication de son ouvrage *Le système du monde* qui remettait en lumière la doctrine de Copernic. Cité de nouveau devant l'Inquisition, il fut déclaré coupable d'hérésie et condamné à abjurer à genoux, la main sur la Bible, et à maudire de sa bouche la doctrine du mouvement rotatoire de la terre autour du soleil. Quel spectacle que celui de cet homme vénérable, le plus illustre de son temps, forcé d'abjurer, par la crainte de la mort, ce qu'il croyait et savait être la vérité ! On le reconduisit ensuite dans la prison, où il fut traité avec une rigueur inhumaine pendant les dix dernières années de sa vie, et quand il mourut, on lui refusa l'inhumation en terre sainte. La fausseté d'une doctrine n'est-elle pas démontrée quand elle a ainsi besoin de s'appuyer sur la force et la persécution ? Les opinions soutenues alors par l'Inquisition , sont devenues un objet de dérision pour le genre humain.

Un des plus grands mathématiciens modernes, rappelant cette affaire, remarque que le point en conteste était du plus haut intérêt pour l'humanité, à cause du rang qu'occupe notre globe dans l'univers. Si la terre est immobile et si tous les astres tournent autour d'elle, l'homme a le droit de se considérer comme le premier objet de la nature ; mais si la terre n'est qu'une des planètes qui tournent autour du soleil, qu'un corps sans importance dans le système solaire , elle s'évanouit dans l'immensité des cieux, immensité au milieu de laquelle notre système solaire tout entier lui-même n'est qu'un point dans l'espace.

Le triomphe de la doctrine de Copernic date de l'invention du télescope. Peu de temps après, il n'y avait pas un astronome en Europe qui n'eût accepté le système héliocentrique, avec sa conséquence nécessaire, rotation de la terre sur son axe, évolution de la terre autour du soleil. Si l'on eût eu besoin d'une nouvelle preuve, on l'eût trouvée dans la grande découverte de Bradley, l'aberration des étoiles fixes, aberration qui dépend en partie du déplacement de la lumière, en partie de la révolution de la terre. L'importance de la découverte faite par Bradley était égale à celle de la précession des équinoxes. La découverte de Römer sur le mouvement progressif de la lumière, quoique traitée par Fontenelle d'erreur séduisante et rejetée par Cassini, fut à la fin généralement acceptée.

Il devint ensuite nécessaire de mesurer les dimensions du système solaire, ou, pour condenser le problème, de mesurer la distance de la terre au soleil.

Du temps de Copernic, on supposait que cette distance ne pouvait pas excéder cinq millions de milles et bien des gens trouvaient cette évaluation exagérée. Cependant, d'après la série des observations de Tycho-Brahé, Képler trouva qu'elle était au-dessous de la vérité et la porta à treize millions au moins. En 1670, Cassini montra que ces chiffres étaient bien loin d'être vrais et conclut à la distance de quatre-vingt-cinq millions.

Le passage de Vénus devant le soleil, le 3 juin 1769, avait été prédit et l'on savait son importance au point de vue de la solution de ce problème. Un empressement honorable de la part des gouvernements facilita les observations, de sorte qu'il y eut cinquante stations établies en Europe, six en Asie, dix-sept en Amérique. C'est dans ce but que le capitaine Cook entreprit son célèbre voyage. Il se rendit à Otahiti et fut heureux dans son entreprise. Le soleil se leva sans nuage et le ciel resta clair pendant toute la journée. Le passage dura, à la station de Cook, depuis neuf heures et demie du matin jusqu'à trois heures et demie du soir, et toutes les observations purent être faites avec succès.

Mais, quand on discuta les observations faites aux différentes stations, on trouva qu'elles ne concordaient pas autant qu'on eût pu le souhaiter, le résultat variant de quatre-vingt-huit à cent neuf millions. En conséquence, le célèbre mathématicien Encke les révisa en 1822 et 1824 et arriva à cette conclusion que la parallaxe horizontale du soleil, c'est-à-dire l'angle sous lequel le demi-diamètre de la terre pourrait être vu du soleil, était de $8\frac{576}{1000}$ secondes, ce qui donnait pour la distance de la terre au soleil 95,274,000 milles. Plus tard, les observations furent reprises par Hansen, qui donna comme leur résultat le chiffre de 91,659,000 milles. Plus tard encore, Leverrier trouva 91,759,000; Airy et Stone, par une autre méthode, trouvèrent 91,400,000 milles. Stone, dans une opération qu'il fit seul, trouva 91,730,000 milles. Enfin, Foucault et Fizeau la fixèrent à 91,400,000, mais non par les observations faites sur le passage de Vénus. Ils avaient pris une autre voie, ayant déterminé, au moyen d'expériences physiques, la vélocité de la lumière solaire. Ainsi donc, jusqu'à ce que les résultats du passage de Vénus, en 1874, soient établis, il reste acquis que la distance de la terre au soleil est d'un peu moins de quatre-vingt-douze millions de milles.

Une fois cette distance connue, les dimensions du système solaire peuvent être déterminées avec précision et facilité. Il suffit pour en donner une idée de dire que la distance du soleil à Neptune, la plus éloignée des planètes connues, est d'environ trente fois celle de la terre.

Ces chiffres réduisent à sa juste valeur la doctrine suivant laquelle tout a été fait, dans l'univers, pour l'homme et en vue de lui. Vue du soleil, la terre n'est qu'une petite tache presque invisible, un grain de poussière éclairé de ses rayons. Si le lecteur veut se figurer ce rapport, qu'il éloigne cette page d'un pied ou deux de son œil ; qu'il en regarde un des points, une des virgules, et qu'il songe que cette virgule est plusieurs centaines de fois plus grande que la terre regardée du soleil !

Quelle peut donc être l'importance relative de cette imperceptible particule ? Elle pourrait être détruite que rien ne serait changé. Qu'est-ce que ces monades humaines dont mille millions pullulent à la surface de cette petite motte de terre invisible dans l'espace, et dont un million à peine laisseront une trace quelconque de leur existence ? Qu'est-ce que l'homme, ses plaisirs et ses douleurs ?

Parmi les arguments mis en avant contre le système de Copernic, au temps de son apparition, il y en a un qui était employé par le grand astronome danois Tycho-Brahé, comme il l'avait été autrefois par Aristarque contre le système héliocentrique de Pythagore. C'est que si la terre tourne autour du soleil, il doit y avoir changement dans la direction des étoiles fixes. Tantôt nous sommes plus rapprochés d'une certaine région du ciel de toute la distance de l'orbite terrestre, et six mois après, nous en sommes plus éloignés. Il faut donc qu'il y ait un changement dans la position relative des étoiles. Elles doivent nous paraître, dans un temps, s'écarter, dans un temps se rapprocher les unes des autres. Pour employer le terme astronomique, les étoiles doivent avoir une parallaxe annuelle.

La parallaxe d'une étoile est l'angle renfermé dans son rayon, c'est-à-dire entre deux lignes, dont l'une va de l'étoile au soleil, l'autre. de l'étoile à la terre.

A cette époque on se méprenait grandement sur la distance de la terre au soleil. Si l'on eût su, comme on sait maintenant, que cette distance excède quatre-vingt-dix millions de milles, cet argument eût eu beaucoup de poids.

On répondit à Tycho-Brahé que puisque la parallaxe d'un

corps diminue à mesure que ce corps s'éloigne, une étoile peut être tellement distante que sa parallaxe soit presque imperceptible. Cette réponse se trouva être la vérité. La connaissance de la parallaxe des étoiles dépendait du perfectionnement des instruments pour la mesure des angles.

La parallaxe de l'étoile α du Centaure, belle étoile de l'hémisphère austral qui est considérée comme la plus rapprochée des étoiles fixes, a été déterminée par Henderson et Maclear au cap de Bonne-Espérance en 1832-1833. Elle est d'environ les neuf dixièmes d'une seconde. Il suit de là que cette étoile est deux cent trente mille fois plus éloignée de nous que le soleil. Le soleil serait aussi grand que l'orbitre terrestre, c'est-à-dire qu'il aurait cent quatre-vingt millions de milles de diamètre que, vu du Centaure, il ne serait qu'un point dans l'espace. Avec une autre étoile, sa compagne, il gravite en quatre-vingt-un ans autour de leur centre commun, ce qui fait penser que leur masse réunie est moindre que celle du soleil.

L'étoile soixante-et-unième du Cygne est une étoile de sixième grandeur. Sa parallaxe fut trouvée par Bessel en 1838; et elle est d'environ un tiers de seconde. Sa distance de la terre est, par conséquent, beaucoup plus de cinq cent mille fois celle du soleil. Avec sa compagne, elle évolue autour de leur centre commun de gravité en cinq cent vingt ans. Leur poids réuni est d'environ un tiers de celui du soleil.

Il y a des raisons de croire que la grande étoile Sirius, la plus brillante du firmament, est six fois plus distante de la terre que l'étoile α du Centaure. Son diamètre probable est de douze millions de milles et sa lumière deux cents fois plus brillante que celle du soleil. Pourtant, vue même au télescope, elle n'a aucun diamètre appréciable à l'œil et ne se montre que sous la forme d'une éblouissante étincelle.

Les étoiles ne diffèrent donc pas seulement de grandeur apparente, mais aussi de grandeur réelle. Ainsi que le montre le spectroscope, elles diffèrent beaucoup dans leur constitution chimique et physique. Cet instrument nous révèle aussi la durée des étoiles au moyen des changements dans la réfrangibilité de la lumière émise. Quoique l'étoile la plus voisine de nous soit à une distance énorme, sinon incommensurable, ceci n'est que le premier pas dans la voie de l'infini. Il y a d'autres astres dont la lumière a mis des milliers, peut-être des millions d'années à nous parvenir! Les limites du système auquel appartient notre planète sont inaccessibles à nos télescopes, que dirons-nous des autres systèmes ? Les mondes sont semés, comme la poussière, dans les abîmes de l'espace !

Ces corps gigantesques, dont des myriades sont tellement distantes de nous que l'œil ne peut les apercevoir sans le secours d'un instrument , n'ont-ils donc d'autre destination que celle que leur ont assignée les théologiens : éclairer l'homme sur la terre ? Leurs dimensions énormes ne démontrent-elles pas que puisque ces corps sont des centres de force, ils sont aussi des centres de mouvement ; des soleils pour d'autres systèmes planétaires ?

Tandis que tous ces faits étaient encore imparfaitement connus, et plutôt à l'état de spéculations que de science, Giordano Bruno, un Italien, né sept ans après la mort de Copernic, publia un ouvrage sur l'*Infinité de l'Univers et des mondes*. Il était aussi l'auteur des *Conversations du Mercredi des Cendres*, ouvrage qui contient la défense du système de Copernic, et de la *Cause unique de toutes choses*. On peut ajouter à ces divers ouvrages une allégorie publiée en 1584 et intitulée : *L'Expulsion de la Bête triomphante*. Il avait réuni, pour l'usage des astronomes futurs , toutes les observations faites sur la nouvelle étoile qui parut subitement dans la constellation de Cassiopée en 1572 et qui augmenta d'éclat jusqu'à dépasser toutes les autres étoiles. On pouvait l'apercevoir distinctement pendant le jour. Tout d'un coup, elle atteignit l'éclat de Vénus, au plus fort de sa lumière. Au mois de mars suivant, c'était une étoile de première grandeur. Elle changea plusieurs fois de couleur, en quelques mois, et disparut en mars 1574.

L'étoile qui parut subitement dans le Serpentaire, du temps de Képler (1604), était d'abord plus brillante que Vénus. Elle fut visible pendant plusieurs mois et passant, successivement, par plusieurs nuances, pourpre, jaune, rouge, elle s'éteignit !

Bruno avait été destiné d'abord à suivre la carrière de l'Église. Il entra chez les Dominicains, puis fut conduit au doute par ses méditations sur la transsubstantiation et sur l'Immaculée Conception. Ne se mettant pas en peine de cacher ses opinions, il encourut les censures ecclésiastiques, et fut obligé de se réfugier successivement en Suisse, en France, en Angleterre et en Allemagne. Les froids et fins limiers de l'Inquisition suivirent implacablement sa trace et le rabattirent sur l'Italie. Il fut arrêté à Venise et confiné, pendant six ans, dans les prisons des Plombs, sans livres, sans papier, sans amis.

Pendant son séjour en Angleterre, il avait fait des conférences sur la pluralité des mondes et écrit, en italien, ses plus importants ouvrages. Il ajouta à l'exaspération qu'on éprouvait contre lui en déclamant contre le mensonge et l'imposture de ses persécuteurs, se plaignant de ne trouver partout que scepticisme caché sous l'hypocrisie religieuse, et déclarant qu'il ne combattait pas contre des croyances réelles, mais contre des croyances feintes et qu'il luttait contre une orthodoxie qui n'avait ni moralité ni foi.

Dans ses *Conversations du soir*, il avait insisté sur ce point que l'Écriture n'avait pas pour objet d'enseigner la science mais la morale, et qu'elle ne peut être reçue comme une autorité en matière de physique et d'astronomie. Nous devons, en particulier, rejeter l'opinion qu'elle nous présente sur la configuration de la terre, décrite par elle comme une surface plane supportée sur des piliers, avec un firmament au-dessus servant de plancher aux cieux. Au contraire, il faut penser que l'Univers est infini et rempli de corps lumineux, ainsi que de corps opaques, dont plusieurs sont habités, et qu'il n'y a rien autour de la terre que l'espace et les étoiles. Ses méditations sur ces matières l'avaient conduit à cette conclusion que les opinions d'Averroës approchaient de la vérité; qu'il y a une Intelligence qui anime l'univers et dont le monde visible est une manifestation; que cette intelligence est la force qui soutient tout, et que si cette force était retirée, tout s'évanouirait; que cette Intelligence toujours présente et qui pénètre tout, est ce que l'on appelle Dieu, qui vit dans tout, même dans les choses inanimées; que toute matière est prête à s'organiser, à prendre vie; que Dieu, par conséquent, « cause unique des choses, est tout en tout. »

On peut donc regarder Bruno, en tant qu'écrivain philosophique, comme l'intermédiaire entre Averroës et Spinoza. Ce dernier soutenait que Dieu et le monde sont une seule et même chose; que tout arrive par les lois immuables de la nature et en vertu d'une invincible nécessité; que Dieu est l'Univers, produisant une série de mouvements et d'actes nécessaires, par une force intrinsèque, immuable, irrésistible.

A la demande des autorités ecclésiastiques, Bruno fut transféré de Venise à Rome et enfermé dans les prisons de l'Inquisition, accusé d'être, non-seulement hérétique, mais hérésiarque, d'avoir écrit des choses invraisemblables concernant la religion, et

surtout d'avoir enseigné la pluralité des mondes, « doctrine
contraire à la teneur des Écritures et répugnante à la religion
révélée, surtout en ce qui regarde le plan de la Rédemption. »
Après un emprisonnement de deux ans, il fut amené devant
ses juges, déclaré coupable, excommunié, et sur son noble refus
de se rétracter, livré au bras séculier « pour être puni aussi cha-
ritablement que possible et sans que le sang fût répandu, » horrible formule en usage pour faire périr un prisonnier sur le
bûcher. Sachant que ses tourmenteurs pouvaient détruire son
corps mais non ses idées, et que celles-ci vivraient parmi les
hommes, il dit à ses juges : « Peut-être avez-vous plus de crainte
en prononçant cette sentence que je n'en ai eu en l'écoutant. »
Giordano Bruno fut brûlé à Rome le 16 février 1600.

On ne peut se rappeler sans pitié les souffrances de ces innombrables martyrs, qui tantôt par un parti, tantôt par un autre,
ont été traînés sur l'échafaud pour leurs opinions religieuses.
Mais tous ces hommes avaient au moment suprême le secours
de l'espérance. Passer de cette vie à l'autre, quoique par une
dure épreuve, c'était passer de la douleur à la joie, et échapper à la cruauté des hommes pour se réfugier dans la charité de Dieu. Pendant son voyage dans la sombre vallée, le
martyr croyait à une main invisible qui le conduisait, à la présence d'un guide, d'un ami, qui le consolait doucement contre
les terreurs des flammes. Bruno n'eut point un pareil secours.
Les opinions philosophiques pour lesquelles il donnait sa vie
n'avaient rien de consolant. Il combattit seul le dernier combat.
N'y a-t-il pas de la grandeur dans l'attitude de cet homme
solitaire, debout dans la sombre salle devant ses juges inexora-
bles? Là point d'accusateur, point de témoin, point d'avocat ;
seulement, les familiers du Saint-Office glissant dans les ténèbres
autour de lui. Les tourmenteurs et les instruments de torture
sont dans un caveau sous ses pieds. On lui dit qu'il est soupçonné d'hérésie, parce qu'il a enseigné qu'il y a plusieurs mondes dans l'Univers. On lui demande s'il veut abjurer son erreur.
Il répond qu'il ne peut nier ce qu'il sait être vrai et peut-être,
déclare-t-il à ses juges, car il l'avait dit souvent, que, eux aussi,
partagent sa croyance. Quel contraste entre cette scène de
mâle honneur, d'inébranlable fermeté, d'inflexible fidélité à la
vérité, et cette autre scène qui avait eu lieu quinze siècles auparavant, auprès du feu de la salle des gardes, chez Caïphe le
Grand-Prêtre, quand le coq chanta et que « le Christ regarda

Pierre » (saint Luc, chap. XXII, v. 61). Cependant, c'est sur Pierre que l'Église fonde son droit d'agir comme elle agit envers Bruno.

Mais peut-être que le jour approche où la postérité offrira une expiation pour ce grand crime de l'Église et où la statue de Bruno s'élèvera au milieu de Saint-Pierre de Rome.

CHAPITRE SEPTIÈME

CONTROVERSE SUR L'AGE DE LA TERRE.

Données de l'Écriture. La terre n'existe que depuis six mille ans, et a été créée en sept jours. — Chronologie de la patristique fondée sur l'âge des patriarches. — Difficultés qui naissent des chiffres différents donnés par les diverses versions de la Bible. — Légende du déluge. — Le repeuplement de la terre. — La tour de Babel. — La confusion des langues. — Le langage primitif. — Découverte par Cassini de l'aplatissement des pôles de la planète Jupiter. — Découverte par Newton de l'aplatissement des pôles de la terre. — On en déduit qu'elle a été modelée par des causes mécaniques. — Confirmation de cette théorie par les découvertes de la géologie touchant les roches aqueuses. — Elle est corroborée par les débris organiques. — Nécessité d'admettre des périodes d'une énorme durée. — La doctrine de la création est remplacée par celle de l'évolution. — Découvertes touchant l'antiquité de l'homme. — L'échelle du temps et l'échelle de l'espac sont infinies. — Modération avec laquelle a été conduite la discussion touchant l'âge du monde.

La vraie position de la terre relativement aux autres parties de l'univers fut établie après un long et rude conflit. L'Église avait usé de tous les moyens en son pouvoir, même la mort, pour faire triompher ses idées; mais cela en vain. L'évidence en faveur du système de Copernic était devenue irrésistible. On avait enfin définitivement admis que le soleil est le corps central et le régulateur de notre système ; que la terre n'est qu'une des planètes qui l'entourent et, encore, une des plus petites.

Avertie par l'issue du combat, l'Église, quand vinrent les recherches sur l'âge de la terre, fut plus réservée dans sa conduite qu'elle ne l'avait été auparavant. Car, bien que ses traditions fussent encore une fois mises en question, elles n'étaient pas, croyait-elle, aussi dangereusement attaquées. Enlever à la terre sa prééminence dans l'univers, c'était, selon elle, miner les fondements de la Révélation ; mais discuter la date de la création, cela pouvait, jusqu'à un certain point, être toléré. Cependant ce point fut bientôt dépassé et la discussion ne devint pas moins dangereuse que celle qui l'avait précédée.

Il n'était pas possible de se ranger à l'opinion de Platon sur l'origine de l'univers, lorsqu'il dit dans son *Timée :* « Nous devons nous souvenir, vous et moi, que nous ne sommes que des hommes et qu'il convient que nous recevions les traditions mythologiques sans nous en inquiéter davantage. » Depuis saint Augustin, les Écritures avaient été érigées en autorité décisive en toutes matières scientifiques, et les théologiens en avaient tiré des notions de chronologie et de cosmogonie qui avaient été des pierres d'achoppement sur la route du progrès.

Nous n'avons besoin que de rappeler quelques-uns des traits caractéristiques de ces notions, dont les particularités seront vite comprises. Ainsi, la création a duré six jours et le repos du Seigneur fait le septième : on en inférait que, puisque les jours du Seigneur sont égaux à mille ans, le monde durerait six mille ans, dans le travail et la souffrance, et qu'il se reposerait pendant les mille ans qui suivraient. On admettait généralement que la terre avait quatre mille ans à l'époque de la naissance du Christ; mais l'Europe avait été si négligente à l'endroit de ses annales que jusqu'à l'année 527 après J.-C. elle n'avait pas un point de repère fixe pour sa chronologie. Ce fut un abbé romain, Dionysius Exiguus, ou Denis-le-Petit, qui fixa le commencement de l'ère vulgaire, par laquelle l'Europe compte aujourd'hui.

La méthode suivie pour arriver à la connaissance des dates chronologiques fut la computation des vies des patriarches. Il fut très-difficile de concilier les chiffres entre eux. Même en admettant, comme on le faisait en ce temps étranger à la critique, que Moïse soit l'auteur des livres qui lui sont attribués, on ne songeait pas assez qu'il rapporte des faits accomplis pour la plupart longtemps avant sa naissance. Il n'était guère possible de prendre le Pentateuque pour un livre inspiré dans tous ses détails, puisque Dieu n'avait pas pourvu à ce que la correction en fût parfaitement conservée. Les différentes versions qui avaient survécu variaient beaucoup entre elles. Ainsi, le texte samaritain mettait mille trois cent sept ans entre la création et le déluge; le texte hébreu, seize cent cinquante-six ; la version des Septante, deux mille deux cent soixante-trois. Cette même version comptait, depuis la création jusqu'à Abraham, quinze cents ans de plus que le texte hébreu. Généralement, pourtant, on inclinait à croire que le déluge avait eu lieu environ deux mille ans après la création, et que le Christ était né au bout d'une seconde période d'égale durée. Des savants qui avaient étudié ce sujet affirmaient qu'il n'existait pas moins de cent trente-deux opinions différentes touchant l'année de l'avénement du Messie, et ils en concluaient qu'il n'y avait pas lieu d'imposer trop rigoureusement à la foi des peuples, les chiffres donnés par les Écritures, puisqu'il était évident que la Providence avait négligé d'en assurer la correction, ainsi que de nous faire connaître quelle était la version véritablement authentique. Même les plus estimées de ces opinions contenaient des erreurs en cette matière. Ainsi, la version des Septante faisait vivre Mathusalem jusqu'après le déluge.

On croyait que, dans le monde antédiluvien, l'année était de trois cent soixante jours. Quelques-uns affirmaient que c'était l'origine de la division du cercle en trois cent soixante degrés. Au temps du déluge, disaient les théologiens, le mouvement du soleil avait été dérangé et l'année était devenue plus longue de cinq jours et six heures. Il y avait une opinion prévalente que cet étonnant événement était arrivé le 2 novembre 1656. Le docteur Whiston, cependant, était plus précis et le fixait au 18 novembre de la même année. Quelques-uns pensaient que l'arc-en-ciel n'avait jamais paru avant le déluge; d'autres, qu'à cette époque seulement il avait pris la signification d'un signe. Les hommes au sortir de l'arche avaient reçu la permission de manger la chair des animaux, et, jusque-là, ils avaient été herbivores! Il paraît que le déluge n'avait pas sensiblement altéré la topographie de la terre; car Noë, confiant dans ses connaissances géographiques antédiluviennes, procéda au partage entre ses trois fils, en donnant l'Europe à Japhet, l'Asie à Sem et, à Cham, l'Afrique. Il ne s'embarrassa point de l'Amérique, parce qu'on ne la connaissait pas encore. Ces patriarches, sans être arrêtés par la lugubre solitude de leurs domaines, ni par les marais que le déluge y avait laissés, ni par les forêts vierges, partirent pour les terres qui leur avaient été allouées et commencèrent leurs établissements sur les trois continents.

En soixante-dix ans, la famille asiatique s'était élevée à plusieurs centaines d'individus. Ils s'étaient établis dans les plaines de la Mésopotamie et là, pour un motif qui nous est inconnu, ils se mirent à bâtir une tour « dont le sommet devait toucher les cieux. » Eusèbe nous apprend que cet ouvrage dura quarante ans. Ils ne l'avaient point achevé quand une confusion miraculeuse des langues survint et qu'ils furent dispersés par toute la terre. Saint Ambroise s'attache à nous prouver que cette confusion ne pouvait pas avoir été le fait des hommes. Origène croit qu'elle ne fut même pas celui des anges.

La confusion des langues a donné lieu, chez les docteurs de l'Eglise, à plusieurs spéculations curieuses au sujet de la première langue de l'homme. Quelques-uns ont pensé que le langage d'Adam était entièrement composé de noms; que ce n'était que monosyllabes et que la confusion fut occasionnée par l'introduction des mots polysyllabiques. Mais ces savants ont dû oublier les nombreuses conversations rapportées dans la Genèse entre Dieu et Adam, Eve et le serpent, etc., car il s'y trouve toutes les parties du discours. On s'accordait pourtant en général sur ce point, que le langage primitif était l'hébreu. Les principes généraux de la patristique s'accordaient avec cette opinion.

Les Pères grecs calculaient qu'à l'époque de la dispersion il s'était formé soixante-douze nations et saint Augustin s'accorde avec eux. Mais il paraît qu'on trouva quelques difficultés dans ce calcul. Ainsi le savant docteur Shuckford, qui traite laborieusement les sujets en question dans son excellent ouvrage : « *Des Rapports entre l'histoire sacrée et l'histoire profane,* » démontre qu'il ne pouvait pas y avoir plus de vingt-et-une ou vingt-deux personnes, hommes, femmes et enfants, dans chacun de ces royaumes.

Un point important pour la chronologie fondée sur l'âge des patriarches, c'était de connaître la durée de la vie chez ces personnages vénérables. On supposait généralement qu'avant le déluge, il y avait équinoxe perpétuel et que la nature n'éprouvait aucune vicissitude. Mais après cet événement, la mesure de la vie humaine fut raccourcie de moitié et, au temps du Psalmiste, elle n'était plus guère que de soixante-dix ans, comme elle l'est encore. L'âpreté des climats provenait, disait-on, du déplacement de l'axe de la terre au moment du déluge et, à cet effet fâcheux, s'étaient ajoutées les influences nuisibles de l'inondation universelle « qui, en convertissant la surface du monde, avait donné lieu à la fermentation, du sang et à l'affaiblissement des fibres. »

Afin d'éviter les difficultés qui naissaient de l'extraordinaire durée de la vie des patriarches, certains théologiens suggérèrent que l'année dont parle l'écrivain sacré pouvait bien n'être pas l'année solaire mais l'année lunaire. Ceci ramenait l'âge des patriarches, à des limites raisonnables, mais soulevait une autre difficulté pire, puisqu'il eût fallu que ces respectables hommes eussent eu des enfants à l'âge de cinq ou six ans.

La science sacrée interprétée par les pères de l'Eglise démontrait les faits suivants : 1° que la date de la création était comparativement récente et n'allait pas au delà de quatre ou cinq mille ans avant la naissance du Christ; 2° que l'œuvre de la création avait rempli six jours de vingt-quatre heures; 3° que le déluge avait été universel et que les animaux qui y avaient survécu étaient ceux sauvés dans l'arche; 4° qu'Adam avait été créé dans un état de perfection; qu'il avait péché et que ses descendants partageaient la peine due à sa faute.

De tous ces points et de plusieurs autres encore, il y en avait deux sur lesquels l'autorité ecclésiastique croyait devoir particulièrement insister. C'était, en premier lieu, la date récente de la création, car, plus longue était la période entre la chute et la rédemption, plus il était urgent de justifier Dieu d'avoir abandonné la majeure partie des générations à leur sort et réservé le salut pour celles qui vivraient dans la dernière période du monde; c'était en second lieu, l'état parfait d'Adam à l'origine, puisque c'était là-dessus qu'était construit tout le plan de la chute et de la rédemption.

Les docteurs en théologie étaient donc obligés de repousser tout ce qui tendait à faire supposer très-ancienne l'origine des choses, ainsi que la théorie mahométane de l'évolution de l'homme des formes inférieures aux formes supérieures de la vie, à l'aide d'un long laps de temps.

Nous pouvons juger par les puérilités, les absurdités et les contradictions que nous venons d'exposer, combien peu satisfaisante était la science soi-disant sacrée, et nous devons peut-être nous ranger aux conclusions auxquelles était arrivé le docteur Schuckford après ses inutiles efforts pour la mettre d'accord avec elle-même : « Quant aux Pères des premiers siècles de l'Eglise, c'étaient des hommes de bien, mais non pas des hommes d'un savoir universel. »

La cosmogonie sacrée regarde la formation et l'organisation de la terre comme l'acte direct de Dieu; elle rejette l'intervention des causes secondes dans ces opérations.

La cosmogonie scientifique date de la découverte télescopique
faite par Cassini, astronome italien, sous la direction duquel
Louis XIV avait placé l'observatoire de Paris, que la planète
Jupiter n'est pas une sphère mais un sphéroïde aplati aux pôles.
La mécanique démontrait que cette figure est produite, d'une
façon nécessaire, par le mouvement rotatoire d'une masse flexible
et que plus rapide est la rotation, plus grand est l'aplatissement
des pôles, ou, si l'on veut, le renflement vers l'équateur.

De considérations purement mécaniques, Newton avait conclu
à l'aplatissement de la terre. A son renflement est due la précces-
sion des équinoxes, laquelle s'accomplit en vingt-cinq mille
huit cent soixante-huit jours, et aussi la nutation de l'axe terrestre découverte par Bradley. Nous avons déjà eu occasion de
remarquer que le diamètre équatorial de la terre, excède le diamètre polaire d'environ vingt-six milles.

Deux faits ressortent de l'aplatissement de la terre : 1° qu'elle
a été autrefois une masse flexible, une matière plastique; 2° qu'elle
a été modelée par des lois mécaniques, c'est-à-dire par des causes secondes.

Mais cette influence n'est pas seulement manifeste dans la
forme extérieure du globe terrestre comme sphéroïde rotatoire,
elle l'est aussi dans l'arrangement de ses couches géologiques.

Si nous examinons les roches sédimentaires, leur agrégat est
profond de plusieurs milles. Cependant, elles ont été incontestablement formées par voie de dépôts lents. La matière qui les compose provient de la désagrégation d'anciennes terres qui se sont
écoulées dans les cours d'eau et ont été transportées ailleurs. Des
effets de ce genre, qui se produisent sous nos yeux, demandent
un temps considérable. Une alluvion ainsi formée acquiert en un
siècle quelques pouces à peine de profondeur ; que penser du
temps qu'il a fallu pour produire une alluvion de plusieurs milliers de mètres !

La position de la côte d'Egypte est connue depuis beaucoup
plus de deux mille ans. Depuis ce temps, les détritus apportés
par le Nil l'ont fait gagner sur la mer d'une façon assez sensible ;
mais, qu'est-ce qu'un pareil progrès quand on songe que toute la
Basse Egypte a été formée de cette manière !

La côte de l'Amérique, à l'embouchure du Missisipi, est bien connue depuis trois siècles, et, pendant ce laps de temps, elle ne s'est
avancée que d'une distance presque invisible dans le golfe de
Mexico ; pourtant, il y a eu un temps où le delta de ce fleuve

était à St-Louis, c'est-à-dire à sept cents milles du point où il se trouve actuellement. En Egypte, en Amérique, dans tous les pays du monde, les rivières ont, pouce par pouce, formé des terres qui ont gagné sur la mer. La double considération du temps que prend ce travail et de la grandeur des résultats, nous montre ce qu'ont été les périodes consacrées à cette opération de la nature.

Nous arrivons aux mêmes conclusions si nous considérons le comblement des lacs, les dépôts de travertins, la dénudation des montagnes, la dégradation des rochers par les vagues de la mer, la destruction des écueils par la même cause, l'arrondissement des masses rocheuses par l'humidité de l'atmosphère et l'acide carbonique.

Les couches sédimentaires doivent avoir été originairement déposées dans des plaines presque horizontales. Beaucoup d'entre elles ont reçu, soit par paroxysme, soit par un mouvement graduel, différentes inclinaisons, et formé toutes sortes d'angles. Quelle que soit l'explication, que nous puissions donner, de ces nombreuses et immenses anfractuosités, qui sillonnent en tous sens la terre, il semble qu'il ait fallu, pour les produire, un nombre incalculable d'années.

Le gisement houiller, dans le pays de Galles, a, par ses inondations graduelles, atteint la profondeur de 12,000 pieds ; dans la Nouvelle-Ecosse, de 14,570 pieds. Si lente et si continue a été la submersion, que l'on trouve, dans les différentes couches, des arbres fossiles restés debout sur leurs racines. La chose se reproduit soixante-dix fois successivement dans une épaisseur de 4,715 pieds. L'âge de ces arbres est indiqué par leur taille; quelques-uns ont quatre pieds de diamètre. Autour d'eux, à mesure qu'ils périssaient avec l'affaissement du sol, se formaient des calamites par couches superposées. Dans le gisement de Sydney, on trouve cinquante-neuf forêts fossiles les unes sur les autres.

Les coquilles marines que l'on voit sur le sommet des montagnes au milieu des continents, ont été regardées par les théologiens comme autant de preuves du déluge. Mais quand des études géologiques plus avancées montrèrent qu'au sein de la terre les formations marines sont intercalées avec les formations d'eau douce comme les feuillets d'un livre, il devint évident qu'un pareil phénomène ne pouvait s'expliquer par ce cataclysme et que la même région, par des variations dans son niveau et des changements dans la topographie de ses environs, avait été, tantôt terre sèche, tantôt mer, tantôt lac. Il devint évident aussi qu'il avait fallu cent millions d'années au moins pour que ces transformations s'accomplissent.

A cette démonstration de l'ancienneté de la terre, basée sur la vaste étendue, l'énorme profondeur et la composition variée de ses couches géologiques, vint s'ajouter un ensemble de preuves tirées des débris fossiles. Les époques relatives des formations ayant été reconnues, on montra qu'il y avait en progression dans les formes organiques végétales et animales, des plus anciennes aux plus récentes ; que celles qui existent aujourd'hui ne sont qu'une fraction insignifiante des prodigieuses multitudes qui ont couvert la surface du globe ; que pour une espèce qui vit encore, il y a mille espèces qui ont disparu. Quoique les formations géologiques soient assez bien caractérisées par la présence d'un type animal prédominant pour qu'on puisse dire : l'âge des mollusques, l'âge des reptiles, l'âge des mammifères, cependant, le passage d'un type à un autre n'a pas lieu brusquement ; chacun d'eux est sorti du type précédent, et après avoir atteint le plus haut degré de sa perfection dans l'âge auquel nous donnons son nom, il s'est graduellement éteint, en se fondant dans le type qui lui a succédé. Nulle part on ne voit les traces d'une apparition soudaine, d'une création ; mais partout, on trouve celles d'une graduelle métamorphose, d'un lent développement des formes de la vie. Ici encore, nous comprenons la nécessité d'admettre des périodes de temps extrêmement longues. Depuis les temps historiques nous n'avons assisté à aucun exemple de semblables développements et nous ne sommes pas sûrs qu'il y ait eu non plus de semblables extinctions. Cependant, nous voyons que ces faits se sont produits des myriades de fois durant la période géologique.

De ce que durant la période historique aucun cas de métamorphose et de développement d'espèces n'a été observé, quelques-uns en ont nié la possibilité et ont pensé que chacune des espèces vivantes ou détruites a paru sur la terre en vertu d'un acte de création instantanée ; mais il est plus digne d'esprits philosophiques de croire qu'une chose est sortie d'une autre chose, que de supposer qu'elle est sortie de rien. Il ne sert point de dire que l'homme n'a jamais vu s'opérer la transformation d'une espèce ; il n'a pas assisté, non plus, à un acte de création, à l'apparition subite d'une forme organique sans progéniteur.

Des créations brusques, arbitraires, incohérentes, pourraient servir à mettre en lumière la puissance de Dieu ; mais cette chaîne ininterrompue d'organismes qui commence aux formations paléontologiques et finit à nos jours, cette chaîne dont chaque anneau est lié à l'anneau qui suit, nous fait voir que non-seulement la production des êtres animés est soumise à une loi, mais que cette loi n'a subi aucun changement et qu'à travers des myriades de siècles, il n'y a eu ni variations ni interruptions.

Les paragraphes précédents sont destinés à nous donner une idée des témoignages qui existent en faveur de l'ancienneté de la terre. Les travaux ininterrompus des géologues ont accumulé une masse de faits qui rempliraient plusieurs volumes. Les preuves sont fournies par toutes les variétés de roches, aqueuses, ignées, métamorphiques. Ils ont observé l'épaisseur des premières, leurs positions inclinées, forcées, violentes ; ils ont remarqué comment celles qui ont été formées par l'eau douce, sont intercalées dans celles qui portent les marques de l'eau saline ; comment des masses de matières énormes ont été déplacées par la dénudation des surfaces, et comment de vastes étendues géographiques ont changé de topographie ; comment les continents se sont tour à tour élevés et abaissés ; comment les rivages de la mer ont changé de contours, et des écueils qui se trouvaient jadis au milieu des flots, se sont trouvés ensuite au milieu des terres. Ils ont étudié les faits zoologiques et botaniques, la forme et la flore des âges successifs et vu comment, dans un ordre réglé, la vie s'est développée depuis ses obscurs commencements. Des faits présentés par les dépôts houillers, dépôts qui, dans toutes leurs diversités, ont été formés par des détritus végétaux, il résulte que des changements se sont opérés non seulement dans l'atmosphère terrestre, mais dans le climat de l'Univers. D'autres faits viennent démontrer qu'il y a eu des oscillations dans la température, des périodes pendant lesquelles la chaleur s'est élevée, et d'autres où les glaces polaires et les neiges ont couvert de vastes continents. Ces dernières sont appelées périodes glaciales.

Une école de géologues, s'appuyant sur des preuves imposantes, professe l'opinion que la terre a été une masse en fusion, peut-être une masse gazeuse et qu'elle s'est refroidie par rayonnement dans l'espace pendant un million de siècles jusqu'à son degré de température actuelle. Les observations astronomiques donnent un grand poids à cette idée, surtout les observations qui se rapportent aux corps planétaires du système solaire. Elle est corroborée par le fait de la faible densité moyenne de la terre, par l'élevation progressive de la température vers le centre, par le phénomène des volcans et des feux souterrains, ainsi que par celui des roches ignées et métamorphiques. Ici, encore, il faut reconnaître que des myriades de siècles ont été nécessaires pour produire de tels changements.

Mais avec les idées qui ont été éveillées dans le monde par le système de Copernic, nous ne pouvons pas envisager isolément la terre, son origine et son histoire. Nous devons lui associer dans notre pensée tous les autres membres de la famille à laquelle elle appartient. Bien plus, nous ne devons pas nous borner au système solaire, mais embrasser le monde étoilé tout entier. Puisque nous sommes, désormais, familiarisés avec l'idée des immenses distances qui séparent les astres, nous accepterons aisément celle des immenses périodes de durée qui leur appartiennent. Il y a des étoiles si éloignées de nous que la lumière qu'elles émettent a mis, malgré sa vitesse, des milliers d'années à nous parvenir. Elles existaient donc il y a plusieurs milliers d'années.

Les géologues sont unanimes, sans une seule exception peut-être, à reconnaître que la chronologie de la terre doit être considérablement reculée et ils se sont efforcés de la fixer avec un peu de précision. Les uns ont pris pour bases des calculs astronomiques; d'autres ont cherché leur point de départ dans les lois de la physique. C'est ainsi que les changements survenus dans l'excentricité de l'orbite terrestre donneraient, depuis le commencement de la dernière période glaciale jusqu'à nos jours, deux cent quarante mille ans. Mais quoique l'immense durée des temps géologiques soit un fait incontestable, de tels calculs sont fondés sur une base théorique trop incertaine pour qu'on doive en accepter les résultats.

Cependant, en ne regardant le sujet que du point où l'a laissé la science, il est clair que les idées mosaïques ne sauraient être admises plus longtemps. On a fait beaucoup de tentatives pour concilier les faits révélés avec les faits constatés, mais sans succès. Les périodes données par Moïse sont trop courtes, l'ordre de création indiqué est faux, l'intervention divine est trop entachée d'anthropomorphisme, et quoique le récit de l'écrivain sacré concorde avec l'état de la science à son début. il ne s'harmonise point avec notre connaissance actuelle de la petitesse relative de la terre et de l'immensité de l'univers.

Parmi les découvertes géologiques récentes, il y en a une qui offre un intérêt particulier. C'est celle d'ossements humains et d'ouvrages faits de main d'homme, dans des formations, qui, bien que récentes au point de vue géologique, sont, au point de vue historique, très-anciennes.

Des débris humains fossiles, des outils grossiers en silex taillé, en pierre polie ou en bronze, se trouvent en Europe dans les cavernes, dans les blocs erratiques, dans les tourbières. Ils indiquent la vie sauvage employée à la chasse et à la pêche. Des recherches récentes donnent lieu de croire que ces traces de la vie primitive de l'homme sont retrouvées jusqu'à l'époque tertiaire. Il est le contemporain de l'éléphant du sud, du rhinocéros tichorhinus, du grand hippopotame, peut-être du mastodonte.

A la fin de l'époque tertiaire, et par des causes encore inconnues, l'hémisphère boréal a subi un grand abaissement de température. Il est passé d'une température torride à une température glaciale ; après une période prodigieusement longue, la température s'est élevée de nouveau, et les glaciers qui l'avaient en grande partie couvert ont perdu du terrain. Ils en ont regagné ensuite par un second abaissement de température, mais pas autant qu'ils en avaient perdu. Ceci marque l'époque quaternaire, pendant laquelle la température du globe est arrivée graduellement au degré où elle est actuellement. Les alluvions qui existent aujourd'hui sont l'œuvre de milliers de siècles. Au commencement de l'époque quaternaire, existaient l'ours des cavernes, le lion des cavernes, l'hippopotame amphibie, le rhinocéros à narines cloisonnées, le mammouth. Le mammouth surtout pullulait. Il se plaisait sous le climat boréal. Petit à petit, le renne, le cheval, le bœuf, le bison se multiplièrent et lui disputèrent sa nourriture. Cette raison et l'élévation croissante de la température le firent disparaitre. Le renne quitta, à son tour, le centre de l'Europe ; sa migration marque la fin de l'époque quaternaire.

Depuis l'apparition de l'homme sur la terre, il s'est donc écoulé des périodes de temps incalculables. De grands changements ont eu lieu dans la température et dans la faune par l'action lente de causes qui continuent encore à se produire de la même manière. Cette action est tellement insensible que les chiffres ne suffisent pas à nous donner une idée de la longueur des temps.

L'existence dans l'âge néolithique d'une race parente de celle des Basques paraît être suffisamment établie. A cette époque, les îles du Royaume-Uni subissaient les changements de niveau qui se produisent aujourd'hui dans la péninsule scandinave. L'Écosse s'élevait, l'Angleterre s'abaissait. Dans l'âge Pleistocène, il y avait au centre de l'Europe une forte race de chasseurs et de pêcheurs, alliée à celle des Esquimaux.

Dans les anciens blocs erratiques de glaces en Écosse, on trouve les ossements fossiles de l'homme à côté de ceux de l'éléphant. Ce fait nous reporte à cette époque, sus-mentionnée; quand une grande partie de l'Europe était couverte de glaces qui, des régions polaires, avaient gagné les latitudes méridionales et s'étaient encore accrues de la chute des glaciers, tombés du sommet des hautes montagnes dans les plaines. Un nombre incalculable d'espèces animales périt dans ce cataclysme, mais l'homme survécut.

Dans sa condition sauvage primitive, vivant de fruits, de racines, de coquillages, l'homme avait pourtant un avantage qui contenait en germe sa civilisation future. Il connaissait le feu et la manière de le produire. Dans le fond des tourbières, on trouve, sous des débris d'arbres très-anciens, des outils qui servent à établir un ordre chronologique distinct. Plus près de la surface, sont les outils en bronze; plus bas, ceux en os et en corne; plus bas encore, ceux en pierre polie, et, au-dessous de tous ceux-ci, ceux en silex grossièrement taillé. Les couches dans lesquelles tous ces objets se trouvent ne peuvent pas avoir moins de quarante ou cinquante mille ans d'existence.

Les cavernes qu'on a explorées en France et ailleurs ont montré que pendant l'âge de la pierre, les instruments en usage étaient la hache, le couteau, la lance, la flèche, le grattoir et le marteau. Le passage de la pierre taillée à la pierre polie est graduel. Cette époque coïncide avec la domestication du chien, qui fait date dans la vie de l'homme comme chasseur. Elle embrasse des milliers de siècles. La découverte de flèches indique l'invention de l'arc et le passage de l'homme de la position défensive à la position offensive. L'introduction de la flèche barbelée prouve que son génie inventif commençait à se montrer. Les os et les cornes des petits animaux font voir que l'homme chassait toutes sortes de bêtes, peut-être même des oiseaux. Les sifflets en os indiquent qu'il se livrait à cet exercice dans la compagnie soit de son chien, soit de ses semblables. Les grattoirs en silex font penser qu'il se servait de la peau des animaux pour se vêtir et les poinçons grossiers, les aiguilles, qui les accompagnent, qu'il commençait à les coudre et à les assembler. Les ustensiles pour la fabrication des couleurs donnent lieu de croire que le fard et le tatouage étaient déjà connus ; les colliers et les bracelets montrent combien chez l'homme le goût de la parure est naturel. Des bâtons de commandement rendent témoignage aux premiers essais d'organisation sociale.

C'est avec le plus vif intérêt que nous voyons poindre chez ces hommes primitifs le germe des beaux-arts. Ils nous ont laissé de grossières esquisses sur des morceaux d'ivoire et d'os ; des sculptures représentant les animaux, leurs contemporains. Dans ces ouvrages préhistoriques, qui ne sont pas sans esprit, on voit des mammouths et des combats de rennes. Il y a un de ces morceaux qui nous représente un homme harponnant un poisson ; un autre, une scène de chasse, où les hommes sont nus et armés de javelots. L'homme est donc le seul des animaux qui aient une propension naturelle à retracer les figures et à se servir du feu.

Des terrains coquilliers, renfermant, outre les coquilles, des ossements et des ustensiles en pierre d'une formation, par conséquent, antérieure à l'âge de bronze, portent dans toutes leurs parties la trace du feu. Ces gisements se trouvent souvent sur les bords de la mer, mais ils en sont quelquefois à une distance de cinquante milles. Tout indique qu'ils sont postérieurs aux grands mammifères disparus, mais antérieurs aux mammifères domestiques. On prétend que quelques-uns n'ont pas moins de cent mille ans d'existence.

Les demeures lacustres en Suisse — des cabanes construites sur des piliers en pierre ou en bois et clayonnées de branchages, — ont été, ainsi que l'indiquent les ustensiles qui s'y trouvent, commencées dans l'âge de pierre et continuées dans l'âge de bronze. Dans la dernière période, les traces de la vie agriculturale deviennent nombreuses.

Il ne faut pas croire que les époques entre lesquelles les géologues ont divisé la vie de l'homme sur la terre soient des époques brusquement tranchées. Ainsi, les tribus errantes de l'Amérique ne font encore que sortir de l'âge de pierre. On les voit en beaucoup d'endroits armées de flèches en silex. Ce n'est que d'hier que ces sauvages ont reçu de l'homme civilisé le fer, les armes à feu, le cheval.

L'état où les recherches faites jusqu'ici ont laissé la science, permet incontestablement d'assigner à l'existence de l'homme sur la terre plusieurs centaines de milliers d'années. Il faut se

rappeler que ces recherches sont tout à fait récentes et ont été
bornées à une petite étendue géographique. On n'a point encore
exploré les régions qu'on peut considérer d'avance comme la
première demeure de l'homme.

Nous sommes donc reportés bien loin des six mille ans de la
chronologie de la patristique. Il serait difficile d'assigner à la
dernière invasion des glaces en Europe une époque moins
reculée qu'un quart de million d'années, et l'apparition de
l'homme avait précédé cette catastrophe. Mais, nous ne nous
trouvons pas seulement en face de ce fait important, nous avons
à constater aussi celui d'un état animal, se développant par un
progrès lent et suivi.

Cet état d'abaissement, de misère, forme un frappant contraste avec la félicité paradisiaque de l'Eden, et ce qui est plus
grave, c'est qu'il est inconciliable avec la théorie de la chute.

J'ai placé le sujet de ce chapitre en dehors de son ordre chronologique naturel, afin de présenter isolément les considérations
qui se rapportent à la nature du monde. La discussion qui s'est
élevée sur l'ancienneté de la terre est arrivée bien après celle
qui a pour objet le critérium de la vérité, c'est-à-dire après la
Réforme. La première appartient à notre siècle. Elle a été conduite avec assez de modération pour que j'aie pu la désigner par
le mot de controverse, au lieu du mot de conflit. La géologie n'a
pas rencontré sur sa route l'opposition sanglante qu'avait eu à
vaincre l'astronomie, et de son côté, quoiqu'elle ait affirmé qu'il
fallait lui faire cette concession que la terre et l'homme avaient
tous deux une origine très-ancienne, elle n'a point prétendu que
ses chiffres et ses calculs fussent complétement dignes de foi.
Le lecteur attentif n'a pas manqué d'y remarquer des contradictions. Malgré leur défaut d'exactitude, ils suffiront à nous faire
conclure que l'échelle du Temps est proportionnée à l'échelle de
l'Espace dans l'Univers.

CHAPITRE HUITIÈME

CONFLIT SUR LE CRITÉRIUM DE LA VÉRITÉ.

L'ancienne philosophie proclame que l'homme ne possède aucun moyen de parvenir par lui-même à la vérité. — Des divergences de croyances s'élèvent entre les premiers chrétiens. — Efforts infructueux pour y remédier par les décisions des conciles. — On introduit en manière de preuves le miracle et les ordalies. — La papauté a recours à la confession auriculaire et à l'Inquisition. — Elle commet d'effroyables atrocités dans le but de supprimer les opinions dissidentes. — Effet de la découverte des Pandectes de Justicien, et développement du Droit Canon sur la nature de la preuve. — Elle devient plus scientifique. — La Réforme revendique les droits de la raison individuelle. — Le catholicisme déclare que le critérium de la vérité est dans l'Église. — Il restreint les moyens d'information par l'établissement de l'Index et combat les dissidents par des mesures telles que la St-Barthélemy. — Examen de l'authenticité du Pentateuque, en tant que critérium de la vérité, chez les protestants. — Caractère apocryphe de ces livres. — Pour la science, le critérium de la vérité n'existe que dans les révélations de la nature ; pour les protestants, il est dans les Écritures ; pour les catholiques, dans l'infaillibilité du pape.

Qu'est-ce que la vérité ? Telle est la question passionnée qui sortait de la bouche d'un procurateur romain dans un des moments les plus solennels de l'histoire. Et le personnage divin qui était debout devant lui ne répondit pas, à moins, toutefois, que son silence ne fût, lui-même, une réponse.

Ce n'était pas la première fois que cette question avait été faite en vain et ce n'a pas été la dernière. Personne encore n'a . répondu.

Quand, à l'aurore de la science grecque, les vieilles religions nationales commencèrent à s'évanouir comme un brouillard au lever du soleil, les hommes pieux et réfléchis de ce pays se sentirent envahis par le désespoir. Anaxagore s'écrie douloureusement : « Nous ne savons rien, nous ne pouvons rien savoir, il n'y a rien de certain ; nos sens nous trompent, notre intelligence est faible ; notre vie est courte! » Xénophane nous apprend qu'il est impossible de savoir quand on parle si on dit la vérité. Parménide déclare que la constitution de l'homme s'oppose à ce qu'il puisse arriver à la vérité absolue. Empédocle assuré qu'il n'est point de système philosophique ou religieux qui soit digne de foi, parce que nous ne possédons pas la mesure du vrai. Démocrite dit que, si nous possédons la vérité, nous ne possédons pas la certitude ; Pyrrhon nous avertit de suspendre en tout nos jugements, et ses disciples disaient : « Nous n'affirmons rien, non, pas même que nous n'affirmons rien ! » Epicure enseignait aux siens que la vérité ne peut être déterminée par la raison. Arcesilas, niant à la fois les connaissances qui nous arrivent par l'esprit et celles qui nous viennent des sens, avouait publiquement qu'il ne savait rien et qu'il ne connaissait même pas sa propre ignorance. La conclusion générale à laquelle arrivaient les philosophes grecs, c'est qu'en présence des contradictions qui se trouvent jusque dans le témoignage des sens, il faut renoncer à distinguer le vrai du faux et que telle est l'imperfection de la raison humaine qu'il n'y a point de vérité philosophique.

On pourrait croire qu'une révélation directe faite par Dieu serait assez forte, assez claire pour lever tous les doutes et faire taire toutes les objections ; mais un philosophe grec moins pessimiste que les autres avait surtout remarqué une chose : c'est que la co-existence de deux religions qui se croient toutes deux révélées, et qui pourtant diffèrent entre elles, prouve du moins qu'elles ne sont vraies ni l'une ni l'autre. Cependant, quand il s'agit de questions sur des choses matérielles et visibles, l'homme n'a pas même ce moyen de vérification si la discorde et la haine ont caractérisé la philosophie pendant les trois siècles qui ont précédé la venue du Christ. La discorde et la haine ont également, pendant les trois siècles qui l'ont suivi, caractérisé la religion. C'est ce que remarquait saint Hilaire, évêque de Poitiers, dans ce passage bien connu, vers le temps du Concile de Nicée :

« C'est une chose aussi déplorable que dangereuse qu'il existe autant de *Credo* que d'opinions parmi les hommes, autant de doctrines que d'inclinations diverses, autant de sources de blasphème que d'erreurs, parce que nous nous faisons arbitraire-

ment des croyances, et les interprétons non moins arbitraire-
ment. Tous les ans, tous les jours, nous inventons de nouveaux
systèmes pour expliquer les invisibles mystères ; nous nous
repentons de ce que nous avons fait ; nous défendons ceux qui
changent ; nous anathématisons ceux que nous défendons ;
nous condamnons en nous les doctrines des autres, et les nôtres
chez notre prochain, et nous déchirant les uns les autres nous
nous perdons tous. »

Ce ne sont pas là des paroles. La teneur de cette accusation
n'a rien d'exagéré pour ceux qui ont étudié l'histoire de l'Eglise
à cette époque. Aussitôt que la première ferveur de charité chrétienne fut éteinte, les disputes commencèrent. Les historiens
ecclésiastiques assurent que, dès le second siècle, commença la
lutte entre la foi et la raison, la religion et la philosophie, la
piété et l'esprit. Pour calmer ces discussions, pour créer une
autorité, un critérium du vrai, on créa des assemblées délibé-
rantes qui prirent, avec le temps, la forme de Conciles. Ce n'é-
tait d'abord qu'une autorité consultative ; mais quand, au quatrième siècle, le christianisme se fut assis sur le trône impérial,
les décisions de ces assemblées, se trouvant appuyées par le
pouvoir civil, devinrent coërcitives. Ceci changea complétement
la face de l'Eglise. Les conciles œcuméniques, ces parlements de
la chrétienté, composés des délégués de toutes les églises du
monde, furent convoqués par ordre de l'Empereur. Il les présida
en personne, arrangea les différends et fut en réalité le pape de
l'époque. L'historien Mosheim que j'ai déjà cité remarque « qu'il
n'y avait aucune raison pour exclure les ignorants des dignités
ecclésiastiques ; car le parti de l'obscurantisme, qui regardait
toute science comme fatale à l'esprit de piété, faisait tous les
jours des progrès.» En conséquence « le Concile de Nicée fournit
un exemple remarquable de l'ignorance et de la confusion d'i-
dées qui régnaient chez ceux qui souscrivirent à ses décisions. »
Malgré la grande influence que ce Concile a eue dans le monde,
Mosheim assure que « l'on n'est pas d'accord sur le temps et le
lieu où il a été convoqué, sur le nombre de ceux qui y assistaient,
sur le nom de l'évêque qui présidait ; qu'aucun document authentique ne relate ses décisions ou que, du moins, on n'en
possède aucun. » L'Eglise était devenue alors ce que dans le
langage politique moderne on appelle une république fédérative. La volonté du Concile était exprimée par le vote de la majorité, ce qui donnait lieu à toutes sortes d'intrigues et de four-

beries. L'influence des femmes de la cour, la vénalité, la violence, tout était employé. Le Concile de Nicée avait à peine commencé ses travaux qu'il fut évident pour tout homme impartial, que ces assemblées ne pourraient être érigées en critérium de la vérité religieuse. La majorité ne reconnaissait aucun droit à la minorité. La protestation de beaucoup de gens de bien contre la prétention de faire voter des délégués dont les titres n'avaient été ni examinés ni reconnus, fut passée sous silence avec mépris. La conséquence en fut qu'on vit s'assembler conciles contre conciles et que leurs décrets contradictoires jetèrent la confusion et la perplexité dans les esprits par tout le monde chrétien. Dans le quatrième siècle seulement, il y eut treize conciles qui condamnèrent l'Arianisme, quinze qui l'approuvèrent et dix-sept qui se déclarèrent pour les semi-ariens : en tout quarante-cinq. C'était naturel ; les minorités essayaient sans cesse de se saisir des armes dont les majorités avaient abusé.

L'impartial écrivain ecclésiastique cité plus haut, dit aussi que « deux monstrueuses et calamiteuses erreurs furent adoptées au quatrième siècle : la première, qu'il est permis de mentir et de tromper pour procurer le bien de l'Eglise ; la seconde, que l'hérésie, quand on y persiste après les admonitions convenables, doit être punie de peines civiles et de peines corporelles. »

Ce n'est pas sans surprise que nous voyons ce qu'étaient à cette époque les preuves de la vérité. On considérait un point de doctrine comme prouvé s'il avait été défendu par un nombre suffisant de martyrs, par les miracles, par les confessions des démons et des possédés, ou personnes en proie aux mauvais esprits. Ainsi, saint Ambroise, dans sa dispute contre les Ariens, produisit des possédés qui, au contact des reliques de certains martyrs, se mirent à pousser de grands cris en disant que la doctrine du concile de Nicée touchant la Trinité était vraie. Mais les Ariens l'accusèrent d'avoir suborné ces témoins infernaux par une grosse somme d'argent. On commençait déjà à mettre les ordalies en usage. Pendant les six siècles suivants, elles furent la preuve en dernier ressort du crime et de l'innocence. L'eau froide, le duel, le feu, la croix servirent de témoins.

Quelle étrange ignorance de la nature de la preuve ! Un accusé surnage ou coule à fond ; il supporte ou ne supporte pas la brulure d'un fer rouge ; le champion qu'il a loué pour combattre à sa place est vainqueur ou vaincu ; la nature l'a rendu ou non capable de tenir les bras étendus en croix pendant un temps plus ou moins long, il est innocent ou il est coupable! Voilà le critérium de la vérité !

Est-il donc surprenant que l'Europe ait été remplie à cette époque de miracles imposteurs, honteux pour la raison humaine !

Mais enfin arriva le jour inévitable. Des affirmations et des doctrines fondées sur des preuves aussi extravagantes furent enveloppées dans le discrédit qui atteignait la preuve elle-même. Quand nous approchons du treizième siècle, nous voyons l'incrédulité se répandre dans toutes les directions à la fois. Elle se montre d'abord dans les ordres monastiques et se glisse ensuite parmi le peuple. Des livres tels que l'*Evangile éternel* font leur apparition chez les premiers; des sectes comme les Catharistes, les Vaudois, les Albigeois, se forment chez le dernier. Elles étaient d'accord en ceci que la religion publiquement reconnue était un système bigarré d'erreurs et de superstitions, et que la suprématie que le Pape avait usurpée dans la chrétienté était illégale et tyrannique; que la prétention de l'évêque de Rome d'être le seigneur suzerain du monde, de façon qu'il n'existât d'autre pouvoir politique, ecclésiastique et civil que le pouvoir émané de lui, était entièrement sans fondement et injurieuse aux droits de l'homme.

Pour arrêter ce flot d'impiété, le gouvernement papal établit deux institutions : l'Inquisition et la Confession auriculaire. La dernière était un moyen d'information; la première un moyen de répression.

D'une manière générale, les fonctions de l'Inquisition étaient de supprimer les dissentiments religieux par le terrorisme et d'entourer l'hérésie des idées les plus épouvantables. Ceci impliquait nécessairement le pouvoir de décider de ce qui constituait le fait d'hérésie. Le critérium de la vérité se trouvait donc être dans les mains de ce tribunal, chargé « de découvrir et de mettre en jugement les hérétiques cachés dans les villes, dans les maisons, dans les caves, les cavernes, les bois et les champs. » Elle s'acquitta de sa mission avec une joie si barbare que de 1481 à 1808, l'Inquisition a condamné trois cent quarante mille personnes, dont près de deux mille ont été brûlées. Dans le commencement de l'institution, alors que l'opinion publique ne trouvait aucun moyen de protester, « elle fit souvent périr sans procédure régulière, le jour même de l'accusation, nobles, clercs, moines, ermites et laïques de tous rangs. » De quelque côté que les hommes réfléchis tournassent leurs yeux, l'air était rempli de fantômes sinistres ; personne ne pouvait penser librement sans se voir d'avance chargé de chaînes. Si terribles étaient les procédés de l'Inquisition, que l'exclamation de Pagliarici était l'exclamation de milliers de personnes : « Il est presque impossible aujourd'hui d'être chrétien et de mourir dans son lit! »

L'Inquisition réussit à détruire les sectes du midi de la France au treizième siècle. Par ses atrocités sans scrupule, elle extirpa le protestantisme de l'Espagne et de l'Italie. Elle ne se borna point à la religion ; elle entreprit de supprimer de même les opinions politiques dissidentes. Nicolas Eymeric, qui fut Inquisiteur général d'Aragon pendant cinquante ans et qui mourut en 1399, a laissé un effroyable monument de sa conduite et de ses cruautés dans son *Directorium inquisitorium*.

Cette honte du christianisme, l'Inquisition, qui est aussi la honte de l'humanité, eut différentes formes, selon les différents pays. L'Inquisition des papes ne fit que continuer et que dominer l'ancienne Inquisition des évêques, laquelle fut sans façon mise de côté par le tribunal romain.

Par acte du quatrième concile de Latran, tenu en l'an 1215, le pouvoir de l'Inquisition fut effroyablement fortifié par la confession auriculaire qui fut rendue obligatoire. Ceci donnait aux Inquisiteurs l'omniscience et l'ubiquité dans toutes les affaires domestiques. Il n'y avait plus un homme en sûreté chez lui. Dans les mains du prêtre qui pouvait au confessionnal arracher à sa femme, à sa servante, ses pensées les plus secrètes, celles-ci devenaient autant d'espions attachés à ses pas. Cité devant le terrible Tribunal, on lui disait simplement qu'il était accusé d'hérésie. On ne lui nommait pas son accusateur. Mais la vis, la corde, le brodequin, le coin de torture et d'autres instruments de supplice, suppléaient à son absence. Innocent ou coupable, il ne tardait pas à s'accuser lui-même !

Malgré toute sa puissance, l'Inquisition échoua. Quand l'hérétique ne put plus la braver, il se réfugia dans une secrète incrédulité. Un doute universel parcourut l'Europe. On niait la Providence, l'immortalité de l'âme, la liberté humaine ; on commençait à croire au fatalisme. La tyrannie ecclésiastique poussait à ces idées des multitudes de gens. Malgré la rigueur de la persécution, il resta des Vaudois pour dire que l'Eglise romaine depuis Constantin avait dégénéré de sa pureté primitive; pour protester contre la vente des indulgences, ces moyens de rendre inutiles la prière, le jeûne et l'aumône; pour affirmer l'inutilité de la prière pour les morts, puisque leurs âmes sont déjà en Paradis ou en enfer. Quoique l'opinion que la science en général est pernicieuse à l'esprit de piété prévalût partout, la littérature mahométane, fort répandue en Espagne, faisait des prosélytes dans toutes les classes de la société. Nous retrouvons son influence dans plusieurs sectes qui s'élevèrent alors. Ainsi, les Pères et les sœurs de l'Esprit-Libre, tenaient l'univers pour une émanation de Dieu et disaient qu'il retournerait à lui par voie d'absorption; ils affirmaient que l'âme raisonnable est une portion de la divinité; que l'univers, considéré comme un grand tout, est Dieu. Ce sont là des idées qui ne peuvent se produire que dans un état intellectuel avancé. On dit que beaucoup de membres de cette secte souffrirent le supplice du feu avec une sérénité parfaite, la joie et le sentiment du triomphe étant peints sur leurs visages. Leurs ennemis orthodoxes les accusaient de tenir des assemblées nocturnes où hommes et femmes se rendaient nus pour se livrer à leurs passions brutales. Pareille accusation avait eu cours autrefois, dans la société élégante de Rome, contre les premiers chrétiens.

L'influence de l'Averroïsme était visible dans plusieurs de ces sectes. Le système mahométan, considéré du point de vue chrétien, conduisait à l'opinion hérétique que la fin et le but de la vie religieuse est l'union de l'âme avec l'être suprême ; que Dieu et la nature ont ensemble les mêmes rapports que le corps et l'âme; qu'il n'y a qu'une seule intelligence dans l'univers, laquelle accomplit toutes les fonctions intellectuelles et morales de l'homme. Lors, donc, qu'au temps de la Réforme, les Averroïstes italiens furent sommés par l'Inquisition de répondre de leurs croyances, ils essayèrent d'établir une grande distinction entre la vérité philosophique et la vérité religieuse, disant qu'il y avait des choses qui, vraies en philosophie, ne l'étaient pas en religion, faux-fuyant qui fut condamné par le concile de Latran sous le pontificat de Léon X.

Cependant, en dépit de l'Inquisition et de la confession auriculaire, les tendances hérétiques survécurent, et l'on a pu dire avec vérité qu'à l'époque de la Réforme, il y avait, cachées dans tous les coins de l'Europe, une foule de personnes qui avaient dans le cœur la haine du christianisme. Parmi ces gens dangereux, se trouvaient des péripatéticiens, comme Pomponatius ; des philosophes et des hommes d'esprit, comme Bodin, Rabelais, Montaigne ; des Italiens, comme Léon X, Bembo, Bruno.

L'ordalie et la preuve par le miracle commencèrent à tomber dans le discrédit aux onzième et douzième siècles. Les sarcasmes des philosophes hispano-maures, avaient attiré l'attention des prêtres éclairés sur ce que cette preuve a d'illusoire. La découverte des Pandectes de Justinien faite à Amalfi en 1130 eut une grande influence sur les études de jurisprudence et répandirent des idées plus saines sur la nature de la preuve légale et de la preuve philosophique. Hallam a jeté du doute sur l'histoire bien connue de cette découverte ; mais il admet que le célèbre manuscrit de la bibliothèque Laurentienne à Florence est le seul qui contienne les cinquante livres tout entiers. Vingt ans après, le moine Gratien réunit les édits pontificaux, les canons des conciles, les déclarations des pères et des docteurs de l'Église en un volume intitulé : le *Decretum*, lequel est regardé comme la plus ancienne autorité en matière de droit canon. Dans le siècle suivant, Grégoire IX publia cinq volumes de Décrétales, et Boniface VIII en ajouta plus tard, un sixième. Vinrent ensuite les constitutions Clémentines qui en formèrent un septième et un livre d'*instituts* donné par Grégoire XIII, en 1580, sous le titre de *Corpus Juris Canonici*. Le droit canon avait gagné peu à peu une puissance énorme grâce au contrôle qu'il avait acquis sur les testaments, les tutelles, les mariages et les divorces.

L'abandon de la preuve par le miracle, l'introduction de la preuve légale, accélèrent beaucoup la Réforme. On ne pouvait plus demander, comme autrefois saint Anselme, archevêque de Cantorbury, dans son traité *Cur Deus Homo*, que l'homme crût d'abord sans examen ce qui avait été proposé à sa croyance et s'efforçât ensuite de comprendre ce qu'il avait appris par la foi. Quand Cajëtan disait à Luther : « Tu dois croire qu'une seule goutte de sang versé par le Christ a été suffisante pour racheter le genre humain et que tout le reste de celui qu'il 'a répandu sur la croix a été laissé en héritage au pape, pour former un trésor d'où seraient tirées les indulgences, » la raison de l'obstiné moine Germain se révoltait contre une assertion si monstrueuse et il ne s'y serait pas rangé quand mille miracles auraient été opérés en sa faveur. Cette honteuse pratique de la vente des indulgences avait commencé à s'introduire par les évêques, qui, lorsqu'ils avaient besoin d'argent pour satisfaire leur luxe, s'en procuraient par ce moyen. Les abbés et les moines, auxquels cette source de revenus était fermée, s'en dédommageaient en portant en procession les reliques des saints et en faisant payer ceux qui les touchaient. Les papes, dans leur pénurie, voyant le parti qu'on pouvait tirer des indulgences, retirèrent aux évêques le droit d'en vendre et s'en attribuèrent le monopole, établissant des agents à eux pour ce trafic, particulièrement les ordres mendiants. Ces ordres se firent concurrence les uns aux autres, chacun se vantant de posséder les indulgences les plus efficaces, à cause de la supériorité de son crédit dans le ciel et de ses relations plus familières avec la Vierge et les saints en renom. On a même prétendu que la première cause d'irritation contre l'Église avait été pour Luther, qui était Augustin, la préférence accordée à l'ordre des Dominicains pour la vente des indulgences, à l'époque où Léon X levait de cette manière l'argent nécessaire à l'édification de Saint-Pierre de Rome; il y a lieu de croire que le pape, accoutumé à ces débats, en fut lui-même convaincu au commencement de la Réforme. Ce sont donc les indulgences qui ont été la cause déterminante du protestantisme; mais la cause réelle ne tarda pas à paraître. Cette cause, elle était tout entière dans la question : La Bible doit-elle son autorité à l'Église, ou l'Église doit-elle son autorité à la Bible? Où est le critérium de la vérité?

Il est inutile de raconter ici les particularités bien connues de cette controverse; les guerres désolantes et l'effusion de sang auxquelles elle donna lieu; de dire comment Luther placarda sur les portes da la cathédrale de Wittemberg quatre-vingt-quinze thèses et fut cité à Rome pour répondre de son crime; comment il en appela du pape d'alors au pape mieux informé; comment il fut condamné comme hérétique et en référa à un concile universel; comment, au fond de toutes les disputes sur le purgatoire, la transsubstantiation, la confession auriculaire, l'absolution, il n'y avait qu'une idée fondamentale : le droit de libre examen; comment Luther fut excommunié en 1520, et comment il brûla la bulle d'excommunication, ainsi que les volumes de droit canon, déclarant que ce droit tendait à la subversion de toute autorité civile et à l'agrandissement de la papauté; comment, par cette habile manœuvre, il se concilia plusieurs princes allemands; comment, cité devant la diète impériale à Worms, il refusa de se rétracter et se cacha dans le château de Wartburg pendant que ses doctrines se répandaient et qu'une autre réforme, ayant Zwingle à sa tête, éclatait en Suisse ; comment le principe du sectairianisme impliqué dans le mouvement, fit naître des rivalités et des dissensions entre les Suisses et les Allemands, et divisa même les premiers entre eux sous Zwingle et Calvin ; comment la conférence de Marburg, la diète de Spire et celle d'Augsbourg furent impuissantes à régler les différends, et comment, enfin, la réforme allemande fonda son organisation politique à Smalkalde. Les querelles entre Luthériens et Calvinistes faisaient espérer à la cour de Rome qu'elle pourrait réparer ses pertes.

Léon X n'avait pas tardé à s'apercevoir qu'il s'agissait de quelque chose de plus grave qu'une jalousie de moines au sujet des profits attachés à la vente des indulgences, et la papauté se mit sérieusement à l'œuvre pour combattre le mouvement. Elle excita ces guerres épouvantables qui pendant tant d'années ont désolé le monde, et qui ont laissé en Europe des germes de divisions que ni le concile de Trente, dans une session de dix-huit ans, ni la paix de Westphalie, n'ont pu détruire. Personne ne peut lire sans frissonner les tentatives qui furent faites pour établir l'Inquisition dans les pays où elle n'existait pas encore. Toute l'Europe catholique et protestante fut frappée d'horreur par les massacres de la Saint-Barthélemy en 1572, car il n'y a rien de semblable, dans les annales du monde, en fait de perfidie et d'atrocité.

Les efforts désespérés de la papauté pour détruire ses ennemis par les massacres, les assassinats et la guerre civile, furent impuissants. Le concile de Trente n'eut pas plus d'efficacité. Assemblé, disait-on, pour corriger, élucider et fixer l'enseignement de l'Église, pour rétablir la discipline et corriger les mœurs du clergé, il se trouvait être, par suite de manœuvres, composé en grande majorité d'Italiens et d'évêques qui étaient sous la main du pape. Aussi, les protestants refusèrent-ils de se soumettre à ses décisions.

Le résultat de tout ce mouvement fut l'acceptation générale par toutes les églises protestantes de ce principe que la Bible est un guide qui suffit à l'homme. On rejeta la tradition et on s'assura le droit d'interprétation directe. On croyait avoir enfin trouvé un critérium de la vérité.

L'autorité ainsi attribuée aux Écritures, ne se bornait point aux matières purement morales et religieuses. On l'appliquait à la philosophie et à la science. Il y en eut qui allèrent aussi loin qu'autrefois Epiphane et qui se persuadèrent que la Bible contenait un système complet de minéralogie ! Les réformateurs ne toléraient, en matière scientifique, que ce qui concordait avec la Genèse. Il y avait des gens parmi eux qui étaient convaincus que la religion et la piété ne pouvaient fleurir qu'à la condition d'être débarrassées de l'érudition et de la science. La funeste maxime, autrefois mise en avant par Tertullien et saint Augustin, et qui avait été si profitable à la papauté, que toute science est renfermée dans les Ecritures, fut énergiquement maintenue. Les chefs de la Réforme, Luther et Mélanchton, étaient décidés à bannir la philosophie de l'Église. Luther déclara inutile l'étude d'Aristote et vilipenda le philosophe grec. « C'est, disait-il, un véritable démon, un horrible calomniateur, un vil sycophante, un prince des ténèbres, un réel Apollyon, une bête monstrueuse, un affreux imposteur, un menteur public, un bouc, un complet épicurien et un philosophe sans philosophie, que ce trois fois exécrable Aristote. » Les disciples du péripatéticien étaient des sauterelles, des chenilles, des grenouilles, des poux ! — Il les avait en horreur. Ces opinions étaient également professées par Calvin, quoiqu'avec plus de modération. La science ne doit rien à la Réforme. Le lit de Procuste était toujours étendu pour elle dans le Pentateuque.

Le plus mauvais jour des annales du christianisme, c'est celui où il se sépara de la science, quand il obligea Origène, son principal représentant dans l'Eglise, d'abandonner l'emploi qu'il remplissait à Alexandrie et de se retirer à Césarée. En vain les maîtres et docteurs du christianisme s'efforcèrent-ils dans les siècles suivants, de « tirer la moëlle et le jus des Écritures » comme on disait alors, pour constituer une science et pour expliquer toutes choses. L'histoire du quatrième au seizième siècle nous montre quel fut le résultat de leurs efforts. Les siècles d'ignorance ne durent les ténèbres dans lesquelles ils furent plongés qu'à ce système. Quelquefois, il est vrai, parurent de grands hommes comme Frédéric le Grand et Alphonse X qui, se plaçant à un point de vue élevé et général, comprirent la valeur de la science pour la civilisation, le soulagement qu'elle pouvait apporter à l'humanité et à la condition sociale de l'homme.

La peine de mort continua d'être appliquée pour crime d'opinions religieuses. Quand Calvin fit brûler Servet à Genève, il fut évident pour le monde que l'esprit de persécution vivait toujours. Ce philosophe n'avait d'autre tort que sa croyance. Il pensait que la véritable doctrine du Christianisme avait dégénéré même avant le Concile de Nicée, que le Saint-Esprit animait toute la nature, comme l'âme anime le corps, et qu'il sera un jour réabsorbé en Dieu de qui il émane. C'est pour cela qu'il fut rôti sur un feu lent jusqu'à ce que mort s'ensuivît. Y avait-il quelque différence essentielle entre cet auto-da-fé protestant et l'auto-da-fé catholique de Vanini qui fut brûlé à Toulouse par l'Inquisition en 1629 pour son livre : *Dialogues sur la nature ?*

L'invention de l'imprimerie et la diffusion des livres avaient créé un genre de danger qui dépassait les moyens répressifs de l'Inquisition. En 1559, le pape Paul IV institua la Congrégation de l'*Index Expurgatorius*. « Le devoir de cette Congrégation est d'examiner les livres et manuscrits destinés à la publicité et de décider si les fidèles auront ou non la permission de les lire ; de corriger ceux dont les erreurs ne sont pas nombreuses et qui contiennent des vérités utiles et salutaires, de manière à les mettre en harmonie parfaite avec la foi chrétienne ; de condamner ceux dont les principes sont hérétiques et dangereux, et de donner à certaines personnes des permissions spéciales pour les lire. Les délibérations ont lieu quelquefois en présence du pape, mais ordinairement dans le palais du cardinal président. La Congrégation a une juridiction plus étendue que celle de l'Inquisition, puisqu'elle ne s'enquiert pas seulement des causes qui se rapportent à la foi, mais aussi de celles qui touchent à la morale, à la discipline de l'Église et aux intérêts de la société. Son nom est tiré des tables alphabétiques, ou *Index*, de livres et de noms d'auteurs, dressées par ses ordres. »

L'*Index Expurgatorius* se bornait d'abord à indiquer les livres dont la lecture était défendue. Plus tard, on en vint à prétendre que tout ce qui n'était pas revêtu d'une autorisation spéciale était interdit. C'était une audacieuse tentative pour empêcher les idées d'arriver au peuple.

Les deux Églises rivales protestante et catholique étaient donc d'accord sur un point : ne tolérer aucune idée, aucun progrès scientifique qui ne serait pas en harmonie avec les Ecritures. Le catholicisme, grâce à la centralisation de son système, pouvait prêter main forte aux décisions de l'Index et les faire respecter partout où son pouvoir était reconnu. Le protestantisme, fractionné en sectes nombreuses au milieu des différentes nations de l'Europe, ne put agir avec cette suite et cet ensemble. Mais il eut recours à un autre moyen ; ce fut d'exciter l'*odium theologi-*

cum contre ses adversaires et de les mettre au ban de l'opinion.

Ainsi que nous l'avons vu dans les chapitres précédents, l'antagonisme entre la religion et la science avait existé dès le commencement du Christianisme. On peut le suivre à travers les siècles ; on le voit reparaître à chaque occasion. Nous le voyons dans la destruction du Muséum d'Alexandrie ; dans les querelles contre Erigène et Wiclef ; dans le mépris avec lequel les hérétiques du treizième siècle rejetèrent le récit biblique de la création ; mais ce ne fut qu'au temps de Copernic, de Kepler et de Galilée que la science secoua violemment ses chaînes. La puissance politique de l'Église était alors bien déchue et ses chefs voyaient qu'ils avaient bâti sur les nuages. Les mesures de répression auxquelles on avait eu longtemps recours avec succès, ne pouvaient plus être employées. Brûler un philosophe par-ci par-là aurait fait plus de mal que de bien. L'Église avait été complétement battue dans la lutte que personnifie Galilée, et quand l'immortel ouvrage de Newton fut livré à la publicité, elle ne fit plus de résistance, quoique Leibnitz ait remarqué que Newton avait ravi à Dieu quelques-uns de ses attributs essentiels et sapé les fondements de la religion naturelle.

Depuis Newton jusqu'à nous, l'écart entre la science et le dogme a été sans cesse grandissant. L'Eglise avait déclaré que la terre est le corps central et principal de l'univers ; que le soleil, la lune et les étoiles sont nos tributaires ; sur ce point, elle fut bafouée par l'astronomie. Elle avait affirmé qu'un déluge universel avait couvert la terre et que les seuls animaux sauvés dans l'arche avaient survécu ; la géologie l'avait convaincue d'erreur. Elle avait enseigné qu'un premier homme avait paru sur la terre, il y a six mille ans, dans un état parfait qu'il avait ensuite perdu ; et l'anthropologie avait montré que l'homme existait aux temps géologiques et dans un état sauvage voisin de celui de l'animal.

Beaucoup de gens de bien parfaitement intentionnés, ont essayé sans succès de concilier la Genèse avec les découvertes de la science. La divergence en est venue au point qu'il faut absolument qu'une des deux parties s'efface.

Ne pouvons-nous donc pas examiner l'authenticité de ce livre, qui, depuis le second siècle de l'ère chrétienne, est érigé en critérium de la vérité scientifique? Pour avoir occupé une si haute position dans le monde, il faut qu'il puisse sous ce rapport défier la critique des hommes.

Dans les premiers temps du Christianisme, plusieurs des plus éminents Pères de l'Eglise avaient des doutes sérieux sur la question de savoir à qui appartenait le Pentateuque. Je ne puis, dans les limites étroites où je suis enfermé, rapporter en détails les arguments et les faits qu'ils produisaient. On a de nos jours beaucoup écrit sur ce sujet. Je puis cependant renvoyer le lecteur à l'ouvrage du pieux et savant doyen Prideaux sur « *l'Ancien et le Nouveau Testament réunis,* » ouvrage qui est une des productions les plus estimées du siècle dernier. Il trouvera aussi une dissertation plus récente sur ce sujet dans les œuvres de l'Evêque Colenso ; le paragraphe suivant suffira à donner une idée de l'état de la question :

Le Pentateuque est regardé comme l'œuvre de Moïse, écrite sous la dictée de Dieu. Considéré ainsi comme un don fait aux hommes par le Tout-Puissant, il doit forcer le consentement moral et scientifique du monde entier.

Mais qui est-ce qui a mis en avant une semblable prétention? Ce n'est pas le livre lui-même. Nulle part il ne dit que Moïse l'ait écrit et que Dieu l'ait dicté.

Avant le second siècle de l'ère chrétienne, on n'avait pas essayé d'en imposer à ce point à la crédulité humaine. Ce ne sont pas les philosophes chrétiens, ce sont les Pères de l'Eglise qui ont avancé cette affirmation, et les écrits de ces Pères suffisent à prouver qu'ils n'étaient pas tous des savants et de fins critiques.

Tous les siècles, depuis lors, ont eu des hommes de grand talent, juifs et chrétiens, qui ont repoussé cette prétention. Ils se sont fondés sur le témoignage des livres eux-mêmes. Ceux-ci montrent assez qu'ils sont l'ouvrage de deux écrivains différents, et on les distingue par les noms d'Elohistiques et de Jéhovistiques. Hupfeld dit que le récit Jéhovistique est un second récit original entièrement indépendant de l'Elohistique. Les deux sources auxquelles les auteurs avaient puisé, sont, à plusieurs égards, contradictoires. De plus, on s'est assuré que les livres du Pentateuque ne sont jamais attribués à Moïse dans les inscriptions manuscrites hébraïques ou dans les éditions imprimées de la Bible en hébreu ; et qu'on ne les nomme pas non plus : livres de Moïse dans la Version des Septante, ni dans la Vulgate ; mais qu'ils ne portent ce nom que dans les traductions modernes.

Il est assez clair qu'on ne peut les attribuer tout entiers à Moïse puisqu'ils rapportent sa mort. Il est clair aussi qu'ils n'ont été écrits que plusieurs siècles après sa mort, puisqu'ils contiennent des allusions à des faits qui ne se sont produits qu'après l'établissement du gouvernement monarchique parmi les Juifs.

Aucun homme n'oserait certes, les attribuer non plus, à l'inspiration du Tout-Puissant. Les inconséquences, les incongruités, les contradictions et les absurdités qu'y ont fait ressortir beaucoup de pieux savants modernes, en Allemagne et en Angleterre, ne le permettraient pas. L'opinion de ces critiques est donc, que la Genèse est un récit légendaire ; que l'Exode n'est pas historiquement vrai ; que le Peutateuque, tout entier, est apocryphe et n'appartient pas à Moïse. Il renferme des contradictions, des impossibilités telles, que cette opinion paraît très-vraisemblable et que, si on rencontrait de pareilles choses dans un ouvrage moderne, on ne pourrait plus lui accorder la moindre authenticité.

Hengstenberg, dans ses *Dissertations sur la pureté du Pentateuque*, dit : « C'est le sort inévitable d'un ouvrage falsifié, quand il a de l'étendue, de tomber dans les contradictions. C'est ce qui arrivera très-souvent dans le Pentateuque s'il est apocryphe. Sa partie historique et législative aura été fabriquée peu à peu et écrite pendant la durée de plusieurs siècles par un grand nombre d'auteurs. De là toutes ces contradictions que la main du plus habile éditeur ne saurait jamais faire entièrement disparaître. »

Je peux ajouter à ces remarques que nous apprenons par Esdras (Esdras, II, 14), que lui-même, aidé de cinq autres personnes, écrivit ces livres en quarante jours. Il dit que pendant la captivité des Juifs à Babylone les anciennes écritures sacrées hébraïques avaient été brûlées, et il donne des détails sur la façon dont les nouvelles furent composées. Il déclare qu'il a entrepris de raconter tout ce qui s'est passé dans le monde depuis le commencement. On peut répondre que les livres d'Esdras sont apocryphes ; mais on répliquera : En a-t-on donné des preuves capables de résister à la critique moderne ? Dans les commencements du christianisme, alors que la légende de la chute originelle n'était pas encore regardée comme essentielle au système chrétien, et que le dogme de la satisfaction n'avait pas atteint cette précision qu'Anselme lui donna plus tard, les Pères admettaient généralement qu'Esdras était l'auteur du Pentateuque. Ainsi saint Jérome dit : « Sive Mosem dicere volueris auctorem Pentateuchi, sive Esdram ejusdem instauratorem operis, non recuso. » Clément d'Alexandrie dit que, quand les livres sacrés des Hébreux eurent été détruits pendant la captivité de Babylone, Esdras les reproduisit sous l'inspiration de Dieu. Irenée répète la même chose.

Les événements rapportés dans la Genèse du premier au dixième chapitre inclusivement (chapitres qui à cause de leurs rapports avec la science ont plus d'importance pour nous que les autres) ont été évidemment empruntés à de courtes légendes de sources diverses et réunis sous forme de compilation. Cependant, ils présentent à l'œil exercé du critique des particularités qui prouvent que ces récits ont été écrits sur les bords de l'Euphrate et non dans le Désert d'Arabie. Ils renferment beaucoup de locutions chaldaïques. Un Égyptien ne dirait pas que la Méditerranée est à l'Occident, comme le ferait un Assyrien. La mise en scène, le paysage appartiennent à l'Assyrie, non à l'Égypte. Ce sont des récits que l'on peut s'attendre à retrouver dans les inscriptions cunéiformes des bibliothèques en terre cuite des souverains de Mésopotamie. On assure qu'on a déjà retrouvé sur ces tablettes d'argile la légende du Déluge, et l'on peut espérer qu'il en sera de même du reste.

C'est de ces sources Assyriennes qu'Esdras a tiré la légende de la création et celle du Paradis ; c'est là qu'il a appris comment l'homme a été formé du limon de la terre, et la femme de la côte de l'homme ; comment la femme a été tentée par le serpent. C'est de là que viennent les noms des animaux, l'épée flamboyante des chérubins, le Déluge, l'Arche, les vents qui ont desséché la terre, la Tour de Babel, la confusion des langues, etc. Esdras ne commence qu'au onzième chapitre de son livre la véritable histoire des Juifs. Là, il cesse de s'occuper de l'histoire universelle, et entre dans celle d'une seule famille, la famille de Sem.

Le Duc d'Argyll, dans son livre sur *L'homme primitif*, dit à ce sujet dans un style plein de couleur : « Dans la généalogie de la famille de Sem, nous avons des noms, rien que des noms. L'auteur ne fait autre chose, et ne prétend pas faire autre chose, que nous donner l'ordre de succession dans un petit nombre de familles, choisies entre les millions de celles qui existaient déjà dans le monde. Nous n'avons donc rien qu'une suite de générations et encore ne sommes-nous pas certains que cette suite soit complétement et exactement indiquée. On ne nous dit rien de ce qui est caché derrière ce voile obscur devant lequel passent les personnages. Et pourtant on croit par moment le voir se sou-

lever, et nous entrevoyons un grand mouvement qui durait déjà
depuis longtemps. Nous n'apercevons aucune forme distincte,
nous devinons seulement que, là derrière, la vie s'agite, et nous
entendons des voix, la voix des grandes eaux qui monte jusqu'à nous. » Je crois avec Hupfeld que « la découverte que le
Pentateuque est un composé de sources, et de documents originaux variés, est une des plus fécondes en conséquences et des
plus importantes pour l'interprétation de la partie historique
de l'Ancien Testament, ou plutôt pour l'histoire et la théologie
tout entières; mais que c'est aussi une des découvertes les plus
certaines qui aient été faites dans le domaine de la critique littéraire. Quoi que puisse dire la partie adverse, cette découverte est maintenant dans le domaine public, et elle n'en sortira
pas, aussi longtemps qu'il existera une critique dans le monde.
Aucun lecteur, armé des lumières qui sont aujourd'hui communes à tous, ne pourra désormais se soustraire à son influence,
s'il examine le sujet d'un œil impartial et capable de voir la
vérité. »

Quoi donc! faudra-t-il renoncer entièrement à ces livres?
Faudra-t-il avouer que si la chute originelle est légendaire, le
dogme le plus sacré du christianisme, la rédemption, l'est aussi?

Réfléchissons sur ce sujet! Le christianisme des premiers
temps, alors qu'il convertissait et conquérait le monde, connaissait peu ce dogme. Nous avons vu que Tertullien, dans son
apologie, n'avait pas même pris la peine d'en parler. Il est né
chez les hérétiques gnostiques. Il n'était pas admis dans l'école
d'Alexandrie. Les Pères ne l'ont jamais mis au premier plan
théologique, et il n'est devenu ce qu'il est maintenant qu'au temps
de saint Anselme. Philon, le Juif, parle de la chute comme d'un
symbole. Origène la regarde comme une allégorie. Peut-être,
pourrait-on accuser aujourd'hui certaines églises protestantes
d'inconséquence puisqu'elles la regardent à la fois comme un
mythe et comme une réalité ; si nous admettons, avec elles, que
le serpent symbolise Satan, cela ne jette-t-il pas une couleur allé-
gorique sur le récit tout entier.

Il est regrettable que l'Eglise chrétienne se soit imposé le
fardeau de la défense de ces livres et qu'elle se soit involontai-
rement rendue solitaire des erreurs et des contradictions qu'ils
renferment. Cela appartenait, tout au plus, aux juifs chez lesquels ils sont nés, et qui nous les ont transmis. Il faut regretter
plus profondément encore que le Pentateuque, production tel-

lement imparfaite qu'elle ne peut résister un instant à la critique moderne, ait été donné pour la pierre de touche de la vraie science. Et qu'on se rappelle que ce ne sont point des ennemis du christianisme, qui nous ont fait connaître le vrai caractère de ces livres, mais des homme pieux, des hommes d'Église , quelquefois même revêtus des plus hautes dignités ecclésiastiques.

Pendant que les Églises protestantes persistaient à tenir les Écritures pour le critérium de la vérité, l'Eglise catholique se préparait à proclamer l'infaillibilité du pape. On peut objecter que cette infaillibilité ne s'applique qu'aux choses de la morale et de la religion. Mais où placera-t-on la ligne de démarcation ? l'omniscience ne peut pas être limitée à un seul ordre de questions. De sa nature, elle implique la connaissance de toutes choses. Infaillibilité veut dire omniscience.

Certainement, si l'on admet les principes fondamentaux du christianisme italien, la conséquence logique en est un pape infaillible. Il n'est pas nécessaire d'insister sur ce qu'il a d'antiphilosophique dans cette conception. Il suffit de connaître l'histoire de la papauté et de lire les biographies des papes. La première fournit des exemples de toutes les erreurs auxquelles sont sujettes les puissances de la terre ; les dernières ne sont que trop souvent l'histoire des hontes et des crimes de l'humanité.

Il était impossible que la promulgation officielle du dogme de l'infaillibilité papale rencontrât l'adhésion générale parmi les catholiques éclairés. Il y a eu de graves et nombreux dissentiments. Un dogme si répugnant au sens commun ne pouvait pas avoir un autre résultat. Bien des gens affirment que si l'infaillibilité existe quelque part, elle est dans les conciles œcuméniques. Cependant, ces conciles n'ont pas toujours été d'accord entre eux. Il y a également bien des personnes qui se plaisent à rappeler que les conciles ont, quelquefois, déposé les papes et n'ont tenu aucun compte de leurs contestations ni de leurs clameurs. Ce n'est pas sans raison que les protestants adressent cette question à leurs adversaires : où est la preuve que l'infaillibilité existe dans l'Eglise tout entière ? Et quelle preuve y a-t-il que l'Église ait jamais été réellement et équitablement représentée dans un concile ? Et pourquoi la vérité serait-elle mieux prouvée par le vote de la majorité que par celui de la minorité ? Combien de fois n'est-il pas arrivé qu'un homme a eu raison seul contre tous ? n'est-ce pas là l'histoire de toutes les grandes découvertes ?

La science n'a pas à régler ces sortes de disputes. Elle n'a pas à dire où est le critérium de la vérité religieuse ; s'il est dans la Bible, le pape, ou les conciles œcuméniques. Elle demande seulement le droit, qu'elle accorde si volontiers aux autres, de se choisir son propre critérium à elle-même. Si elle regarde avec dédain les légendes extra-historiques ; si elle a une suprême indifférence pour les votes de majorités, en tant que moyen d'arriver au vrai ; si elle laisse au temps et à la logique des événements le soin de faire justice des prétentions de l'homme à l'infaillibilité, la science ne reste pas moins froidement impassible devant ses propres doctrines que devant celles des autres. Elle abandonnerait sans hésitation le principe de la gravitation ou la théorie des ondulations, si elle venait à s'apercevoir que les faits leur sont contraires. Son livre inspiré c'est le livre de la nature dont les pages sont ouvertes devant tous les hommes. Elle affronte tout et tous, et n'a pas besoin de sociétés secrètes pour se répandre. Infinie dans son objet et dans sa durée, l'ambition et le fanatisme n'ont rien à voir avec elle. Ses œuvres, sur la terre, sont tout ce qu'on a fait de grand et de beau ; son livre, dans les cieux, sont les soleils et les mondes.

CHAPITRE NEUVIÈME

Il existe deux manières de concevoir le gouvernement du monde : 1° par la Providence ; 2° par la loi. — Les prêtres affirment la première. — Esquisse des premières tentatives pour faire admettre la seconde. — Kepler découvre les lois qui président au système solaire. — Ses ouvrages sont dénoncés par l'autorité papale. — Les fondements de la philosophie des forces sont posés par Da Vinci. — Galilée découvre les lois fondamentales de la dynamique. — Newton les applique au mouvement des corps célestes, et démontre que le système solaire est gouverné par la nécessité mathématique. — Herschel étend ses conclusions à l'univers entier. — Hypothèse des nébuleuses. — Objections théologiques. — Preuves de la souveraineté de la loi dans la formation de la terre et dans le développement des séries animales et végétales. Elles sont produites par évolution, non par création. — La souveraineté de la loi se montre dans l'histoire des sociétés humaines et dans les existences individuelles. — Adoption partielle de ces opinions par quelques-unes des Églises réformées.

Il y a deux interprétations possibles du mode de gouvernement de ce monde : l'intervention continuelle de Dieu ; l'action invariable de la loi.

Les prêtres inclineront toujours vers la première, puisque leur fonction est de s'interposer entre l'homme qui prie et la Providence qui agit. Leur importance s'accroît en raison du pouvoir qu'on leur suppose d'influencer celle-ci et de connaître d'avance ses actes. Dans l'ancienne Rome, leur office était surtout de prédire l'avenir par les oracles, l'inspection des entrailles des victimes, les présages, et d'offrir les sacrifices pour rendre, d'une manière générale, les Dieux propices aux hommes. Dans la Rome nouvelle, ils élèvent leurs prétentions plus haut, et prétendent régler, par leur intercession, le cours des affaires humaines, écarter les dangers qui nous menacent, nous procurer les biens que nous désirons, opérer des miracles. et même changer l'ordre de la nature.

Ce n'est donc pas sans raison que les prêtres sont les ennemis de la doctrine qui enseigne la souveraineté de la loi dans le gouvernement du monde. Cette doctrine semble abaisser leur dignité, amoindrir leur importance. Pour eux, il y a quelque chose de choquant dans l'idée d'un Dieu qui ne peut être influencé par les supplications des hommes, d'une divinité froide et sans passion ; il y a quelque chose d'effroyable dans la fatalité.

Cependant, le mouvement régulier des astres n'a pu manquer de faire, dans tous les temps, une impression profonde sur l'observateur réfléchi ; le lever et le coucher du soleil ; la lumière du jour qui croît et s'évanouit ; les phases de la lune ; le retour des saisons ; la marche des planètes, qu'est-ce que ces faits et mille autres nous disent, sinon qu'il y a un ordre et un enchaînement des choses ? Peut-être la foi des premiers hommes dans le cours régulier de la nature a-t-elle pu être autrefois ébranlée par des phénomènes rares comme les éclipses ; mais cette foi a dû renaître avec dix fois plus de force, quand on s'est aperçu que les éclipses elles-mêmes avaient des retours réglés et qu'elles pouvaient être prévues.

Les prédictions astronomiques de toute nature reposent sur ce fait : qu'il n'y a jamais eu et qu'il n'y aura jamais d'intervention arbitraire dans les lois naturelles. Le philosophe de la nature affirme que les faits qui se produisent dans le monde, à un moment donné, sont la conséquence directe des faits antérieurs et la cause directe des faits subséquents; la loi et le hasard ne sont que les noms divers de la nécessité mécanique.

Cinq cents ans, à peu près, après la mort de Copernic, Jean Képler, un Vürtembergeois, qui avait adopté sa théorie héliocentrique, et était fermement persuadé qu'il y a des rapports fixes entre les révolutions des divers corps planétaires autour du soleil, qui, une fois reconnus, révéleraient les lois du mouvement des astres, se consacra à l'étude des distances et de la vélocité des planètes, de la figure de leurs orbites et du temps qu'elles mettent à les parcourir. Sa méthode était de soumettre les observations connues, comme celles de Tycho Brahé, à des calculs fondés tantôt sur une hypothèse, tantôt sur une autre, rejetant ces hypothèses au fur et à mesure que la confrontation avec les faits se trouvait ne leur être pas favorable. L'incroyable travail auquel il se livra (j'observai et je calculai, dit-il, jusqu'à en devenir fou) reçut, enfin, sa récompense; et, en 1609, il publia son livre : *Des mouvements de la Planète Mars.* Dans cet ouvrage, il s'efforçait de concilier les mouvements de cette planète avec l'hypothèse des excentriques et des épicycles; mais, plus tard, il découvrit que l'orbite des planètes n'est pas un cercle, mais une ellipse, ayant le soleil à un de ses foyers, et que la distance parcourue, indiquée par une ligne allant du soleil à la planète, est proportionnelle au temps. Ces lois sont aujourd'hui connues sous le nom de première et de seconde lois de Képler. Huit ans après, il eut le bonheur de découvrir une troisième loi, celle du rapport entre les distances moyennes des planètes au soleil et la durée de leur révolution : *le carré des temps périodiques est proportionnel au cube des distances.* Dans un *Epitôme du système de Copernic,* publié en 1618, il annonçait cette découverte et montrait que ce qui était vrai de la planète Jupiter, l'était aussi de ses satellites. On inféra de là que les lois qui président au mouvement du grand système solaire, président également à ceux de ses parties constituantes.

L'idée de loi, telle qu'elle est éveillée dans l'esprit de l'homme par les découvertes de Képler et par les preuves qu'elles apportent en faveur de la théorie héliocentrique, ne pouvait pas manquer d'encourir la réprobation de l'Église Romaine. En conséquence, la congrégation de l'Index condamna tout à la fois, le système de Copernic, comme étant contraire à l'Écriture, et l'Épitôme qu'en avait donné Képler. C'est à cette occasion que celui-ci présenta sa fameuse remontrance : « Il y a quatre-vingt ans que le système de Copernic touchant le mouvement de la terre autour du soleil a paru dans le monde ; vous ne l'avez pas empêché, et aujourd'hui qu'on en apporte de nouvelles preuves, preuves inconnues aux juges ecclésiastiques d'alors, vous voudriez vous opposer à ce qu'on le fît connaître au monde. »

Aucun des contemporains de Képler ne crut à la loi des areas et elle ne fut généralement acceptée qu'après la publication des principes de Newton. Il est certain que personne à cette époque ne comprit la portée philosophique des lois de Képler. Lui-même n'en prévoyait pas toutes les conséquences. Ses erreurs montrent combien il en était éloigné. Ainsi, il supposait que chacune des planètes est le siége d'un principe intelligent et qu'il existe une relation entre les orbites des cinq plus grandes planètes et les cinq figures régulières de la géométrie. D'abord, il croyait que l'orbite de Mars est ovale, et ce ne fut qu'après un long et pénible travail qu'il acquit l'importante certitude de sa forme elliptique. Le souvenir de l'ancienne doctrine de l'incorruptibilité des objets célestes, l'avait conduit à penser que le cercle, réalisant, d'après Aristote, l'idée de perfection , tous les mouvements des astres devaient être circulaires. Il déplora plus tard amèrement sa méprise, disant qu'elle lui avait été fatale en lui volant une partie de sa vie, et il montra la hardiesse philosophique de son esprit en rompant avec cette tradition antique et respectée.

Dans plusieurs choses importantes, Képler a devancé Newton. Ce fut lui qui le premier donna des idées claires sur la pesanteur. Il a dit que toute molécule de matière est inerte aussi longtemps qu'elle n'est point mise en mouvement par une autre molécule ; que la terre attire la pierre plus fortement que la pierre n'attire la terre, et que les corps sont attirés l'un vers l'autre dans la proportion de leur masse ; que la terre s'approcherait de la lune d'un cinquante-quatrième de la distance actuelle, et la lune de la terre d'un cinquante-troisième ; que l'attraction lunaire est la cause des marées, et que les planètes rendent irréguliers les mouvements de la lune.

Il est facile de marquer trois périodes aux progrès de l'astronomie :

1° La période pendant laquelle on a observé les mouvements apparents des corps célestes.

2° La période pendant laquelle on a découvert leurs mouvements réels et particulièrement les lois de la révolution des planètes. C'est celle de Copernic et de Képler.

3° La période pendant laquelle on a reconnu la cause de ces lois, c'est celle de Newton.

Le passage de la seconde à la troisième période dépendait du perfectionnement de la dynamique, cette branche de la mécanique qui avait été négligée depuis Archimède et l'Ecole d'Alexandrie.

Il n'y avait pas eu dans l'Europe chrétienne un seul savant en mécanique jusqu'à Léonard de Vinci qui naquit en 1452. C'est à lui, non à Lord Bacon, qu'il faut attribuer la renaissance de cette science. Non seulement Bacon ignorait les mathématiques, mais il en méprisait l'application aux recherches physiques. Il rejetait dédaigneusement le système de Copernic, en lui opposant des allégations absurdes. Pendant que Galilée était sur le point de faire ses grandes découvertes télescopiques, Bacon doutait que les instruments pussent être de secours pour les recherches scientifiques. Lui attribuer l'invention de la méthode inductive, c'est ne pas connaître l'histoire. Ses fantaisies philosophiques n'ont jamais eu la moindre utilité pratique ; personne n'en a jamais fait usage. Son nom n'est presque pas connu, si ce n'est des lecteurs anglais.

J'aurai l'occasion de parler plus en détail de Da Vinci dans un moment. De ses œuvres non encore imprimées, deux volumes sont à Milan et un troisième à Paris, où il fut apporté par Napoléon. Après un intervalle d'environ soixante-dix ans, Da Vinci eut pour successeur l'ingénieux Hollandais Stevin, dont l'ouvrage sur les lois de l'équilibre a été publié en 1586. Six ans après, parut le traité de Galilée sur la mécanique.

C'est à ce grand Italien qu'est dû l'établissement des trois grandes lois fondamentales de la dynamique, connues sous le nom de Lois de la motilité.

Les conséquences de l'établissement de ces lois étaient importantes.

On avait cru qu'un mouvement continu, comme, par exemple, celui des corps célestes, ne pouvait avoir lieu que par une application et une dépense incessantes de forces ; mais la première loi de Galilée disait que tout corps reste au repos ou se meut en droite ligne qui n'est pas attiré par une force étrangère. Il est essentiel de bien comprendre ce principe pour pouvoir saisir les faits élémentaires de la physique des cieux. De ce que le mouvement sur la terre prend fin, nous sommes disposés à conclure que le repos est la condition naturelle des corps. Nous avons donc fait un très-grand progrès quand nous avons appris que les corps sont également indifférents au repos et au mouvement, et qu'ils restent indéfiniment dans l'un ou l'autre état, jusqu'à ce que l'application de forces nouvelles les en tire. Dans le cas du mouvement des corps terrestres, ces forces sont le frottement et la résistance de l'air. Quand cette résistance et ce frottement n'existent pas, le mouvement doit être perpétuel, comme il arrive pour les corps célestes qui se meuvent dans un espace vide.

Les forces, quel que soit leur degré d'intensité, exercent leur action conjointement quant au résultat, mais isolément quant au mode, et comme si, pour chacune d'elles, les autres n'existaient pas. Ainsi, quand un boulet tombe de la bouche d'un canon, il se dirige vers la terre dans un intervalle de temps proportionnel à son poids ; s'il est chassé violemment du canon, quoiqu'il puisse être projeté à plusieurs milliers de pieds dans une seconde, l'effet de la pesanteur sera le même pour lui dans ce cas que dans le précédent. Il n'y aura pas eu détérioration de forces, mais combinaison ; chacune aura produit l'effet qui lui est propre.

Dans la dernière moitié du dix-septième siècle, les ouvrages de Borelli, Hooke et Huyghens avaient fait comprendre que le mouvement circulaire peut être expliqué par les lois de Galilée. Borelli, parlant des mouvements des satellites de Jupiter, montre comment une force concentrique peut donner lieu à un mouvement circulaire. Hooke fit voir l'inflexion du mouvement en droite ligne, devenant mouvement circulaire par l'effet d'une attraction centrale.

L'année 1687 est une date mémorable, non-seulement dans l'histoire de la science, mais dans celle du développement intellectuel de l'homme. Elle est marquée par la publication des lois de Newton, ouvrage incomparable, ouvrage immortel.

D'après le principe que tous les corps s'attirent les uns les autres par une force qui est en raison directe de leur masse et en raison inverse du carré des distances, Newton fit voir que l'on peut rendre compte de tous les mouvements des corps célestes et que les lois de Képler, les mouvements elliptiques, les aires décrites, le rapport du temps et de la distance, auraient pu être d'avance connus. Comme nous l'avons vu, les contemporains de Newton avaient trouvé l'explication du mouvement circulaire ; c'était un cas isolé ; mais Newton donna la solution du problème général, renfermant tous les cas possibles, ellipses, paraboles, hyperboles, c'est-à-dire toutes les sections coniques.

Les mathématiciens de l'école d'Alexandrie avaient montré que la direction d'un corps qui tombe est toujours vers le centre de la terre. Newton expliqua qu'il en devait être nécessairement ainsi, l'effet général de l'attraction de toutes les particules d'une sphère étant le même que si ces particules étaient toutes concentrées dans le centre.

A cette force centrale déterminant ainsi la chute des corps, on donna le nom d'attraction. Jusque-là personne, excepté Képler, ne s'était inquiété de savoir où s'arrêtait son influence. Newton crut possible de l'étendre à la lune et pensa qu'elle pouvait être la force qui imprime la courbe à son trajet et qui la fait tourner dans son orbite autour de la terre. Il fut aisé de calculer,

d'après la loi du carré des distances, si l'attraction de la terre
était réellement suffisante pour produire l'effet en question. En
se servant de la mesure du poids de la terre, telle qu'on la connaissait alors, Newton trouva que l'inflexion de la lune n'était
que de treize pieds par minute, tandis que si l'hypothèse de la
gravitation était vraie, elle serait de quinze pieds. Mais, en 1669,
Picard mesura un degré à la surface de la terre plus exactement
qu'on ne l'avait fait encore, ainsi que nous l'avons déjà rapporté ;
ceci changea l'évaluation de la grandeur de la terre et par conséquent de la distance de la lune, et Newton l'ayant appris dans
une discussion qui eut lieu à la Société Royale de Londres,
en 1679, s'informa des résultats obtenus par Picard, retourna
chez lui, chercha les papiers qu'il avait conservés et reprit ses
calculs. On dit qu'à mesure qu'il avançait, son agitation devenait
extrême. Enfin, il fut forcé de prier un de ses amis qui était
présent d'achever les calculs. Le rapport attendu fut établi. Il
fut prouvé que la lune est retenue dans son orbite, et forcée de
tourner autour de la terre, par la force d'attraction qui appartient à cette dernière. Le génie de Képler avait fait place aux
tourbillons de Descartes, et ceux-ci s'évanouissaient devant la
force concentrique de Newton.

De la même manière, la terre et les autres planètes sont forcées de tourner dans des orbites elliptiques autour du soleil par
la force d'attraction que possède cet astre, et des perturbations
ont lieu par l'action réciproque des masses planétaires les unes
sur les autres. Étant données les masses et les distances, ces
perturbations peuvent être calculées. Les astronomes, venus
ensuite, ont même pu renverser le problème et, étant données
les perturbations, trouver la distance et la masse du corps qui
les produit. C'est ainsi que les déviations d'Uranus de sa position théorique ont fait découvrir Neptune.

Le mérite de Newton, c'est d'avoir appliqué les lois de la mécanique aux corps célestes, et d'avoir établi en règle que les
vraies théories scientifiques naissent du rapport de l'observation avec le calcul.

Lorsque Képler annonça les trois lois qu'il avait trouvées,
celles-ci furent tout d'abord condamnées par l'Église, non pas
qu'elle les trouvât erronées, mais parce que d'une part elles
concordaient avec le système de Copernic, et que d'autre part,
elles tendaient à substituer la loi à la Providence dans le gouvernement de l'univers. Le monde était à ses yeux un théâtre

sur lequel Dieu déployait incessamment sa volonté, et il lui semblait incompatible avec la majesté divine que cette volonté fût liée d'aucune manière. L'influence du clergé reposait précisément sur le pouvoir qu'on lui supposait de changer par la prière la marche des choses et d'agir sur la volonté arbitraire de Dieu. A lui de détourner l'action nuisible des comètes ; de procurer aux hommes, selon le besoin, du beau temps, de la pluie ; d'arrêter le cours de la nature et d'opérer toutes sortes de miracles. Ainsi, l'ombre avait autrefois rétrogradé sur le cadran solaire et la lune s'était arrêtée au milieu de sa carrière.

Dans le siècle qui avait précédé celui de Newton, une grande révolution politique et religieuse, la Réforme, avait eu lieu. Bien qu'elle n'ait point assuré les droits de la pensée humaine, elle avait affaibli les vieilles entraves théologiques. Dans les pays réformés, il n'y avait plus personne pour condamner les ouvrages de Newton et le clergé s'en occupa peu. L'attention des protestants était toute entière aux mouvements de l'ennemi, le catholicisme ; et quand, plus tard, ils furent tranquilles de ce côté, survinrent les divisions inhérentes à l'esprit de la Réforme, de sorte que les disputes et les rivalités des sectes s'emparèrent complétement des esprits. Les luthériens, les calvinistes, les épiscopaux, les presbytériens avaient mieux à faire qu'à s'occuper des lois de Newton.

C'est à la faveur du bruit fait par les disputes de sectes, que la grande théorie de Newton put passer inaperçue, et s'établir solidement dans le monde sans avoir encouru la censure. Sa portée philosophique était autrement grande que celle des dogmes pour lesquels on se querellait ; car, non-seulement elle confirmait la théorie héliocentrique et les lois de Képler, mais elle prouvait que, quoi qu'en pût dire l'Église, le soleil non-seulement est, mais doit être le centre de notre système ; que les lois de Képler ne sont pas seulement un fait, mais le produit de la nécessité mathématique, et qu'il est impossible qu'elles soient autres qu'elles ne sont.

Car, quel est le sens de tout ceci ? C'est que le jeu du système solaire n'est pas interrompu par l'intervention de la Providence, mais qu'il est gouverné par une invariable loi, qui n'est elle-même qu'une nécessité mathématique.

Les observations télescopiques d'Herschel I lui ont montré qu'il existe beaucoup d'étoiles doubles, ainsi appelées, non-seulement parce qu'elles se trouvent accidentellement sur une même ligne par rapport à nous, mais parce qu'elles sont physiquement liées et tournent l'une autour de l'autre. Ces observations furent continuées et beaucoup étendues par Herschel II. Les éléments de l'orbite elliptique de l'étoile double de la Grande Ourse furent déterminés par Savary, sa période étant de cinquante-huit ans et un quart; ceux d'une autre, σ de la Couronne, furent déterminés par Hind, sa période étant de plus de sept cent trente-six ans. Le mouvement de ces deux soleils dans une orbite elliptique, nous force à reconnaître que la loi de la gravitation règne bien au delà de notre système solaire; aussi loin que le télescope peut atteindre nous retrouvons la loi. Aussi, d'Alembert a-t-il pu dire dans son Introduction à l'Encyclopédie : « l'Univers n'est qu'un fait unique; une seule et même grande vérité. »

Devons-nous donc conclure que le système solaire et le monde étoilé ont été appelés par Dieu à la vie et que c'est sa volonté arbitraire qui leur a imposé les lois par lesquelles il lui a plu que leurs mouvements fussent réglés?

Ou bien croirons-nous que tous ces systèmes se sont formés, non pas en vertu du *fiat* divin, mais par l'opération de la loi?

Voici quelques particularités du système solaire remarquées par Laplace : Toutes les planètes et leurs satellites tournent dans des ellipses d'une si faible excentricité que ce sont presque des cercles. Toutes les planètes se meuvent dans la même direction et presque sur le même plan. Les Satellites suivent dans leurs mouvements la même direction que les planètes. Les mouvements rotatoires du soleil, des planètes et des satellites ont lieu dans la même direction que leurs mouvements orbitaux et sur des plans peu différents.

Il est impossible que tant de coïncidences soient le fruit du hasard! n'est-il pas évident qu'il doit y avoir eu un lien commun entre tous ces corps et qu'ils doivent être les parties de ce qui a été une masse unique ?

Mais, si nous admettons que la substance, dont est composé le système solaire, a existé jadis à l'état de nébuleuse et était en rotation, tous les faits sur lesquels insiste Laplace, s'enchaînent comme des effets mécaniques et nécessaires. Bien plus, nous avons l'explication de la formation des planètes, des satellites et des astéroïdes. Nous voyons pourquoi les planètes éloignées et leurs satellites sont plus grandes que les rapprochées ; pourquoi les grandes planètes tournent plus vite que les petites ;

pourquoi les premières ont plus de satellites que les secondes ; nous avons des données sur la durée de la révolution des planètes dans leurs orbites et des satellites dans les leurs ; nous entrevoyons le mode de formation de l'anneau de Saturne ; nous rencontrons une explication des conditions physiques du soleil et des transitions climatériques par lesquelles la géologie nous indique que la terre et la lune ont passé.

Mais il existe deux exceptions aux particularités du système solaire énumérées par Laplace ; ce sont Uranus et Neptune.

L'existence de la masse nébuleuse une fois admise, tout le reste suit comme un enchaînement nécessaire. N'y a-t-il pas, cependant, une objection sérieuse à faire ? Est-ce que cela ne tend pas à exclure le Tout-Puissant de son ouvrage ?

D'abord, nous devons examiner s'il y a des preuves de l'existence d'une masse nébuleuse de ce genre.

L'hypothèse de la nébuleuse repose d'abord sur la découverte télescopique faite par Herschel I qu'il y a, répandues çà et là dans le firmament, de pâles tâches lumineuses dont un petit nombre seulement sont visibles à l'œil nu. Beaucoup de ces tâches se résolvent, à l'aide d'un fort télescope, en des groupes d'étoiles ; mais quelques-unes, comme la grande nébuleuse qui se trouve dans Orion, ont défié jusqu'ici, les meilleurs instruments.

Ceux qui n'étaient pas disposés à admettre l'hypothèse des nébuleuses ont répondu que cela provenait de l'imperfection de nos télescopes. Ces instruments ont deux fonctions : leur puissance, comme collecteurs de la lumière, dépend du diamètre de leur lentille ; leur puissance pour la délinéation des objets, du poli parfait et de l'exquise régularité de leurs surfaces optiques.

. Les grands instruments peuvent posséder le premier avantage ; mais il est difficile qu'ils possèdent le second, tant à cause des défauts de fabrication qu'à cause de la flexion que leur imprime leur propre poids. Or, tant qu'on n'aura pas un instrument parfait à tous égards, le télescope sera peut-être impuissant à décomposer une nébuleuse, en points distincts.

Heureusement, on peut employer d'autres moyens pour arriver à résoudre la question. En 1846, l'auteur de ce livre découvrit que le spectre d'un corps solide igné est continu et qu'il n'a point de lignes lumineuses et de lignes obscures. Fraunhofer avait, précédemment, montré que le spectre d'un gaz en ignition est discontinu. Ceci est un moyen de déterminer si la lumière émise d'une nébuleuse provient d'un gaz incandescent ou d'une réunion de corps solides ignés, étoiles ou soleils. Si le spectre n'est pas continu, c'est une véritable nébuleuse une masse gazeuse ; s'il est continu, c'est une collection d'étoiles.

En 1864, M. Huggins appliqua l'expérience à une nébuleuse de la constellation du Dragon..Il fut prouvé qu'elle était une masse gazeiforme.

D'autres observations, venues ensuite, ont montré que sur soixante nébuleuses examinées, dix-neuf donnaient un spectre discontinu ou gazeux, le reste, un spectre continu.

On peut donc admettre, comme étant prouvé par des expériences physiques, qu'il existe dans l'univers de vastes masses de matière à l'état gazeux et incandescent. L'hypothèse de Laplace repose donc sur une base solide. Le rayonnement de ces masses rend leur refroidissement inévitable, ainsi que la condensation et la rotation. Il doit y avoir formation d'anneaux sur le même plan, génération de planètes et de satellites, tournant tous dans le même sens, avec un soleil au centre et des globes à l'entour. D'une masse chaotique., un système organisé a dû sortir par l'action des lois naturelles. Le refroidissement de la matière a fait naître des mondes.

Si telle est la cosmogonie du système solaire, si telle est la genèse des mondes planétaires, il faut agrandir dans notre esprit l'idée de loi et reconnaître qu'elle est l'agent de la création, aussi bien que de la conservation, des systèmes innombrables qui se pressent dans l'univers.

Mais on demande encore : « N'y a-t-il pas là quelque chose de profondément impie ? N'excluons-nous pas Dieu du monde qu'il a fait ? »

Nous avons souvent vu se former un nuage sur un ciel serein. Un petit point brumeux à peine perceptible, une petite guirlande de vapeur, augmente de volume et devient de plus en plus dense jusqu'à ce qu'elle obscurcisse une grande partie des cieux ; elle prend des formes fantastiques ; elle emprunte la lumière du soleil, puis, elle est emportée par les vents et disparaît graduellement, comme elle a paru, sans rien laisser de son passage dans l'air transparent.

Or, nous savons que les vésicules dont ce nuage était composé, s'étaient formées de la vapeur d'eau, existante dans l'atmosphère, et condensée par l'abaissement de la température. Nous donnons des raisons tirées de l'optique pour expliquer que le nuage ait paru tour à tour obscur et brillant. Nous expliquons, par les principes de la mécanique, qu'il ait été chassé par le vent, et, par ceux de la chimie, qu'il ait disparu. Nous n'avons jamais pensé à faire intervenir le Tout-Puissant dans toutes ces opérations. Nous nous bornons à les attribuer aux lois naturelles et nous hésiterions à voir là le doigt de Dieu.

Or, l'univers n'est pas autre chose qu'un nuage, un nuage de soleils et de mondes. Si grand qu'il nous paraisse, il n'est pour l'intelligence éternelle et infinie qu'un brouillard flottant. S'il existe une multitude de mondes dans l'espace , il existe aussi une multitude de mondes dans le temps. Comme le nuage succède au nuage, le système stellaire — l'univers à nos yeux — succède à un nombre infini d'autres systèmes qui l'ont précédé, et sera suivi d'une autre succession de systèmes, également infinie. Les métamorphoses de la matière, l'enchaînement des effets et des causes, n'ont ni commencement ni fin.

Si les lois physiques doivent seules être invoquées quand il s'agit d'expliquer des phénomènes météorologiques peu importants, comme le sont la formation des brouillards et des nuages, n'est-il pas permis d'en appeler aux mêmes lois quand il est question de l'origine des mondes qui ne sont que des nuages sur une échelle d'espace un peu plus large, des brouillards, sur une échelle de temps un peu moins courte ? Nous appartient-il de tracer une ligne de démarcation entre les choses physiques et les choses surnaturelles ? Le grand et le petit, le transitoire et le durable, existent-ils autrement qu'à nos yeux et par rapport à nous ? Si nous étions au milieu de la grande nébuleuse d'Orion, quel magnifique spectacle se déploierait à nos regards ! Les puissantes transformations du brouillard enflammé qui se condense en mondes, nous sembleraient dignes de la présence et de l'action de Dieu. D'ici, d'une distance où des millions de lieues sont inappréciables à l'œil et où les soleils paraissent des étincelles en suspension dans l'air, cette nébuleuse est plus insignifiante que le léger nuage. Galilée, quand il décrivit la constellation d'Orion, ne la jugea pas même digne d'être mentionnée. Les théologiens les plus rigoureux de son temps ne l'auraient pas blâmé d'en expliquer la formation par des causes secondes et n'auraient rien trouvé d'irréligieux à n'y pas faire intervenir directement le créateur. Si telle est la conclusion à laquelle nous arrivons, en ce qui la concerne, quelle serait la conclusion à laquelle arriverait une intelligence qui habiterait la nébuleuse, en ce qui nous concerne, nous? Elle occupe dans l'espace un million de fois plus de place que notre système solaire. De la distance où nous sommes d'elle, on ne peut nous apercevoir. Nous sommes donc un point perdu et insignifiant. Pense-t-on que cette intelligence aurait recours, pour expliquer notre origine et notre conservation, à l'intervention directe de Dieu?

Du système solaire, descendons à quelque chose de plus petit encore, à ce qui n'en est qu'une portion, à notre terre. Dans le laps du temps, elle a subi de grands changements. Faut-il l'attribuer à l'incessante intervention divine ou à l'opération continue d'une invariable loi ? L'aspect de la nature varie continuellement sous nos yeux. Il a varié bien plus encore aux époques géologiques. Mais les lois qui président à ces changements n'ont-elles jamais éprouvé la plus légère variation ? Au milieu de perturbations immenses, elles restent immuables. L'état de choses actuel n'est qu'un anneau d'une chaîne, qui se prolonge à l'infini dans le passé et dans l'avenir.

Il existe des preuves géologiques et astronomiques que la température de la terre et de son satellite était, dans un passé lointain, beaucoup plus élevée qu'elle ne l'est aujourd'hui. Un abaissement, assez lent pour échapper à l'appréciation dans des intervalles courts, mais manifeste, dans la suite des siècles, a eu lieu. La chaleur de la terre s'est dissipée dans l'espace par le rayonnement.

Le refroidissement d'une masse quelconque, grande ou petite, est toujours continu. Il ne se produit point par secousses et décharges, mais par l'opération d'une loi mathématique, quoique, à des changements comme ceux qui se sont accomplis sur la terre, les formules de Newton, de Dulong et de Petit ne soient pas applicables. Il n'importe pas que des périodes d'abaissement partiel, des périodes glaciales, des périodes d'élévation temporaire se trouvent intercalées dans l'opération générale. Il n'importe pas que ces variations aient eu lieu par des changements dans le niveau topographique ou par les périodicités de la radiation solaire. Un soleil périodique ne ferait qu'introduire une perturbation accidentelle dans le phénomène continu de l'abaissement de la température. Les perturbations des mouvements planétaires confirment et n'infirment pas le phénomène général de l'attraction.

Or, un abaissement continu de la température du globe doit avoir été suivi de modifications innombrables dans son caractère physique. Les dimensions de la terre doivent avoir diminué par la contraction, les jours s'être raccourcis, la surface s'être durcie et fracturée aux endroits les moins résistants ; la densité de la mer doit s'être accrue ; son volume être devenu moindre ; la constitution de l'atmosphère doit avoir changé surtout en ce qui touche la quantité de vapeur d'eau et d'acide carbonique qu'elle contenait ; la pression barométrique doit avoir diminué.

Ces changements et beaucoup d'autres qu'on pourrait indiquer, doivent s'être effectués non pas brusquement et sans suite, mais d'une façon progressive et réglée puisque le fait principal qui les produisait, l'abaissement de la température, était lui-même réglé par une loi mathématique.

Mais non-seulement la nature inanimée était soumise à ces changements inévitables ; la nature animée les subissait aussi d'une façon simultanée.

Une forme organique végétale ou animale ne persiste qu'en tant que son milieu n'est pas changé. Qu'un changement survienne dans ce milieu, l'organisme est ou détruit ou modifié.

La destruction aura probablement lieu si le changement est subit ; la modification ou la transformation est possible s'il est graduel.

Puisqu'il est certain et démontré que la nature inanimée a, dans la suite des siècles, subi des modifications importantes ; puisque la croûte de la terre, la mer, l'atmosphère ne sont plus ce qu'elles étaient ; puisque la configuration des continents et des océans a varié ; puisqu'il y a eu de si grands changements dans le milieu où se trouvent placés les êtres vivants à la surface de notre planète, il s'ensuit nécessairement que la nature organique doit avoir passé par toutes les destructions et toutes les transformations qui en découlent.

Et quelles abondantes et frappantes preuves n'en a-t-on pas ! Remarquons encore que puisque l'agent perturbateur était soumis à une loi mathématique, ses effets devaient suivre une loi mathématique aussi.

Ces considérations nous obligent à admettre que la progression organique du monde, a suivi une invariable loi et n'a point été l'œuvre d'une opération divine arbitraire, sans suite et sans continuité. Elles nous disposent à croire que ces formes se sont métamorphosées les unes dans les autres, et n'ont point été le produit d'une création instantanée.

DRAPER.

Le mot de création implique l'idée d'une apparition soudaine, le mot de transformation, celle d'une apparition graduelle et préparée.

C'est ainsi que se présente à notre esprit la grande théorie de l'Évolution. Tout être organisé a sa place marquée dans la chaîne des événements. Ce n'est point un fait isolé, capricieux, c'est un inévitable phénomène. Il a son rang dans cet ensemble vaste et réglé de choses qui sont nées successivement dans le passé, composent le présent et préparent l'avenir. Sur tous les points de cette progression immense il y a eu développement continu, graduel, défini, ordre irrésistible et fatal d'évolution. Mais, au milieu de ces vastes transformations, les lois qui les dominent et en vertu desquelles elles s'opèrent sont restées immuables.

Si nous examinons un type quelconque de la série animale, nous le trouvons conforme dans son organisation à la loi de transformation et non à l'idée de création. Il commence dans un état imparfait, au milieu d'autres types dont le temps est à peu près achevé et qui tendent à s'éteindre. Par degrés les espèces se forment, se perfectionnent, atteignent leur point culminant ; puis, après un grand nombre de siècles, dégénèrent et se perdent.

Ainsi, bien que le type mammifère soit caractéristique des époques tertiaire et post-tertiaires, il n'apparaît pas pendant ces périodes d'une manière subite et imprévue. Nous le trouvons bien loin dans l'époque secondaire, sous des formes imparfaites, et luttant, pour ainsi dire, pour conquérir sa place sur la terre ; à la fin il y parvient, en revêtant des formes plus élevées, plus harmonieuses.

Il en est de même des reptiles, qui caractérisent la nature animale de l'époque secondaire. Comme nous voyons quand nous sommes en marche s'évanouir les contours d'un paysage et un autre tableau apparaître, grandir, puis s'évanouir encore et faire place à un troisième, ainsi les lignes incertaines du type reptile, se montrent faiblement, s'accentuent davantage, se modifient, puis, s'évanouissent. Dans tout cela rien n'est subit, rien n'est heurté ; ce sont des ombres qui se fondent l'une dans l'autre par une dégradation insensible.

Comment eût-il pu en être autrement? Les animaux à sang chaud ne pouvaient exister dans une atmosphère aussi chargée d'acide carbonique que l'était celle des premiers temps. Mais, plus tard, l'absorption de cette substance nuisible par les feuilles des arbres sous l'action du soleil, l'enfouissement du carbone dans la terre sous forme de charbon, le dégagement de l'oxygène, leur rendit possible l'existence. Pendant que l'atmosphère était ainsi modifiée, la mer subissait des changements analogues. Elle se débarrassait d'une grande partie de son acide carbonique, et la substance calcaire, tenue en suspension dans ses eaux, était déposée sous forme de corps solide. Pour chaque partie de carbone enfouie dans la terre une quantité équivalente de carbonate de chaux abandonnait la mer, non pas toujours à l'état amorphe, mais souvent sous une forme organique. Les rayons du soleil firent leur œuvre jour par jour, mais il fallut des myriades de siècles pour l'accomplir. Ce fut une lente épuration de l'atmosphère, un lent passage de la vie organique des types à sang froid aux types à sang chaud. Mais, tous ces changements physiques s'accomplirent sous l'empire de la loi, et les transformations organiques ne furent pas des actes instantanés et capricieux de la Providence. Elles furent les conséquences immédiates, inévitables, des changements survenus dans le milieu, et, comme ces changements eux-mêmes, l'effet nécessaire de la loi [1].

Le monde est-il donc gouverné par la loi, ou bien par des interventions divines qui viennent suspendre brusquement le cours naturel des choses?

Pour compléter notre aperçu du sujet, tournons nos regards vers le cas, en un sens le plus insignifiant, mais en un autre sens, le plus important qu'on puisse envisager. La société humaine, dans sa carrière historique, montre-t-elle les signes d'un progrès fatal dans un sens déterminé? Y a-t-il quelque preuve que la vie des nations est sous le contrôle d'une invariable loi?

Devons-nous conclure que, dans la société comme dans l'homme, rien ne sort de rien, mais que tout évolue et procède des existences antérieures?

Si quelqu'un est tenté de sourire de la doctrine de l'évolution ou développement successif des formes animales, laquelle constitue une chaîne organique ininterrompue depuis l'apparition de la vie sur la terre jusqu'à nos jours, qu'il réfléchisse que lui-même a passé par des modifications qui sont la contre-partie de celles qu'il refuse d'admettre. Pendant les neuf mois de la gesta-

1. Je renverrai le lecteur, pour de plus amples développements, aux chapitres I, II et VII du second livre de mon *Traité de la Physiologie humaine*, publié en 1856.

tion, son type de vie a été le type aquatique, et, pendant cette
période, il a pris successivement plusieurs formes distinctes
quoique corrélatives. Au moment de sa naissance, son type de
vie est devenu aérien ; il a commencé à respirer l'air atmosphé-
rique, à ingérer de nouveaux aliments ; pourtant, il ne pouvait
encore ni voir, ni entendre, ni connaître. Par degrés, il a acquis
la conscience de la vie ; il s'est aperçu du monde extérieur. Avec
le temps, des organes adaptés à un changement de nourriture,
les dents, ont paru, et son alimentation a été modifiée. Dans cet
état, il a traversé l'enfance et la jeunesse, ses formes s'ac-
centuant tous les jours davantage, et, avec elles, ses facultés
intellectuelles. A l'âge de quinze ans, en raison de changements
graduellement survenus dans une partie spéciale de son système, son caractère moral a changé ; de nouvelles idées, de
nouvelles passions se sont emparées de lui ; que telle soit la
cause qui les fait naître, voilà ce qui est suffisamment démontré quand, par l'habileté du chirurgien, cette cause a été écartée.
Le développement, la métamorphose ne finit pas là. Le point
culminant de la vie et de la perfection organique est atteint ;
puis, il y a déclin. Il est inutile de dépeindre cette triste période :
l'affaiblissement du corps et de l'esprit. Il n'est pas exagéré
de dire que dans l'espace d'un siècle, tous les êtres humains qui
peuplent la terre, s'ils n'ont pas été violemment emportés, ont
passé par tous ces changements.

Y a-t-il donc, pour chacun de nous, intervention de la Providence à chaque passage d'un état à un autre? ou bien les myriades innombrables d'êtres humains qui ont couvert la terre,
ont-elles été sous l'empire d'une immuable loi ?

Mais les individus sont les parties constituantes des sociétés,
des nations. Il y a donc, entre eux et elles, les mêmes rapports
qu'entre les parties intégrantes du corps et le corps lui-même.
Ces parties y accomplissent leurs fonctions ; elles meurent et
sont éliminées.

De même que l'individu, une nation naît sans le savoir, meurt
sans le vouloir, et souvent en luttant contre la mort. La vie
nationale ne diffère en rien de la vie individuelle, excepté en
ceci, qu'elle dure plus longtemps ; mais elle ne saurait, non plus,
se soustraire à sa fin inévitable. Chaque nation, si on la considère sous le rapport historique, a son enfance, sa jeunesse, sa
maturité, sa vieillesse, si, toutefois, rien ne vient interrompre le
cours naturel de sa vie.

Dans les phases de la vie de tous, en tant que ces phases sont complètes, il y a des caractères communs ; et comme l'uniformité des phénomènes indique que les individus sont soumis à une même loi, nous pouvons inférer de là que la vie des nations, et même la vie de l'humanité tout entière, n'est pas le produit du hasard ou du caprice, non plus que celui d'une intervention surnaturelle, mais un enchaînement dans lequel chaque événement a sa certitude écrite d'avance dans l'événement qui l'a précédé, et garantit, à son tour, la certitude de l'événement à venir.

Mais cette conclusion était le principe fondamental du stoïcisme, ce système philosophique grec, qui, ainsi que nous l'avons dit, fut si souvent, aux heures d'épreuves, le soutien et le guide fidèle non-seulement de tant de Grecs illustres, mais de plusieurs des plus grands philosophes, hommes d'état, généraux et empereurs romains ; système qui ne reconnaît point le hasard dans la direction des événements, mais les croit conduits par la nécessité vers l'achèvement de tout bien ; système qui porte l'homme à la gravité, à la fermeté, à l'austérité, à la vertu, et qui contient une protestation en faveur du sens commun de l'humanité. Peut-être nous rangerons-nous à l'avis de Montesquieu quand il dit que la destruction du stoïcisme a été une calamité pour le monde ; car lui seul avait fait de grands citoyens et de grands hommes.

Le christianisme latin, sous sa forme papale, est en contradiction absolue avec le principe du gouvernement du monde par la loi. L'histoire de cette branche de l'Eglise chrétienne est une chronique de miracles et d'interventions surnaturelles. Là, on voit la prière des saints arrêter le cours des astres et suspendre la marche de la nature, si tant est qu'elle admette que cette marche soit réglée ; les nuages et les peintures opérer des miracles, ainsi que les os, les cheveux, les reliques de toutes sortes. Le critérium de l'authenticité pour ces objets sacrés, ce n'est pas la preuve irréfragable de leur origine et de leur histoire, c'est l'exhibition de leur vertu miraculeuse.

N'est-ce pas une étrange logique que celle qui va chercher la preuve d'un fait incertain, dans une démonstration inexplicable de quelque autre fait ?

Même dans les siècles de la plus profonde ignorance, les chrétiens intelligents doivent avoir eu peu de confiance dans ces prétendues interventions miraculeuses ou providentielles. Il y a dans le cours régulier de la nature une grandeur solennelle qui

nous impressionne profondément, et telle est la continuité des
événements dans notre vie individuelle que nous doutons, ins-
tinctivement, que cette continuité soit interrompue chez notre
voisin par un incident surnaturel. L'homme intelligent sait bien
que la marche des choses n'a jamais été changée en lui et pour
lui; qu'il n'a été le sujet ni l'objet d'aucun miracle; il attribue,
avec raison, chaque événement de sa vie à l'événement qui l'a
précédé; il regarde l'un comme la cause, l'autre comme l'effet;
et quand on vient lui dire que Dieu est intervenu directement
en faveur de son voisin, il ne peut pas s'empêcher de croire, ou
que son voisin se trompe, ou qu'il veut le tromper.

Comme on pouvait le prévoir, la doctrine catholique des interventions miraculeuses, reçut un rude choc au temps de la Réforme, quand la doctrine de la prédestination et de la grâce fut
soutenue par quelques-uns des plus grands théologiens protestants et adoptée par plusieurs des plus importantes églises
réformées. Calvin déclare avec une austérité stoïque « que nous
avons été élus de toute éternité et avant que Dieu n'ait posé les
fondements de la terre, non pas à cause de nos mérites, mais
parce que cela entrait dans les desseins de la volonté divine. »
En parlant ainsi, Calvin s'appuyait sur cette idée que Dieu a, de
toute éternité, réglé le cours des choses. C'est ainsi, qu'après
des siècles, reparaissaient les idées des Basilidiens et des Valentiniens, sectes du second siècle du christianisme, dont les opinions empruntées aux Gnostiques, conduisirent à greffer sur le
christianisme le dogme de la Trinité. Ils soutenaient que toutes
les actions des hommes sont le produit de la nécessité; que la foi
elle-même est un don naturel, et que tous, par conséquent, doivent
être sauvés, quelles que soient leurs œuvres. C'est ainsi que reparaissaient également les opinions développées par saint Augustin
dans son ouvrage : *De dono perseverantiæ*, lesquelles étaient
que Dieu, par sa volonté arbitraire, avait choisi certains hommes
pour être les dépositaires prédestinés de la foi, les auteurs des
bonnes œuvres et pour arriver, par là, au bonheur éternel, tandis
que d'autres avaient été, d'avance, voués à la réprobation. Les
Sublapsariens étaient d'avis que « Dieu avait permis la chute
d'Adam; » les supralapsariens qu'il l'avait voulue de toute éternité et que nos premiers parents n'avaient jamais été libres. En
cela, il semble que ces sectaires oubliaient la remarque de saint
Augustin : *Nefas est dicere Deum aliquid nisi bonum præ-
destinare.*

Est-il donc vrai que « Dieu nous ait, de toute éternité, destinés au bonheur, et qu'avant qu'il n'eût posé les fondements de la terre, il ait décrété dans ses secrets conseils, qu'il délivrerait du poids de la malédiction ceux qu'il aurait choisis? » Est-il vrai qu'il y ait des hommes qui, sans avoir commis eux-mêmes aucune faute, soient prédestinés à une éternité de tortures et de misères?

En 1595, les articles de Lambeth portaient que « Dieu a de toute éternité prédestiné les uns à la vie, les autres à la mort. » En 1618, le Synode de Dort confirma cette déclaration. Il condamna les opposants et les traita avec tant de rigueur que plusieurs d'entre eux furent forcés de chercher un refuge en pays étrangers. On voit par le dix-septième article de foi de l'Eglise d'Angleterre que ces doctrines avaient également trouvé faveur auprès d'elle.

Il n'y a jamais eu point de controverse qui ait attiré sur les protestants la censure et les reproches des catholiques, plus que cette acceptation partielle du principe que le monde est gouverné par la loi. Dans toute l'Europe réformée, on vit cesser les miracles; mais, avec les guérisons miraculeuses disparut aussi une grande source de profits. On sait que ce fut la vente des Indulgences qui fit éclater le protestantisme ; or, les indulgences étaient, dans le fond, la permission de pécher, donnée au nom de Dieu, moyennant une somme d'argent payée au prêtre.

Au point de vue philosophique, la Réforme a été une protestation contre la doctrine catholique, de l'intervention incessante de Dieu dans les affaires humaines, à l'appel du prêtre ; mais cette protestation a été loin d'être complète dans toutes les églises réformées. La preuve donnée par la science dans les temps modernes du gouvernement du monde par la loi, est reçue par plusieurs d'entre elles avec défiance, peut-être même avec colère ; ces sentiments devront s'effacer peu à peu, à mesure que le temps rendra le témoignage des faits plus accablant.

Ne conclurons-nous pas avec Cicéron, cité par Lactance, lorsqu'il dit : « Une loi éternelle et immuable embrasse les choses et les temps ! »

CHAPITRE DIXIÈME

LE CHRISTIANISME LATIN OU CATHOLICISME DANS SÉS RAPPORTS
AVEC LA CIVILISATION MODERNE.

Pendant plus de mille ans le christianisme latin a dirigé l'esprit des hommes
enEurope, et il est responsable des résultats. — Ce résultat se manifeste
dans l'état de la ville de Rome au moment de la Réforme, et dans celui du
continent européen en matière de vie domestique et sociale. — Les nations
de l'Europe gémissent sous le poids d'un double gouvernement, le spirituel
et le temporel. — Elles sont plongées dans l'ignorance, dans la superstition, dans la misère. — Explication de l'impuissance du catholicisme. —
Histoire politique de la papauté : de confédération spirituelle, elle était
devenue monarchie absolue. — Action exercée par le collége des cardinaux
et la curie romaine. — Démoralisation produite par la nécessité de lever
des revenus considérables. — Les progrès faits par l'Europe sous la domination du catholicisme ne provenaient pas d'un dessein préconçu, mais
d'accidents fortuits. — Le résultat général de l'influence politique du catholicisme a été préjudiciable à la civilisation moderne.

Le Christianisme latin ou catholicisme est responsable de la
marche des choses en Europe, depuis le quatrième jusqu'au seizième siècle. Nous avons à examiner, maintenant, comment il a
accompli sa mission.

Il convient de nous borner à l'Europe, bien que les prétentions de la papauté à une origine divine et à la domination universelle, nous donnent le droit de lui demander compte de la
condition du monde entier. Son impuissance contre les grandes
et antiques religions de l'Asie, nous fournirait, d'ailleurs, un
intéressant sujet d'étude et nous amènerait à cette conclusion politique, rejetée par lui avec dédain, que le Christianisme n'a pu
s'établir que là où la Rome impériale lui avait préparé les voies.

Quand survint la Réforme, il y avait, sans nul doute, bien des
gens qui comparaient l'état de la société à ce qu'il avait été autrefois. Les principes moraux n'avaient pas changé; l'esprit n'avait
point marché ; la société n'avait point progressé. Les splendeurs de la ville éternelle avaient disparu. Les rues de marbre,
dont se vantait Auguste, n'existaient plus. Les temples abattus,
les colonnes brisées, les longues arcatures des aqueducs gigantesques qui traversaient la campagne romaine désolée, offraient
un spectacle de deuil. Le Capitole ne s'appelait plus que la col-
line aux chèvres et le Forum d'où l'on dictait des lois au monde,
portait maintenant le nom de champ des vaches. Le palais des
Césars était enfoui sous des monceaux de terre qui nourrissaient
des buissons en fleur. Les bains de Caracalla, avec leurs porti-
ques, leurs jardins, leurs réservoirs, étaient mis hors d'usage
par la destruction des aqueducs. Sur les ruines de ce vaste édifice, aux arcades, aux colonnes, pendaient en guirlandes les plantes grimpantes et parasites qui avaient pris possession de ce domaine. Du Colisée, la plus colossale des ruines romaines, un
tiers seulement subsistait encore. Assez grand autrefois pour
contenir quatre-vingt-dix mille spectateurs, il avait été successivement converti en forteresse du moyen-âge et en carrière de
pierre, pour la construction des palais des princes romains dégénérés. Les papes y avaient établi, qui une filature de laine,
qui des manufactures de salpêtre. Ils avaient même songé à faire
de ses magnifiques arcades des boutiques pour les marchands.
Les ferrures qui servaient à lier les pierres avaient été volées et
les murailles sillonnées de fissures croulaient tous les jours. Aujourd'hui encore, on a pu composer des livres entiers de botanique sur les plantes qui ont fait leur demeure de ce noble séjour.
La *Flore du Colisée* renferme quatre cent vingt espèces. Au
milieu des débris des monuments classiques, des fûts de colonnes, des fresques effacées par l'humidité des murailles, les cyprès s'élevaient en foule. Le monde végétal lui-même subissait
une transformation mélancolique. Le myrte avait disparu de
l'Aventin, et le laurier qui avait fourni des couronnes aux empereurs romains avait fait place au lierre, le compagnon de la
mort.

On objectera peut-être que les papes n'étaient point responsables des événements. On rappellera qu'en moins de cent
quarante ans Rome avait été successivement prise par Alaric,
Genseric, Ricimer, Vitigès, Totila; que plusieurs de ses grands

édifices avaient été convertis en ouvrages de défense ; que ses aqueducs avaient été détruits par Vitigès, le ravageur de la campagne romaine ; que le palais des Césars avait été saccagé par Totila. Puis, qu'étaient venus les siéges par les Lombards ; puis, que Robert Guiscard et ses Normands avaient brûlé la ville, de la porte Flaminienne à la colonne Antonine, et du Latran au Capitole ; que plus tard, elle avait été encore saccagée et mutilée par le connétable de Bourbon ; que cent fois elle a été couverte par les inondations du Tibre et secouée par les tremblements de terre : sans doute ! mais souvenons-nous aussi de ce que dit Machiavel dans son *Histoire de Florence* : C'est que presque toutes les invasions des barbares ont été dues aux pontifes romains, lesquels ont, tantôt pour une raison et tantôt pour une autre, appelé ces hordes à leur secours. Ce n'est ni le Goth, ni le Vandale, ni le Normand, ni le Sarrasin qui ont dilapidé Rome, ce sont les papes et leurs neveux. Ce sont eux qui ont alimenté des fours à chaux avec les ruines des monuments classiques ; eux qui ont converti ces monuments en carrières pour se bâtir des palais ; eux qui ont dépouillé les temples anciens pour orner les églises.

Les églises ornées avec les dépouilles des temples ! Voilà ce dont on doit surtout rendre les papes responsables. On a sculpté des images de saints dans les superbes colonnes corinthiennes. On a déshonoré par des inscriptions modernes les magnifiques obélisques égyptiens. On a démoli le *septizonium* de Sévère pour bâtir Saint-Pierre ; le bronze de la voûte du Panthéon a servi à faire des colonnes pour le tombeau des apôtres.

La grande cloche de Viterbe avait annoncé du haut du Capitole la mort de bien des papes, que la destruction des monuments et la démoralisation du peuple continuaient toujours. La Rome papale n'avait aucun respect pour la Rome antique et ne lui portait que de la haine. Les pontifes avaient été tantôt les vassaux des empereurs de Byzance, tantôt les lieutenants des rois francs, tantôt les arbitres du monde. Leur situation et leur gouvernement avaient autant changé que le gouvernement et la situation des nations de l'Europe. Leurs maximes politiques, leurs vues, leurs prétentions s'étaient métamorphosées ; mais il y avait un point sur lequel ils ne changeaient pas : c'était l'intolérance. Le gouvernement romain, se donnant pour le centre de la vie religieuse en Europe, avait toujours invariablement refusé de reconnaître qu'il pouvait exister une religion hors de son contrôle, et cependant il était, politiquement et théologiquement, gangrené jusqu'à la moelle. Erasme et Luther avaient entendu avec étonnement et vu avec un frisson d'horreur les blasphèmes et l'athéisme de la société romaine.

L'historien Ranke, à qui j'emprunte une partie de ces faits, a dépeint d'une façon saisissante la démoralisation de la grande métropole. Les papes étaient presque toujours au moment de leur élection des hommes avancés en âge. Le pouvoir passait donc continuellement de main en main. Toute élection était une révolution prévue dont on escomptait les avantages. Dans une république où tout le monde pouvait arriver au faîte des grandeurs, la compétition était sans cesse à l'ordre du jour. Quoique la population fût descendue, au commencement de la réforme, au chiffre de quatre-vingt mille âmes, il y avait une multitude de gens revêtus d'honneurs et de fonctions publiques et une foule plus grande encore de candidats. L'heureux occupant du trône pontifical avait des milliers d'emplois à donner, emplois qu'on ôtait sans remords à qui en était en possession. Il y en avait un grand nombre qui n'avaient été créés que pour pouvoir être vendus. L'intégrité et la capacité d'un aspirant n'entraient pas en ligne de compte; on ne demandait qu'une chose : quels services a-t-il rendus ou peut-il rendre au parti? Combien peut-il payer la préférence? Tout lecteur américain comprendra parfaitement cet état de choses. A chaque élection présidentielle, il peut être témoin de faits semblables. L'élection d'un pape par le conclave, ressemble assez à l'élection d'un président des Etats-Unis par une convention. Dans l'un et l'autre cas, il y a curée d'emplois.

William de Malmesbury dit que, de son temps, les Romains faisaient trafic de toutes choses saintes et sacrées. Après lui, rien n'avait changé. L'Église était devenue une fabrique d'argent. Des sommes considérables étaient levées en Italie; d'autres étaient extorquées, sous différents prétextes, des divers pays de l'Europe. Le plus funeste des moyens employés fut la vente des indulgences, c'est-à-dire du droit de pécher. La religion telle qu'on l'entendait en Italie, était devenue l'art de piller les peuples.

Depuis plus de mille ans, les souverains pontifes avaient été rois dans Rome. La ville avait, il est vrai, subi plusieurs dévastations dont ils n'étaient pas responsables ; mais ils étaient responsables en ceci qu'ils n'avaient fait aucun effort vigoureux et persistant pour améliorer sa condition matérielle et morale. Au lieu d'être ce qu'elle eût dû être, le modèle du monde, elle en était devenue la honte. Les choses avaient été en empirant jusqu'à l'époque de la Réforme, où aucun étranger pieux ne pouvait plus visiter Rome sans être profondément choqué.

La papauté, qui avait répudié la science, comme étant incompatible avec ses prétentions, s'était, vers les derniers temps, occupée d'encourager les arts. Mais la musique et la peinture sont les ornements de la vie d'un peuple, elles n'en sont pas la force et ne dissipent point sa faiblesse; elles n'assurent ni le développement matériel ni le bien-être de la communauté. Pour qui était capable de réfléchir, Rome, au temps de la Réforme, avait perdu toute énergie vitale. Elle n'était plus l'arbitre du monde et la promotrice de son progrès. Aux maximes de vie de l'ancienne Rome, elle avait substitué les maximes de mort de la papauté. Elle n'avait rien que le sceptre des arts et l'apparence de la religion. Elle ressemblait à ces cadavres embaumés de capucins que nous voyons encore dans leurs caveaux, debout dans leur niche, enveloppés dans un capuchon avec un bréviaire à jamais fermé et des fleurs fanées dans les mains.

De Rome, tournons nos yeux vers le continent européen. Voyons ce qu'avait produit pour lui le système auquel il était soumis. Nous connaîtrons l'arbre à ses fruits.

La situation des nations, quant au bien-être matériel, est indiquée par les variations dans le chiffre de la population. La forme du gouvernement a peu d'influence sur la population des états; mais la civilisation en a une considérable.

Il a été établi d'une manière satisfaisante par les auteurs qui se sont occupés de la matière, que les variations dans le chiffre de la population dépendent de la balance entre les forces génératrices de la société et les résistances de la vie.

Par forces génératrices de la société, on entend cet instinct qui pousse à la multiplication de l'espèce. Jusqu'à un certain point elles dépendent du climat. Mais, puisque le climat de l'Europe n'a pas sensiblement varié du quatrième au seizième siècle, nous pouvons admettre que pendant toute cette période, ces forces sont restées les mêmes.

Par les résistances de la vie, on entend tout ce qui rend l'existence de l'individu difficile : l'insuffisance de la nourriture, le défaut de vêtement, le défaut d'abri.

On sait que si les résistances deviennent presque nulles, la force génératrice a pour effet de doubler la population en vingt-cinq ans.

Les résistances se font sentir de deux manières : physiquement, puisqu'elles diminuent le nombre des naissances et raccourcissent la vie moyenne ; intellectuellement, puisque dans une société où règne la moralité et surtout la religion, elles ajournent les mariages jusqu'au temps où l'individu se sent en état de supporter les charges de la famille. De là, l'explication d'un fait reconnu depuis longtemps, celui de la proportion qui s'établit dans une période donnée, entre le nombre des mariages et le prix des denrées.

L'accroissement de la population se proportionne à l'abondance des produits alimentaires d'un pays. Et telle est la puissance de la force génératrice, qu'elle tend sans cesse à dépasser les moyens de subsistance et qu'elle exerce une pression constante sur la production et sur les prix. Dans ces conditions, il arrive nécessairement que des existences sont supprimées et que des individus naissent, qui sont destinés à mourir de faim.

Comme preuves des variations survenues dans la population de certains pays, on peut citer l'immense diminution de celle de l'Italie à la suite des guerres de Justinien ; la dépopulation du nord de l'Afrique après les querelles théologiques ; son repeuplement sous la domination mahométane. L'accroissement de la population de l'Europe en conséquence du régime féodal, alors que les terres acquéraient une valeur proportionnée au nombre de dépendants qu'elles pouvaient fournir. Les croisades la diminuèrent ensuite considérablement, tant par la mortalité des armées que par l'absence des hommes valides. Des variations semblables ont eu lieu sur le continent américain. La population de Mexico diminua, en très-peu de temps, de deux millions d'âmes, par la rapacité et la cruauté des Espagnols qui poussèrent les Mexicains au désespoir. La même chose arriva au Pérou.

La population de l'Angleterre, à l'époque de la conquête normande, était d'environ deux millions d'âmes. En cinq siècles, elle avait à peine doublé. On peut attribuer en partie son état stationnaire aux papes qui rendirent le célibat ecclésiastique obligatoire. La force génératrice légale en fut sans doute affectée, tandis que la force génératrice libre ne le fut pas. Quiconque a étudié ce sujet sait que le célibat public est le désordre privé. C'est surtout cette considération qui a décidé le peuple et le gouvernement anglais à supprimer les couvents. On disait ouvertement que cent mille femmes en Angleterre étaient séduites par le clergé.

Dans mon histoire des *Guerres civiles américaines*, j'ai présenté à ce sujet quelques réflexions que je demande la permission
de reproduire ici : « Que signifie cet état stationnaire de la
population? Il signifie la nourriture difficile à se procurer, le
vêtement insuffisant, la malpropreté personnelle, les logements
mal clos, les effets destructifs du froid et de la chaleur, les miasmes, le défaut de précautions sanitaires, l'absence de médecins,
le mensonge des guérisons miraculeuses et l'illusion des miracles dans lesquels la société mettait sa confiance; ou, pour résu-
mer, une longue série de tristesses, de besoins, de souffrances,
signifie une grande mortalité.

« Ce qu'il signifie encore, c'est le petit nombre des naissances ,
ce qui veut dire : mariages tardifs, vie licencieuse, démoralisation privée, démoralisation sociale.

« Pour l'Américain, vivant dans un pays qui semblait hier un
désert impénétrable et sans bornes et qui possède aujourd'hui
une population dont le chiffre se double, selon la loi, tous les
vingt-cinq ans, cette effrayante déperdition de vie présente et de
vie à venir est un fait étonnant. Il se demandera ce que pouvait
être un système qui prétendait diriger et développer la société
et qui se trouve être l'auteur responsable d'une destruction prodigieuse et telle, que la guerre, la peste et la famine ensemble
n'en eussent pas produit une semblable; système d'autant plus
dangereux que les hommes le croyaient en rapport avec leurs
intérêts temporels. Combien les choses sont changées! L'Angleterre nourrit aujourd'hui une population dix fois plus forte
que celle qu'elle nourrissait alors et, tous les jours, cette population essaime à travers le monde. Que celui qui se sentirait porté
à regarder le passé avec respect, réfléchisse à la valeur d'un pareil
système.

Ces variations, dans la population de l'Europe, ont été accom-
pagnées de déplacements dans son maximum de densité. Ce sont
les pays du Nord qui sont devenus les plus populeux après l'établissement du Christianisme dans l'Empire romain. L'industrie
manufacturière a fait, ensuite, de l'Occident le centre de la population de l'Europe.

Examinons maintenant plus en détail le caractère des résistances qui ont ainsi rendu pendant mille ans la population de
l'Europe stationnaire. Le continent était presque partout couvert d'épaisses forêts. De loin en loin, s'élevaient des villes et
des monastères. Dans les terres basses, le long des rivières, s'é-

tendaient des marécages qui exhalaient des miasmes pestilentiels et répandaient au loin la mort. A Paris et à Londres, les maisons étaient construites en bois et en terre, couvertes de paille et de roseaux. Elles n'avaient point de fenêtres et jusqu'après l'invention des scieries mécaniques, très-peu avaient des planchers en bois. Le luxe des tapis était inconnu ; ils étaient remplacés par de la paille répandue sur le sol. Il n'y avait point de cheminées ; la fumée du foyer s'échappait par une ouverture pratiquée au milieu du toit. On était donc exposé dans les habitations à toutes les intempéries. Aucune précaution n'était prise pour le drainage. Les entrailles des animaux et les détritus végétaux étaient simplement jetés hors des portes où ils formaient des amas putrides. Hommes, femmes et enfants, dormaient dans la même chambre, bien souvent même en compagnie d'animaux domestiques. Dans ce pêle-mêle de la famille, il était impossible que la moralité et la pudeur ne reçussent point d'atteintes. Le lit se composait ordinairement d'un sac de paille, et un autre sac, rempli de laine, formait l'oreiller. La propreté personnelle était chose inconnue. Les fonctionnaires supérieurs de l'Etat, et même des dignitaires comme l'archevêque de Cantorbery, étaient couverts de vermine ; du moins, c'est ce qu'on raconte de Thomas Becket, le grand adversaire des rois d'Angleterre. Pour masquer la malpropreté du corps, on abusait des parfums. Le simple bourgeois se vêtissait de cuir, matière infecte, mais durable. Il était regardé comme aisé s'il mangeait de la viande fraîche à son dîner une fois par semaine. Les rues n'avaient ni égoûts, ni pavage, ni lanternes. Après la chute du jour, le contenu des baquets et des bassins pleuvait, du haut des fenêtres, sur le passant attardé, qui se frayait péniblement un chemin dans les rues étroites, un fanal à la main.

Enéas Sylvius, qui plus tard est devenu pape sous le nom de Pie II et qui est, par conséquent, un écrivain impartial et compétent, nous a laissé une description pittoresque des îles Britanniques telles qu'il les vit dans un voyage qu'il y fit vers l'an 1430. Les maisons des paysans étaient construites en pierre, sans mortier ; les toits étaient en gazon ; une peau de bœuf séchée servait de porte. L'alimentation consistait en végétaux grossiers, tels que des pois, et même des écorces d'arbres. Il y avait des endroits où l'on ne connaissait pas l'usage du pain.

Ainsi donc, des cabanes en roseaux et en boue ; des maisons faites de claies ; des feux de tourbe au milieu de chambres sans issue pour la fumée; la souillure physique et morale ; la vermine, la paille enroulée autour des membres pour suppléer aux vêtements, telles étaient pour le paysan, dévoré par les maladies et sans autre espoir de guérison que celui qu'il plaçait dans les reliques des saints, les conditions de la vie ! Faut-il s'étonner, après cela, de l'état stationnaire de la population ?

Est-il étonnant, aussi, que, pendant la famine de 1030, on ait fait cuire et vendu de la chair humaine ? que pendant celle de 1258, quinze mille personnes soient mortes de faim à Londres ? Est-il étonnant que, dans certaines invasions de la peste, la mortalité ait été telle que les vivants ne suffisaient point à enterrer les morts ? Dans celle de 1348, qui était venue d'Orient en suivant la route du commerce et s'était répandue par toute l'Europe, il périt un tiers de la population en France.

Telle était la condition du paysan et de l'habitant pauvre des villes. Celle de la noblesse n'était pas beaucoup meilleure. William de Malmesbury, parlant des mœurs dégradées des Anglo-Saxons, dit : « Chez eux, les nobles, adonnés à la gloutonnerie et à la volupté, ne visitaient jamais les églises ; mais ils se faisaient lire les matines et la messe dans leur chambre à coucher, pendant qu'ils étaient encore au lit, par un prêtre qui lui-même le faisait en courant, et qu'ils n'écoutaient pas. Le petit peuple était la proie du plus fort. On s'emparait de ses biens ; on le transportait dans des contrées lointaines ; ses filles étaient jetées dans les maisons de débauche ou vendues comme esclaves. Boire jour et nuit était l'occupation générale, et les vices, compagnons de l'intempérance, faisaient dégénérer l'esprit. » Les châteaux féodaux étaient des repaires de brigands. Les chroniqueurs saxons racontent comment hommes et femmes étaient traînés dans ces forteresses, tourmentés par le feu, suspendus par les pouces ou par les pieds, serrés dans des cordes à nœuds enlacées autour de leur tête, et soumis à toutes les tortures jusqu'à ce qu'ils eussent payé rançon.

Dans toute l'Europe les charges lucratives de l'État étaient possédées par des hommes d'Église. Partout, il y avait deux gouvernements : 1° le gouvernement national personnifié dans un prince; 2° le gouvernement étranger représenté par les envoyés du pape. Naturellement, l'influence romaine était prépondérante. Elle exprimait la volonté souveraine d'un homme régnant sur tout le continent, et tirait de son unité une force accablante. L'influence du souverain local était plus faible, puisqu'elle avait ordinairement à souffrir de la rivalité entre états voisins et des dissensions que Rome savait habilement faire naître. A aucune époque, les princes de l'Europe ne purent parvenir à se coaliser contre leur adversaire commun. Toutes les fois qu'une question s'élevait, on les prenait adroitement en détail et on les dominait. Le prétexte apparent de l'immixtion du pape était l'intérêt moral et matériel du peuple ; mais l'objet véritable était de s'assurer d'immenses revenus et de faire vivre des armées de gens d'Église. Les contributions qui allaient au pape et au clergé furent bien souvent doubles et triples de celles qui allaient aux princes. Ainsi, lorsqu'Innocent IV demanda que trois cents prêtres italiens de plus fussent dotés par l'Église d'Angleterre, et qu'une stalle fût donnée à son neveu — un enfant — dans la cathédrale de Lincoln, on calcula que les sommes déjà payées par l'Angleterre au clergé italien, dépassaient trois fois celles qu'on payait au roi.

Tandis que le haut clergé s'assurait de tous les emplois avantageux et que les abbés rivalisaient avec les comtes par le nombre de leurs esclaves — il y en avait, dit-on, qui possédaient vingt mille serfs — des moines mendiants envahissaient de toute part la société, ramassant encore une partie du peu qui restait aux pauvres. Il y avait un grand nombre de sujets improductifs, qui vivaient dans l'oisiveté, reconnaissaient un souverain étranger et subsistaient du travail des autres. Les petites terres ne pouvaient pas manquer de se réunir continuellement aux grandes ; les pauvres de s'appauvrir tous les jours davantage ; la société de croître en démoralisation. En dehors des monastères, on ne faisait rien pour répandre l'instruction ; l'Église était généralement opposée à ce qu'elle fût donnée aux laïques, car c'était une maxime reçue que « l'ignorance est la mère de la piété. »

La Rome impériale ou républicaine s'était toujours appliquée à établir, par des ponts et des routes magnifiques, des communications rapides avec ses provinces éloignées. C'était le premier devoir des légions romaines de faire et d'entretenir ces sortes d'ouvrages ; mais la Rome pontificale n'en avait pas besoin et ils furent abandonnés aux soins des princes qui les négligèrent. Dans toutes les directions lés routes étaient impraticables pendant la plus grande partie de l'année. Les transports s'effectuaient ordinairement dans de lourds chariots attelés de bœufs qui faisaient trois ou quatre milles à l'heure. Là où la navigation fluviale était impossible, on employait les chevaux et les mules de charge, moyen en rapport avec les faibles besoins du commerce de ce temps. Quand les armées avaient des marches à faire, la difficulté devenait insurmontable. On en eut la preuve au commencement des croisades. Ces entraves à la circulation rendaient la situation dangereuse pendant la nuit. Les particuliers ne pouvaient sans péril entreprendre un voyage ; car il n'y avait pas un bois qui ne fût peuplé de voleurs.

L'ignorance générale favorisait la superstition. L'Europe était pleine de miracles honteux. Les routes étaient sillonnées de pèlerins se rendant auprès des châsses des saints célèbres pour les cures qu'ils avaient opérées. Il est toujours entré dans la politique de l'Eglise de discréditer les médecins et la médecine. Ils nuisaient trop à l'exploitation de la crédulité publique par le moyen des reliques appliquées à la guérison des maladies. Le temps a fait justice de cette lucrative imposture. Combien y a-t-il de châsses aujourd'hui en Europe qui font des miracles?

. Pour les malades trop infirmes pour se mouvoir, il n'y avait d'autre remède que les Pater et les Ave. On faisait des prières dans les églises pour prévenir les épidémies, mais on ne prenait pas de mesures sanitaires. On pensait que les oraisons du prêtre éloigneraient la peste des villes dégoûtantes de suintements fétides, procureraient, selon le besoin, la pluie ou le beau temps, détourneraient les influences nuisibles des éclipses et des comètes. Mais quand parut la comète de Halley en 1456, son apparition eut quelque chose de si effrayant, que le pape, lui-même, dut intervenir. Il l'exorcisa et la chassa du firmament; elle s'évanouit dans l'espace frappée de terreur par les malédictions de Calixte III et n'osa point reparaître avant soixante-cinq ans!

La mortalité donne la mesure de l'efficacité des reliques et des prières pour la guérison des maladies. Elle était alors, selon toute apparence, de un sur vingt-trois ; elle est aujourd'hui de un sur quarante.

On put juger de la condition morale de l'Europe quand la maladie syphilitique fut apportée des Indes occidentales par les compagnons de Christophe Colomb. Elle se répandit avec une effrayante rapidité. Depuis le Saint-Père, Léon X, jusqu'au mendiant du bord des chemins, tous contractèrent ce mal honteux. On chercha à en expliquer la diffusion par une influence épidé-

mique répandue dans l'air ; mais elle était due, en réalité, aux
vices de l'homme, vices que le gouvernement spirituel sous lequel il avait vécu, n'avait point guéris.

A l'efficacité des châsses pour la guérison des maladies, il
faut ajouter celle de certaines reliques insignes. Celles-ci étaient
parfois de l'espèce la plus extraordinaire. Il y avait plusieurs
abbayes qui possédaient la couronne d'épines de notre Sauveur.
Onze conservaient la lance qui avait percé son côté. Si quelqu'un s'était avisé de remarquer qu'elles ne pouvaient pas être
toutes authentiques, il aurait été dénoncé comme athée. Pendant les guerres saintes, les Templiers avaient tiré des sommes
considérables de la vente aux armées croisées de petites bouteilles
contenant du lait de la sainte Vierge. Ces bouteilles étaient conservées avec un soin pieux dans plusieurs grands établissements
religieux. Mais peut-être aucune de ces impostures ne surpassa-
t-elle en audace celle d'un monastère de Jérusalem qui montrait
un doigt du St-Esprit. La société moderne a passé son verdict
silencieux sur ces scandales, et les objets qui ont nourri, jadis,
la piété de milliers d'hommes sincères sont jugés, aujourd'hui,
trop méprisables pour avoir leur place dans aucun musée
public.

Comment rendrons-nous compte de l'incapacité de l'Eglise
dans la tutelle de l'Europe ? Certes, les résultats que nous venons d'exposer ne se fussent pas produits, si le pasteur universel, le successeur de Pierre s'était uniquement occupé de l'édification et du bonheur de son troupeau.

L'explication n'est pas diffile à trouver ; elle est contenue
dans une histoire de crimes et de hontes. Je préfère, donc,
présenter dans le paragraphe suivant des faits tirés des auteurs catholiques que je citerai aussi textuellement que possible.

L'histoire que je vais raconter est la transformation d'une république fédérative en une monarchie absolue.

Dans les premiers temps du christianisme, chaque église
particulière, sans préjudice de son accord sur les points importants avec l'Eglise universelle, gouvernait ses propres affaires
avec une entière indépendance, gardait ses usages et sa discipline traditionnels et réglait toutes les questions secondaires
qui ne touchaient pas aux intérêts généraux de l'Eglise.

Jusqu'au commencement du neuvième siècle, aucun changement essentiel ne survint dans la constitution de l'Eglise Ro-

maine; mais en 845, les décrétales d'Isidore furent fabriquées dans l'ouest des Gaules; collection de pièces apocryphes qui renfermait une centaine de prétendus décrets des premiers papes, de prétendus écrits des premiers évêques et de prétendus actes des synodes. Ces inventions contribuèrent à accroître considérablement la puissance pontificale et à changer le système de gouvernement de l'Eglise, qui de républicain devint monarchique. Elles rendirent les évêques dépendants de la cour de Rome et firent du pape le souverain juge de l'ordre ecclésiastique dans le monde entier. Elles préparèrent les voies à la politique d'Hildebrand, lorsqu'il essaya de faire de l'Europe un vaste empire théocratique avec le pape pour souverain.

Grégoire VII, auteur de ce vaste plan, comprit que ses projets seraient plus aisément exécutés s'il faisait agir les synodes. Il commença donc par attribuer exclusivement aux papes le droit de les assembler. Une nouvelle législation ecclésiastique fut forgée par Anselme de Lucques, et tirée en partie des fausses décrétales d'Isidore, en partie d'inventions plus nouvelles. Pour établir la suprématie de Rome, il fallait refaire non seulement la loi canon mais l'histoire. On y introduisit des exemples de rois excommuniés et déposés et l'on prouva qu'ils avaient toujours été soumis à la papauté. On assimila aux Ecritures Saintes les lettres décrétales des papes, et l'on finit par faire admettre comme un dogme dans la chrétienté que l'évêque de Rome avait été, depuis le commencement du christianisme, le souverain législateur de l'Eglise. De même que les souverains temporels en vinrent à ne pouvoir souffrir les assemblées représentatives, les papes, quand ils voulurent se rendre absolus, commencèrent à détruire les synodes provinciaux et à ne plus permettre que ceux qu'ils convoquaient et dirigeaient eux-mêmes. C'était là une grande révolution.

Une autre fiction inventée à Rome au huitième siècle, conduisit à de graves résultats. On feignit que l'Empereur Constantin avait, en reconnaissance de sa guérison de la lèpre et du baptême que lui avait donné le pape Sylvestre, fait don de l'Italie et des provinces de l'Occident au Saint-Siége, et, comme marque d'obédience, tenu la bride du cheval du pape. Cette fable était dirigée contre les rois de France, auxquels on voulait faire entendre qu'ils étaient les sujets du pontife romain et que les territoires dont ils lui faisaient présent, n'étaient, au fond, qu'une restitution.

Le plus puissant instrument du nouveau système, ce fut le *Decretum* de Gratien, qui parut vers le milieu du douzième siècle. C'était une compilation de mensonges. Par là, le monde chrétien tout entier aurait été la propriété du clergé italien. D'après ce code, il était permis de procurer le salut des hommes par la force; de soumettre les hérétiques à la torture et à la mort; de confisquer leurs biens; de tuer les personnes excommuniées; le pape était au-dessus des lois et placé sur le même plan que le Fils de Dieu!

A mesure que se développait le nouveau système de centralisation, des maximes qu'on eût autrefois tenues pour choquantes étaient hardiment soutenues : L'Eglise toute entière appartient au pape : le pape est au-dessus de la loi et n'a aucun compte à rendre : ce qui est simonie chez les autres hommes n'est pas simonie chez lui : quiconque lui désobéit mérite la mort : tout homme qui a reçu le baptême est son sujet et doit rester tel toute sa vie puisque le baptême est indélébile. Jusqu'à la fin du douzième siècle les pontifes romains s'étaient appelés les vicaires de saint Pierre; après Innocent III, ils s'appelèrent les vicaires du Christ.

Mais les monarques absolus ont besoin de beaucoup d'argent et les papes ne faisaient point exception à cette règle. Hildebrand institua les légats. Ils étaient chargés, tantôt de l'inspection des églises, tantôt de quelque mission particulière mais toujours autorisés à rapporter beaucoup d'argent de leurs voyages. Et puisque les papes avaient le pouvoir, non-seulement de faire des lois, mais d'en suspendre l'application, on fit une discipline nouvelle pour donner lieu à la vente des dispenses. Les monastères furent enlevés à la juridiction de l'ordinaire moyennant tribut au Saint-Siége. Le pape était devenu « l'Evêque Universel; » il avait institué dans tous les diocèses des juges qui relevaient immédiatement de lui et pouvait évoquer toutes les causes à son tribunal. Ses rapports avec les évêques étaient devenus ceux d'un souverain absolu avec ses officiers. Ceux-ci ne pouvaient se démettre de la charge épiscopale qu'avec son agrément et les siéges qui venaient à vaquer de cette manière lui appartenaient. Les appels à Rome étaient encouragés comme servant d'occasions au commerce des dispenses. Des milliers de procès venaient, annuellement, devant la curie et apportaient à Rome une riche moisson. Souvent, pendant que les compétiteurs discutaient devant lui leurs droits aux bénéfices, le pape leur donnait l'exclusion à tous et nommait une de ses propres créatures. Souvent les candidats étaient forcés de passer des années dans la ville éternelle et y mouraient ou bien rapportaient dans leur pays le profond souvenir de la corruption dont ils avaient été témoins. L'Allemagne était le pays de l'Europe qui avait le plus à souffrir des appels à Rome et des longueurs de la procédure romaine, et qui se trouvait par cette raison le mieux préparé à accueillir la Réforme. Pendant le treizième et le quatorzième siècle, les papes marchèrent à pas de géants vers la domination universelle. Autrefois ils se contentaient de recommander leur choix aux souverains pour les nominations aux bénéfices; à présent, ils les imposaient. Il fallait bien des récompenses à leurs partisans Italiens et rien ne pouvait les satisfaire que des établissements avantageux dans les pays étrangers. Des nuées de plaideurs mouraient à Rome et le pape réclamait, en ce cas, le droit de nommer à leurs bénéfices. Enfin, on en vint à prétendre qu'il lui appartenait de disposer de toutes les charges ecclésiastiques sans distinction et que le serment que lui prêtaient les évêques impliquait l'obéissance en matière politique comme en matière religieuse. Dans les pays où il y avait dualité de gouvernement, cette prétention accrut prodigieusement le pouvoir spirituel.

Tous les droits furent foulés aux pieds sans remords afin de compléter l'œuvre de la centralisation. Les ordres mendiants y aidèrent efficacement. D'un côté étaient le pape et ces ordres; de l'autre les évêques et le clergé paroissial. La cour Romaine avait usurpé les droits des synodes, des métropolitains, des évêques et des églises nationales. Constamment contrecarrés par les légats, les évêques finirent par renoncer à maintenir la discipline dans leurs diocèses; les prêtres séculiers perdirent tout pouvoir sur leurs ouailles, grâce à l'immixtion continuelle des moines mendiants qui vendaient les absolutions et les indulgences; l'argent s'en allait à Rome.

Les nécessités pécuniaires poussèrent souvent les papes à demander à un prince, un évêque, un grand maître, qui avait quelque procès pendant, un présent consistant en une coupe d'or pleine de ducats. Ce fut également la pénurie qui fit instituer les Jubilés. Sixte IV établit des colléges entiers et vendit les stalles au prix de trois ou quatre cents ducats chacune. Innocent VIII mit la tiare pontificale en gage. On disait de Léon X qu'il avait dissipé les revenus de trois papes. Il dépensa ce que son prédécesseur avait épargné, ce qui lui revenait à lui-même et ce qui devait appartenir à son successeur. Il créa et vendit deux mille cent cinquante charges nouvelles. Ceux qui les achetaient faisaient un bon placement, car ils faisaient produire, par les exactions auxquelles ces charges leur donnaient droit sur les pays catholiques, douze pour cent à leur argent. On ne faisait pas de meilleures affaires en Europe qu'en plaçant son argent à Rome. On tirait donc de grosses sommes en cette ville par toutes sortes de moyens, par des hypothèques sur les biens d'Eglise et par la vente, fréquemment renouvelée des bénéfices, car on élevait aux honneurs ceux qui les possédaient afin de leur reprendre ce qu'on leur avait vendu.

Quoique l'Église eut condamné l'usure, il s'établit un immense système de banque pontificale, ayant des rapports avec la curie, et l'on commença à prêter de l'argent à des taux usuraires, aux prélats, aux solliciteurs et aux plaideurs. Les banques papales étaient privilégiées; toutes les autres étaient mises au ban de la censure. La curie avait pensé qu'elle avait un grand intérêt à mettre le clergé de l'Europe dans sa dépendance, à titre de débiteur. Cela contribuait à le rendre plus souple, car elle s'était réservé le droit d'excommunication, en cas de non payement des intérêts. En 1327, on calculait que la moitié de l'Europe était sous le coup de l'excommunication. Les évêques, parce qu'ils ne pouvaient pas toujours satisfaire aux exigences des légats ; les prêtres et les laïques parce qu'on multipliait les prétextes pour les forcer à acheter l'absolution à prix d'argent. Les revenus ecclésiastiques du monde entier prenaient le chemin de Rome, devenue un gouffre de corruption, de simonie, d'usure, de vénalité et d'extorsions.

Les papes depuis 1066, époque où avait commencé le mouvement de centralisation, n'avaient pas eu le temps de s'occuper des affaires de leur troupeau particulier dans les États Romains. Il y avait des milliers de cas étrangers qui rapportaient plus d'argent. « Toutes les fois, écrivait l'évêque Alvaro Pelayo, que j'entre dans l'appartement d'un dignitaire de la Cour Romaine je trouve là des gens occupés à compter des monceaux d'or. » Toute occasion d'étendre la juridiction de la curie était saisie avec empressement. Les exemptions qu'on accordait étaient toujours données de manière à ce qu'il fallût en demander d'autres. Les évêques obtenaient des priviléges contre leurs chapitres ; les chapitres contre les évêques :

évêques, couvents et particuliers en avaient tous besoin contre les extorsions des légats.

Les deux colonnes du pouvoir pontifical étaient maintenant le Collége des cardinaux et la Curie. Les cardinaux étaient devenus, en 1059, les électeurs du pape. Jusque-là les élections au trône de Saint-Pierre étaient faites par le corps entier du clergé romain auquel l'adjonction des magistrats et des citoyens était reputée nécessaire. Nicolas II établit la règle que l'élection du pape aurait lieu dans le collége des cardinaux; qu'il faudrait, pour qu'elle fût valide, les deux tiers des suffrages, et que l'Empereur d'Allemagne aurait le droit de la confirmer. Pendant deux siècles, il y eut lutte pour la suprématie entre l'oligarchie des cardinaux et l'autocratie des papes. Les cardinaux voulaient bien que le pape fût souverain absolu à l'étranger, mais ils ne manquaient pas à chaque élection de le lier envers eux, de façon à partager le pouvoir. Après l'élection et avant sa consécration, il était obligé de jurer certaines capitulations : qu'il y aurait une part dans les revenus publics affectée aux cardinaux; que ceux-ci ne seraient pas éloignés de Rome, mais qu'ils auraient le droit de s'assembler deux fois l'an, pour examiner si le pape était fidèle à son serment. Plus d'une fois celui-ci ne l'avait pas tenu. D'un côté, les cardinaux demandaient trop, de l'autre, le pape ne donnait pas assez. Les premiers voulaient étaler un luxe superbe et posséder beaucoup d'argent. On en citait un qui jouissait de cinq cents bénéfices à la fois. On disait que les revenus de la France entière n'eussent point suffi à leurs dépenses. Souvent, au milieu de leurs rivalités, le trône pontifical demeurait vacant pendant plusieurs années. Il semblait qu'ils voulussent essayer si l'Église ne pouvait pas bien se passer d'avoir un vicaire du Christ.

Vers la fin du onzième siècle, l'Église de Rome devint la Cour de Rome. Au lieu de brebis suivant paisiblement leur pasteur dans l'enceinte de la ville, il n'y avait plus que des bureaucrates, des notaires, des collecteurs de taxes vendant les priviléges, les dispenses et les exemptions. On ne voyait que solliciteurs allant de porte en porte. Rome était le point de ralliement des convoiteurs de places du monde entier. Au milieu de cette masse de procès, de grâces, d'indulgences, d'absolutions, d'ordres et de décisions concernant toutes les parties de l'Europe et de l'Asie, les fonctions de l'église locale avaient perdu toute importance. Il fallait plusieurs centaines d'employés dans la curie. Chacun d'eux travaillait à mériter de l'avancement en grossissant le trésor pontifical. Le monde chrétien tout entier était devenu son tributaire. Là, tout vestige de religion avait disparu et tout le monde était occupé d'affaires politiques et contentieuses. On n'entendait pas prononcer un mot sur les questions spirituelles. Chaque coup de plume se payait. Bénéfices, dispenses, permissions, absolutions, indulgences, étaient marchandises courantes. Le solliciteur était obligé d'acheter tout le monde, depuis le portier jusqu'au pape, s'il voulait réussir. Les gens pauvres n'avaient rien à prétendre. Le résultat était celui que donne toujours le mauvais exemple : tout homme d'église se croyait autorisé à faire dans son pays ce qu'il avait vu faire à Rome et à trafiquer des choses saintes pour payer ses dettes. La translation de la papauté de Rome à Avignon ne changea rien à l'état de choses ; seulement les familles italiennes regrettèrent de ne pouvoir plus aussi aisément s'enrichir. Les Italiens avaient appris à considérer la papauté comme leur apanage et se croyaient, sous la loi du Christ, comme les Juifs sous celle de Moïse, le peuple choisi de Dieu.

A la fin du treizième siècle, on découvrit un nouveau royaume qui pouvait donner d'immenses revenus : c'était le purgatoire. On prouva qu'il dépendait du pape de le rendre vide d'habitants par le moyen des indulgences. Là, l'hypocrisie était inutile ; on fit les choses ouvertement. Le germe de la primauté de Pierre était devenu un grand arbre, c'est-à-dire une monarchie colossale.

L'Inquisition avait rendu la puissance papale irrésistible. Toute opposition était punie de mort sur le bûcher. Une simple pensée, alors qu'elle n'avait été exprimée par aucun signe, était regardée comme un crime. A mesure que le temps s'écoulait, les procédés de l'Inquisition devenaient plus atroces. La torture était appliquée sur un soupçon. L'accusé ne connaissait pas son accusateur. Il ne lui était pas permis d'avoir un avocat. Le droit d'appel n'existait pas. On recommandait à l'Inquisition de ne point incliner à la pitié; aucune rétractation n'était reçue. Les familles innocentes étaient, par la confiscation des biens, entraînées dans la ruine des accusés. La moitié des biens confisqués allait au pape et la moitié aux inquisiteurs. On ne devait, disait Innocent III, laisser que la vie aux fils des mécréants et cela à titre de grâce. Des papes, comme Nicolas III, enrichissaient leurs familles des dépouilles des malheureux, et ainsi faisaient en général les membres du tribunal de l'Inquisition.

La lutte entre les Français et les Italiens pour la possession de la papauté, conduisit au schisme du quatorzième siècle. Pendant plus de quarante ans, deux papes rivaux se lancèrent l'anathème l'un à l'autre ; deux curies rivales pressurèrent les peuples. Il finit par y avoir même trois obédiences et trois sources de contributions ouvertes. Personne ne pouvait plus garantir la validité des sacrements, car personne ne savait plus où était le vrai pape. Chacun fut donc obligé de répondre de soi-même , puisqu'on ne savait plus qui répondrait pour vous. On comprit qu'il fallait que l'Église brisât les liens de la curie et s'assemblât en concile. Des tentatives redoublées furent faites pour donner à ce concile général la forme d'une assemblée parlementaire de la chrétienté et pour rendre le pape l'exécuteur de ses volontés. Mais les nombreux intérêts qui étaient nés d'une corruption séculaire ne pouvaient pas être si aisément renversés. La curie recouvra son ascendant, et le trafic d'Église recommença. Les Allemands qui n'avaient, eux, jamais eu part aux profits, furent les plus ardents à la Réforme. Comme les choses empiraient toujours, ils finirent par penser que tout espoir de réformer l'Église par la voie des conciles était illusoire. Erasme s'écria : « Si le Christ ne délivre pas son peuple de la tyrannie multiforme du clergé, celle des Turcs finira par être regardée comme moins intolérable. » Le chapeau de cardinal se vendait maintenant et, sous Léon X, il en vint à être mis aux enchères. La maxime de conduite était devenue : l'argent d'abord, l'honneur ensuite. Parmi les fonctionnaires personne ne pouvait être honnête en secret et vertueux sans témoin. Le manteau de velours violet et le bonnet d'hermine des cardinaux était vraiment la livrée du vice.

L'unité de l'Église, autrement dit sa puissance , exigeait que le latin fût la langue religieuse universelle. En cela, Rome avait pris la tête de l'Europe et gardait l'avantage dans les relations internationales. Ceci lui donnait plus de pouvoir que son crédit dans le ciel, et on peut lui reprocher, malgré tout ce qu'elle se vante d'avoir fait, de n'avoir pas, avec un pareil moyen dans les mains, fait beaucoup plus encore. Si les souverains pontifes n'avaient pas été aussi exclusivement occupés de leurs affaires temporelles, ils auraient pu faire progresser l'humanité toute entière comme un seul homme. Leurs officiers pouvaient passer sans difficultés d'une nation chez l'autre et communiquer avec tous les chrétiens, sans nulle entrave, depuis l'Irlande jusqu'à la Bohême et depuis l'Italie jusqu'à l'Écosse. La facilité d'une langue commune leur donnait des correspondants partout pour les affaires internationales.

Ce ne fut donc pas sans raison que Rome se montra l'ennemie des études grecques et hébraïques et qu'elle vit avec inquiétude les langues modernes se dégager des dialectes vulgaires. Ce ne fut pas sans raison que la Faculté de Théologie de Paris se fit l'écho du sentiment qui prévalait au temps de Ximenès : « Que deviendra la religion, si l'on permet l'étude du grec et de l'hébreu ? » La prédominance du latin était la condition de son pouvoir ; l'abandon de cette langue, le signe de son déclin et l'annonce que ce pouvoir allait se trouver renfermé dans une petite principauté d'Italie. C'est la formation des langues modernes de l'Europe qui a été l'instrument du renversement de l'Église. Elles mirent les Ordres mendiants en rapport avec le petit peuple et il n'y eut personne qui ne commençât à tourner contre elle son mépris.

Le développement de la littérature polyglotte de l'Europe coïncida, donc, avec le déclin du christianisme papal. La littérature moderne n'avait pu naître sous le régime catholique. Une grande, imposante et solennelle unité religieuse faisait régner l'unité littéraire qu'implique l'usage d'une langue unique.

Tandis qu'une langue universelle servait à assurer son pouvoir, l'Église trouvait une autre source d'influence dans le contrôle secret qu'elle exerçait sur la vie domestique. Cette influence diminua en même temps que les relations diplomatiques commençaient à se former entre les peuples, en dehors de sa direction.

Dans les anciens jours de la domination romaine, le séjour des légions dans les provinces avaient toujours servi au progrès de la civilisation. Leur discipline et leur activité offraient un salutaire exemple aux Bretons, aux Gaulois, aux Germains. Et quoique l'amélioration du sort des peuples conquis ne fît point partie de leur devoir et qu'elles semblassent plutôt intéressées à les maintenir dans un état d'abaissement conforme à leur sujétion politique, on vit par elles s'améliorer d'une façon suivie la condition individuelle et sociale de ces peuples.

De semblables effets furent produits par la domination ecclésiastique de Rome. Dans les campagnes, les monastères prirent la place des camps : dans les villes et dans les villages, l'Église devint un centre de lumières. Là, on subissait l'influence du luxe ; ailleurs , celle des lettres sacrées et des admonitions solennelles.

Cependant, tout en louant le système papal de ce qu'il a fait pour l'organisation de la famille, pour la définition de la loi civile et pour la formation des États en Europe, nous devons nous souvenir que son objet principal n'a pas été le progrès de la civilisation, mais l'agrandissement de l'Église. Les bienfaits que recueillit l'ordre laïque ne lui échurent que d'une façon accidentelle et indirecte.

Il n'y eut pas un plan élevé, un plan suivi pour l'amélioration de la condition matérielle des peuples. Rien ne fut fait dans l'intérêt de leur développement intellectuel. Au contraire, on s'attacha à les retenir dans la grossièreté et l'ignorance. Les siècles succédèrent aux siècles et les paysans restèrent dans un état voisin de celui de leurs troupeaux. Les moyens de communication et de locomotion qui tendent si puissamment au développement des idées ne furent point perfectionnés ; la majorité des hommes mouraient sans avoir mis le pied hors du coin de terre où ils étaient nés. Pour eux, il n'y avait point d'espérance d'améliorer leur sort ou de cultiver leur esprit. On ne prit jamais aucune mesure générale pour parer à la misère et aux famines. La mauvaise alimentation, le vêtement insuffisant, le defaut d'abri produisirent leurs effets naturels : la peste et les épidémies firent leurs ravages sans rencontrer d'autres obstacles que des momeries religieuses et pendant une période de mille ans la population de l'Europe n'avait pas doublé.

Si le gouvernement est responsable des empêchements qu'il met aux naissances, aussi bien que du développement qu'il fait prendre à la mortalité, quels comptes n'a-t-on pas à demander à l'Eglise !

En examinant l'influence exercée par le catholicisme nous devons soigneusement distinguer ce qu'il a fait dans l'intérêt du peuple et ce qu'il a fait dans son propre intérêt. Quand nous parlons des somptueux monastères, avec leurs pelouses finement tondues, leurs jardins et leurs bocages, leurs fontaines et leurs ruisseaux murmurants, nous devons nous souvenir que ce luxe n'avait pas pour objet les paysans, qui se mouraient de la fièvre dans les marais, mais l'abbé avec sa haquenée, ses chiens et ses faucons, son cellier bien garni, ses cuisines plantureuses. Voilà l'homme qui représente le système dont le centre est l'Italie. C'est à ce système qu'il est lié, et à Rome qu'il doi allégeance. Aussi, tous ses actes tendent à assurer ses intérêts. Quand nous regardons les magnifiques cathédrales, ces miracles d'architecture que nous pouvons contempler encore et qui sont les seuls vrais miracles du catholicisme; quand nous nous représentons les nobles pompes que l'on y célébrait, la lumière voilée qui s'échappait des vitraux aux mille couleurs, les voix célestes qui couraient sous les voûtes, les prêtres dans leurs habits sacerdotaux et surtout la foule des fidèles prosternés écoutant les litanies et les prières dites dans une langue inconnue, ne sommes-nous pas autorisés à nous demander si cela était bien fait pour les adorateurs ou pour la gloire de Rome, qui couvrait tout de son ombre?

Mais on dira peut-être qu'il y a des bornes aux efforts humains ; et qu'il y a des choses que ne peuvent accomplir ni les institutions politiques, ni les intentions des hommes, si parfaites qu'elles soient. Les peuples ne peuvent pas être arrachés à la barbarie, ni les continents civilisés en un jour.

La puissance catholique ne reconnaît point une semblable loi. Elle rejette avec mépris l'idée d'une origine humaine : son mandat émane directement de Dieu. Le souverain pontife est son vicaire sur la terre. Infaillible dans ses jugements, il lui est encore donné d'accomplir toutes choses par le miracle, si besoin est. Il a exercé la tyrannie autocratique sur les intelligences en Europe, pendant plus de mille ans, et quoiqu'il ait quelquefois rencontré la résistance des princes rebelles, celle-ci a été si impuissante, que l'on peut dire que toute la puissance politique et matérielle du continent a été dans ses mains.

Les faits que j'ai rapportés dans ce chapitre avaient été sans doute mûrement pesés par les réformateurs protestants du xvie siècle et ils s'étaient convaincus que le catholicisme avait failli à sa mission; qu'il était devenu un vaste système d'illusions et d'impostures et qu'on ne pouvait relever le christianisme qu'en revenant à la foi et aux pratiques de la primitive Eglise. Ce n'était pas un jugement précipitamment porté ; telle était depuis longtemps l'opinion des hommes religieux et savants. Les pieux Fratricelli du moyen âge avaient déjà dit hautement que le don fatal fait à l'Eglise par un empereur romain, avait été la perte de la vraie religion. Il ne fallait que la voix de Luther pour proclamer, aux applaudissements de tout le nord de l'Europe, que le culte de la Vierge et des saints, le régime des miracles et des guérisons surnaturelles, le commerce des indulgences ou vente du droit de pécher, et toutes les mauvaises pratiques simoniaques qu'on avait imposées au christianisme, mais qui lui étaient étrangères, avaient fait leur temps. Le catholicisme, en tant qu'institution établie pour procurer le bien de l'humanité, avait complétement manqué son but et failli à sa prétendue origine. Ses œuvres n'avaient pas répondu à ses hautes prétentions, et, après un essai de plus de mille ans, il laissait les peuples soumis à ses influences dans une situation matérielle et intellectuelle fort inférieure à ce qu'elle aurait dû être.

CHAPITRE ONZIÈME

LA SCIENCE DANS SES RAPPORTS AVEC LA CIVILISATION MODERNE

Exemples des influences générales de la science puisés dans l'histoire de l'Amérique. — INTRODUCTION DE LA SCIENCE EN EUROPE. — Elle passe de l'Espagne mauresque au nord de l'Italie et se trouve favorisée par l'absence des papes, alors à Avignon. — Effets de l'invention de l'imprimerie, des voyages nautiques et de la Réforme. — Etablissement des sociétés scientifiques italiennes. — INFLUENCE INTELLECTUELLE DE LA SCIENCE. — Elle change le mode et l'objet de la pensée en Europe. — On en trouve un exemple dans les travaux de la Société Royale de Londres et autres sociétés scientifiques. — INFLUENCE ÉCONOMIQUE DE LA SCIENCE. — Elle est démontrée par les nombreuses inventions faites dans la physique et dans la mécanique depuis le XIV siècle. — Influence de ces découvertes sur la santé publique, sur la vie domestique, sur les arts de la paix et de la guerre. — Réponse à cette question : — Qu'a fait la science pour l'humanité ?

L'Europe, prise au temps de la Réforme, nous fournit un exemple de ce que peut le christianisme romain en matière de civilisation. L'Amérique contemporaine nous montre à son tour ce que peut la science.

Dans le cours du XVII siècle, une population européenne clairsemée, s'était établie sur les côtes de l'Atlantique. Attirés par les pêcheries de Terre-Neuve, les Français avaient une petite colonie au nord du fleuve Saint-Laurent : les Anglais, les Hollandais et les Suédois occupaient les rivages de la Nouvelle-Angleterre dans les Etats du Centre. Quelques huguenots habitaient les Carolines. La renommée d'une source qui pouvait donner une perpétuelle jeunesse, d'une fontaine de vie, avait amené quelques Espagnols dans la Floride. Derrière la petite ceinture de villages qu'avait formée ces aventuriers, s'étendait une vaste contrée inconnue habitée par des Indiens errants dont le nombre depuis le golfe du Mexique jusqu'au fleuve St-Laurent ne dépassait pas cent quatre-vingt mille. Par eux, les Européens avaient appris que dans les régions solitaires se trouvaient des lacs immenses et un grand fleuve qu'ils nommaient le Mississipi. Les uns disaient qu'il coulait à travers la Virginie et allait se jeter dans l'Atlantique ; les autres, qu'il traversait la Floride ; d'autres encore, qu'il tombait dans le Pacifique ; enfin, il y en avait qui prétendaient que le Mississipi allait jusqu'au golfe du Mexique. Séparés de leur pays natal par l'Atlantique aux grandes tempêtes, dans un temps où il fallait pour le traverser une navigation de plusieurs mois, ces émigrés semblaient perdus pour le monde.

Cependant, avant la fin du xviiie siècle, les descendants de cette petite population étaient devenus une des grandes puissances de la terre. Ils avaient fondé une république dont la domination s'étendait de l'Atlantique au Pacifique. Avec une armée d'un million d'hommes effectif, ils avaient renversé l'ennemi domestique ; ils avaient sur les mers près de sept cents vaisseaux de guerre portant cinq mille canons dont une partie du plus gros calibre connu. Le tonnage de cette marine était d'un demi-million de tonnes. Pour défendre leur vie nationale, ils avaient dépensé, en moins de cinq ans, plus de quatre mille millions de dollars. Les recensements périodiques montraient que la population chez eux doublait tous les vingt-cinq ans, de sorte qu'on pouvait s'attendre à ce qu'à la fin de ce siècle, elle s'élevât au chiffre de cent millions d'âmes.

Un continent où régnait le silence était changé en un théâtre d'activité ; le bruit des machines et des hommes le remplissait. A la place d'une forêt sans limites, s'élevaient des centaines de bourgs et de villes. Le commerce était alimenté par les plus importants produits, coton, tabac, denrées alimentaires. Les mines donnaient des quantités incroyables d'or, de fer, de charbon. D'innombrables églises, colléges, écoles, rendaient témoignage aux influences morales qui vivifiaient cette activité matérielle. Les chemins de fer excédaient, en étendue kilométrique, ceux de toute l'Europe réunie. En 1873, les chemins de fer européens donnaient ensemble, un parcours de soixante-trois mille trois cent soixante milles, les chemins de fer américains en fournissaient

un de soixante dix-mille six cent cinquante. Une de ces lignes
traversait le continent et reliait les deux Océans.

Mais ces résultats matériels ne sont pas seuls dignes de notre
attention. D'autres , d'une nature morale et sociale, la méritent
encore davantage. Quatre millions d'esclaves nègres avaient reçu
la liberté. La législation, si tant est qu'elle inclinât d'un côté,
inclinait du côté des pauvres. Son objet direct était de les arracher à la pauvreté et d'améliorer leur sort. La carrière était ouverte, sans obstacles, devant le talent. Tout était possible au
travail et à l'intelligence. Les premiers emplois de l'Etat étaient
souvent occupés par des hommes qui s'étaient élevés de la plus
humble condition. Si l'égalité sociale continuait d'être impossible, comme il arrive toujours dans une communauté riche et
prospère, l'égalité civile était rigoureusement maintenue.

On répondra peut-être que cette prospérité matérielle était due
en partie à une situation particulière et sans précédents. Qu'il y
avait là un théâtre d'action préparé, un continent à prendre qui
attendait le premier occupant ; qu'il ne fallait que du courage
et de l'activité pour s'approprier la terre et ses abondants trésors.

Cependant, ne faut-il pas que des hommes qui transforment
ainsi des solitudes vierges en contrées civilisées, qui ne se laissent point intimider par les forêts, les rivières, les montagnes et
le désert, mais poussent leur course hardie à travers un continent et le subjuguent, soient animés par quelque grand principe ? Comparons avec les résultats obtenus dans le nord, ceux
qu'a eus la conquête du Mexique et du Pérou par les Espagnols.
Ceux-ci avaient rencontré et détruit une civilisation qui, à certains égards, était supérieure à la leur, une civilisation qui ne
reposait pas sur l'usage du fer et de la poudre à canon, une civilisation toute agricole, qui n'avait ni le cheval, ni le bœuf, ni
la charrue. Les Espagnols trouvaient un terrain déblayé, et rien
ne leur faisait obstacle. Ils détruisirent tout ce qui avait appartenu aux indigènes. Des millions de ces infortunés périrent par
leur cruauté. Des nations qui pendant des siècles avaient vécu
dans la paix et la prospérité sous des institutions adaptées à leur
tempérament, furent plongées dans l'anarchie. Le peuple tomba
dans de honteuses superstitions et la plus grande partie de ses
biens devint la propriété de l'Eglise Romaine.

J'ai choisi cet exemple pris dans l'histoire d'Amérique de préférence à ceux qu'eût pu me fournir l'histoire de l'Europe, parce
que l'on peut mieux voir, ainsi, agir le principe actif de la so-

ciété en dehors de toute entrave. Le progrès politique est composé d'éléments moins simples en Europe qu'en Amérique.

Avant d'examiner son mode d'action et ses résultats, je raconterai brièvement comment le principe scientifique a fait son entrée en Europe.

INTRODUCTION DE LA SCIENCE EN EUROPE. — Les croisades avaient non-seulement amené pendant plusieurs années beaucoup d'argent à Rome, mais elles avaient contribué à fortifier la puissance papale jusqu'à un degré dangereux. Des deux gouvernements, le spirituel et le temporel, qui régissaient l'Europe, le premier était le maître, le second, le serviteur.

De tous les côtés et sous tous les prétextes l'argent affluait en Italie. Les princes temporels n'avaient plus que de maigres et insuffisants revenus. Philippe le Bel, roi de France (an de J.-C. 1300), voulut arrêter l'épuisement de son royaume. Il défendit l'exportation de l'or et de l'argent sans permission spéciale, et ordonna que les biens d'Église payassent des impôts. Ce fut là l'occasion d'un combat à mort contre la papauté. Le roi fut excommunié et, en représailles, il accusa le pape Boniface VIII d'athéisme, demandant qu'il fût jugé en concile général. Il dépêcha en Italie des gens de confiance qui se saisirent de sa personne dans le palais d'Anagni et le traitèrent avec tant de rigueur qu'il mourut au bout de quelques jours. Son successeur, Benoît XI, fut empoisonné.

Le roi de France était décidé à épurer et à réformer la papauté, à ne pas souffrir qu'elle demeurât l'apanage exclusif d'un petit nombre de familles italiennes, qui exploitaient habilement la crédulité de l'Europe, et à faire prévaloir à Rome l'influence française. Il se mit donc d'accord avec les cardinaux. Un archevêque français fut élevé au pontificat sous le nom de Clément V. Bientôt après, la cour du pape fut transférée à Avignon et Rome abandonnée comme métropole de la chrétienté.

Soixante-dix ans s'écoulèrent avant que la papauté ne fût rendue à la ville éternelle (an de J.-C. 1376). La diminution de son influence dans la péninsule, fruit de sa longue absence, se manifesta par le grand mouvement intellectuel et commercial qui s'empara de la Haute Italie. D'autres circonstances propices se produisirent simultanément. Le résultat des croisades avait été l'ébranlement de la foi dans toute la chrétienté. A une époque où l'ordalie des batailles était encore généralement acceptée, on n'avait pu qu'être étrangement impressionné par l'issue de ces guerres, puisque la Terre-Sainte était restée aux mains des Infidèles. Les milliers de guerriers chrétiens qui revenaient de ces expéditions, n'hésitaient pas à dire qu'ils n'avaient pas trouvé leurs ennemis tels que les leur avait dépeints l'Église ; mais, au contraire, vaillants, courtois et justes. Le goût de la littérature romantique s'était propagé dans les villes heureuses du midi de la France et les troubadours errants y répandaient leurs chansons. Les sujets qu'ils chantaient n'étaient pas toujours les combats et l'amour. Ils parlaient aussi dans leurs vers, des effroyables atrocités commises par les ordres du pape, des massacres du Languedoc et des amours illicites des prêtres. Les idées de chevalerie étaient venues de l'Espagne Mauresque et, avec elles, le noble sentiment de l'honneur, destiné à donner, avec le temps, des lois à toute l'Europe.

Le retour de la papauté à Rome ne lui rendit pas toute son ancienne influence dans la péninsule. Plus de deux générations avaient passé pendant son absence, et le progrès intellectuel qui s'était accompli, commençait à lui faire obstacle. La papauté revint non pas pour être maîtresse absolue, mais pour être divisée contre elle-même et rencontrer le Grand Schisme d'Occident. De ses dissensions sortirent trois papes : tous trois voulant s'imposer aux fidèles, tous trois maudissant leurs rivaux. Un sentiment d'indignation s'empara bientôt de toute l'Europe, et l'on résolut de mettre fin aux scènes honteuses dont on était témoin. Comment pouvait-on soutenir le dogme d'un vicariat divin sur la terre et celui d'un pape infaillible, en présence de semblables scandales ? Telle fut la raison de la résolution prise par la partie la plus éclairée du clergé (résolution qui, malheureusement pour l'Europe, n'aboutit pas) de créer un parlement permanent de la chrétienté, dans un concile, dont le pape serait le pouvoir exécutif : si ce projet eût réussi, il n'y aurait pas aujourd'hui conflit entre la science et la religion, les convulsions de la Réforme auraient été évitées et l'on ne verrait pas dans le monde des sectes protestantes en lutte. Mais les conciles de Constance et de Bâle ne réussirent pas à secouer le joug de l'Italie et ce beau résultat ne put être atteint.

Le catholicisme s'affaiblissait ; à mesure que l'on secouait le manteau de plomb qu'il avait mis sur le monde, l'intelligence de l'homme se dégageait. Les Arabes avaient inventé l'art de fabriquer du papier avec des lambeaux d'étoffes de fil et de coton. Les Vénitiens avaient apporté de Chine celui de l'imprimerie. La première invention était nécessaire à l'application de la seconde. A dater de ce moment, et sans qu'il fût possible de s'y opposer, il y eut échange d'idées entre les hommes.

La découverte de l'imprimerie fut un rude coup pour le catholicisme qui avait eu, auparavant, le monopole des communications internationales. Au point central de son pouvoir, des ordres partaient pour le clergé de tous les pays, des monitoires étaient envoyés qui descendaient, ensuite, de toutes les chaires. Ce monopole et l'étonnant pouvoir qui en découlait furent renversés par la presse. La chaire fut plus tard remplacée par le journal.

Cependant, le catholicisme ne se rendit point sans combats. Aussitôt qu'on eut découvert la tendance inévitable du nouvel art, on essaya d'en restreindre l'application par la censure. Il fallut avoir une autorisation pour pouvoir imprimer un livre. Pour cela le clergé devait lire, examiner et approuver l'ouvrage ; on était obligé de demander l'attestation de sa part qu'il était religieux et orthodoxe. Alexandre VI donna, en 1501, une bulle d'excommunication contre les imprimeurs qui publieraient des doctrines pernicieuses. En 1515, le concile de Latran défendit, sous la même peine, de publier aucun livre qui n'aurait pas reçu l'approbation des censeurs ecclésiastiques. On ajouta aussi la peine de l'amende contre l'imprimeur, et l'on enjoignit aux censeurs de « veiller, avec le plus grand soin, à ce qu'on n'imprimât rien qui fût contraire à la foi catholique. » On montrait ainsi la crainte de la discussion ; on tremblait que la vérité ne surgît.

Mais ces efforts insensés de la part des représentants de l'ignorance ne purent aboutir. Les communications intellectuelles entre les hommes étaient assurées. Elles se firent jour, avec toute leur puissance, dans la presse périodique, qui met journellement en relations toutes les parties du monde. La lecture devint l'occupation commune. Autrefois cet art n'était possédé que par un petit nombre de personnes. La société moderne doit à sa diffusion plusieurs de ses transformations les plus caractéristiques.

Tel fut le résultat de l'introduction en Europe de la presse d'imprimerie et du papier. De même, celle de la boussole fut suivie d'importants effets matériels et moraux. Ce fut d'abord, la découverte de l'Amérique, causée par la rivalité de Venise et de Gênes dans le trafic des Indes ; ensuite le voyage de Vasco de Gama autour de l'Afrique et enfin la circumnavigation autour de la terre entreprise par Magellan. Au sujet de ce dernier voyage, le plus grand des exploits accomplis par l'homme, nous devons nous souvenir que le catholicisme s'était irrévocablement lié à la doctrine que la terre était une surface plate ayant le ciel pour dais et l'enfer pour souterrain. Des Pères dont l'autorité était considérée comme inattaquable, avaient fourni des arguments philosophiques et religieux contre la supposition qu'elle pouvait être sphérique. La controverse avait été subitement tranchée ; l'Eglise était convaincue d'erreur.

Le redressement des idées, en matière de géographie, ne fut point le seul résultat important de ces trois grands voyages. L'esprit de Colomb, de Gama et de Magellan se répandit partout en Occident. Les peuples avaient, jusque-là, vécu de ces deux maximes : *fidélité au roi, obéissance à l'Eglise ;* ils vivaient donc pour les autres, non pour eux-mêmes. L'effet politique de ces maximes s'était développé dans les Croisades. Des milliers d'hommes avaient péri dans des entreprises, qui ne pouvaient leur rapporter aucun avantage. L'expérience avait prouvé que les seuls qui dussent en profiter étaient les papes, les cardinaux, les autres ecclésiastiques de Rome et les armateurs de Venise. Mais quand on apprit que les trésors du Mexique et du Pérou pouvaient être partagés par quiconque avait de la hardiesse et du courage, l'activité inquiète de l'Europe changea subitement d'objet. Le récit des aventures de Cortez et de Pizarre était écouté partout avec enthousiasme, et l'esprit d'entreprise maritime remplaça l'esprit de ferveur religieuse.

Si nous essayons de dégager le principe qui présidait à la merveilleuse transformation sociale en voie de s'accomplir, nous le reconnaîtrons sans peine. Jusque-là, tout homme s'était voué au service de son supérieur, féodal ou ecclésiastique. Maintenant, tout le monde prétendait jouir soi-même du fruit de son travail. L'individualisme prenait la direction de la société, la fidélité n'était plus qu'une affaire de sentiment. Nous verrons ce qu'il était à l'égard de l'Eglise.

L'individualisme repose sur ce principe que tout homme s'appartient à lui-même, qu'il a la liberté de se faire ses opinions et de suivre ses voies. Par là, il se trouve souvent en lutte avec ses semblables. La vie est le déploiement de son énergie.

Rompre avec les habitudes stationnaires que l'Europe avait contractées depuis des siècles, ramener la vie dans cette masse inerte, y faire régner la doctrine de l'individualisme, c'était se mettre en guerre avec les influences qui pesaient sur elle. Pendant les quatorzième et quinzième siècles, un malaise général annonçait la bataille dont le jour approchait. Ce jour arriva au commencement du seizième, en 1517. L'individualisme se trouva personnifié dans un obstiné moine Allemand et s'affirma, comme il était peut-être alors nécessaire, sous une forme théologique. Il y eut d'abord des escarmouches préliminaires au sujet des indulgences et autres affaires de peu d'importance ; mais bientôt l'idée principale pour laquelle on combattait, parut au grand jour. Martin Luther refusait de penser d'après ses supérieurs ecclésiastiques. Il affirmait son droit d'interpréter la Bible lui-même.

Au premier coup d'œil, Rome ne vit en Luther qu'un moine ordinaire, querelleur et indiscipliné. Si l'Inquisition avait pu mettre la main sur lui, elle eût bientôt réglé l'affaire ; mais à mesure que se prolongeait la dispute, on s'apercevait que Martin n'était pas seul. Des milliers d'hommes, aussi résolus que lui, venaient à son aide, et pendant qu'il écrivait et prêchait, ceux-ci prêtaient à ses arguments le secours de leur épée.

L'outrage prodigué à Luther fut si violent qu'il touchait au comique. On déclarait que son père n'avait point eu part à sa naissance, mais qu'il était fils d'un démon qui avait séduit sa mère ; qu'après dix ans de luttes contre sa conscience, il était devenu athée ; qu'il niait l'immortalité de l'âme, blasphémait les Ecritures et ne croyait pas les choses qu'il prêchait ; que l'Epître de saint Jacques avait été traitée par lui d'œuvre fausse ; on disait surtout que la Réforme n'était pas son ouvrage, mais qu'elle était due à la position des astres. C'était un dicton populaire, dans les rangs du clergé, qu'Erasme avait pondu l'œuf et que Luther l'avait couvé.

Rome commit d'abord l'erreur de croire que ce n'était là qu'un éclat accidentel. Elle ne comprit pas tout de suite que c'était le moment du développement au grand jour d'une idée qui travaillait sourdement l'Europe depuis deux siècles et qui s'était fortifiée tous les jours ; que n'y en eût-il pas d'autres causes, l'existence simultanée de trois papes, de trois obédiences, aurait suffi à forcer les hommes de penser, de raisonner, de conclure par eux-mêmes. Les conciles de Constance et de Bâle leur avait appris qu'il y avait dans le monde un pouvoir supérieur à celui du pape. Les longues et sanglantes guerres qui suivirent, se terminèrent par la paix de Westphalie ; et l'on connut alors que le nord et le centre de l'Europe avaient secoué le joug intellectuel de Rome, que l'individualisme avait triomphé et que l'homme s'était désormais assuré le droit de penser.

Mais il était impossible que !ce droit de penser n'amenât point d'autres résultats que l'ébranlement du catholicisme. Erasme s'était bientôt séparé du mouvement dont il avait été l'un des promoteurs ; d'autres hommes de talent l'avaient suivi. Ils s'étaient aperçus que les Réformateurs étaient aussi les ennemis de la science et ils ne voulaient pas se soumettre à un absolutisme de bigots. Le parti protestant qui devait l'existence à la liberté individuelle était bien forcé de s'y soumettre. La décomposition en sectes indépendantes était chose inévitable ; et celles-ci, maintenant qu'elles n'avaient plus à craindre leur grand ennemi d'Italie, commencèrent à se faire la guerre. Comme elles s'élevèrent, tour à tour, au pouvoir dans les différents pays de l'Europe, elles se souillèrent de crimes les unes et les autres. Ces représailles sans fin finirent par faire comprendre aux sectaires qu'ils auraient avantage à accorder aux autres la liberté dont ils avaient besoin pour eux-mêmes, et c'est ainsi que le grand principe de la tolérance vint à sortir de l'oppression et de la cruauté mutuelle. Mais la tolérance, elle-même, n'est qu'une vertu de circonstance, et à mesure que la décomposition du protestantisme s'achèvera, on arrivera à un état plus élevé et plus noble — espoir de la philosophie dans tous les siècles — la liberté absolue de la pensée. La tolérance, excepté celle qui est imposée aux hommes par la crainte, ne peut naître que chez ceux qui sont capables de comprendre et de respecter l'opinion des autres. Elle est donc la fille de la philosophie, et l'histoire nous enseigne en effet que la philosophie détruit le fanatisme que produit la religion.

Le but avoué de la Réforme était d'affranchir le christianisme des idées païennes et des rites païens dont il avait été surchargé par Constantin et par ses successeurs dans le but de l'accommoder aux traditions de l'Empire. Les protestants voulaient le ramener à sa pureté primitive, et pendant qu'ils remettaient en vigueur les anciennes doctrines, ils rejetaient des pratiques telles que l'adoration de la Vierge Marie et l'invocation des Saints. Marie, d'après les évangélistes, avait accepté les devoirs du mariage, et avait donné plusieurs enfants à son mari. D'après l'idolâtrie dominante, elle n'était plus la femme du charpentier, mais la reine du ciel, la mère de Dieu.

La science arabique suivit le chemin pris par la littérature, laquelle avait envahi la chrétienté par deux routes, le midi de la France et la Sicile. Favorisée par l'exil des papes à Avignon et par le grand schisme, elle avait pris pied dans le nord de l'Italie.

La philosophie inductive d'Aristote, revêtue du vêtement sarrasin que lui avait donné Averroës, trouva des partisans, tant secrets que déclarés. Elle rencontra beaucoup d'esprits empressés et capables de la recevoir.. Parmi ceux-ci, Léonard de Vinci proclama ce principe fondamental que l'expérience et l'observation sont les seuls fondements solides du raisonnement en matière de science; que la première est le seul interprète certain de la nature et le seul moyen d'en découvrir les lois. Il montra que l'action de deux forces perpendiculaires sur un point est la même que celle indiquée par la diagonale d'un rectangle dont elles représentent les deux côtés. De là il était aisé de passer à la proposition des forces obliques; ce fut Stevin qui la découvrit de nouveau un siècle plus tard, et l'appliqua à l'explication des forces mécaniques. De Vinci donna un exposé lucide de la théorie des forces appliquées obliquement au levier, découvrit les lois du frottement qui furent, plus tard, démontrées par Amontons, et comprit le principe des vélocités virtuelles. Il traita de la chute des corps le long des plans inclinés et des arcs circulaires; il inventa la chambre obscure; discuta avec justesse plusieurs problèmes de physiologie; prévit quelques-unes des grandes conclusions de la géologie moderne, telles que la nature des débris fossiles et l'élévation graduelle des continents. Il expliqua la réflexion de la lumière terrestre par la lune. Avec une étonnante souplesse de génie, il excella dans la sculpture, l'architecture et les travaux d'ingénieur. Il savait tout ce qu'on pouvait savoir alors en astronomie ou chimie, en anatomie. Dans l'art de la peinture, il était le rival de Michel Ange. On le crut même, dans un concours, supérieur à lui et sa fresque qui représente la Cène sur les murs du refectoire dans le couvent dominicain de Santa Maria delle Grazie est connue du monde entier, tant il en a été fait de gravures et de copies.

Une fois bien établie dans le nord de l'Italie, la science étendit son empire dans toute la péninsule. Le nombre croissant de ses adeptes est donné par la formation et la multiplication des sociétés savantes. C'était la reproduction de celles qui avaient autrefois existé à Grenade et à Cordoue sous la domination Mauresque. Comme si on eût voulu marquer par un monument les traces de la science dans son voyage vers l'Europe, l'Académie de Toulouse fut fondée dès l'année 1345, et elle existe encore.

Elle ne représentait cependant que la littérature brillante du midi de la France et fut connue sous le nom plus agréable que sérieux de l'Académie des Jeux Floraux. La première Académie savante, l'*Academia secretorum naturæ*, fut fondée à Naples par Bastista Porta. Elle fut, d'après Tiraboschi, dissoute par l'autorité ecclésiastique. La Lyncéenne fut instituée par le prince Frédéric Cesi à Rome. Son emblème marquait clairement son but : un lynx, les yeux tournés vers le ciel, déchirait de ses ongles un cerbère à trois têtes. L'Académie *del Cimento*, établie à Florence en 1657, tenait ses séances dans le palais ducal. Elle subsista dix ans, et fut supprimée sur les instances du gouvernement pontifical. Comme équivalent pour cette concession, le frère du grand-duc reçut le chapeau de cardinal. Elle avait possédé parmi ses membres plusieurs hommes illustres comme Torricelli et Castelli. La condition pour y être admis était d'abjurer toute religion positive et de se vouer à la recherche de la vérité absolue. Ces sociétés tiraient les savants de l'isolément où ils avaient jusqu'alors vécu, et en les mettant en rapports les uns avec les autres, doublaient leur activité et leur force à tous.

INFLUENCE INTELLECTUELLE DE LA SCIENCE. — Abandonnant maintenant la digression que j'ai faite pour donner une esquisse historique des circonstances dans lesquelles la science s'introduisit en Europe, je passe à l'examen de son mode d'action et de ses résultats.

L'influence de la science sur la civilisation moderne s'est manifestée de deux manières : 1º intellectuellement; 2º économiquement; nous l'étudierons sous ces deux titres.

Intellectuellement, la science renversa l'autorité de la tradition. Elle refusa d'admettre, sans preuves, les décisions d'aucun maître, si éminent et si honoré qu'il fût. Les conditions d'admission dans l'Académie Italienne del Cimento et la devise adoptée par la Société Royale de Londres, sont la meilleure preuve de l'attitude que prit la science à cet égard.

Elle rejeta, dans les discussions sur les questions physiques, les preuves tirées du surnaturel et du miracle. Elle renonça aux *signes divins*, comme en voulaient autrefois les Juifs, et elle nia que la preuve d'une vérité pût être donnée par un fait étranger au sujet, rompant ainsi avec l'étrange logique qui avait eu cours pendant des siècles.

Dans les recherches physiques, sa méthode fut d'éprouver la valeur de toutes les hypothèses, en faisant des calculs sur la base de cette hypothèse et en examinant ensuite s'ils se rapportaient aux observations. S'ils ne s'y rapportaient pas, l'hypothèse était rejetée.

Nous allons donner un exemple ou deux de cette façon de procéder.

Newton, soupçonnant que l'attraction de la terre pouvait s'exercer jusque sur la lune et être la force qui la fait tourner dans son orbite autour de notre globe, calcula que dans sa marche elle était infléchie de la tangente de treize pieds par minutes; mais, en vérifiant l'espace que parcourraient en une minute les corps tombants à la surface de la terre et en supposant que cette distance était diminuée en raison du carré inverse, il vit que l'attraction terrestre attirerait un corps placé dans l'orbite de la lune de quinze pieds, et un peu plus, par minute. Il renonça donc à son hypothèse. Mais il arriva que, bientôt après, Picard mesura un degré plus exactement à la surface de la terre. Ceci changea la notion qu'on avait de la grandeur de notre planète et, par conséquent, de la distance de la lune que l'on avait mesurée par demi-diamètres terrestres. Newton reprit donc ses calculs, et ainsi que je l'ai rapporté plus haut à mesure qu'il avançait vers le résultat, son agitation augmentait tellement qu'il fut obligé de prier un ami de l'achever. L'hypothèse était établie.

Un second exemple suffira pour faire connaître cette méthode. Il est tiré de la théorie chimique du phlogistique. Stahl, auteur de cette théorie, affirmait qu'il y avait un principe inflammable auquel il donnait le nom de phlogiston et qui avait la propriété de s'unir aux substances. Ainsi, quand ce que nous appelons un oxyde métallique s'amalgamait avec ce principe on avait un métal, et si le principe était séparé, le métal retournait à son état de terre ou d'oxydation. D'après cela, les métaux étaient des corps composés, formés de terre et de phlogistique.

Mais pendant le dix-huitième siècle, l'usage de la balance fut introduit dans les recherches physiques. Or, si l'hypothèse de Stahl était vraie, il fallait que le métal fût plus pesant que son oxyde puisqu'il contenait un corps additionnel, le phlogiston. Mais en pesant d'abord le métal et ensuite l'oxyde qu'on en pouvait tirer, il se trouva que c'était l'oxyde qui était le plus lourd, et par conséquent, l'hypothèse phlogistique se trouvait fausse. Plus tard, en continuant l'examen, on s'aperçut que l'oxyde de chaux, comme on l'appelait alors, devait l'augmentation de son poids à sa combinaison avec une des substances de l'air.

C'est à Lavoisier qu'on attribue communément cette expérience. Mais le fait que le poids d'un métal augmente par la calcination avait été reconnu par les premiers expérimentateurs européens et était parfaitement connu des chimistes arabes. Lavoisier fut le premier toutefois à en comprendre l'importance et il devint entre ses mains, l'occasion d'une révolution dans la chimie.

L'abandon de la théorie phlogistique nous montre la facilité avec laquelle la science renonce aux hypothèses qui ne concordent pas avec les faits observés. L'autorité, la tradition, sont comptées pour rien. Toute question est réglée par un appel à la nature. Il est établi que sa réponse à une interrogation par la voie de l'expérience sera toujours vraie.

Comparant maintenant les principes philosophiques sur lesquels la science guidait sa marche avec ceux qui servaient de base aux doctrines de l'Eglise, nous voyons que l'une repoussait la tradition, laquelle servait à l'autre de principal soutien. Tandis que la première exigeait l'accord entre le calcul et l'observation, le raisonnement et le fait, la seconde inclinait vers le mystère ; l'une rejetait sommairement ses propres théories quand elles n'étaient pas corroborées par l'observation de la nature, l'autre trouvait du mérite à croire aveuglément l'inexplicable et les choses au-dessus de la raison. La séparation entre les deux devenait plus marquée chaque jour. D'un côté il y avait un sentiment de dédain; de l'autre, un sentiment de haine. Les témoins impartiaux voyaient que sur tous les points à la fois, la science minait rapidement l'Eglise.

Les mathématiques étaient devenues l'instrument non-seulement des recherches scientifiques mais du raisonnement scientifique. On peut dire qu'elles réduisirent le travail de l'esprit à des opérations mécaniques, car leurs formules épargnèrent souvent à l'homme la peine de penser. L'habitude du raisonnement exact s'étendit à tous les sujets et produisit une véritable révolution intellectuelle. On ne pouvait plus se contenter de la preuve des miracles et accepter la logique du moyen âge. Non-seulement la manière de penser fut changée, mais encore la direction des esprits. Nous pouvons en trouver la preuve dans le programme d'études des sociétés savantes, comparé aux objets qui, dans le moyen âge, avaient attiré l'attention des hommes.

Mais l'emploi des mathématiques ne fut point restreint à la vérification des théories scientifiques ; ainsi que nous l'avons dit plus haut, elles mirent aussi sur la voie des découvertes. En cela, elles furent la contre-partie des prophéties religieuses. La découverte de Neptune en fournit un exemple, ainsi que celle de la réfraction conique par la théorie optique des ondulations.

Mais pendant que ce grand instrument menait à un si admirable développement des sciences naturelles, il recevait, lui aussi, un perfectionnement important. Rappelons en quelques mots ses progrès.

Le germe de l'algèbre se rencontre dans les ouvrages de Diophantus d'Alexandrie que l'on croit avoir vécu au second siècle de notre ère. Euclide avait autrefois rassemblé dans l'école d'Égypte toutes les grandes vérités géométriques et leur avait donné un ordre logique. Archimède, à Syracuse, s'était efforcé de résoudre les plus hauts problèmes par l'épuisement des conséquences. Telle était la tendance des choses que, si le patronage accordé à la science lui eût été continué, l'algèbre eût été inventée.

Nous devons, pourtant, aux Arabes la connaissance des rudiments de l'algèbre. Nous leur devons jusqu'au nom de cette branche des mathématiques. Ils avaient formé, des débris de l'école d'Alexandrie et des connaissances acquises dans l'Inde, une science encore informe mais déjà compacte. L'algèbre telle qu'ils la possédaient fut apportée en Italie au commencement du treizième siècle. Elle fixa si peu l'attention des savants que près de trois cents ans s'écoulèrent sans qu'aucun ouvrage parût sur ce sujet. En 1496, Paccioli publia son livre intitulé *Arte Maggiore* ou *Alghebra*. En 1501, Cardan de Milan proposa une méthode pour la solution des équations cubiques. D'autres perfectionnements furent apportés à la science de l'algèbre par Scipio Ferreo en 1508, par Tartalea, par Vieta. Les Allemands s'emparèrent ensuite du sujet. Les signes étaient alors très-imparfaits.

La publication de la géométrie de Descartes, qui contient une application de l'algèbre à la définition et au calcul des courbes (1637), fait époque dans l'histoire des sciences mathématiques. Deux ans auparavant, l'ouvrage de Cavalieri sur les indivisibles avait paru. Cette méthode fut perfectionnée par Torricelli et les autres. La route était ouverte désormais aux développements du calcul infinitésimal, à la méthode des fluxions de Newton, au calcul différentiel et intégral de Leibnitz. Quoique Newton possédât depuis plusieurs années son calcul des fluxions, il ne publia rien sur ce sujet jusqu'à l'année 1704. L'imperfection des signes retardait beaucoup l'application de sa méthode. Pendant ce temps, sur le continent, grâce à la brillante solution de quelques-uns des plus hauts problèmes donnée par les Bernouilli, le calcul de Leibnitz était universellement accepté et recevait des perfectionnements d'un grand nombre de mathématiciens. Un développement extraordinaire des sciences mathématiques eut lieu et continua pendant tout un siècle. Au théorème des binômes, découvert auparavant par Newton, Taylor ajouta dans sa *Méthode des Augmentations* le théorème célèbre qui porte son nom. C'était en 1715. Le calcul des différences partielles fut introduit par Euler en 1734. Il fut étendu par d'Alembert, suivi par celui des variations d'Euler et Lagrange, et par la méthode des fonctions dérivatives, par Lagrange seul, en 1772.

Mais ce ne fut pas seulement en Italie, en Allemagne, en Angleterre et en France qu'on vit se produire ce grand mouvement dans les mathématiques. L'Ecosse avait ajouté un nouveau fleuron à sa couronne intellectuelle par la grande invention des logarithmes, par Napier de Merchiston. Il est impossible de vanter assez l'importance de cette incomparable invention. Le physicien et l'astronome modernes seront volontiers d'accord avec Briggs, le professeur de mathématiques de Gresham collége, quand il s'écrie : « Jamais livre ne m'a causé tant de plaisir et tant d'admiration ! » Ce n'était pas sans raison que l'immortel Képler regardait Napier comme le plus grand homme de son siècle dans la science à laquelle il s'était consacré. Napier mourut en 1617. On peut dire sans exagération que par son invention qui abrégeait le travail, il avait doublé pour l'astronome la durée de la vie.

Je dois m'arrêter ici, et me souvenir que mon objet n'est pas de faire l'histoire des mathématiques, mais d'examiner ce que cette science a fait pour le progrès de la civilisation, et ici revient la question : comment se fait-il que l'Église, pendant un règne autocratique de douze cents ans, n'ait pas donné un seul géomètre au monde?

A l'égard des mathématiques, on peut faire cette remarque : leur étude n'a point des exigences qui dépassent en général les moyens des particuliers. L'astronomie veut des observatoires ; la chimie des laboratoires ; mais les mathématiques ne demandent que des dispositions personnelles et quelques livres.

Il ne faut pour elles ni grandes dépenses ni le secours d'aides et de serviteurs. On pourrait croire qu'aucune étude n'était plus appropriée à la vie retirée des monastères.

Répondrons-nous avec Eusèbe : « C'est par le mépris que nous avons pour ces inutiles travaux que nous nous en occupons peu. Nous tournons notre esprit vers de plus utiles objets ? » De plus utiles objets ! Que peut-il donc y avoir de plus utile que la vérité absolue ? Les mystères, les miracles, les impostures, sont-elles donc ces choses plus utiles ? C'était pourtant celles-là qui se trouvaient dans le chemin !

Les autorités ecclésiastiques avaient reconnu depuis le commencement de cette invasion scientifique que les principes qu'elle allait répandre étaient absolument inconciliables avec la théologie courante. Elles luttèrent contre elle par tous les moyens directs et indirects. Telle était leur horreur pour la science expérimentale qu'elles crurent avoir beaucoup gagné par la suppression de l'Académie del Cimento. Ce sentiment de haine n'était pas restreint au catholicisme. Quand la Société Royale de Londres se fonda, on dirigea contre elle un odium theologicum si violent qu'elle eût, sans nul doute, été fermée, sans la protection ouverte du roi Charles II. On l'accusa de vouloir renverser la religion établie, nuire aux universités et détruire la vieille et solide science.

Nous n'avons qu'à parcourir ses annales pour voir tout ce que cette société a fait pour le progrès de l'humanité. Elle a été organisée en 1662 et elle a pris part à tout le mouvement scientifique, à toutes les découvertes importantes qui ont eu lieu depuis. C'est elle qui a publié les *Principia* de Newton ; elle qui a contribué au voyage de Halley, la première expédition scientifique qu'aient envoyée les gouvernements; elle qui a fait des expériences sur la transfusion du sang et qui a reçu et répandu la doctrine de Harvey sur la circulation. Les encouragements qu'elle avait donnés à la théorie de l'inoculation, conduisirent la reine Caroline à faire demander six condamnés à la peine de mort pour qu'il fût fait sur eux des expériences, et ensuite à soumettre ses enfants à l'opération. Encouragée et aidée par elle, Bradley fit sa grande découverte de l'aberration des étoiles fixes et celle des nutations de l'axe terrestre. C'est à ces deux découvertes, dit Delambre, que nous devons l'exactitude de l'astronomie moderne. Elle contribua également à perfectionner le thermomètre, à mesurer mieux les degrés de température et, par

la montre de Harrison, le chronomètre, à mieux calculer le temps.
C'est grâce à elle que le calendrier Grégorien fut introduit en
Angletérre en 1752, malgré une violente opposition religieuse.
Quelques-uns de ses membres furent poursuivis dans les rues
par une populace ignorante et furieuse qui se croyait volée, par
là, de onze jours de vie. Il fallut, par mesure de prudence, taire
le nom du père Walmesley, un savant jésuite qui avait pris part
à l'affaire, et Bradley étant venu à mourir dans le moment de
trouble auquel cette mesure avait donné lieu, on déclara que
c'était la peine de son crime et qu'il était damné.

S'il me fallait énumérer tous les services rendus par cette
éminente société, il me faudrait consacrer des pages entières à
des sujets tels, par exemple, que le télescope achromatique de
Dollond ; la machine à diviser de Ramsden à laquelle on doit la
précision obtenue dans les observations astronomiques ; la mensuration d'un degré à la surface de la terre par Mason et Dixon ;
l'expédition de Cook à l'occasion du passage de Vénus ; sa circumnavigation autour de la terre ; la preuve acquise que le
scorbut, cette plaie des longs voyages nautiques, peut être évité
par l'usage des aliments végétaux ; les expéditions au Pôle ;
la détermination de la densité de la terre par les expériences de
Maskelyne à Schehallion et par celles de Cavendish ; la découverte de la planète Uranus par Herschel ; la composition de l'eau
par Cavendisch et Watt ; la détermination de la différence de
longitude entre Londres et Paris ; l'invention de la pile voltaïque ; les observations astronomiques des deux Herschel ; le
développement du principe de l'interférence par Young et sa
théorie des ondulations de la lumière ; l'introduction du gaz,
comme moyen d'éclairage des villes ; la ventilation des prisons
et autres établissements ; la fixation de la durée des secondes
du pendule ; la mensuration des variations dans la pesanteur
aux différentes latitudes ; les opérations ayant pour but de connaître la courbe de la terre ; l'expédition au Pôle de Ross ; l'invention de la lampe de sûreté par Davy, et sa décomposition des
alcalis de la terre ; les découvertes électro-magnétiques d'Œrsted
et de Faraday ; la machine à calculer de Babbage ; les mesures
prises sur les instances de Humboldt pour l'installation de nombreux observatoires magnétiques ; la vérification des perturbations magnétiques qui ont lieu simultanément sur la surface de
la terre. Il est impossible, dans l'espace où je suis renfermé, de
donner même un simple catalogue des travaux de cette société.

Son esprit était le même que celui qui présidait autrefois à ceux de l'Académie del Cimento et sa devise était *Nullius in verba*. Elle proscrivait toute superstition et ne permettait que le calcul, l'observation et l'expérience.

Il ne faudrait pas croire que la Société Royale de Londres était la seule qui se livrât à ces grands travaux et qui obtînt ces grands succès. Dans toutes les capitales de l'Europe, il y avait des Académies, des Instituts, des Sociétés savantes qui étaient ses égales en talent et en bonheur.

LES INFLUENCES ÉCONOMIQUES DE LA SCIENCE. — L'étude scientifique de la nature ne contribue pas seulement à redresser et à élever l'esprit de l'homme, elle sert aussi à améliorer sa condition. Elle lui suggère constamment l'idée de faire l'application des découvertes à ses besoins.

La reconnaissance des lois est promptement suivie d'inventions pratiques. C'est là un des caractères de notre temps, et une grande révolution s'est opérée dans l'art du gouvernement.

Jadis on faisait la guerre pour se procurer des esclaves. Un conquérant transportait des populations entières, les soumettait au travail forcé, car l'homme seul pouvait aider l'homme dans ses labeurs. Mais quand on s'aperçut que les agents physiques et mécaniques pouvaient être employés avec beaucoup plus d'avantage, la politique changea d'objet. Du moment qu'une nouvelle machine ou un nouveau procédé était plus utile qu'un nouvel esclave, la paix devenait préférable à la guerre. Et non-seulement cela, mais des nations qui possédaient, comme l'Amérique et la Russie, un grand nombre d'esclaves et de serfs, trouvèrent des raisons économiques pour appuyer les raisons d'humanité et leur donnèrent volontairement la liberté.

Nous vivons donc à une époque dont le trait caractéristique est la substitution de la machine au travail de l'homme et de la bête. Nous nous adressons aux forces naturelles, non aux interventions surnaturelles pour atteindre notre but. C'est avec cette civilisation moderne que le catholicisme se met en guerre. La papauté répudie hautement cet état de choses et demande le retour aux conditions du moyen âge.

Qu'un morceau d'ambre frotté ait la propriété d'attirer et de repousser les corps légers, c'est un fait qui était connu six cents ans avant Jésus-Christ; mais jusqu'à seize cents ans après Jésus-Christ ce n'était qu'un fait isolé, brut et insignifiant. Soumis aux méthodes scientifiques, à l'expérience, à la discusssion exacte et à l'application, il a permis aux hommes de communiquer ensemble à travers les mers et les continents. Il a centralisé le monde. En donnant aux gouvernements la facilité de transmettre leurs ordres sans égard au temps et à la distance, il a révolutionné la politique et condensé le pouvoir.

On voyait au Muséum d'Alexandrie une machine inventée par Héron le mathématicien, un siècle environ avant Jésus-Christ. Elle tournait par la force de la vapeur et avait la forme de celles que nous appelons, aujourd'hui, machines à réaction. Cet objet, qui contenait le germe d'une des plus importantes inventions qui aient jamais été faites, fut regardé comme une simple curiosité pendant plus de dix-sept cents ans.

Le hasard ne fut pour rien dans l'invention de la machine à vapeur moderne. Elle est due tout entière à la méditation et à l'expérience. Au commencement du dix-septième siècle, plusieurs mécaniciens s'étaient efforcés d'utiliser les propriétés de la vapeur; leurs travaux furent amenés au point de perfection par Watt au milieu du siècle suivant.

La machine à vapeur devint promptement l'ouvrier de la civilisation. Elle accomplissait l'œuvre de plusieurs millions d'hommes. Elle donnait à ceux qui eussent été condamnés au travail mécanique le temps et le moyen de cultiver leur intelligence. Celui qui autrefois tournait la roue, maintenant pouvait lire et penser.

La première application en fut faite aux pompes, pour lesquelles il ne faut que de la force. Bientôt après, elle montra ce qu'elle pouvait faire dans l'art délicat du filage et du tissage. Elle fabriqua des vêtements pour le monde entier et changea la face de l'industrie chez les différentes nations.

Dans son application à la navigation, d'abord sur les rivières et ensuite sur les mers, elle quadrupla la vitesse qu'on avait pu, avant elle, obtenir. Au lieu de quarante jours, on n'en mit plus que huit pour traverser l'Atlantique. Dans les transports par terre, sa puissance produisit des effets plus frappants encore. L'admirable invention de la locomotive permit aux hommes de faire plus de chemin en une heure qu'ils n'en pouvaient auparavant faire en un jour.

La locomotive n'a pas seulement agrandi le champ de l'activité humaine, mais en raccourcissant les distances elle a allongé la vie de l'homme. Par le transport rapide des produits agricoles et manufacturés, elle est devenue une cause d'encouragement pour le travail et l'industrie.

La navigation à vapeur sur l'Océan fut très-perfectionnée par l'invention du chronomètre qui permit de fixer avec certitude la position d'un navire en mer. Le grand obstacle au progrès de la science dans l'école d'Alexandrie était le manque d'un instrument pour mesurer exactement le temps, et d'un autre pour mesurer la température ; le chronomètre et le thermomètre essentiels l'un à l'autre étaient ces instruments. Les clepsydres ou horloges à eau avaient été essayées, mais elles manquaient d'exactitude. Sur l'une d'elles, ornée des signes du zodiaque et détruite par les premiers chrétiens, saint Polycarpe fait cette remarque significative : « Dans tous ces monstrueux démons, on voit un art hostile à Dieu. » Ce ne fut pas avant 1680 que le chronomètre devint un peu exact. Hooke, le contemporain de Newton, le perfectionna par la roue-balancier, le ressort en spirale, et plusieurs échappements furent trouvés successivement, tels que l'ancre, l'échappement à repos, le duplex, le remontoir. On apprit à parer aux variations de la température. Enfin il fut amené à la perfection par Harrison et Arnold. A l'invention du chronomètre il faut ajouter celle du sextant réflecteur par Godfrey, qui permit de faire les observations astronomiques malgré le mouvement du navire.

Les perfectionnements introduits dans la navigation de l'Océan exercent une influence puissante sur la répartition de la population sur la terre. Ils changent les caractères de la colonisation et accroissent l'importance des colonies.

Mais les grandes découvertes nées des recherches scientifiques, ne sont pas les seules qui aient influé sur la condition humaine. Il en est de petites qui, prises isolément, ont par leurs concours produit des effets surprenants. La culture naissante de la science du quatorzième siècle avait donné une merveilleuse impulsion à l'esprit d'invention et l'avait dirigé vers les résultats pratiques. Il a été encouragé plus tard par le système des brevets, qui assuraient à l'inventeur une part raisonnable dans les bénéfices de son invention. Il suffit de rappeler en passant quelques-uns de ces progrès et de voir d'un coup d'œil ce qu'ils ont produit. L'introduction des scieries mécaniques répandit l'usage des planchers en bois qui furent substitués au gypse, à la brique ou à la pierre. Les perfectionnements introduits dans la fabrication du verre, en le mettant, par le bon marché, à la portée de tous, rendirent possible de pourvoir les fenêtres de vitres et de chauffer les appartements. Cependant ce ne fut pas avant le seizième siècle que l'on put vitrer convenablement. C'est à cette époque qu'on apprit à tailler le verre avec la pointe de diamant. La construction de cheminées servit à purifier l'atmosphère des maisons, qui auparavant étaient enfumées comme des huttes de sauvages, et donna ce trésor incomparable des habitations du nord : un gai foyer. Jusque-là un trou au milieu du toit, pour donner passage à la fumée, un autre trou au milieu de la chambre pour déposer le combustible, avec un couvercle que l'on fermait au son de la cloche du couvre-feu, tels avaient été les insuffisants moyens de chauffage.

Malgré les protestations amères du clergé, on commença à comprendre que les épidémies n'avaient pas été le châtiment de l'impiété, mais le résultat physique de la malpropreté et de la misère et que le meilleur moyen de les éviter, ce n'était pas d'invoquer les saints, mais de veiller au soin de sa personne et au balayage des villes. Au douzième siècle, on jugea nécessaire de paver Paris qui n'était qu'un cloaque. La dyssenterie et les fièvres paludéennes diminuèrent aussitôt. L'état sanitaire devint comparable à celui des villes mauresques d'Espagne qui étaient pavées longtemps auparavant. On défendit, dans cette métropole qui commençait à être belle, d'élever des cochons, ordonnance fâcheuse pour les moines de l'Abbaye Saint-Antoine, qui réclamèrent pour les troupeaux du saint le droit de cité, et voulurent qu'ils pussent parcourir les rues en liberté. Le gouvernement arrangea l'affaire en décidant qu'ils auraient du moins des sonnettes au cou. Le roi Philippe, fils de Louis le Gros, avait dû la mort à la rencontre d'une truie qui avait fait tomber son cheval. On défendit également de vider les bassins par les fenêtres. En 1870, un témoin oculaire, l'auteur de ce livre, s'était aperçu à Rome sous la fin du gouvernement pontifical, qu'il fallait encore dans les rues semées d'ordures, tenir les yeux constamment fixés à terre, pour se garantir de la plus dégoûtante malpropreté. Jusqu'au commencement du dix-septième siècle, on ne balayait jamais les rues à Berlin, et on avait fait un réglement de police pour que tout paysan qui venait au marché avec une charrette fût obligé de s'en retourner avec une charge de boue !

Le pavage fut suivi d'imparfaits essais pour la construction de ruisseaux et d'égouts; tout le monde en comprenait l'utilité, non-seulement pour les villes, mais pour les maisons particulières. Vint ensuite l'éclairage public. D'abord on exigea que les maisons qui donnaient sur la rue eussent une lampe allumée sur une fenêtre. On essaya ensuite le système des réverbères qui avait si bien réussi à Cordoue et à Grenade ; enfin l'installation du gaz perfectionna cette branche du service municipal. En même temps qu'on éclairait les rues, on instituait les veilleurs de nuit et la police.

Au seizième siècle, les inventions mécaniques et le progrès des manufactures exerçaient une grande influence sur la vie sociale et domestique. Il y avait des miroirs et des horloges sur les murailles, des manteaux de cheminées dans les chambres. Quoique dans beaucoup de districts le foyer de la cuisine fût encore alimenté avec du gazon, l'usage du charbon commençait à se répandre. Les tables étaient servies avec plus de délicatesse. Le commerce leur apportait de nouveaux produits. Les boissons grossières du nord furent remplacées par les vins délicats du midi. Des glacières furent construites. Le bluttage de la farine, qu'on introduisit dans les moulins à vent, avait donné un pain plus blanc et plus beau. Peu à peu les denrées qui avaient été rares et recherchées devinrent communes. Le riz, la pomme de terre, le dindon, le tabac surtout. La fourchette, invention italienne, remplaça à table l'emploi malpropre des doigts. L'alimentation de l'homme civilisé subit un changement complet. Le thé vint de la Chine, le café de l'Arabie, le sucre, des Indes, prendre dans une grande mesure, la place des boissons fermentées. Les tapis remplacèrent sur les planchers les jonchées de paille. Dans les chambres, se dressèrent des lits meilleurs; dans les garde-robes, s'étalèrent des vêtements plus confortables et plus fréquemment changés. Dans beaucoup de villes des aqueducs furent substitués aux pompes et aux puits communs. Des plafonds qui eussent auparavant été noirs de suie et de fumée, furent décorés de fresques magnifiques. L'usage des bains se généralisa ; on se servit moins de parfums, devenus plus inutiles. Le goût des jardins se forma par l'acquisition de plusieurs fleurs exotiques : la tubéreuse, l'oreille d'ours, la couronne impériale, le lys de Perse, la renoncule, le souci d'Afrique. Dans les rues, parurent les chaises à porteurs, puis les carosses fermés, puis enfin les fiacres de louage.

Les grossiers instruments aratoires reçurent aussi leurs améliorations et devinrent les charrues, les semoirs, les herses, les faux et les batteuses de notre temps.

On commença à reconnaître qu'en dépit des prédications des ordres mendiants, la pauvreté est la source du vice et l'obstacle à l'instruction de l'homme ; que la conquête des richesses par le commerce vaut beaucoup plus que la conquête du pouvoir par la guerre ; car bien que la remarque de Montesquieu que le commerce réunit les nations et divise les hommes, et qu'il trafique de leur honnêteté, puisse être vraie, il est certain qu'il peut seul donner l'Unité au monde. Son rêve, son espoir, c'est la paix universelle.

Quoiqu'il fallût des volumes entiers et non quelques pages pour rappeler les améliorations qui se produisirent dans la vie sociale et domestique après que la science eut commencé à faire sentir son influence bienfaisante et que l'invention fut venue au secours de l'industrie, il y a des choses que l'on ne peut point passer complétement sous silence. Les Califes d'Espagne avaient fait autrefois par le port de Barcelone un grand commerce avec l'Europe et, secondés en cela par les Juifs, ils avaient adopté ou créé plusieurs méthodes pratiques servant au commerce, et les avaient transmises au reste du monde, en même temps que leurs connaissances scientifiques. Telles étaient la tenue des livres en partie double, qui fut apprise au nord de l'Italie, et les différentes espèces d'assurances, qui furent également adoptées dans ce pays, malgré l'opposition du clergé. Celui-ci prétendait que s'assurer contre l'incendie ou les risques de mer était tenter Dieu, et que l'assurance sur la vie, était une immixtion irrespectueuse dans les effets de sa volonté. Ce même clergé ne pouvait voir sans indignation se fonder des maisons pour le prêt de l'argent, à intérêt ou sur gages, c'est-à-dire les banques et les Monts-de-Piété, surtout quand le taux de l'intérêt y était élevé, et il les dénonçait pour crime d'usure, idée qui a longtemps prévalu et qui prévaut encore dans quelques pays arriérés. Les lettres de change, les protêts pour effets non payés, l'institution des notaires viennent encore de la même source. On peut dire sans exagération que tout le mécanisme commercial aujourd'hui en usage, nous vient des Arabes. J'ai déjà remarqué que la découverte de l'Amérique avait déplacé en Europe le centre du commerce. Beaucoup de riches marchands Italiens et de Juifs entreprenants étaient venus s'établir en Hollande, en Angleterre, en France et avaient apporté avec eux leurs habitudes commerciales. Les Juifs, qui ne s'embarrassaient pas des malédictions du pape, s'enrichirent d'autant plus par le prêt de l'argent que les catholiques, retenus par des scrupules religieux, ne pouvaient point leur faire concurrence ; mais Pie II, s'apercevant de sa faute, retira sa prohibition. Les Monts-de-Piété furent, enfin, autorisés par Léon X qui menaça d'excommunication quiconque écrirait contre cette institution. De leur côté, les Protestants montrèrent du dégoût pour des établissements qu'on se mettait à encourager à Rome. Comme on commençait à douter que la peste fût, ainsi que les tremblements de terre, une visite faite par Dieu aux hommes pour les éveiller d'un sommeil coupable, on s'efforça d'en prévenir l'invasion par les quarantaines. Quand la découverte faite par les Musulmans de l'inoculation fut apportée, en 1721, de Constantinople par Lady Mary Wortley Montagu, elle rencontra tant d'opposition de la part du clergé qu'il fallut le patronage de la famille royale d'Angleterre pour la faire adopter. La même chose arriva quand Jenner voulut introduire la vaccine. Un siècle auparavant un visage non gravé de la petite vérole était une rare exception. Aujourd'hui, un visage ainsi défiguré est devenu rare à son tour. De même encore, quand on appliqua la découverte américaine des anesthésiques aux cas d'accouchements douloureux, on découragea cette pratique non par des raisons physiologiques, mais parce qu'on y voyait une tentative impie pour soustraire la femme à la malédiction prononcée contre elle dans la Genèse, livre III, chap. 16.

Le génie inventif ne se borna pas aux créations utiles, il en fit aussi d'agréables. Bientôt après l'introduction de la science en Italie, les maisons des amateurs se remplirent de toutes sortes de machines à surprises, et, comme on disait naïvement alors, d'effets de magie. La lanterne magique, qui fut inventée à cette époque, en produisait une partie. Ce n'était pas sans raison que les prêtres détestaient la philosophie expérimentale, car le jongleur ne tarda pas à devenir l'heureux rival du Thaumaturge. Les fraudes pieuses, en usage dans les églises, pâlirent devant les tours de gobelets exécutés sur les places de marchés. Le prestidigitateur forain respirait la flamme, marchait sur des charbons ardents, tenait un fer rouge entre les dents, vomissait des paniers d'œufs entiers, et faisait des miracles avec des marionnettes. Cependant, la vieille croyance au surnaturel fut difficilement renversée. On brûla à Lisbonne en 1601, comme possédé du démon, un cheval auquel son maître avait appris à faire certains tours. Longtemps après, on fit encore monter sur le bûcher des sorciers et des sorcières.

Une fois franchement entré dans le monde, l'esprit d'invention marcha rapidement. Une découverte en amenait une autre, et l'idée du surnaturel s'en allait tous les jours. De Dominis commença et Newton acheva d'expliquer le phénomène de l'arc-en-ciel. Ils montrèrent que ce n'était pas une arme de guerre dans les mains de Dieu, mais le résultat accidentel de la rencontre des rayons lumineux avec des gouttes d'eau. De Dominis fut attiré à Rome par la promesse d'un archevêché et l'espoir d'un chapeau de cardinal. Il fut somptueusement logé, mais surveillé avec soin. Accusé bientôt d'avoir voulu réconcilier l'Eglise Romaine avec l'Angleterre protestante, il fut enfermé dans le fort Saint-Ange, et y mourut. On l'apporta dans son cercueil devant un tribunal ecclésiastique qui le condamna pour crime d'hérésie et son corps fut, avec un monceau de livres également condamnés, jeté dans les flammes. Franklin, en démontrant l'identité de l'éclair et de l'électricité, arracha, comme on a dit, sa foudre à Jupiter. Les merveilles de la nature remplacèrent dans les esprits, les merveilles de la superstition. Les deux télescopes, le réflecteur et l'achromatique, inventés dans le siècle dernier, permirent à l'homme de comprendre la grandeur infinie de l'Univers, d'en scruter, autant qu'il est possible, les espaces sans bornes, les temps sans limites. Bientôt après, le microscope achromatique mit devant ses yeux le monde des infiniment petits. Le ballon l'enleva au-dessus des nuages, la cloche à plonger le porta au fond de la mer. Le thermomètre lui mesura exactement les variations de la température. L'introduction de la balance donna de la précision aux opérations chimiques et servit à démontrer l'indestructibilité de la matière. La découverte de l'oxygène, de l'hydrogène et de plusieurs autres gaz ; l'isolement de l'aluminium, du calcium et d'autres métaux firent voir que la terre, l'air et l'eau ne sont pas des corps simples. Avec un esprit d'entreprise qu'on ne saurait trop louer, on profita du passage de Vénus pour envoyer des expéditions dans différentes régions et pour déterminer la distance entre la terre et le soleil. Le chemin fait par l'esprit humain de 1456 à 1759 parut à la différence des impressions produite par la comète de Halley. Quand on l'avait vue à la première de ces deux dates, on l'avait prise pour le messager de la colère de Dieu, le héraut de la guerre, de la peste et de la famine. Par ordre du pape, toutes les cloches de la chrétienté avaient été mises en branle pour l'effrayer, les fidèles avaient dû redoubler de prières ; et comme ces prières avaient été suivies d'effet dans les éclipses, les sécheresses et les grandes pluies, on proclama qu'encore une fois le pape avait vaincu par la grâce. Quand on la revit en 1759, Haller, guidé par Newton, avait appris que loin d'être sous l'empire de la prière humaine, la comète décrivait, sous celui de la loi, une orbite elliptique, et ne pouvant, d'après ses calculs, espérer vivre assez longtemps pour la voir reparaître, il avait consigné dans ses ouvrages l'époque de son retour et legué aux astronomes, ses successeurs, le plaisir de la saluer au jour fixe prédit par lui.

Quiconque examinera avec impartialité ce qui a été fait par le catholicisme pour le progrès intellectuel de l'Europe pendant son long règne, et ce qui a été accompli par la science dans sa courte carrière, ne pourra pas conclure à autre chose qu'à un contraste frappant. Et pourtant combien le catalogue des faits rapportés dans ce livre est incomplet et insuffisant! Je n'ai rien dit de la diffusion de l'instruction par l'art de lire et d'écrire enseigné dans les écoles; de la propagation des idées et des nouvelles p ar la poste, et les services de transports publics à bon marché; des avantages sociaux attachés aux annonces et aux avis publiés par la presse quotidienne. Je n'ai rien dit de la fondation des hôpitaux, dont le premier fut l'Hôtel des Invalides de Paris; rien de l'amélioration du régime des prisons, des pénitentiaires, des maisons de correction et d'asile ; du traitement exercé à l'égard des aliénés, des pauvres, des criminels; rien du creusement des canaux ; des mesures de salubrité publique, des recensements et des statistiques périodiques; rien de l'invention de la stéréotypie, du blanchissage par la potasse, et de tous les merveilleux procédés employés pour la fabrication des tissus de coton, procédés qui donnent le vêtement à bon marché et ajoutent par conséquent au bien-être, à la propreté, à la santé de l'homme; rien des progrès de la médecine et de la chirurgie, des découvertes de la physiologie, de la culture des beaux-arts, du perfectionnement de l'agriculture et de l'exploitation rurale, de l'emploi des engrais chimiques et des machines agricoles. Je n'ai point parlé de la métallurgie et des nombreuses industries qui s'y rattachent; des manufactures de tissus ; des collections publiques d'histoire naturelle, de curiosités, d'antiquités. J'ai passé sous silence le grand sujet de la construction des machines. l'invention de la glissoire, de la plane et de tant d'autres instruments qui permettent de leur donner une précision mathématique. Je n'ai certes pas assez vanté les chemins de fer, le té-

légraphe électrique, le perfectionnement des procédés arithmétiques, la lithographie, la pompe à air, la pile voltaïque, la découverte d'Uranus et de Neptune et de plus de cent autres
astéroïdes, ainsi que des rapports des courants météoriques avec
les comètes; ni les expéditions envoyées par le gouvernement
pour résoudre les questions astronomiques ou géographiques;
ni les travaux coûteux exécutés pour pénétrer les secrets des
couches géologiques. J'ai été assez injuste envers notre siècle
pour ne point mentionner la découverte du magnétisme, de l'é-
lectricité, du bel art de la photographie; l'analyse spectrale et
ses applications; ses efforts pour ramener la chimie aux trois
lois d'Avogadro, de Boyle, de Mariotte et de Charles; la production artificielle de substances organiques par les substances inorganiques, cette source de conséquences si importantes pour la
philosophie, la reconstruction de la science physiologique sur la
base de la chimie; les perfectionnements introduits dans l'art de
lever les plans topographiques; les armes à feu, les vaisseaux
cuirassés; la révolution opérée dans l'art de la guerre et ce présent fait aux femmes, la machine à coudre; enfin, je n'ai point
célébré les grandes fêtes triomphales de la paix, les expositions
industrielles, ces marchés du monde.

Et la liste est encore incomplète ! Et ce n'est qu'un aperçu fu-
gitif d'un état de choses qui va grandissant tous les jours ! Quel
contraste avec la stagnation littéraire et scientifique du moyen
âge !

Les lumières qui jaillissent de cette activité ont répandu des
bienfaits sans nombre sur la race humaine. En Russie, une population de serfs, en Amérique, quatre millions d'esclaves ont
été appelés à la liberté. Au lieu de la maigre distribution de
vivres faite à la porte des couvents, la charité a été organisée,
et la législation a été tournée à l'avantage du pauvre. La médecine a appris à connaître sa voie qui est plutôt de prévenir
les maladies que de les guérir. L'art du gouvernement est devenu celui de l'étude préalable des faits par la méthode scientifique. Si grands, si frappants sont les progrès de l'homme, que
les nations arriérées de l'Asie, demandent, aujourd'hui, leur
place au banquet. N'oublions pas que dans ce concours de tous
les peuples, l'action que les premiers civilisés exerceront sur les
derniers venus, sera suivie d'une réaction en sens inverse. Mais,
si la ruine du paganisme a été jadis rendue complète par la
promiscuité des divinités étrangères dans Rome, aujourd'hui,

quand la merveilleuse facilité des communications aura mis toutes les nations en contact et que Mahométans, Boudhistes et Brahmanes se seront modifiés les uns par les autres, la science demeurera debout dans le monde, parce qu'elle aura donné à l'homme une notion plus vaste de l'univers et un sentiment plus élevé de Dieu.

L'esprit qui a donné la vie à cet immense mouvement intellectuel, qui a animé ces découvertes et ces inventions c'est l'esprit d'individualisme ; c'est chez les uns, l'espoir de s'enrichir, chez les autres, le désir de se distinguer. Il n'est donc pas étonnant que cet esprit ait eu son incarnation politique et que, pendant le siècle dernier, il ait donné lieu à deux grandes convulsions sociales, la Révolution d'Amérique et la Révolution française. La première a eu pour effet de consacrer un continent tout entier au déploiement de l'Individualisme. Là, sous une forme républicaine de gouvernement et avant la fin du siècle présent, cent millions d'hommes, sans autre contrainte que celle à laquelle leur sûreté mutuelle exige qu'ils se soumettent, poursuivront leur libre carrière. La dernière, bien qu'elle ait modifié la face politique de l'Europe, et brillé par les triomphes militaires, n'a pas jusqu'à présent, atteint son but. Elle a amené des désastres répétés sur la France. Les deux gouvernements de ce pays, le spirituel et le temporel, en ont fait, tour à tour, l'alliée et l'adversaire du progrès moderne. D'une main, elle a couronné la raison, de l'autre, elle a raffermi le pape sur son trône. Cette anomalie ne cessera que lorsque tous les enfants de la France, jusqu'au plus humble, au plus rustique, auront reçu les bienfaits d'une véritable éducation.

Les armes employées par la Révolution française contre l'ancien régime ont été moins des armes scientifiques que des armes littéraires. Son attaque a été celle d'une critique agressive. Mais la science, elle, ne joue pas le rôle d'agresseur. Elle se tient simplement sur la défensive et laisse son adversaire se livrer à des attaques inconsidérées. De plus , le dissentiment exprimé par les lettres n'a pas la force du dissentiment exprimé par les savants, car la littérature appartient à une nation ; la science appartient au monde.

Si, maintenant, on demande ce que la science a fait pour la civilisation moderne et pour le bien-être de la société, nous répondrons pour elle, comme nous avons répondu pour le christianisme latin. Le lecteur ne doutera certainement point qu'il y ait cu amélioration du sort de notre race quand il lira les paragraphes suivants ; mais, en présence des résultats donnés par la statistique, sa conviction deviendra de la certitude. Les systèmes de philosophie et les systèmes de religion sont jugés, au point de vue de leur influence sur la condition de l'humanité, par les chiffres que fournissent les recensements. Le christianisme latin n'avait pas pu doubler en mille ans la population de l'Europe, ni augmenter d'une façon sensible la durée moyenne de la vie. Mais, ainsi que l'a établi le Dr Jarvis, dans son rapport au Comité sanitaire du Massachussetts, la longévité moyenne était à Genève, au commencement de la Réforme, de 21 ans et trois mois ; entre 1814 et 1832, elle était de 40 ans et huit mois. Il y a aujourd'hui autant de personnes qui vivent jusqu'à soixante-dix ans, qu'il y en avait qui vivaient jusqu'à quarante ans, il y a trois siècles. En 1693, le gouvernement anglais avait emprunté de l'argent en vendant des annuités payables depuis l'enfance jusqu'au jour de la mort et il avait basé ses calculs sur la durée reconnue de la vie moyenne d'alors. L'affaire avait été bonne pour lui. Quatre-vingt-dix ans après, il la recommença sur la même base ; mais cette fois elle fut ruineuse, parce que les personnes qui jouissaient des annuités, vivaient imcomparablement plus longtemps qu'auparavant. Tandis que dix mille individus de chaque sexe mouraient, à l'époque du premier emprunt, au-dessous de vingt-huit ans, il ne mourait plus, au temps du second, que cinq mille sept cent soixante-deux hommes et six mille quatre cent seize femmes.

Nous avons établi le parallèle entre les résultats de la doctrine spiritualiste appliquée au gouvernement du monde, et ceux de la fidélité aux doctrines positives et pratiques. Nous avons vu à l'œuvre l'imaginaire et le réel. Les deux principes suivis aux deux périodes différentes de l'histoire ont porté leurs fruits. Le premier était que *l'ignorance est la mère de la piété,* le second, que *la science est la souveraineté de l'homme sur la terre.*

CHAPITRE DOUZIÈME

LA CRISE PROCHAINE.

Signes d'une crise religieuse prochaine. — L'Église dominante dans la chrétienté, c'est-à-dire l'Église Romaine, voit apparaître ces signes et se prépare en conséquence. — Pie IX convoque le concile œcuménique. — Relations des différents gouvernements de l'Europe avec la papauté. — Relations de l'Église avec la science telles qu'elles sont indiquées dans l'Encyclique et dans le Syllabus. — Décisions du concile du Vatican touchant l'infaillibilité du pape, et touchant la science. — Abrégé des définitions. — Controverse entre le gouvernement prussien et la papauté. — Equivaut à une contestation entre l'Église et l'état pour la domination. — Effet de la dualité de pouvoirs en Europe. — Déclaration faite par le concile du Vatican, touchant sa situation vis-à-vis de la science. — Constitution dogmatique de la foi catholique. — Définition du concile sur Dieu, la révélation, la foi, la raison. — Les anathèmes qu'il prononce. — Il condamne la civilisation moderne. — Alliance Évangélique Protestante et ses actes. — Revue générale des actes et des définitions ci-dessus. — Situation présente de la controverse et son avenir.

Il n'est personne, qui, connaissant l'état actuel des esprits dans la chrétienté, puisse se dissimuler qu'une crise intellectuelle et religieuse est prochaine.

Sur tous les points de l'horizon le ciel s'assombrit ; de tous côtés, nous entendons venir l'orage. En Allemagne, le parti national se range en ordre de bataille contre l'ultramontanisme ; en France, les hommes de progrès luttent avec les hommes d'immobilité, neutralisant ainsi les forces et détruisant la suprématie politique de ce grand pays. En Italie, Rome appartient à un souverain mis hors l'Eglise. Le pape, feignant d'être ·prisonnier, fulmine du haut du Vatican, ses anathèmes, et au milieu des preuves multipliées de ses erreurs, proclame son infaillibilité. Un archevêque catholique annonce, avec vérité, que la société civile de l'Europe semble se détacher publiquement du christianisme. En Angleterre et en Amérique, les gens religieux s'aperçoivent avec douleur que les bases intellectuelles de la foi sont minées par l'esprit du siècle, et ils se préparent du mieux qu'ils peuvent au désastre qu'ils prévoient.

La plus rude épreuve par laquelle puisse passer la société, est la dissolution de ses liens religieux. L'histoire de la Grèce et celle de l'ancienne Rome, nous montrent la grandeur du péril. Mais il n'est pas donné aux religions d'être éternelles. Combien y a-t-il de peuples aujourd'hui dans le monde qui professent la religion qu'ils professaient au temps de l'avénement du Christ ?

On estime la population de l'Europe à trois cent un millions d'âmes. Cent quatre-vingt-cinq millions sont catholiques romains ; trente-trois millions, catholiques grecs. Il y a soixante et onze millions de protestants divisés en sectes nombreuses ; cinq millions de Juifs ; sept millions de Mahométans.

Il est impossible de donner une statistique religieuse exacte de l'Amérique. Toute l'Amérique du sud est catholique romaine, ainsi que le centre d'Amérique, Mexico, les colonies espagnoles et françaises dans l'Amérique du nord. Aux États-Unis et au Canada la population protestante domine. Il en est de même en Australie. Dans les Indes la population clair-semée de chrétiens, est peu de chose auprès des deux cents millions de Mahométans et autres infidèles qui peuplent ce pays. L'Église catholique romaine est la plus vaste et la plus fortement organisée des sociétés modernes. Elle forme un système beaucoup plus politique que religieux. Son principe est que l'autorité appartient au clergé, l'obéissance aux laïques. La forme républicaine qu'elle affectait au commencement, s'est fondue par degré dans un absolutisme centralisé, ayant un homme, un Vice-Dieu à sa tête. Cette Église proclame que son mandat divin s'étend au gouvernement civil des peuples ; qu'elle a le droit de faire servir l'état à ses desseins, mais que l'état n'a pas celui d'intervenir dans ses affaires ; que jusque dans les pays protestants, elle n'est pas un pouvoir subordonné, mais un pouvoir souverain. Elle prétend que l'état n'a rien à voir dans son domaine, que le protestantisme est une rébellion et n'a, par conséquent, aucun droit ; que l'évêque catholique est, en tous lieux, le pasteur spirituel légitime.

Il est donc certain que les chrétiens sont en grande majorité, et telle est l'autorité avec laquelle la papauté affirme sa suprématie, que lorsqu'on veut examiner la situation actuelle de la chrétienté, c'est sur elle qu'il faut jeter ses regards. Ses mouvements sont dirigés avec une grande habileté et une grande intelligence. Le catholicisme est dans la main d'un seul homme et il a, par conséquent, une unité, une solidité, une puissance qu'aucune confession protestante ne peut avoir. De plus, il tire un inestimable avantage du grand nom de Rome.

Sans se laisser intimider, la papauté a vu la crise, et, sans hésitation, elle a prononcé sa décision et occupé le terrain qui lui a semblé le meilleur.

Les actes du dernier concile du Vatican définissent son attitude. Pie IX, par une bulle datée du 29 juin 1868, a convoqué un concile œcuménique à Rome pour le 8 décembre 1869. Sa session a été close à la fin de juillet 1870. Au milieu d'autres objets soumis à ses délibérations, il y a deux points de la première importance : la déclaration de l'infaillibilité du pape et la définition des rapports de la religion et de la science.

Cependant, la convocation du concile a été loin d'obtenir l'approbation générale.

L'opinion des Églises d'Orient ne lui était pas en général favorable. Elles apercevaient chez le pontife romain la volonté de se poser en chef du christianisme contrairement à leur prétention de ne reconnaître d'autre chef que le Christ. Elles pensaient que le concile ne pouvait conduire qu'à de nouvelles disputes, à de nouveaux scandales. Le sentiment dominant de ces églises vénérables par leur antiquité, s'était montré dans l'incident de 1867, alors que le patriarche de Chaldée avait invité le patriarche Nestorien Siméon à rentrer dans l'unité catholique. Celui-ci avait bien fait voir par sa réponse qu'il n'existait aucun espoir de ramener l'Orient et l'Occident à une commune action religieuse : « Vous m'engagez, avait-il répondu, à baiser humblement la mule de l'Évêque de Rome ; n'est-il donc pas, à tous égards, un homme comme vous ? Sa dignité est-elle au-dessus de la vôtre? Nous ne permettrons jamais l'introduction dans nos temples saints du culte de ces images et de ces statues qui ne sont rien que d'impures idoles. Quoi! nous donnerions, comme vous osez le faire, une mère au Dieu tout-puissant ! Loin de nous un pareil blasphème ! »

Les patriarches, archevêques et évêques qui prirent part à ce concile étaient au nombre de sept cent quatre.

Rome avait parfaitement compris que la science non-seulement minait rapidement les dogmes chers à la papauté, mais qu'elle devenait une puissance politique. Elle avait reconnu qu'une scission, grandissant chaque jour, gagnait en Europe les classes éclairées et que le foyer de la révolte était le nord de l'Allemagne.

Elle avait donc suivi avec un profond intérêt la guerre Austro-Prussienne, ne doutant pas que son résultat ne fût favorable à l'Autriche, et, par conséquent, à elle. La bataille de Sadowa avait été un amer désappointement.

La guerre Franco-Prussienne l'avait remplie d'un nouvel espoir. Elle ne doutait pas non plus que cette guerre ne tournât à l'avantage de la France et au sien. Ici encore, elle avait eu le désappointement de Sedan.

Ne pouvant plus rien attendre de la guerre étrangère, elle résolut d'essayer d'une insurrection à l'intérieur, et le mouvement qui se produit actuellement en Allemagne est le fruit de ses machinations.

Si l'Autriche ou si la France eussent été victorieuses, un même coup renversait le protestantisme et la Prusse.

Mais tandis qu'on agissait au dehors, on commençait une autre attaque au dedans d'une nature toute morale et intellectuelle. On avait en vue de relever les vieilles doctrines usées du moyen âge et de les pousser à l'extrême sans souci des conséquences.

Non-seulement, on affirma que la papauté avait, par droit divin, le pouvoir de partager avec les autorités civiles le gouvernement de tous les peuples, mais on soutint la suprématie de Rome en cette matière, et le devoir de la subordination pour les magistrats et les princes dans le cas de désaccord.

Et puisque ses dangers étaient tous venus de la science, elle entreprit de lui assigner des bornes et de limiter ses droits. Bien plus, elle osa dénoncer la civilisation moderne.

On songeait à ces actes décisifs depuis le retour de Sa Sainteté de Gaëte en 1848 et ils étaient conseillés par les Jésuites, qui, se flattant que Dieu ferait pour eux l'impossible, croyaient que la papauté vieillie pouvait rajeunir. L'organe de la Curie proclama l'indépendance absolue de l'Eglise vis-à-vis de l'Etat ; la dépendance des évêques envers le pape ; du clergé diocésain envers les évêques ; l'obligation pour les protestants d'abjurer leur athéisme et de rentrer dans le giron. Il condamna toute espèce de tolérance. En 1854, le 8 décembre, le pape avait, dans une assemblée d'évêques, proclamé le dogme de l'Immaculée Conception. Dix ans après, il donnait la célèbre Encyclique et le Syllabus.

La lettre Encyclique porte la date du 8 décembre 1864. Elle est l'œuvre de savants ecclésiastiques, a été discutée dans la congrégation du saint Office, présentée aux évêques et enfin approuvée par les cardinaux et par le pape.

Bien des membres du clergé n'approuvaient pas qu'elle condamnât la civilisation moderne. Plusieurs cardinaux répugnaient à s'y associer. La presse catholique l'acceptait, non sans regrets. Quant aux gouvernements protestants, ils ne mirent aucune entrave à sa libre circulation. Mais les gouvernements catholiques se trouvèrent plus embarrassés. Celui de France ne permit la publication que de la partie de l'Encyclique qui avait trait au Jubilé. L'Autriche et l'Italie la laissèrent passer sans autorisation. La presse politique et les parlements des pays catholiques lui firent un accueil défavorable. Bien des gens pensaient qu'elle ne pouvait avoir pour résultat qué de séparer davantage l'Eglise de la société moderne. La presse italienne la regarda comme une déclaration de guerre à outrance entre la papauté et la civilisation. Il n'y eut pas jusqu'à l'Espagne où plus d'un journal déplora l'aveuglement de la cour de Rome, dans son défi jeté au progrès du siècle.

L'Encyclique dénonce « la pernicieuse doctrine qui veut que la liberté de conscience et de culte soit un droit de l'homme, et que ce droit soit proclamé et consacré par la loi, et le principe insensé que la volonté du peuple manifestée par l'opinion publique (comme on l'appelle) ou par d'autres moyens, constitue une loi suprême, indépendante de tous les droits divins et humains. » Elle nie le droit des pères de faire élever leurs enfants hors de la religion catholique ; elle s'élève contre « l'impudence » de ceux qui se permettent de subordonner l'autorité de l'Eglise et du siége apostolique, « autorité émanée de Jésus-Christ Notre-Seigneur, à l'autorité civile. » Sa Sainteté recommande à ses vénérables frères à qui la lettre s'adresse, de redoubler de prières et, « afin que Dieu les exauce plus sûrement, de s'adresser avec toute confiance à notre médiatrice auprès de lui, la Vierge Marie, Mère de Dieu, laquelle est assise à la droite de son fils unique, Notre-Seigneur Jésus-Christ, vêtue d'or et couverte d'ornements précieux. Par elle, nous pouvons tout obtenir. »

Or, les principes ouvertement affichés par la papauté devaient nécessairement amener une collision, avec ceux-là mêmes d'entre les gouvernements qui avaient entretenu, jusque-là , les meilleurs rapports avec elle. Un grand mécontentement fut manifesté par la Russie et les incidents qui s'en suivirent provoquèrent l'allocution prononcée par Sa Sainteté en novembre 1866, condamnant la marche et la conduite de son gouvernement. La réponse de la Russie fut sa déclaration que le concordat conclu en 1867 était abrogé.

Sans être arrêté par l'issue de la bataille de Sadowa (juillet 1866) dont les conséquences affectaient si profondément la situation politique de l'Europe et, en particulier, celle de la papauté, le pape prononça le 27 juin 1867, une allocution qui confirmait l'Encyclique et le Syllabus et annonça son intention de convoquer un concile œcuménique.

En conséquence, ainsi que nous l'avons déjà dit, l'année suivante (29 juin 1868) une bulle fut envoyée pour la convocation de ce concile. Des différends s'étaient élevés avec l'Autriche. Le Reichsrath avait fait des lois pour établir l'égalité civile dans tout l'empire et pour diminuer l'influence de l'Eglise. Le gouvernement pontifical avait réclamé, et l'Autriche avait suivi l'exemple de la Russie et répondu par l'abrogation du concordat de 1855.

Nous avons dit qu'en France, la publication d'une partie seulement du Syllabus avait été autorisée. Mais la Prusse, désireuse d'entretenir de bons rapports avec la papauté, n'en interdit point la publication entière. Les exigences de Rome s'accrurent par cètte facilité. Elle déclara hautement que les fidèles devaient à l'Eglise le sacrifice de leurs vies, de leurs biens et même de leurs opinions ; elle invita les protestants et les grecs à faire leur soumission.

Le concile s'ouvrit au jour fixé. Son objet était d'appliquer le Syllabus, de promulguer le dogme de l'infaillibilité papale et de définir les rapports de la religion avec la science. On avait pris toutes les mesures pour faire triompher dans cette assemblée les visées de la curie romaine. Les évêques furent prévenus qu'ils étaient appelés à Rome, non pour délibérer, mais pour sanctionner des décrèts déjà rendus par le pape infaillible. Il n'était pas question de libre discussion. On ne permettait pas l'examen et la révision des procès-verbaux de l'assemblée ; on ôtait presque la parole aux prélats opposants. Le 22 janvier 1870, on présenta une pétition de la majorité demandant la définition du dogme de l'infaillibilité. Une autre pétition en sens contraire émanée de la minorité fut opposée à la première. Là-dessus, on défendit à la minorité de se réunir pour délibérer et ses publications furent interdites. Malgré que la curie se fût assurée par avance d'une majorité compacte, elle jugea nécessaire de déclarer que la presque unanimité dans le concile n'était pas nécessaire pour valider ses décisions, mais qu'il suffisait de la majorité simple. Les remontrances de la minorité furent complétement étouffées.

A mesure qu'avançait l'œuvre du Concile, les autorités ecclésiastiques des pays étrangers prenaient l'alarme. Une pétition, rédigée par l'archevêque de Vienne et signée par plusieurs archevêques et cardinaux, suppliait Sa Sainteté de ne pas proposer le dogme de l'infaillibilité : « Par la raison que l'Eglise a dans le temps présent une lutte, inconnue autrefois, à soutenir contre ceux qui combattent la religion en elle-même, comme une institution nuisible à l'humanité, et qu'il est inopportun d'imposer aux nations catholiques, induites en tentation par tant de manœuvres, la croyance à un plus grand nombre de dogmes que le Concile de Trente n'en a défini. » Cette pétition ajoutait que « la définition demandée fournirait de nouvelles armes aux ennemis de la religion en leur donnant l'occasion d'exciter contre l'Eglise, des hommes qui comptent aujourd'hui parmi les gens de bien. » Le premier ministre d'Autriche adressa une protestation au gouvernement pontifical par laquelle il se mettait en garde contre tout empiétement tenté sur les droits de l'empire. Le gouvernement français envoya une note exprimant le vœu qu'un évêque de France fût chargé d'exposer au concile la situation et les droits de ce pays. Il lui fut répondu par le gouvernement pontifical, qu'un évêque ne pouvait pas cumuler dans l'assemblée les fonctions d'ambassadeur avec celles de Père du Concile. Là-dessus, le gouvernement français déclara, dans une note très-respectueuse, qu'il comptait sur la modération des évêques et sur la prudence du Saint-Père pour ne pas convertir en articles de foi des opinions ultramontaines. Il comptait aussi sur le patriotisme des catholiques français pour protéger les lois civiles et politiques contre les empiétements de la théocratie. La Confédération du nord de l'Allemagne se joignit à ces remontrances, et pressa vivement le gouvernement du pape de les prendre en considération.

Le 23 avril, le comte d'Arnim, ambassadeur de Prusse, et le comte Daru, ambassadeur de France, soumirent à la Curie leurs réflexions sur l'inopportunité de ressusciter les doctrines du moyen-âge. Les évêques de la minorité, encouragés par cette démarche, demandèrent alors que les rapports entre le pouvoir spirituel et le pouvoir temporel, fussent définis, avant que le dogme de l'infaillibilité du pape ne fût mis en délibération, et qu'on réglât le point de savoir si le Christ avait établi Pierre et ses successeurs sur les empereurs et sur les rois.

On ne fit à tout ceci aucune attention ; on ne consentit à aucun retard. Les Jésuites qui conduisaient le mouvement, l'emportèrent, dans l'assemblée compacte, haut la main. Le Concile n'oublia rien pour se soustraire à la censure publique. Ses délibérations furent conduites avec le plus grand secret ; tous ceux qui y prenaient part étaient engagés par un serment solennel à garder le silence.

. Le 13 juillet, on fut au vote. Sur 601 votants, 451 votèrent pour. D'après la nouvelle loi de majorité, ce nombre était suffisant, et cinq jours plus tard, le pape proclamait le dogme de sa propre infaillibilité. On a souvent fait cette remarque que ce fut à ce moment même que la France déclara la guerre à la Prusse et que, huit jours après, elle retirait ses troupes de Rome. Peut-être l'homme d'Etat et le philosophe seraient-ils d'accord, qu'un pape infaillible serait dans le monde, un puissant instrument de paix et de concorde, si toutefois le bon sens humain pouvait s'arranger de ce dogme.

Là-dessus, le roi d'Italie adressa une lettre autographe au pape, exposant, en termes très-respectueux, la nécessité où il se trouvait de faire avancer ses troupes « pour la protection de Sa Sainteté et le maintien de l'ordre, » afin que d'une part, les aspirations nationales de l'Italie fussent satisfaites et que, d'autre part, le chef de la catholicité, entouré par la piété des populations italiennes, « conservât sur les bords du Tibre un siége glorieux, indépendant de toute souveraineté humaine. »

Sa Sainteté répondit d'une manière brève et caustique. « Je remercie Dieu d'avoir permis que Votre Majesté remplisse d'amertume les derniers jours de ma vie. Je ne puis, d'ailleurs, ni accorder les demandes ni admettre les principes contenus dans votre lettre. J'en appelle à Dieu et je remets entre ses mains ma cause qui est sa cause. Je le prie de répandre ses grâces sur Votre Majesté, de la délivrer de tout danger et de lui accorder le pardon dont elle a si grand besoin. »

Les troupes italiennes ne rencontrèrent qu'une faible résistance et occupèrent Rome le 20 septembre 1870. On fit un manifeste dans lequel on annonçait un plébiscite, avec vote au scrutin, sur cette question : *le peuple veut-il oui ou non l'unification de l'Italie?* Le résultat fit voir combien en Italie l'esprit public est émancipé de la doctrine théologique. Le nombre des électeurs inscrits dans les provinces romaines était de 167, 548 ; le nombre de ceux qui prirent part au vote de 135, 291 ; il n'y eut que 1,507 non. Le parlement italien ratifia le vote du peuple romain à une majorité de 239 voix contre 20. Un décret royal annonça l'annexion des Etats pontificaux au royaume d'Italie, et les détails de l'arrangement furent indiqués dans un manifeste. Ce manifeste déclarait que « le gouvernement italien entendait montrer par des concessions qu'il respectait la souveraineté du pape, conformément au principe : l'Eglise libre dans l'Etat libre. »

Pendant la guerre austro-prussienne, la papauté s'était flattée de voir rétablir l'ancien Empire germanique et de faire de l'Allemagne une nation catholique. Pendant la guerre franco-prussienne, les Français comptaient, de leur côté, sur des sympathies catholiques en Allemagne. Rien ne fut épargné pour exciter le sentiment catholique contre les protestants. On ne leur ménagea point les injures ; on les dépeignit comme des athées ; on déclara qu'ils étaient incapables d'honnêteté. On répandit que les divisions des sectes présageaient la dissolution prochaine du protestantisme. « Les disciples de Luther sont les derniers des hommes. » Le pape, lui-même, se flattant sans doute qu'on avait oublié l'histoire, disait : « Que le peuple allemand se souvienne que l'Eglise romaine est l'Eglise du progrès et de la liberté. »

Pendant ce temps, un parti s'organisait dans le clergé d'Allemagne pour résister aux usurpations de la papauté. Il protesta contre la prétention « d'élever un homme sur le trône de Dieu », contre la reconnaissance d'un vice-Dieu quel qu'il fût, et refusa de soumettre ses opinions scientifiques à l'autorité de l'Église. Il y eut des gens qui accusèrent le pape d'hérésie. On commença à fulminer l'excommunication contre ces rebelles et l'on finit par demander la destitution de certains professeurs et leur remplacement par des infaillibilistes. Le gouvernement prussien refusa de faire droit à cette demande.

Ce gouvernement avait sérieusement désiré de rester en bons termes avec la papauté ; il n'avait nulle envie de se mêler de disputes théologiques ; mais, peu à peu, il fut forcé de reconnaître que la question n'était pas tant religieuse que politique. Il s'agissait de savoir si la puissance civile pouvait être tournée contre elle-même. Un professeur de l'université avait été excommunié. Le gouvernement, sommé de le destituer, s'y refusa. Les autorités ecclésiastiques dénoncèrent ce refus comme une attaque contre la religion. L'empereur soutint son ministre. L'organe du parti infaillibiliste le menaça de l'opposition de tous les bons catholiques et lui dit que dans un conflit avec le pape, les systèmes de gouvernement pouvaient bien être changés. La question se posait clairement : « Qui est le maître dans l'Etat, du gouvernement civil ou de l'Eglise ? Les hommes ne peuvent pas obéir à deux maîtres. Si le gouvernement temporel ne veut pas se soumettre au spirituel, la guerre doit éclater entre eux. » C'est ainsi que la Prusse se vit forcée d'entrer en collision avec Rome, collision dans laquelle cette dernière, poussée par son esprit d'hostilité contre la civilisation moderne, est évidemment l'agresseur.

Le gouvernement prussien répondit à cette déclaration de guerre en supprimant, au ministère des cultes, le département catholique. C'était vers le milieu de l'été de 1871 ; au mois de novembre suivant, le parlement impérial fit une loi portant que les membres du clergé qui troubleraient la paix publique, en abusant de leurs fonctions, seraient poursuivis au criminel. Et, guidé par ce principe que l'avenir appartient à celui qui a la direction des écoles, on fit un effort en Allemagne pour obtenir la laïcité de l'enseignement.

Le parti des Jésuites s'organisait dans toute l'Allemagne sur ce principe que la législation civile n'est pas obligatoire dans les matières religieuses. C'était un acte d'insurrection ouverte. Le gouvernement pouvait-il se laisser intimider ! L'évêque de Ermeland déclara qu'il n'obéirait pas aux lois de l'Etat si elles étaient contraires aux lois de l'Eglise. Le gouvernement suspendit le payement de ses appointements, et voyant que la paix était impossible tant que les Jésuites seraient dans le pays, il résolut et opéra leur expulsion. A la fin de 1872, Sa Sainteté prononça une allocution dans laquelle elle faisait allusion aux

« persécutions de l'Eglise dans l'Empire allemand » et affirmait qu'à l'Eglise seule appartient le droit de poser les limites entre sa souveraineté et celle de l'Etat, principe d'autant plus dangereux que sous le nom de morale l'Eglise comprend les rapports de tous les hommes entre eux, et qu'elle a pour maxime que quiconque n'est pas pour elle est contre elle. Là-dessus, quelques jours après (le 9 janvier 1873), le gouvernement allemand présenta quatre lois : la première, réglant les moyens par lesquels les particuliers pouvaient rompre leurs liens avec l'Église; la seconde, restreignant le pouvoir de l'Église en matière de pénalités ecclésiastiques; la troisième, réglant l'exercice de ce même pouvoir en matière de discipline, prohibant les peines corporelles, fixant les amendes et la durée des exils, accordant le droit d'appel devant la Cour Royale de Justice dans les affaires ecclésiastiques, laquelle juge en dernier ressort; la quatrième, ordonnant que les prêtres soient préalablement instruits et nommés par l'Etat; qu'ils aient été reconnus capables, aient passé leurs examens, et soient familiers avec la philosophie, l'histoire et la littérature allemande. Elle déclarait aussi que les institutions qui ne voudraient pas se soumettre à la surveillance de l'état seraient supprimées.

Ces lois prouvent que l'Allemagne est décidée à ne plus recevoir d'ordres et d'entraves de la part de quelques familles nobles d'Italie et qu'elle entend être maîtresse chez elle. Pour elle, il ne s'agit point d'une affaire de religion et de conscience, mais d'une lutte entre la souveraineté de l'Etat et celle de l'Eglise. Elle en agit envers la papauté non pas comme une puissance religieuse, mais comme avec une puissance politique, et elle est résolue à maintenir l'article de sa constitution qui dit que « l'exercice de la liberté religieuse ne doit pas porter préjudice aux devoirs des citoyens envers le pays et envers l'Etat. »

On allègue avec raison que la papauté n'est point organisée comme une institution universelle, mais dans l'intérêt particulier d'un petit nombre de familles italiennes. Et, en effet, de quels éléments est-elle composée? D'un pape, de cardinaux évêques, de cardinaux diacres, qui, à l'heure qu'il est, sont tous des Italiens; de cardinaux-prêtres, presque tous Italiens aussi, de ministres; de secrétaires de sacrées congrégations tous Italiens. La France n'a pas donné un pape à l'Eglise depuis le moyen âge. Il en est de même de l'Autriche, du Portugal et de l'Espagne. Quelques efforts qu'on ait faits pour entamer ce système d'exclusivisme et pour rendre les dignités de l'Eglise accessibles à

toutes les nations, aucun étranger n'a pu être élevé sur le trône
de saint Pierre. Il semble reconnu que l'Eglise est l'apanage
donné par Dieu aux familles princières d'Italie. Des cinquante
cinq membres dont se compose actuellement le collége des cardinaux, quarante sont italiens ; c'est-à-dire que les Italiens sont
trois fois plus nombreux dans le sacré collége qu'ils n'auraient
le droit de l'être.

La pierre d'achoppement au progrès de l'Europe a été son
double système de gouvernement. Tant qu'un peuple a deux
souverains, un souverain temporel au dedans, un souverain spirituel au dehors, les princes temporels étant différents chez les
différentes nations, le prince spirituel étant le même pour toutes,
comment l'histoire peut-elle être autre chose que le récit de luttes
et de rivalités ? Quiconque réfléchit sur ce sujet, comprend pourquoi les peuples qui ont secoué le joug de cette dualité sont ceux
qui ont fait le plus de progrès, et voit clairement la cause de
l'état de paralysie dans lequel est tombée la France. D'un côté,
elle voudrait être à la tête de l'Europe ; de l'autre, elle s'enchaîne à
un cadavre. Pour plaire aux classes ignorantes, le gouvernement
entre dans des voies que condamnent les classes éclairées. Les
deux pouvoirs, le civil et le religieux, sont si bien balancés que
c'est alternativement l'un ou l'autre qui prévaut, et bien souvent
l'un des deux fait servir son rival à ses desseins.

Cependant cette dualité gouvernementale touche à sa fin. Aux
nations du nord, moins dominées par l'imagination et la superstition, elle était devenue, dès longtemps, insupportable, et à l'é-
poque de la Réforme elles l'avaient rejetée malgré les protestations et les prétentions de la Cour de Rome. La Russie, plus
heureuse que les autres, ne l'avait jamais connue. Elle se faisait
gloire de sa fidélité à l'Eglise grecque, et ne voyait dans la papauté qu'une institution nuisible et contraire à la foi des premiers
siècles. En Amérique, le divorce du spirituel et du temporel
avait toujours été complet et quoique le premier jouisse d'une
entière liberté en matières religieuses, il n'a pas le moindre droit
d'immixtion dans les affaires civiles. L'état de choses aux Etats-
Unis nous prouve que les deux formes du Christianisme, la
catholique et la protestante, ont perdu toutes deux leur force
d'expansion. Aucune des deux ne peut plus passer ses frontières et gagner du terrain sur sa rivale : les catholiques restent
catholiques ; les protestants demeurent protestants, et même
chez ceux-ci, la disposition au sectairianisme diminue tous les

jours. Les membres des confessions différentes se mêlent et se marient ensemble, sans hésitation. Ce sont leurs journaux, ce ne sont plus leurs Eglises qui forment chez eux l'opinion.

Pie IX, dans le mouvement que nous avons raconté, a eu deux objets en vue : 1º Une centralisation plus forte de la papauté, ayant à sa tête un autocrate spirituel revêtu des prérogatives de Dieu; 2º le contrôle effectif sur la marche intellectuelle des peuples chrétiens.

La conséquence logique de la première de ces prétentions c'est l'intervention de l'Eglise dans les affaires politiques. Toute autorité temporelle doit être subordonnée à l'autorité spirituelle ; toute loi contraire à l'intérêt de l'Eglise doit être abrogée; ces lois, d'ailleurs, n'obligent pas les fidèles. J'ai raconté dans les précédentes pages quelques-unes des complications auxquelles ces affirmations avaient déjà donné lieu.

Voici maintenant comment la papauté entend exercer son droit de contrôle sur la marche intellectuelle des peuples chrétiens; comment elle définit ses rapports avec son adversaire, la science, et, cherchant à revenir aux conditions du moyen-âge, s'élève contre la civilisation et dénonce la société moderne.

L'Encyclique et le Syllabus contiennent les principes que le Concile du Vatican a eu pour objet d'appliquer. Le syllabus stigmatise le Panthéisme, le Naturalisme, le Rationalisme et dénonce des opinions telles que celles-ci : que Dieu et le monde sont identiques; qu'il n'y a point d'autre Dieu que la nature; que les sujets théologiques doivent être traités de la même manière que les sujets philosophiques; que les méthodes et les principes de la scolastique ne sont plus applicables à cause des progrès du siècle; que tout homme est libre de se choisir une religion et de se conduire par les lumières de sa propre raison ; qu'il appartient au pouvoir civil de définir les droits de l'Eglise et de fixer les bornes de son autorité; que l'Eglise n'a point le droit d'employer la force ni d'exercer aucun pouvoir temporel; que la religion catholique ne doit plus être religion d'Etat, ni les autres cultes être exclus; que les personnes résidant dans les pays catholiques ont le droit d'exercer librement leur culte; que le souverain Pontife peut et doit s'accorder et se réconcilier avec les progrès de la civilisation moderne. Le Syllabus réclame le droit de l'Eglise à la surveillance des écoles publiques et refuse ce même droit à l'Etat. Il réclame également pour elle un contrôle souverain sur les mariages et les divorces.

Ceux de ces principes qui ont été formulés par le Concile ont été inscrits par lui dans *La Constitution Dogmatique de la Foi Catholique*. Nous avons donc à examiner les points essentiels de cette constitution, surtout en ce qui touche aux rapports de la religion et de la science. Il est entendu que nous ne présenterons pas des considérations sur ce document tout entier, mais seulement sur telles de ses parties qui nous sembleront les plus importantes.

La définition commence par une revue sévère des principes et des conséquences de la Réforme Protestante :

« L'autorité divine de l'Eglise ayant été rejetée, et les choses de la religion ayant été soumises au jugement particulier, il s'est élevé plusieurs sectes, qui, par leurs disputes entre elles, ont contribué à effacer de beaucoup d'esprits toute croyance en Jésus-Christ, et les Saintes Ecritures ont commencé à être regardées comme des fables et des mythes. Le Christianisme a été abandonné et le règne de la raison, comme ils l'appellent, ou de la nature, a été mis en sa place ! Plusieurs, tombant dans l'abîme du Panthéisme, du matérialisme et de l'athéisme, répudiant le principe de la nature raisonnable de l'homme, et rejetant toute règle du bien et du mal, travaillent à renverser les fondements mêmes de la société. Comme cette hérésie impie se répand partout, beaucoup de catholiques en ont eux-mêmes été infectés. Ils confondent la science humaine avec la foi.

« Mais l'Eglise, la mère et la maîtresse des nations, est toujours prête à fortifier les faibles et à recevoir dans son sein ceux qui reviennent à elle, afin de les conduire dans des voies meilleures. Or, tous les évêques du monde étant assemblés dans ce Concile œcuménique, et l'Esprit-Saint étant au milieu de nous et jugeant par notre bouche, nous avons résolu de proclamer, du haut de cette chaire de saint Pierre, les enseignements sauveurs du Christ et de proscrire et condamner les erreurs qui leur sont opposées.

« DE DIEU CRÉATEUR DE TOUTES CHOSES. — La Sainte Eglise Catholique Apostolique et Romaine professe qu'il y a un Dieu vivant et véritable, créateur de toutes choses, Seigneur du ciel et de la terre, Tout-Puissant, Eternel, Immense, Incompréhensible, Infini en intelligence, en volonté et en perfection. Ce Dieu est distinct du monde. Par son libre conseil, il a créé de rien les créatures spirituelles et matérielles, la nature angélique et la nature animale. Il a fait ensuite la nature humaine qui est un composé des deux autres. De plus, il protége et gouverne toutes choses par sa Providence, laquelle s'étend partout et répand sur tout l'harmonie. Il voit tout, aucun acte de la volonté libre de l'homme n'est caché à ses yeux. »

DE LA RÉVÉLATION. — Notre Sainte Mère l'Eglise tient que Dieu peut être connu avec certitude par les seules lumières de la raison humaine; mais qu'il lui a plu de se révéler et de faire connaître ses décrets éternels par des voies surnaturelles. Cette révélation surnaturelle est contenue, ainsi que l'a déclaré le saint Concile de Trente, dans les livres de l'Ancien et du Nouveau Testament pris dans l'ordre dans lequel les a énumérés le dit Concile et dans lequel les place la Vulgate ou ancienne version latine. Ces livres sont sacrés parce qu'ils ont été écrits sous l'inspiration du Saint-Esprit. Ils ont Dieu même pour auteur et ont été donnés par lui à l'Eglise. »

« Et afin de faire taire les esprits inquiets, qui pourraient en donner des explications erronées, il est décrété — renouvelant en cela la décision du Concile de Trente — que nul ne peut interpréter les Saintes Ecritures d'une manière contraire au sens que leur donne la sainte Eglise, à qui seule appartient le droit d'interprétation.

« DE LA FOI. — De même que l'homme est soumis à Dieu son Seigneur, la raison créée est soumise à la vérité incréée et quand il plaît à Dieu de faire à l'homme une révélation, l'homme est tenu d'obéir à Dieu par la foi. Cette foi est une vertu surnaturelle et le commencement du salut, quand elle fait croire aux choses révélées, non point à cause de leur vérité intrinsèque examinée à la lumière de la raison humaine, mais à cause de l'autorité de Dieu qui les a révélées. Cependant cette foi peut être d'accord avec la raison, Dieu ayant voulu par les miracles et les prophéties donner de sa puissance et de sa sagesse des preuves appropriées à l'intelligence de tous. Tels sont les miracles et les prophéties de Moïse, des prophètes, et surtout du Christ. Or, toutes choses doivent être crues qui sont écrites dans la Parole de Dieu ou transmises par la tradition, et que l'Eglise propose à notre foi.

« Nul ne sera sauvé sans la foi et nul ne le sera par la foi qui n'y persévèrera pas jusqu'à la fin. Car, Dieu a, par son Fils Unique, institué l'Eglise pour conserver et enseigner sa parole révélée. Et à l'Eglise seule appartiennent tous les signes qui rendent évidente la foi qu'elle enseigne. De plus, l'Eglise elle-même dans sa merveilleuse propagation, son éminente sainteté, son inépuisable fécondité pour le bien, son unité catholique, son inébranlable stabilité, contient et offre la preuve évidente de la divinité de sa mission. L'Eglise fait voir à ses enfants que la foi qu'ils professent repose sur un fondement solide. Et ainsi, bien différente est la condition de ceux qui, par le don céleste de la foi, ont embrassé la vérité catholique et de ceux qui, conduits par les opinions humaines, ont suivi une fausse religion. »

« De la foi et de la raison. — De plus, l'Eglise catholique a toujours tenu et tient encore qu'il existe deux espèces de sciences, distinctes l'une de l'autre dans leur principe et dans leur objet : Distinctes dans leur principe, parce que dans l'une, nous sommes instruits par la raison naturelle, et dans l'autre, par la foi divine : distinctes dans leur objet, parce que outre les vérités auxquelles notre raison peut atteindre, on présente à notre esprit des mystères cachés en Dieu, lesquels ne peuvent arriver à notre connaissance que par la voie de la Révélation.

« La raison, quand elle est éclairée par la Foi et qu'elle se tient dans la crainte de Dieu, peut arriver, par la grâce divine, à une connaissance des mystères, limitée dans son étendue mais salutaire dans ses effets, tant par l'analogie des choses naturelles, que par le rapport des mystères entre eux et avec la fin dernière de l'homme. Toutefois, il n'est jamais donné à la raison de comprendre les mystères, comme elle le fait les vérités qui sont de son domaine. Car, les mystères de Dieu dépassent tant par leur nature la portée de l'intelligence humaine, que lors même qu'ils ont été enseignés par la révélation et reçus par la foi, ils restent encore enveloppés dans cette même foi, comme dans un voile, et cachés dans les ténèbres jusqu'au terme de cette vie mortelle.

« Mais, quoique la foi soit supérieure à la raison, il ne peut jamais y avoir désaccord réel entre elles, puisque le même Dieu qui a révélé les mystères et fait aux hommes le don de la foi est celui qui a éclairé l'âme de l'homme des lumières de la raison, et que Dieu ne peut pas se diviser contre lui-même et contredire ses vérités les unes par les autres. Donc, l'ombre trompeuse de ces contradictions vient, ou de ce que les doctrines de l'Eglise ne sont pas comprises et enseignées comme les enseigne et les comprend l'Eglise, ou que les vaines imaginations des hommes se substituent aux lumières de la raison.

Nous déclarons donc fausse, toute assertion contraire à la foi bien enseignée. De plus, l'Eglise qui a reçu, outre la charge apostolique d'instruire les hommes, le dépôt sacré de la foi, tient également de Dieu le droit et le devoir.de condamner *la science (ainsi faussement nommée) de peur que les hommes ne soient séduits par la philosophie et par des illusions trompeuses.* Il est donc défendu à tous les chrétiens fidèles de soutenir comme conclusions légitimes de la science ces opinions que l'on sait être contraires à la doctrine révélée, surtout quand elles ont été condamnées par l'Eglise, et il leur est, au contraire, ordonné de les tenir pour des erreurs revêtues des apparences de la vérité.

« Non-seulement il est impossible que la foi et la raison se contredisent l'une l'autre, mais elles se prêtent plutôt une assistance mutuelle. Car la droite raison pose les fondements de la Foi, et, par ses lumières, concourt à la culture des choses divines, pendant que la foi préserve et délivre la raison de beaucoup d'erreurs et l'enrichit de diverses sortes de connaissances. Si éloignée. est l'Eglise de s'opposer à la culture des sciences et des arts qu'elle les encourage et les protége de diverses manières ; car, elle n'ignore ni ne méprise les avantages qui en dérivent pour le bien de l'homme. Au contraire, elle.reconnaît qu'ils viennent de Dieu, le Maître de toute science, et que s'ils sont sagement cultivés, ils conduisent à Lui par sa grâce. Elle ne défend à aucune science de se servir de ses principes et de ses méthodes dans le domaine qui lui est propre ; mais, tout en reconnaissant cette liberté raisonnable, elle veille à ce que les sciences ne jettent pas, par leurs erreurs et leurs contradictions avec les enseignements de Dieu, le trouble dans les consciences et la confusion dans le domaine de la foi.

« Car, la doctrine de la foi révélée n'a pas été proposée par Dieu, comme certaines découvertes philosophiques, pour être perfectionnée par l'esprit humain ; mais, elle a été confiée à l'Epouse de Jésus-Christ comme un dépôt sacré, pour être conservée et enseignée avec soin. Ainsi, tous les points de doctrine et de foi doivent être expliqués toujours dans le sens que leur donne l'Eglise et il n'est pas permis de s'en écarter pour en chercher faussement une explication prétendue plus éclairée. En conséquence, à mesure que passeront les générations et les siècles, puisse l'intelligence, la science et la sagesse de tous et de chacun s'accroître, mais cela dans le domaine qui appartient à l'homme, et que le sens et l'interprétation des Ecritures soient toujours conservés et que la foi demeure. »

Entre autres canons, le Concile du Vatican a promulgué les suivants :

« Qu'il soit anathème :

« Celui qui nie un Dieu unique et véritable, créateur et Seigneur de toutes choses, visibles et invisibles.

« Celui qui affirme sans rougir que rien n'existe dans le monde que la matière.

« Celui qui dit que la substance ou essence de Dieu est la même que celle de toutes choses.

« Celui qui dit que les choses finies corporelles et spirituelles, ou les choses spirituelles seulement sont des émanations de la substance divine ; ou que l'essence divine par ses manifestations et développements devient toutes choses.

« Celui qui ne confesse pas que le monde et tout ce qu'il contient a été créé de rien par Dieu.

« Celui qui dit que l'homme peut et doit, par ses propres efforts et par son progrès continu, arriver à la possession de toute vérité et de toute vertu.

« Celui qui refuse de tenir pour sacrés et canoniques tous les livres des Saintes Ecritures, dans leur intégrité et dans l'ordre où les a énumérés le Saint Concile de Trente, ou qui nie que ces livres aient été inspirés par Dieu.

« Celui qui dit que la raison humaine est, par elle-même, sage et libre et que Dieu ne peut pas lui demander de se soumettre par la foi.

« Celui qui dit que la vérité révélée ne peut pas être appuyée par des signes extérieurs.

« Celui qui dit que la révélation divine ne contient pas de mystères, mais que tous les dogmes de foi doivent être compris et démontrés par la raison duement cultivée.

« Celui qui dit que les sciences humaines doivent être étudiées dans une telle liberté d'esprit que l'on puisse tenir leurs assertions pour vraies, alors même qu'elles sont contredites par la doctrine révélée.

« Celui qui dit qu'un temps viendra où par le progrès de la science, les doctrines de l'Eglise recevront un autre sens que le sens qui leur a toujours été et qui leur est toujours donné par l'Eglise. »

Les déclarations extraordinaires et l'on peut dire arrogantes contenues dans ces décisions furent loin d'être reçues avec satisfaction par les catholiques éclairés. Du côté des universités allemandes surtout, elle rencontrèrent de l'opposition. Et quand, à la fin de l'année, on souscrivit à peu près généralement aux déclarations du Concile du Vatican, ce ne fut point par conviction, mais par un sentiment de discipline et d'obéissance.

Beaucoup de pieux catholiques avaient vu le mouvement depuis le commencement, et en voyaient maintenant les résultats, avec une sincère douleur. Le père Hyacinthe, dans une lettre à son supérieur, disait : « Je proteste contre le divorce aussi impie qu'insensé qu'on voudrait établir entre l'Eglise, qui est notre mère éternelle, et la société du dix-neuvième siècle, dont nous sommes les enfants dans le temps et envers qui nous avons aussi des devoirs. C'est ma conviction profonde que si la France, en particulier, et les races latines en général, sont livrées à l'anarchie sociale, morale et religieuse, la cause n'en est pas le catholicisme, mais la manière dont le catholicisme est depuis longtemps compris et pratiqué. »

Malgré son infaillibilité, qui implique l'omniscience, Sa Sainteté ne prévoyait pas l'issue de la guerre franco-prussienne. Si elle eût eu le don de prophétie, elle eût connu d'avance l'inopportunité des actes du Concile. Sa demande au roi de Prusse de lui prêter son assistance militaire, rencontra un refus. Le roi d'Italie excommunié prit, comme nous l'avons vu, possession de Rome. Une encyclique du pape pleine d'amertune et contrastant étrangement avec la forme courtoise des documents diplomatiques modernes, fut adressée le 1ᵉʳ novembre 1870, dénonçant les actes de la cour de Florence, laquelle « avait suivi les conseils des sectes de perdition. » Sa Sainteté déclare dans ce document qu'elle est en captivité et qu'elle n'entrera point en partage avec Bélial. Elle prononce l'excommunication majeure, avec censures et pénalités, contre ses adversaires et demande « l'intercession de la Vierge Immaculée, mère de Dieu, et celle des saints apôtres Pierre et Paul. »

Plusieurs sectes protestantes s'étaient [unies entre elles pour se consulter sur des points d'intérêt commun et avaient pris le nom d'Alliance Evangélique. Leur dernière assemblée fut tenue à New-York dans l'automne de 1873. Quoique ce meeting réunit un grand nombre de pieux représentants des Eglises réformées d'Europe et d'Amérique, il n'avait point le prestige ni l'autorité du grand Concile qui venait de clore sa session dans Saint-Pierre

dè Rome. Il ne pouvait pas invoquer une longue suite de pré-
décesseurs ayant rempli la chaire pendant beaùcoup plus de
mille ans. Il ne pouvait pas parler sur le ton d'un égal ou d'un
supérieur aux empereurs et aux rois. Tandis qu'une intelligence
profonde, une sagesse politique et humaine, brillaient dans les
moindres actions du Concile du Vatican, l'Alliance Evangélique
se rencontrait sans savoir au juste quel objet elle avait en vue,
sans un programme défini. Son désir était bien d'opérer un rap-
prochement entre les différentes Eglises protestantes, mais elle
n'avait aucun espoir fondé d'arriver à ce résultat désirable. Son
existence même était l'ouvrage du dissentiment, origine et condition de vie pour les églises qui y étaient représentées.

Cependant, les actes de l'Alliance Evangélique ont un côté instructif et frappant. Elle a détourné ses regards de son ancien
adversaire, cet adversaire, qui, tout à l'heure encore, chargeait
la Réforme de ses amers reproches, et, de même que le Concile
du Vatican, elle les a portés sur la science. Sous ce nom redouté,
il semblait qu'un spectre à la forme incertaine, aux proportions
chaque jour grandissantes, à l'aspect menaçant, se tenait debout
devant elle. Parfois l'Alliance lui adressait la parole sur un ton
de courtoisie, parfois elle lui parlait avec colère et le dénonçait
au monde.

L'Alliance n'a pas vu que la science moderne est la sœur légitime, plus que cela, la sœur jumelle de la Réforme. Elles ont
été conçues et enfantées le même jour : l'Alliance n'a pas vu que
bien qu'il soit impossible de réunir les sectes séparées, elles
peuvent toutes trouver dans la science un point de ralliement et
que leur politique envers elle ne doit pas être une défiance hostile,
mais une union cordiale.

Il nous reste à faire quelques réflexions sur cette *Constitution de la Foi Catholique* qui a été définie par le Concile du
Vatican.

On peut ne regarder que de son seul point de vue des objets
qui doivent se présenter sous le même aspect à tous les hommes ;
mais le cas est, ici, différent. L'homme religieux occupe un terrain ; l'homme de science en occupe un autre. Chacun d'eux ne
peut exiger que le paysage se présente à l'autre sous les mêmes
lignes qu'à lui-même.

La Constitution Dogmatique demande d'abord qu'il soit reconnu
que l'Eglise Romaine agit par l'ordre de Dieu et en vertu d'un
mandat qui lui a été spécialement et expressément délivré. Au

nom de cette grande autorité, elle exige des hommes, la soumission intellectuelle, et des nations la subordination du pouvoir civil.

Mais, une si haute prétention doit s'appuyer sur les lettres de créance les plus positives : il faut des preuves claires, fortes, exactes ; des preuves qu'il soit impossible de mettre en question.

Cependant, l'Eglise déclare qu'elle ne soumettra pas ses titres à l'arbitrage de la raison humaine : elle demande qu'ils soient admis et reconnus comme articles de foi.

Si l'on y consent, toutes ses autres demandes seront nécessairement accordées, si exorbitantes qu'elles puissent être.

Avec une étrange inconséquence, la constitution dogmatique d'une part dénigre la raison, prétendant qu'elle n'est pas apte à juger les questions qui lui sont soumises, et, d'autre part, lui fait appel et plaide devant elle les droits de l'Eglise. On pourrait dire avec vérité que le document tout entier est une instance passionnée faite à la raison pour obtenir d'elle qu'elle s'immole au christianisme romain.

Placées à des points de vue si différents, il est impossible que la science et la religion voient les choses de même. Aussi, ne peut-on arriver à une conclusion commune qu'en s'adressant à la raison comme au suprême et dernier juge.

Il y a plusieurs religions dans le monde, dont quelques-unes sont plus vénérables encore par l'antiquité et par le nombre de leurs adhérents que l'Eglise romaine. Comment faire un choix parmi elles, si ce n'est au moyen de la raison ? La religion et la science sont bien forcées de soumettre toutes deux leurs dissentiments et leurs prétentions à son tribunal.

C'est contre cette nécessité que proteste le Concile du Vatican. Il met la foi au-dessus de la raison. Il prétend qu'elles constituent deux moyens distincts d'arriver à la connaissance, correspondant, l'un aux mystères et l'autre, aux phénomènes. Proclamant la prééminence de la foi, il offre à l'esprit, qui les repousse, le miracle et les prophéties.

D'un autre côté, la science se détourne de l'incompréhensible et s'en réfère à la maxime de Wiclef : « Dieu n'oblige pas l'homme à croire ce qu'il ne peut comprendre. » En l'absence de lettres de créance suffisamment claires dans les mains de son adversaire, la science examine s'il y a dans l'histoire de la papauté et dans les biographies des papes, de quoi soutenir leur prétention à une mission divine, de quoi justifier le dogme de l'infaillibilité du pape, de quoi mériter à celui-ci la prompte obéissance qui serait due à un Vice-Dieu.

Une autre contradiction caractéristique de la Constitution Dogmatique, est l'hommage forcé qu'elle rend à l'intelligence humaine. Elle définit les bases philosophiques du catholicisme, mais elle voile les traits, désagréables à la raison, de la foi populaire. Elle parle des attributs de Dieu, le créateur de toutes choses, en termes correspondants à une conception sublime ; mais elle s'abstient de parler du Dieu Éternel né d'une femme, et de l'épouse du charpentier devenue la reine des cieux. Le Dieu qu'elle dépeint n'est pas le Dieu du moyen âge, assis sur son trône d'or, entouré des chœurs des anges, mais le Dieu de la philosophie. La Constitution ne dit rien de la Trinité ; rien du culte de la Vierge Marie, qui se trouve, au contraire, virtuellement condamné par elle ; rien de la transsubstantiation ; rien de l'invocation des saints. Cet acte porte sur toutes ses pages l'empreinte de la pensée du siècle, la marque du progrès intellectuel de l'homme.

Après nous avoir ainsi exposé les attributs de Dieu, la Constitution nous instruit de son mode de gouvernement du monde. L'Église affirme qu'elle possède un contrôle surnaturel sur toutes les choses morales et matérielles. Les prêtres, aux différents degrés de la hiérarchie, peuvent agir sur l'avenir, soit en vertu des pouvoirs qui leur sont propres, soit par leur influence auprès des puissances célestes. Le souverain pontife a reçu le pouvoir de lier et de délier à son gré. Il n'est pas permis d'en appeler de ses jugements à un concile œcuménique, comme s'il y avait sur la terre un pouvoir supérieur au sien. Une pareille puissance peut se concilier avec une souveraineté divine arbitraire ; mais elle est inconciliable avec une loi immuable qui gouverne le monde. Par conséquent, la Constitution Dogmatique se prononce fermement en faveur d'une intervention incessante de la Providence. Elle n'admet pas un instant que dans les choses de la nature il y ait un enchaînement irrésistible de faits, et, dans les choses humaines, une suite d'actions inévitables.

Mais l'ordre de la civilisation n'a-t-il pas été le même dans le monde entier ? La croissance de la société ne ressemble-t-elle point à la croissance de l'individu ? L'une et l'autre n'ont-elles pas des phases de jeunesse, de maturité et de décrépitude ? Pour qui a soigneusement examiné le développement des groupes humains dans les différentes régions de la terre, et qui a vu que leur progrès se fait toujours de la même manière, n'est-il pas clair qu'une loi préside à ce progrès ? Les idées religieuses chez les Incas du Pérou et chez les empereurs du Mexique, le cérémonial de leur cour, étaient les mêmes qu'en Europe, les mêmes qu'en Asie. Le courant de la pensée avait suivi le même chemin. Un essaim d'abeilles, transporté dans une terre lointaine, bâtira sa ruche et réglera ses institutions sociales de la même manière que d'autres essaims qu'il ne connaît point. Il en est ainsi des essaims humains. Cette série est tellement invariable qu'il y a des philosophes qui, transportant les exemples du passé aux temps modernes et ceux de l'Asie à l'Europe, n'hésiteraient pas à soutenir cette proposition : étant donné un évêque de Rome et un certain nombre de siècles encore, vous aurez le Lamaïsme. — Le Lamaïsme auquel l'Asie est arrivée depuis longtemps!

Quant à l'origine des choses spirituelles et corporelles, la Constitution Dogmatique ajoute à la solennité de ses déclarations en anathématisant ceux qui croient que la nature visible n'est qu'une manifestation de l'essence divine. En cela, ses auteurs ont une tâche difficile. Ils rencontrent devant eux ces formidables idées anciennes et nouvelles, qui, dans notre temps, s'imposent si fortement aux hommes réfléchis. La doctrine de la conservation et de la corrélation des forces, produit, par une conséquence logique, la vieille théorie orientale de l'Emanation. Celle de l'Évolution et du Développement, renverse le dogme de la création en plusieurs actes successifs. La première repose sur le principe fondamental que la quantité de force répandue dans l'univers est invariable. Bien que cette quantité ne puisse ni diminuer, ni s'accroître, les formes sous lesquelles elle s'exprime se fondent les unes dans les autres. Cette doctrine n'a pas encore reçu sa démonstration scientifique ; mais les raisons en sa faveur sont si fortes qu'elle s'impose presque d'autorité. Or, la théorie asiatique de l'émanation et de l'absorption, paraît être en rapport avec cette grande idée. Elle ne croit pas qu'au moment où un être humain est conçu, une âme est créée de rien, par Dieu, et adjointe à ce corps ; mais bien, qu'une portion de l'intelligence divine et universelle préexistante s'y attache et, quand la vie de l'homme est finie, retourne à la source d'où elle était sortie. Les auteurs de la Constitution interdisent ces opinions aux fidèles sous peine de la damnation éternelle.

Ils traitent de même les doctrines de l'Evolution et du Développement, affirmant d'une façon inconsidérée la croyance de l'Église en des actes de création distincts. La doctrine que toute forme vivante provient d'une forme vivante qui l'a précédée, est plus scientifiquement démontrée que la doctrine de la conservation des forces, et il est probable qu'on peut la considérer comme établie, quelles que soient les additions dont elle a été récemment surchargée.

En condamnant la Réforme, l'Église ne fait qu'appliquer son principe que la raison est subordonnée à la foi. A ses yeux, la Réforme est une hérésie impie qui conduit aux abîmes du panthéisme, du matérialisme et de l'athéisme et tend à renverser les fondements de la société humaine. Elle voudrait donc réprimer « ces esprits inquiets » qui, suivant l'exemple de Luther, « soutiennent que tout homme a le droit d'interpréter les Écritures selon son sens particulier. » Elle déclare que c'est une erreur nuisible que d'admettre les Protestants à l'égalité politique et civile avec les Catholiques, et que c'est un devoir sacré de les réduire par la contrainte et de les faire disparaître ; qu'il est abominable de leur permettre d'ouvrir des écoles. Grégoire XVI dénonçait le principe de la liberté de conscience comme une absurde folie et celui de la liberté de la presse comme une erreur pestilentielle qu'on ne pouvait assez détester.

Mais comment pourrait-on reconnaître un oracle inspiré et infaillible sur les bords du Tibre quand, dans des occasions répétées, les papes se sont contredits les uns les autres? quand des papes ont dénoncé des conciles et des conciles ont dénoncé des papes? quand la Bible de Sixte Quint contenait tant d'erreurs — près de deux mille — que ses propres auteurs furent obligés de la supprimer? Comment les enfants de l'Eglise pourraient-ils regarder comme « des illusions trompeuses » la sphéricité de la terre, son mouvement de rotation sur son axe et sa révolution autour du soleil? Comment pourraient-ils nier qu'il existe des antipodes et d'autres mondes planétaires? Comment, enfin, pourraient-ils rester convaincus que l'univers a été créé de rien ; le monde fait en une semaine, et, tout d'abord, tel qu'il est aujourd'hui ; qu'aucun changement ne s'y est produit, mais que toutes ses parties ont fonctionné dans une telle indifférence que l'intervention incessante de Dieu a été nécessaire pour les mettre en mouvement et pour les conserver?

Quand on demande aujourd'hui à la science d'abdiquer devant l'Eglise, ne peut-elle rappeler à celle-ci le passé? Le conflit touchant la forme de la terre et la localisation du ciel et de l'enfer s'est terminé à son désavantage. Elle disait que la terre est plate et que le ciel est un dôme sur nos têtes, et que bien souvent on avait vu des êtres privilégiés y opérer leur ascencion. Une fois la forme globulaire de la terre démontrée sans réplique par le voyage de Magellan, elle s'était rabattue sur la prééminence de notre planète et soutenait qu'elle était le point central de l'univers. Délogée de cette position, elle affirma ensuite que la terre est immobile et que ce sont les étoiles et le soleil qui tournent autour d'elle ; l'invention du télescope vint la convaincre d'erreur. Après cela, elle prétendit que les mouvements des astres sont réglés par une incessante providence ; les principes de Newton démontrèrent qu'ils le sont par une irrésistible loi. Elle avait toujours soutenu que la terre avait été créée il y a six mille ans, ainsi que les astres, et qu'en six jours l'ordre de l'univers avait été réglé avec toutes les plantes et tous les animaux qui peuplent la terre. Contrainte et forcée par l'évidence, elle avait accordé que ces six jours pouvaient bien être six périodes d'une longueur indéfinie. Il fallut renoncer aux six périodes aussi bien qu'aux six jours, quand on vit que les espèces s'étaient lentement formées dans le premier âge, avaient atteint leur point de perfection dans le second, et, lentement aussi, avaient disparu dans le troisième. Les secousses créatrices des six périodes auraient demandé non-seulement une première création, mais des créations successives. L'Eglise racontait qu'il y avait eu un déluge universel qui avait couvert le sommet des plus hautes montagnes et que les eaux avaient été séchées par les vents ; des notions exactes sur le volume de la mer et celui de l'atmosphère, ainsi que sur le phénomène de l'évaporation, montrèrent la valeur de ce récit. Au sujet de l'homme, l'Eglise voulait qu'il fût sorti parfait des mains du Créateur et qu'il eût dégénéré par le péché. Aujourd'hui, elle en est à chercher, comment elle pourra bien combattre les témoigages qui surgissent de toutes parts, touchant la condition sauvage de l'homme préhistorique.

Est-il donc étonnant que le nombre de ceux qui tiennent en mince estime les opinions de l'Eglise s'accroisse rapidement ? Comment pourrait-on accepter comme guide infaillible dans les choses invisibles, celle qui, au sujet des choses visibles, tombe si souvent dans l'erreur ? Comment avoir confiance en elle dans les questions morales et spirituelles, quand on la voit s'égarer ainsi dans toutes les questions physiques ? Est-il possible de traiter ces faits péremptoires « *d'ombres vaines, de fictions venant de la science (comme on l'appelle faussement), d'erreurs revêtues des apparences trompeuses de la vérité ?* Ne sont-ils pas, au contraire, de grands témoins qui élèvent la voix avec force contre la prétention de l'Eglise à l'infaillibilité et qui la convainquent d'ignorance et d'aveuglement ?

Convaincue aujourd'hui de tant d'erreurs, la papauté ne cherche point à donner des explications ; elle se retranche dans l'indifférence, et pour elle, le sujet n'existe pas. De plus, se fiant à la puissance de l'audace, elle pose son droit à l'infaillibilité.

Cependant, le souverain pontife ne peut avoir d'autres droits que ceux que lui aura adjugés le tribunal de la raison. Il ne peut pas réclamer l'infaillibilité en matières religieuses sans la réclamer également en matières scientifiques. L'infaillibilité comprend tout ; elle implique l'omniscience. Si elle existe en théologie, elle existe en science. Comment concilier l'infaillibilité du pape, avec ses erreurs bien connues ?

Ne devient-il pas nécessaire de repousser la prétention de la papauté à mettre la force au service de ses opinions ? Peut-on ne pas rejeter cette déclaration que « l'Inquisition est d'urgente nécessité en présence de l'incrédulité du siècle ? » Peut-on ne pas protester, au nom de la nature humaine, contre la férocité et le terrorisme mis en usage par cette institution ? La conscience n'a-t-elle pas des droits inaliénables ?

Un abîme infranchissable et chaque jour grandissant se trouve entre le catholicisme et l'esprit du siècle. Le catholicisme veut que la foi aveugle soit supérieure à la raison et que les mystères soient au-dessus des faits. Il veut être le seul interprète de la nature, de la révélation, le suprême arbitre de la science. Il rejette sommairement toute critique des Ecritures et veut que la Bible soit acceptée telle que l'ont donnée les théologiens du Concile de Trente. Il affiche sa haine des institutions libres et des systèmes constitutionnels, et il déclare que c'est une coupable erreur que de regarder la réconciliation du pape avec la civilisation moderne comme désirable ou comme possible.

Mais, demande l'esprit du siècle, faudra-t-il donc subordonner l'intelligence humaine à l'intelligence des Pères du Concile de Trente ou à la fantaisie des ignorants et des illettrés qui ont écrit dans les premiers siècles de l'Eglise ? Cet esprit ne voit aucun mérite dans la foi aveugle ; il s'en défie au contraire. Il cherche dans l'avenir un nouveau symbole de foi donné

par les faits et non par les fictions. Il ne se croit point obligé
de souscrire à des fables ni à des mensonges inventés pour les
besoins de l'Église. Il ne trouve point que l'ancienneté implique
la vérité des traditions et des légendes. En matière de fables, l'Église est même très-inférieure au paganisme ancien.
La durée de l'Église n'est point l'effet de la protection divine,
mais le résultat de l'habileté avec laquelle elle a su s'adapter
aux circonstances. Si l'ancienneté était un titre au respect, le
Boudhisme serait, entre tous, respectable. Il est plus vieux
que le christianisme de plusieurs siècles. Et ici, il est devenu
impossible de soutenir ces falsifications de l'histoire dont l'Église
a si souvent tiré parti. En cette matière, la fin ne justifie pas
les moyens.

Est - on donc arrivé réellement à cette conclusion que la
science et le christianisme romain se reconnaissent mutuellement pour incompatibles ; qu'ils ne peuvent coexister ; que
l'un doit céder la place à l'autre et que l'humanité doit faire son
choix ?

Mais tandis que c'est là, peut-être, la conclusion inévitable
pour ce qui est du Catholicisme, une réconciliation pourrait facilement avoir lieu entre la science et le Protestantisme, si seulement les églises réformées voulaient rester fidèles à la maxime
enseignée par Luther et établie au prix de tant de guerres sanglantes. Cette maxime, c'est le droit d'interprétation privée des
Écritures. Ce droit a été la pierre d'assise de la liberté intellectuelle. Et s'il est reconnu à l'égard du livre des Écritures, comment serait-il nié à l'égard du livre de la nature ? Dans les ma-
lentendus qui sont survenus, nous ne devons pas, les uns et les
autres, perdre de vue l'infirmité de la nature humaine. Il faut
excuser les premières générations qui ont suivi l'avénement de
la réforme de n'avoir pas compris toute la portée de leur principe fondamental et de ne l'avoir pas toujours appliqué. Quand
Calvin fit brûler Servet, ce n'était pas l'esprit de la Réforme, c'é-
tait celui du Catholicisme qui l'inspirait. Il n'avait pu s'en dégager encore. On en peut dire de même du haut clergé protestant, quand il stigmatise aujourd'hui les amis de la vérité scientifique du nom d'incrédules et d'athées. Il y a des obstacles
immenses, des impossibilités peut-être, à la réconciliation du
Catholicisme avec la science, il n'y en a pas à celle de la science
avec le Protestantisme. Pour le premier, il s'agit d'abord de vaincre une haine profonde, une vieille et mortelle inimitié ; pour le

second, il ne s'agit que de rétablir l'ancienne concorde, troublée par un malentendu.

Mais, quelles que soient les voies par lesquelles fondra sur la chrétienté la crise dont nous sommes appelés à être les témoins, nous pouvons être certains que la sécession silencieuse qui s'opère dans les esprits et qui isole de plus en plus les hommes de leurs institutions religieuses, sécession qui est le grand signe caractéristique du siècle, conduira à des résultats politiques. Ce n'est pas sans motifs que la France cherche aujourd'hui à se rattacher à l'ultramontanisme et que l'on y renforce les tendances religieuses des classes ignorantes, au moyen des pélerinages, des miracles et des apparitions célestes. Elle y est contrainte par la destinée, et elle le fait en rougissant. Ce n'est pas sans motifs que l'Allemagne cherche à secouer les entraves de la dualité gouvernementale, en excluant l'élément italien et en complétant l'œuvre laissée inachevée, il y a trois siècles, par la Réforme. Le temps approche où l'homme choisira entre la foi immobile et la science progressiste ; entre les consolations que la première lui donnait au moyen âge, et les bienfaits matériels dont la seconde a semé pour lui, dans notre siècle, le chemin de la vie, élevant en même temps sa condition morale et unifiant de plus en plus la race humaine. Les triomphes de la science sont solides et durables ; mais ceux du catholicisme, si tant est qu'il en obtienne dans son conflit avec les idées modernes, seront, comme ces météores célestes qui s'évanouissent au contact de l'atmosphère terrestre, inutiles et passagers.

Quoique M. Guizot ait pu dire avec trop de vérité que l'Église a toujours été du côté du despotisme, il ne faut pas oublier que sa politique lui est, en grande partie, dictée par la nécessité. Elle subit la pression que dix-neuf siècles exercent sur elle. Mais si sa conduite rend témoignage de cette pression irrésistible, toute son histoire démontre une inévitable loi. La papauté a passé, comme l'homme, par les luttes de l'enfance ; elle a déployé son énergie à l'âge de la maturité, et, son temps achevé, elle tombe dans la faiblesse et dans l'humeur querelleuse des vieillards. Sa jeunesse ne peut être renouvelée. Il ne lui reste que la force du souvenir. Et de même que Rome païenne couvrit longtemps encore de son ombre le monde nouveau, et le marqua de son empreinte, Rome chrétienne projette, en mourant, sur l'Europe, son ombre graduellement effacée.

La civilisation moderne consentira-t-elle à abandonner la voie dans laquelle elle a trouvé tant de puissance et de bonheur ? Consentira-t-elle à retourner en arrière jusqu'à la barbarie du moyen-âge ? se soumettra-t-elle aux ordres d'une autorité qui se dit émanée de Dieu, et qui ne peut produire aucune lettre de créance ? d'une autorité qui a tenu l'Europe stationnaire pendant des siècles, et qui a fait monter, avec une férocité rare, tous les représentants du progrès sur l'échafaud ? d'une autorité qui se fonde sur le mystère, et se met au-dessus de la raison et du sens commun ? d'une autorité qui se fait gloire de haïr la liberté de penser et les institutions libérales ; qui ne cache pas son intention de réprimer l'une et de détruire les autres, toutes les fois qu'elle en aura l'occasion ; qui dénonce comme insensée l'opinion que la liberté de conscience et de culte est l'apanage de l'homme, et s'oppose de toutes ses forces à ce que cette liberté soit proclamée dans les états ; qui repousse avec mépris le principe que la volonté du peuple « manifestée par l'opinion publique (comme ils l'appelent) » fait loi ; qui refuse à l'homme le droit d'avoir une opinion personnelle en matières religieuses ? d'une autorité qui annonce son dessein de recourir à la contrainte pour ramener les hommes à sa discipline ; qui viole le secret de la vie privée et qui transforme, dans le confessionnal, l'épouse, la fille et la servante de l'homme soupçonné, en espions et en délateurs ; qui le juge sans le confronter avec son accusateur ; qui le force par les douleurs de la torture à s'accuser lui-même ; qui refuse aux pères le droit de faire élever leurs enfants hors de son sein ; qui s'arroge un droit supérieur de contrôler la vie domestique, de prononcer les mariages et les divorces ; qui dénonce l'*impudence* de ceux qui entendent subordonner l'Eglise aux pouvoirs civils et séparer l'Eglise de l'Etat ? d'une autorité, enfin, qui répudie toute idée de tolérance, et qui affirme que la religion catholique a seule droit à l'existence sur toute la terre, exigeant que toute loi qui lui est contraire soit abrogée et mettant ses sujets en devoir de désobéir à cette loi ?

Cette puissance, sachant bien qu'elle ne fera pas de miracles pour le triomphe de sa cause, a recours à des moyens humains et jette le trouble dans la société par ses intrigues, et les maux dans le monde par son alliance avec les despotes.

Ses prétentions impliquent une rébellion contre la civilisation moderne et une intention de la détruire, si faire se peut, au risque de détruire la société elle-même. Pour s'y soumettre, il faudrait que les hommes eussent des âmes d'esclaves !

Personne ne saurait douter des résultats du conflit qui approche. Tout ce qui s'appuie sur le mensonge et la fraude périra. Des institutions qui sont l'organisation de l'imposture devront enfin produire leurs titres au tribunal de la raison. La foi devra rendre compte d'elle-même, et les mystères céder la place aux faits. La religion sera forcée d'abandonner la position dominante qu'elle gardait pour lutter contre la science. La pensée sera véritablement affranchie. Le prêtre apprendra à se renfermer dans le domaine qu'il a choisi, et à ne plus prétendre à tyranniser le philosophe qui, plein du sentiment de sa force et de la droiture de ses intentions, ne le souffrira pas davantage. Ce qui a été écrit un jour par Esdras, sur les bords du fleuve babylonien aux saules pleureurs, se vérifiera encore : « La vérité est éternelle ; elle ne périt jamais ; elle vit et grandit toujours. »

FIN.

TABLE DES MATIÈRES

Coulommiers. — Typographie A. MOUSSIN.

LIBRAIRIE
GERMER BAILLIÈRE

—

CATALOGUE

DES

LIVRES DE FONDS

(N° 2)

OUVRAGES HISTORIQUES

ET PHILOSOPHIQUES

—

JANVIER 1875

—

PARIS

17, RUE DE L'ÉCOLE-DE-MÉDECINE, 17

COLLECTION HISTORIQUE DES GRANDS-PHILOSOPHES

PHILOSOPHIE ANCIENNE

SOCRATE. **La philosophie de Socrate,** par M. Alf. FOUILLÉE. 2 vol. in-8. 16 fr.

PLATON. **La philosophie de Platon,** par M. Alf. FOUILLÉE. 2 vol. in-8. 16 fr.

— **Études sur la Dialectique dans Platon et dans Hegel,** par M. Paul JANET. 1 vol. in-8 . . . . 6 fr.

ARISTOTE (Œuvres d'). traduction de M. BARTHÉLEMY SAINT-HILAIRE.

— **Psychologie** (Opuscules) 1 v. . 10 fr.
— **Rhétorique.** 2 vol . . . . 16 fr.
— **Politique.** 1 vol . . . . 10 fr.
— **Physique.** 2 vol . . . . 20 fr.
— **Traité du ciel.** 1 vol . . . . . . 10 fr.
— **Météorologie.** 1 vol . . . . 10 fr.
— **Morale.** 3 vol . . . . 24 fr.
— **Poétique.** 1 vol . . . . 5 fr.
— **De la production des choses.** 1 vol . . . . 10 fr.
— **De la logique d'Aristote,** par M. BARTHÉLEMY SAINT-HILAIRE. 2 vol. in-8 . . . . 10 fr.

ÉCOLE D'ALEXANDRIE. **Histoire critique de l'École d'Alexandrie,** par M. VACHEROT. 3 vol. in-8 . . . . 24 fr.

— **L'École d'Alexandrie,** par M. BARTHÉLEMY SAINT-HILAIRE. 1 vol. in-8. 6 fr.

PHILOSOPHIE MODERNE

LEIBNIZ. **Œuvres philosophiques,** avec introduction et notes par M. Paul JANET. 2 vol. in-8 . . . . 16 fr.

MALEBRANCHE. **La philosophie de Malebranche,** par M. OLLÉ LAPRUNE. 2 vol. in-8 . . . . 16 fr.

VOLTAIRE. **La philosophie de Voltaire,** par M. Ern. BERSOT. 1 vol. in-12. 2 fr. 50

— **Les sciences au XVIIIᵉ siècle.** Voltaire physicien, par M. Em. SAIGEY. 1 vol. in-8 . . . . 5 fr.

RITTER. **Histoire de la Philosophie moderne,** traduit par P. Challemel-Lacour. 3 vol . . . . 20 fr.

PHILOSOPHIE ÉCOSSAISE

DUGALD STEVART. **Éléments de la philosophie de l'esprit humain,** traduits de l'anglais par L. PEISSE. 3 vol. in-12. 9 fr.

W. HAMILTON. **Fragments de philosophie,** traduits de l'anglais par L. PEISSE. 1 vol. in-8 . . . . 7 fr. 50

— **La philosophie de Hamilton,** par J. STUART MILL. 1 vol. in-8 . . . . 10 fr.

PHILOSOPHIE ALLEMANDE

KANT. **Critique de la raison pure,** traduite par M. TISSOT, 2 vol. in-8. 16 fr.

— Même ouvrage, traduction par M. Jules BARNI. 2 vol. in-8 . . . . 16 fr.

— **Éclaircissements sur la critique de la raison pure,** traduits par J. TISSOT. 1 vol. in-8 . . . . 6 fr.

— **Critique du jugement,** suivie des *Observations sur les sentiments du beau et du sublime,* traduite par J. BARNI. 2 vol. in-8 . . . . 12 fr.

KANT. **Critique de la raison pratique,** précédée des *fondements de la métaphysique des mœurs,* traduite par J. BARNI. 1 vol. in-8 . . . . 6 fr.

— **Examen de la critique de la raison pratique,** traduit par M. J. BARNI. 1 vol. in-8 . . . . 6 fr.

— **Principes métaphysiques du droit,** suivis du *projet de paix perpétuelle,* traduction par M. TISSOT. 1 vol. in-8. 8 fr.

— Même ouvrage, traduction par M. Jules BARNI. 1 vol. in-8 . . . . 8 fr.

— **Principes métaphysiques de la morale,** augmentés des *fondements de la métaphysique des mœurs,* traduction par M. TISSOT. 1 vol. in-8 . . . . . 8 fr.

— Même ouvrage, traduction par M. Jules BARNI. 1 vol. in-8 . . . . 8 fr.

— **La logique,** traduction par M. TISSOT. 1 vol. in-8 . . . . 4 fr.

— **Mélanges de logique,** traduction par M. TISSOT. 1 vol. in-8 . . . . 6 fr.

— **Prolégomènes à toute métaphysique future** qui se présentera comme science, traduction de M. TISSOT. 1 vol. in-8 . . . . 6 fr.

— **Anthropologie,** suivie de divers fragments relatifs aux rapports du physique et du moral de l'homme et du commerce des esprits d'un monde à l'autre, traduction par M. TISSOT. 1 vol. in-8 . . 6 fr.

FICHTE. **Méthode pour arriver à la vie bienheureuse,** traduite par Francisque BOUILLIER. 1 vol. in-8 . . 8 fr.

— **Destination du savant et de l'homme de lettres,** traduite par M. NICOLAS. 1 vol. in-8 . . . . 3 fr.

— **Doctrines de la science.** Principes fondamentaux de la science de la connaissance, traduits par GRIMBLOT. 1 vol. in-8 . . . . 9 fr.

SCHELLING. **Bruno** ou du principe divin, trad. par Cl. HUSSON. 1 vol. in-8. 3 fr. 50

— **Idéalisme transcendental.** 1 vol. in-8 . . . . 7 fr. 50

— **Écrits philosophiques** et morceaux propres à donner une idée de son système, trad. par Ch. BENARD. 1 vol. in-8 . . 9 fr.

HÉGEL. **Logique,** traduction par A. VÉRA. 2ᵉ édition. 2 vol. in-8 . . . . 14 fr.

— **Philosophie de la nature,** traduction par A. VÉRA. 3 vol. in-8 . . . . . . 25 fr.

— **Philosophie de l'esprit,** traduction par A. VÉRA. 2 vol. in-8 . . . . . . 18 fr.

— **Esthétique.** 2 vol. in-8 traduite par M. BÉNARD . . . . 16 fr.

— **Introduction à la philosophie de Hégel,** par A. VÉRA. 1 v. in-8. 6 fr. 50

— **La dialectique dans Hégel et dans Platon,** par Paul JANET. In-8 . . . 6 fr.

Francisque Bouillier.
Du Plaisir et de la Douleur. 1 v.
De la Conscience. 1 vol.

Ed. Auber.
Philosophie de la médecine. 1 vol.

Leblais.
Matérialisme et Spiritualisme, précédé d'une Préface par M. E. Littré. 1 vol.

Ad. Garnier.
De la Morale dans l'antiquité, précédé d'une Introduction par M. Prévost-Paradol. 1 vol.

Schœbel.
Philosophie de la raison pure. 1 vol.

Beauquier.
Philosoph. de la musique. 1 vol.

Tissandier.
Des sciences occultes et du Spiritisme. 1 vol.

J. Moleschott.
La Circulation de la vie. Lettres sur la physiologie, en réponse aux Lettres sur la chimie de Liebig, trad. de l'allem. 2 vol.

Ath. Coquerel fils.
Origines et Transformations du Christianisme. 1 vol.
La Conscience et la Foi. 1 vol.
Histoire du Credo. 1 vol.

Jules Levallois.
Déisme et Christianisme. 1 vol.

Camille Selden.
La Musique en Allemagne. Étude sur Mendelssohn. 1 vol.

Fontanès.
Le Christianisme moderne. Étude sur Lessing. 1 vol.

Salgey.
La Physique moderne. 1 vol.

Mariano.
La Philosophie contemporaine en Italie. 1 vol.

Letourneau.
Physiologie des passions. 1 vol.

Faivre.
De la Variabilité des espèces. 1 vol.

Stuart Mill.
Auguste Comte et la Philosophie positive, trad. de l'angl. 1 vol.

Ernest Bersot.
Libre philosophie. 1 vol.

A. Réville.
Histoire du dogme de la divinité de Jésus-Christ. 1 vol.

W. de Fonvielle.
L'Astronomie moderne. 1 vol.

C. Coignet.
La Morale indépendante. 1 vol.

E. Boutmy.
Philosophie de l'architecture en Grèce. 1 vol.

Et. Vacherot.
La Science et la Conscience. 1 vol.

Ém. de Laveleye.
Des formes de gouvernement. 1 vol.

Herbert Spencer.
Classification des Sciences. 1 v.

Gauckler.
Le Beau et son histoire.

Max Müller.
La Science de la Religion. 1 v.

Léon Dumont.
Haeckel et la théorie de l'évolution en Allemagne. 1 vol.

Bertauld.
L'Ordre social et l'ordre moral. 1 vol.

Th. Ribot.
Philosophie de Schopenhauer. 1 vol.

Al. Herzen.
Physiologie de la volonté. 1 vol.

Bentham et Grote.
La Religion naturelle 1 vol.

BIBLIOTHÈQUE DE PHILOSOPHIE CONTEMPORAINE

FORMAT IN-8.
Volumes à 5 fr., 7 fr. 50 c. et 10 fr.

JULES BARNI. **La Morale dans la démocratie.** 1 vol.   5 fr.

AGASSIZ. **De l'Espèce et des Classifications**, traduit de l'anglais par M. Vogeli. 1 vol. in-8.   5 fr.

STUART MILL. **La Philosophie de Hamilton.** 1 fort vol. in-8, traduit de l'anglais par M. Cazelles.   10 fr.

STUART MILL. **Mes Mémoires.** Histoire de ma vie et de mes idées, traduit de l'anglais par M. E. CAZELLES, 1 vol. in-8   5 fr.

STUART MILL. **Système de logique** déductive et inductive. Exposé des principes de la preuve et des méthodes de recherche scientifique, traduit de l'anglais par M. Louis Peisse, 2 vol.   20 fr.

STUART MILL. **Essais sur la Religion**, traduits de l'anglais, par M. E. Cazelles. 1 vol. in-8.   5 fr.

DE QUATREFAGES. **Ch. Darwin et ses précurseurs français.** 1 vol. in-8.   5 fr.

HERBERT SPENCER. **Les premiers Principes.** 1 fort vol. in-8, traduits de l'anglais par M. Cazelles.   10 fr.

HERBERT SPENCER. **Principes de psychologie**, traduits de l'anglais par MM. Th. Ribot et Espinas. 2 vol. in-8.   20 fr.

AUGUSTE LAUGEL. **Les Problèmes** (Problèmes de la nature, problèmes de la vie, problèmes de l'âme). 1 fort vol. in-8. 7 fr. 50

ÉMILE SAIGEY. **Les Sciences au XVIIIe siècle**, la physique de Voltaire. 1 vol. in-8.   5 fr.

PAUL JANET. **Histoire de la science politique** dans ses rapports avec la morale, 2e édition, 2 vol. in-8.   20 fr.

TH. RIBOT. **De l'Hérédité.** 1 vol. in-8.   10 fr.

HENRI RITTER. **Histoire de la philosophie moderne**, trad. franç. préc. d'une intr. par M. P. Challemel-Lacour, 3 v. in-8. 20 fr.

ALF. FOUILLÉE. **La liberté et le déterminisme.** 1 v. in-8. 7 f. 50

DE LAVELEYE. **De la propriété et de ses formes primitives**, 1 vol. in-8.   7 fr. 50

BAIN. **Des Sens et de l'Intelligence.** 1 vol. in-8, trad. de l'anglais par M. Cazelles.   10 fr.

BAIN. **La Logique inductive et déductive**, traduite de l'anglais par M. Compayré. 2 vol. in-8.   20 fr.

HARTMANN. **Philosophie de l'Inconscient**, traduite de l'allemand. 1 vol. (*Sous presse.*)

ÉDITIONS ÉTRANGÈRES

Éditions anglaises.

AUGUSTE LAUGEL. The United-States during the war. 1 beau volume in-8 relié.   7 shill. 6 p.

ALBERT RÉVILLE. History of the doctrine of the deity of Jesus-Christ. 1 vol.   3 sh. 6 p.

H. TAINE. Italy (Naples et Rome). 1 beau vol. in-8 relié.   7 sh. 6 p.

H. TAINE. The Philosophy of art. 1 vol. in-18, rel.   3 shil.

PAUL JANET. The Materialism of present day, translated by prof. Gustave Masson. 1 vol. in-18, rel.   shil.

Éditions allemandes.

JULES BARNI. Napoléon Ier und sein Geschichtschreiber Thiers. 1 volume in-18.   1 thal.

PAUL JANET. Der Materialismus unserer Zeit, übersetzt von Prof. Reichlin-Meldegg mit einem Vorwort von prof. von Fichte. 1 vol. in-18.   1 thal.

H. TAINE. Philosophie der Kunst, 1 vol. in-18.   1 thal.

BIBLIOTHÈQUE D'HISTOIRE CONTEMPORAINE

Volumes in-18, à 3 fr. 50 c. — Cartonnés, 4 fr.

Carlyle.

HISTOIRE DE LA RÉVOLUTION FRANÇAISE, traduite de l'angl. 3 vol.

Victor Meunier.

SCIENCE ET DÉMOCRATIE. 2 vol.

Jules Barni.

HISTOIRE DES IDÉES MORALES ET POLITIQUES EN FRANCE AU XVIIIᵉ SIÈCLE. 2 vol.

NAPOLÉON Iᵉʳ ET SON HISTORIEN M. THIERS. 1 vol.

LES MORALISTES FRANÇAIS AU XVIIIᵉ SIÈCLE. 1 vol.

Auguste Laugel.

LES ÉTATS-UNIS PENDANT LA GUERRE (1861-1865). Souvenirs personnels. 1 vol.

De Rochau.

HISTOIRE DE LA RESTAURATION, traduite de l'allemand. 1 vol.

Eug. Véron.

HISTOIRE DE LA PRUSSE depuis la mort de Frédéric II jusqu'à la bataille de Sadowa. 1 vol.

HISTOIRE DE L'ALLEMAGNE depuis la bataille de Sadowa jusqu'à nos jours, 1 vol.

Hillebrand.

LA PRUSSE CONTEMPORAINE ET SES INSTITUTIONS. 1 vol.

Eug. Despois.

LE VANDALISME RÉVOLUTIONNAIRE. Fondations litt., scientif. et artist. de la Convention. 1 vol.

Bagehot.

LA CONSTITUTION ANGLAISE, trad. de l'anglais. 1 vol.

LOMBARD STREET, le marché financier en Angl., tr. de l'angl. 1 v.

Thackeray.

LES QUATRE GEORGE, trad. de l'anglais par M. Lefoyer. 1 vol.

Émile Montégut.

LES PAYS-BAS. Impressions de voyage et d'art. 1 vol.

Émile Beaussire.

LA GUERRE ÉTRANGÈRE ET LA GUERRE CIVILE. 1 vol.

Édouard Sayous.

HISTOIRE DES HONGROIS et de leur littérature politique de 1790 à 1815. 1 vol.

Éd. Bourloton.

L'ALLEMAGNE CONTEMPORAINE. 1 v.

Boert.

LA GUERRE DE 1870-71 d'après le colonel féd. suisse Rustow. 1 v.

Herbert Barry.

LA RUSSIE CONTEMPORAINE, traduit de l'anglais. 1 vol.

H. Dixon.

LA SUISSE CONTEMPORAINE, traduit de l'anglais. 1 vol.

Louis Teste.

L'ESPAGNE CONTEMPORAINE, journal d'un voyageur. 1 vol.

J. Clamageran.

LA FRANCE RÉPUBLICAINE. 1 vol.

E. Duvergier de Hauranne.

LA RÉPUBLIQUE CONSERVATRICE. 1 v.

H. Reynald.

HISTOIRE DE L'ESPAGNE, depuis la mort de Charles III jusqu'à nos jours. 1 vol.

HISTOIRE DE L'ANGLETERRE, depuis la mort de la reine Anne jusqu'à nos jours. 1 vol.

L. Asseline.

HISTOIRE DE L'AUTRICHE, depuis la mort de Marie-Thérèse jusqu'à nos jours.

FORMAT IN-8.

Sir G. Cornewall Lewis.

HISTOIRE GOUVERNEMENTALE DE L'ANGLETERRE DE 1770 JUSQU'A 1830, trad. de l'anglais. 1 vol. 7 fr.

De Sybel.

HISTOIRE DE L'EUROPE PENDANT LA RÉVOLUTION FRANÇAISE. 2 vol. in-8. 14 fr.

Taxile Delord.

HISTOIRE DU SECOND EMPIRE, 1848-1870.

1869. Tome Iᵉʳ, 1 vol. in-8. 7 fr.

1870. Tome II, 1 vol. in-8. 7 fr.

1872. Tome III, 1 vol. in-8 7 fr.

1874. Tome IV, 1 vol. in-8. 7 fr.

1874. Tome V, 1 vol. in-8. 7 fr.

1875. Tome VI et dernier. 7 fr.

<table>
<tr><td align="center">REVUE
Politique et Littéraire
(Revue des cours littéraires,
2e série.)</td><td align="center">REVUE
Scientifique
(Revue des cours scientifiques,
2e série.)</td></tr>
</table>

Directeurs : MM. Eug. YUNG et Ém. ALGLAVE

La septième année de la **Revue des Cours littéraires** et de la **Revue des Cours scientifiques**, terminée à la fin de juin 1871, clôt la première série de cette publication.

La deuxième série a commencé le 1er juillet 1871, et depuis cette époque chacune des années de la collection commence à cette date. Des modifications importantes ont été introduites dans ces deux publications.

REVUE POLITIQUE ET LITTÉRAIRE

La *Revue politique* continue à donner une place aussi large à la littérature, à l'histoire, à la philosophie, etc., mais elle a agrandi son cadre, afin de pouvoir aborder en même temps la politique et les questions sociales. En conséquence, elle a augmenté de moitié le nombre des colonnes de chaque numéro (48 colonnes au lieu de 32).

Chacun des numéros, paraissant le samedi, contient régulièrement :

Une *Semaine politique* et une *Causerie politique* où sont appréciés, à un point de vue plus général que ne peuvent le faire les journaux quotidiens, les faits qui se produisent dans la politique intérieure de la France, discussions de l'Assemblée, etc.

Une *Causerie littéraire* où sont annoncés, analysés et jugés les ouvrages récemment parus : livres, brochures, pièces de théâtre importantes, etc.

Tous les mois la *Revue politique* publie un *Bulletin géographique* qui expose les découvertes les plus récentes et apprécie les ouvrages géographiques nouveaux de la France et de l'étranger. Nous n'avons pas besoin d'insister sur l'importance extrême qu'a prise la géographie depuis que les Allemands en ont fait un instrument de conquête et de domination.

De temps en temps une *Revue diplomatique* explique au point de vue français les événements importants survenus dans les autres pays.

On accusait avec raison les Français de ne pas observer avec assez d'attention ce qui se passe à l'étranger. La *Revue* remédie à ce défaut. Elle analyse et traduit les livres, articles, discours ou conférences qui ont pour auteurs les hommes les plus éminents des divers pays.

Comme au temps où ce recueil s'appelait la *Revue des cours littéraires* (1864-1870), il continue à publier les principales leçons du Collége de France, de la Sorbonne et des Facultés des départements.

Les ouvrages importants sont analysés, avec citations et extraits, dès le lendemain de leur apparition. En outre, la *Revue politique* publie des articles spéciaux sur toute question que recommandent à l'attention des lecteurs, soit un intérêt public, soit des recherches nouvelles.

Parmi les collaborateurs, nous citerons :

Articles politiques. — MM. de Pressensé, Ernest Duvergier de Hauranne, H. Aron, Em. Beaussire, Anat. Dunoyer, Clamageran.

Diplomatie et pays étrangers. — MM. Albert Sorel, Reynald, Léo Quesnel, Louis Leger.

Philosophie. — MM. Janet, Caro, Ch. Lévèque, Véra, Léon Dumont, Fernand Papillon, Th. Ribot, Huxley.

Morale. — MM. Ad. Franck, Laboulaye, Jules Barni, Legouvé, Ath. Coquerel, Bluntschli.

Philologie et archéologie. — MM. Max Müller, Eugène Benoist, L. Havet, E. Ritter, Maspéro, George Smith.

Littérature ancienne. — MM. Egger, Havet, George Perrot, Gaston Boissier, Geffroy, Martha.

Littérature française. — MM. Ch. Nisard, Lenient, L. de Loménie, Édouard Fournier, Bersier, Gidel, Jules Claretie, Paul Albert.

Littérature étrangère. — MM. Mézières, Büchner.

Histoire. — MM. Alf. Maury, Littré, Alf. Rambaud, H. de Sybel.

Géographie, Economie politique. — MM. Levasseur, Himly, Gaidoz, Alglave.

Instruction publique. — Madame C. Coignet, M. Buisson.

Beaux-arts. — MM. Gebhart, C. Selden, Justi, Schnaase, Vischer.

Critique littéraire. — MM. Eugène Despois, Maxime Gaucher.

Ainsi la *Revue politique* embrasse tous les sujets. Elle consacre à chacun une place proportionnée à son importance. Elle est, pour ainsi dire, une image vivante, animée et fidèle de tout le mouvement contemporain.

REVUE SCIENTIFIQUE

Mettre la science à la portée de tous les gens éclairés sans l'abaisser ni la fausser, et, pour cela, exposer les grandes découvertes et les grandes théories scientifiques par leurs auteurs mêmes ;

Suivre le mouvemen des idées philosophiques dans le monde savant de tous les pays :

Tel est le double but que la *Revue scientifique* poursuit depuis dix ans avec un succès qui l'a placée au premier rang des publications scientifiques d'Europe et d'Amérique.

Pour réaliser ce programme, elle devait s'adresser d'abord aux Facultés françaises et aux Universités étrangères qui comptent dans leur sein presque tous les hommes de science éminents. Mais, depuis deux années déjà, elle a élargi son cadre afin d'y faire entrer de nouvelles matières.

En laissant toujours la première place à l'enseignement supérieur proprement dit, la *Revue scientifique* ne se restreint plus désormais aux leçons et aux conférences. Elle poursuit tous les développements de la science sur le terrain économique, industriel, militaire et politique.

Elle publie les principales leçons faites au Collége de France, au Muséum d'histoire naturelle de Paris, à la Sorbonne, à l'Institution royale de Londres, dans les Facultés de France, les universités d'Allemagne, d'Angleterre, d'Italie, de Suisse, d'Amérique, et les institutions libres de tous les pays.

Elle analyse les travaux des Sociétés savantes d'Europe et d'Amérique, des Académies des sciences de Paris, Vienne, Berlin, Munich, etc., des Sociétés royales de Londres et d'Édimbourg, des Sociétés d'anthropologie, de géographie, de chimie, de botanique, de géologie, d'astronomie, de médecine, etc.

Elle expose les travaux des grands congrès scientifiques, les Associations *française, britannique* et *américaine*, le congrès des naturalistes allemands, la Société helvétique des sciences naturelles, les congrès internationaux d'anthropologie préhistorique, etc.

Enfin, elle publie des articles sur les grandes questions de philosophie naturelle, les rapports de la science avec la politique, l'industrie et l'économie sociale, l'organisation scientifique des divers pays, les sciences économiques et militaires, etc.

Parmi les collaborateurs nous citerons :

Astronomie, météorologie. — MM. Leverrier, Faye, Balfour-Stewart, Janssen, Normann Lockyer, Vogel, Wolf, Miller, Laussedat, Thomson, Rayet, Secchi, Briot, Herschell, etc.

Physique. — MM. Helmholtz, Tyndall, Jamin, Desains, Carpenter, Gladstone, Grad, Boutan, Becquerel, Cazin, Fernet, Onimus, Bertin.

Chimie. — MM. Wurtz, Berthelot, H. Sainte-Claire Deville, Bouchardat, Grimaux, Jungfleisch, Mascart, Odling, Dumas, Troost, Peligot, Cahours, Graham, Friedel, Pasteur.

Géologie. — MM. Hébert, Bleicher, Fouqué, Gaudry, Ramsay, Sterry-Hunt, Contejean, Zittel, Wallace, Lory, Lyell, Daubrée.

Zoologie. — MM. Agassiz, Darwin, Haeckel, Milne Edwards, Perrier, P. Bert, Van Beneden, Lacaze-Duthiers, Pasteur, Pouchet Joly, De Quatrefages, Faivre, A. Moreau, E. Blanchard, Marey.

Anthropologie. — MM. Broca, De Quatrefages, Darwin, De Mortillet, Virchow, Lubbock, K. Vogt.

Botanique. — MM. Baillon, Brongniart, Cornu, Faivre, Spring, Chatin, Van Tieghem, Duchartre.

Physiologie, anatomie. — MM. Claude Bernard, Chauveau, Fraser, Gréhant, Lereboullet, Moleschott, Onimus, Ritter, Rosenthal, Wundt, Pouchet, Ch. Robin, Vulpian, Virchow, P. Bert, du Bois-Reymond, Helmholtz, Frankland, Brücke.

Médecine. — MM. Chauffard, Chauveau, Cornil, Gubler, Le Fort, Verneuil, Broca, Liebreich, Lorain, Axenfeld, Lasègue, G. Séc, Bouley, Giraud-Teulon, Bouchardat.

Sciences militaires. — MM. Laussedat, Le Fort, Abel, Jervois, Morin, Noble, Reed, Usquin.

Philosophie scientifique. — MM. Alglave, Bagehot, Carpenter, Léon Dumont, Hartmann, Herbert Spencer, Laycock, Lubbock, Tyndall, Gavarret, Ludwig.

Prix d'abonnement :

Une seule revue séparément	Six mois.	Un an.	Les deux revues ensemble	Six mois.	Un an.
Paris	12ᶠ	20ᶠ	Paris	20ᶠ	36ᶠ
Départements.	15	25	Départements.	25	42
Étranger	18	30	Étranger	30	50

L'abonnement part du 1ᵉʳ juillet, du 1ᵉʳ octobre, du 1ᵉʳ janvier et du 1ᵉʳ avril de chaque année.

Chaque volume de la première série se vend : broché...... 15 fr.

relié........ 20 fr.

Chaque année de la 2ᵉ série, formant 2 vol., se vend : broché.. 20 fr.

relié.... 25 fr.

Prix de la collection de la première série :

Prix de la collection complète de la *Revue des cours littéraires* (1864-1870), 7 vol. in-4.................................... 105 fr.

Prix de la collection complète des deux *Revues* prises en même temps, 14 vol. in-4.................................... 182 fr.

Prix de la collection complète des deux séries :

Revue des cours littéraires et *Revue politique et littéraire* (décembre 1863 — juillet 1875), 15 vol. in-4.................. 185 fr.

— Avec la *Revue des cours scientifiques* et la *Revue scientifique*, 30 vol. in- .... 434 fr.

BIBLIOTHÈQUE SCIENTIFIQUE
INTERNATIONALE

Le premier besoin de la science contemporaine, — on pourrait même dire d'une manière plus générale des sociétés modernes, — c'est l'échange rapide des idées entre les savants, les penseurs, les classes éclairées de tous les pays. Mais ce besoin n'obtient encore aujourd'hui qu'une satisfaction fort imparfaite. Chaque peuple a sa langue particulière, ses livres, ses revues, ses manières spéciales de raisonner et d'écrire, ses sujets de prédilection. Il lit fort peu ce qui se publie au delà de ses frontières, et la grande masse des classes éclairées, surtout en France, manque de la première condition nécessaire pour cela, la connaissance des langues étrangères. On traduit bien un certain nombre de livres anglais ou allemands ; mais il faut presque toujours que l'auteur ait à l'étranger des amis soucieux de répandre ses travaux, ou que l'ouvrage présente un caractère pratique qui en fait une bonne entreprise de librairie. Les plus remarquables sont loin d'être toujours dans ce cas, et il en résulte que les idées neuves restent longtemps confinées, au grand détriment des progrès de l'esprit humain, dans le pays qui les a vues naître. Le libre échange industriel règne aujourd'hui presque partout ; le libre échange intellectuel n'a pas encore la même fortune, et cependant il ne peut rencontrer aucun adversaire ni inquiéter aucun préjugé.

Ces considérations avaient frappé depuis longtemps un certain nombre de savants anglais. Au congrès de l'Association britannique à Édimbourg, ils tracèrent le plan d'une *Bibliothèque scientifique internationale*, paraissant à la fois en anglais, en français et en allemand, publiée en Angleterre, en France, aux États-Unis, en Allemagne, et réunissant des ouvrages écrits par les savants les plus distingués de tous les pays. En venant en France pour chercher à réaliser cette idée, ils devaient naturellement s'adresser à la *Revue scientifique*, qui marchait dans la même voie, et qui projetait au même moment, après les désastres de la guerre, une entreprise semblable destinée à étendre en quelque sorte son cadre et à faire connaître plus rapidement en France les livres et les idées des peuples voisins.

La *Bibliothèque scientifique internationale* n'est donc pas une entreprise de librairie ordinaire. C'est une œuvre dirigée par les auteurs mêmes, en vue des intérêts de la science, pour la populariser sous toutes ses formes, et faire connaître immédiatement dans le monde entier les idées originales, les directions nouvelles, les découvertes importantes qui se font jour dans tous les pays. Chaque savant exposera les idées qu'il a introduites dans la science et condensera pour ainsi dire ses doctrines les plus originales.

On pourra ainsi, sans quitter la France, assister et participer au mouvement des esprits en Angleterre, en Allemagne, en Amérique, en Italie, tout aussi bien que les savants mêmes de chacun de ces pays.

La *Bibliothèque scientifique internationale* ne comprend pas seulement des ouvrages consacrés aux sciences physiques et naturelles, elle aborde aussi les sciences morales comme la philosophie, l'histoire, la politique et l'économie sociale, la haute législation, etc.; mais les livres traitant des sujets de ce genre se rattacheront encore aux sciences naturelles, en leur empruntant les méthodes d'observation et d'expérience qui les ont rendues si fécondes depuis deux siècles.

Cette collection paraît à la fois en français, en anglais, en allemand, en russe et en italien : à Paris, chez Germer Baillière ; à Londres, chez Henry S. King et C⁰ ; à New-York, chez Appleton ; à Leipzig, chez Brockaus ; et à Saint-Pétersbourg, chez Koropchevski et Goldsmith ; à Milan, chez Dumolard.

EN VENTE :
VOLUMES IN-18, CARTONNÉS A L'ANGLAISE

J. TYNDALL. **Les glaciers et les transformations de l'eau**, avec figures. 1 vol. in-8. 6 fr.

MAREY. **La machine animale**, locomotion terrestre et aérienne, avec de nombreuses figures. 1 vol. in-8. 6 fr.

BAGEHOT. **Lois scientifiques du développement des nations** dans leurs rapports avec les principes de la sélection naturelle et de l'hérédité. 1 vol. in-8. 6 fr.

BAIN. **L'esprit et le corps.** 1 vol. in-8. 6 fr.

PETTIGREW. **La locomotion chez les animaux**, marche, natation, vol. 1 vol. in-8 avec figures. 6 fr.

HERBERT SPENCER. **La science sociale.** 1 vol. 6 fr.

VAN BENEDEN. **Les commensaux et les parasites dans le règne animal**, 1 vol. in-8, avec figures. 6 fr.

O. SCHMIDT. **La descendance de l'homme et le darwinisme.** 1 vol. in-8 avec figures. 6 fr.

MAUDSLEY. **Le Crime et la Folie.** 1 vol. in-8 6 fr.

Liste des principaux ouvrages qui sont en préparation :

AUTEURS FRANÇAIS

CLAUDE BERNARD. Phénomènes physiques et Phénomènes métaphysiques de la vie.

HENRI SAINTE-CLAIRE DEVILLE. Introduction à la chimie générale.

ÉMILE ALGLAVE. Physiologie générale des gouvernements.

A. DE QUATREFAGES. Les races nègres.

A. WURTZ. Atomes et atomicité.

BERTHELOT. La synthèse chimique.

H. DE LACAZE-DUTHIERS. La zoologie depuis Cuvier.

FRIEDEL. Les fonctions en chimie organique

TAINE. Les émotions et la volonté.

ALFRED GRANDIDIER. Madagascar.

DEBRAY. Les métaux précieux.

AUTEURS ANGLAIS

HUXLEY. Mouvement et conscience.

W. B. CARPENTER. La physiologie de l'esprit.

RAMSAY. Structure de la terre.

SIR J. LUBBOCK. Premiers âges de l'humanité.

BALFOUR STEWART. La conservation de la force.

CHARLTON BASTIAN. Le cerveau comme organe de la pensée.

NORMAN LOCKYER. L'analyse spectrale.

W. ODLING. La chimie nouvelle.

LAWDER LINDSAY. L'intelligence chez les animaux inférieurs.

STANLEY JEVONS. Les lois de la statistique.

MICHAEL FOSTER. Protoplasma et physiologie cellulaire.

ED. SMITH. Aliments et alimentation.

K. CLIFFORD. Les fondements des sciences exactes.

AUTEURS ALLEMANDS

VIRCHOW. Physiologie pathologique.

ROSENTHAL. Physiologie générale des muscles et des nerfs.

BERNSTEIN. Physiologie des sens.

HERMANN. Physiologie de la respiration.

O. LIEBREICH. Fondements de la toxicologie.

STEINTHAL. Fondements de la linguistique.

VOGEL. Chimie de la lumière.

AUTEURS AMÉRICAINS

J. DANA. L'échelle et les progrès de la vie.

S. W. JOHNSON. La nutrition des plantes.

A. FLINT. Les fonctions du système nerveux.

W. D. WHITNEY. La linguistique moderne.

OUVRAGES
De M. le professeur VÉRA
Professeur à l'université de Naples.

INTRODUCTION
A LA
PHILOSOPHIE DE HÉGEL
1 vol. in-8, 1864, 2e édition.... 6 fr. 50

LOGIQUE DE HÉGEL
Traduite pour la première fois, et accompagnée d'une Introduction
et d'un commentaire perpétuel.
2 volumes in-8, 1874, 2e édition.   14 fr.

PHILOSOPHIE DE LA NATURE
DE HÉGEL
Traduite pour la première fois, et accompagnée d'une Introduction
et d'un commentaire perpétuel.
3 volumes in-8. 1864-1866........ 25 fr.
Prix du tome II... 8 fr. 50.— Prix du tome III... 8 fr. 50

PHILOSOPHIE DE L'ESPRIT
DE HÉGEL
Traduite pour la première fois, et accompagnée d'une Introduction
et d'un commentaire perpétuel.
1867. Tome 1er, 1 vol. in-8. 9 fr.
1870. Tome 2e, 1 vol. in-8. 9 fr.
Philosophie de la Religion de Hégel. 2 vol. in-8. (*Sous presse.*)

L'Hégélianisme et la philosophie. 1 vol. in-18. 1861. 3 fr. 50
Mélanges philosophiques. 1 vol. in-8. 1862.   5 fr.
Essais de philosophie hégélienne (de la *Bibliothèque de philosophie contemporaine*). 1 vol.   2 fr. 50
Platonis, Aristotelis et Hegelii de medio termino doctrina.
1 vol. in-8. 1845.   1 fr. 50
Strauss. L'ancienne et la nouvelle foi. 1873, in-8. 6 fr.

RÉCENTES PUBLICATIONS

Qui ne se trouvent pas dans les deux Bibliothèques.

ACOLLAS (Émile). **L'enfant né hors mariage.** 3ᵉ édition. 1872, 1 vol. in-18 de x-165 pages. 2 fr.

ACOLLAS (Émile). **Manuel de droit civil**, contenant l'exégèse du code Napoléon et un exposé complet des systèmes juridiques.
Tome premier (premier examen), 1 vol. in-8. 12 fr.
Tome deuxième (deuxième examen), 1 vol. in-8. 12 fr.
Tome troisième (troisième examen). 12 fr.

ACOLLAS (Émile). **Trois leçons sur le mariage.** In-8. 1 fr. 50

ACOLLAS (Émile). **L'idée du droit.** In-8. 1 fr. 50

ACOLLAS (Émile). **Nécessité de refondre l'ensemble de nos codes**, et notamment le code Napoléon, au point de vue de l'idée démocratique. 1866, 1 vol. in-8. 3 fr.

Administration départementale et communale. Lois — Décrets — Jurisprudence, conseil d'État, cour de Cassation, décisions et circulaires ministérielles, in-4. 8 fr.

ALAUX. **La religion progressive.** 1869, 1 vol. in-18. 3 fr. 50

ARISTOTE. **Rhétorique** traduite en français et accompagnée de notes par J. Barthélemy Saint-Hilaire. 1870, 2 vol. in-8. 16 fr.

ARISTOTE. **Psychologie** (opuscules) traduite en français et accompagnée de notes par J. Barthélemy Saint-Hilaire. 1 vol. in-8. 10 fr.

ARISTOTE. **Politique**, trad. par Barthélemy Saint-Hilaire, 1868. 1 fort vol. in-8. 10 fr.

ARISTOTE. **Physique**, ou leçons sur les principes généraux de la nature, traduit par M. Barthélemy Saint-Hilaire. 2 forts vol. gr. in-8. 1872. 20 fr.

ARISTOTE. **Traité du Ciel.** 1866, traduit en français pour la première fois par M. Barthélemy Saint-Hilaire. 1 fort vol. gr. in-8. 10 fr.

ARISTOTE. **Météorologie**, avec le petit traité apocryphe : *Du Monde*, traduit par M. Barthélemy Saint-Hilaire, 1863. 1 fort vol. gr. in-8. 10 fr.

ARISTOTE. **Morale**, traduit par M. Barthélemy Saint-Hilaire. 1856, 3 vol gr. in-8. 24 fr.

ARISTOTE. **Poétique**, traduite par M. Barthélemy Saint-Hilaire, 1858. 1 vol. in-8. 5 fr.

ARISTOTE. **Traité de la production et de la destruction des choses**, traduit en français et accompagné de notes perpétuelles, par M. Barthélemy Saint-Hilaire, 1866. 1 vol. gr. in-8. 10 fr

AUDIFFRET-PASQUIER. **Discours devant les commissions de la réorganisation de l'armée et des marchés.** In-4. 2 fr. 50

L'art et la vie. 1867, 2 vol. in-8.   7 fr.
L'art et la vie de Stendhal. 1869, 1 fort vol. in-8.   6 fr.
BAGEHOT. **Lois scientifiques du développement des nations**
dans leurs rapports avec les principes de l'hérédité et de la sé-
lection naturelle. 1873, 1 vol. in-8 de la *Bibliothèque scienti-
fique internationale,* cartonné à l'anglaise.   6 fr.
BARNI (Jules). **Napoléon I**er, édition populaire. 1 vol. in-18. 1 fr.
BARNI (Jules). **Manuel républicain.** 1872, 1 vol. in-18. 1 fr. 50
BARNI (Jules). **Les martyrs de la libre pensée,** cours professé
à Genève. 1862, 1 vol. in-18.   3 fr. 50
BARNI (Jules). Voy. KANT.
BARTHÉLEMY SAINT-HILAIRE. Voyez Aristote.
BARTHÉLEMY SAINT-HILAIRE. **La Logique d'Aristote.**
2 vol. gr. in-8.   16 fr.
BARTHÉLEMY SAINT-HILAIRE. **L'École d'Alexandrie.** 1 vol.
in-8.   6 fr.
BAUTAIN. **La philosophie morale.** 2 vol. in-8.   12 fr.
CH. BÉNARD. **L'Esthétique de Hégel,** traduit de l'allemand.
2 vol. in-8.   16 fr.
CH. BÉNARD. **De la Philosophie dans l'éducation classique,**
1862. 1 fort vol. in-8.   6 fr.
CH. BÉNARD. **La Poétique,** par W.-F. Hégel, précédée d'une
préface et suivie d'un examen critique. Extraits de Schiller,
Goëthe, Jean Paul, etc., et sur divers sujets relatifs à la poésie.
2 vol. in-8.   12 fr.
BLANCHARD. **Les métamorphoses, les mœurs et les
instincts des insectes,** par M. Émile BLANCHARD, de l'Institut, professeur au Muséum d'histoire naturelle. 1868, 1 magnifique volume in-8 jésus, avec 160 figures intercalées dans le
texte et 40 grandes planches hors texte. Prix, broché.   30 fr.
Relié en demi-maroquin.   35 fr.
BLANQUI. **L'éternité par les astres,** hypothèse astronomique.
1872, in-8.   2 fr.
BORELY (J.). **Nouveau système électoral, représentation
proportionnelle de la majorité et des minorités.** 1870,
1 vol. in-18 de XVIII-194 pages.   2 fr. 50
BORELY. **De la justice et des juges,** projet de réforme judi-
ciaire. 1871, 2 vol. in-8.   12 fr.
BOUCHARDAT. **Le travail,** son influence sur la santé (conférences
faites aux ouvriers). 1863, 1 vol. in-18.   2 fr. 50
BOUCHARDAT et H. JUNOD. **L'eau-de-vie et ses dangers,**
conférences populaires. 1 vol. in-18.   1 fr.
BERSOT. **La philosophie de Voltaire.** 1 vol in-12.   3 fr. 50
ÉD. BOURLOTON et E. ROBERT. **La Commune et ses idées à
travers l'histoire. 1872, 1 vol. in-18.   3 fr. 50
BOUCHUT. **Histoire de la médecine et des doctrines médicales.** 1873, 2 forts vol. in-8.   16 fr.
BOUCHUT et DESPRÉS. **Dictionnaire de médecine et de thérapeutique médicale et chirurgicale,** comprenant le résumé de la médecine et de la chirurgie, les indications thérapeu-

tiques de chaque maladie, la médecine opératoire, les accouchements, l'oculistique, l'odontechnie, l'électrisation, la matière médicale, les eaux minérales, et *un formulaire spécial pour chaque maladie.* 1873. 2ᵉ édit. très-augmentée. 1 magnifique vol. in-4, avec 750 fig. dans le texte.   **25 fr.**

BOUILLET (ADOLPHE). **L'armée d'Henri V. — Les bourgeois gentilshommes de 1871.** 1 vol. in-12.   **3 fr. 50**

BOUILLET (ADOLPHE). **L'armée d'Henri V. — Les bourgeois gentilshommes.** Types nouveaux et inédits. 1 vol. in-18.   **2 fr. 50**

BOUTROUX. **De la contingence des lois de la nature,** in-8, 1874.   **3 fr. 50**

BRIERRE DE BOISMONT. **Des maladies mentales,** 1867, brochure in-8 extraite de la *Pathologie médicale* du professeur Requin.   **2 fr.**

BRIERRE DE BOISMONT. **Des hallucinations, ou Histoire raisonnée des apparitions,** des visions, des songes, de l'extase, du magnétisme et du somnambulisme. 1862, 3ᵉ édition très-augmentée.   **7 fr.**

BRIERRE DE BOISMONT. **Du suicide et de la folie suicide.** 1865, 2ᵉ édition, 1 vol. in-8.   **7 fr.**

CHASLES (PHILARÈTE). **Questions du temps et problèmes d'autrefois.** Pensées sur l'histoire, la vie sociale, la littérature. 1 vol. in-18, édition de luxe.   **3 fr.**

CHASSERIAU. **Du principe autoritaire et du principe rationnel.** 1873, 1 vol. in-18.   **3 fr. 50**

CLAMAGERAN. **L'Algérie.** Impressions de voyage, 1874. 1 vol. in-18 avec carte.   **3 fr. 50**

CLAVEL. **La morale positive.** 1873, 1 vol. in-18.   **3 fr.**

Conférences historiques de la Faculté de médecine faites pendant l'année 1865. (*Les Chirurgiens érudits,* par M. Verneuil. — *Gui de Chauliac,* par M. Follin. — *Celse,* par M. Broca. — *Wurtzius,* par M. Trélat. — *Riolan,* par M. Le Fort. — *Levret,* par M. Tarnier. — *Harvey,* par M. Béclard. — *Stahl,* par M. Lasègue. — *Jenner,* par M. Lorain. — *Jean de Vier et les sorciers,* par M. Axenfeld. — *Laennec,* par M. Chauffard. — *Sylvius,* par M. Gubler. — *Stoll,* par M. Parrot.) 1 vol. in-8. 6 fr.

COQUEREL (Charles). **Lettres d'un marin à sa famille.** 1870, 1 vol. in-18.   **3 fr. 50**

COQUEREL (Athanase). Voyez *Bibliothèque de philosophie contemporaine.*

COQUEREL fils (Athanase). **Libres études** (religion, critique, histoire, beaux-arts). 1867, 1 vol. in-8.   **5 fr.**

COQUEREL fils (Athanase). **Pourquoi la France n'est-elle pas protestante ?** Discours prononcé à Neuilly le 1ᵉʳ novembre 1866. 2ᵉ édition, in-8.   **1 fr.**

COQUEREL fils (Athanase). **La charité sans peur,** sermon en faveur des victimes des inondations, prêché à Paris le 18 novembre 1866. In-8.   **75 c.**

COQUEREL fils (Athanase). **Évangile et liberté,** discours d'ouverture des prédications protestantes libérales, prononcé le 8 avril 1868. In-8.   50 c.

COQUEREL.fils (Athanase). **De l'éducation des filles,** réponse à Mgr l'évêque d'Orléans, discours prononcé le 3 mai 1868. In-8.
                                                                                 1 fr.

CORLIEU. **La mort des rois de France** depuis François Ier jusqu'à la Révolution française, 1 vol. in-18 en caractères elzéviriens, 1874.   3 fr. 50

Conférences de la Porte-Saint-Martin pendant le siége de Paris. Discours de MM. *Desmarets* et *de Pressensé.* — Discours de M. *Coquerel,* sur les moyens de faire durer la République. — Discours de M. *Le Berquier,* sur la Commune. — Discours de M. *E. Bersier,* sur la Commune. — Discours de M. *H. Cernuschi,* sur la Légion d'honneur. In-8.   1 fr. 25

CORNIL. **Leçons élémentaires d'hygiène,** rédigées pour l'enseignement des lycées d'après le programme de l'Académie de médecine. 1873, 1 vol. in-18 avec figures intercalées dans.le texte.   2 fr. 50

Sir G. CORNEWALL LEWIS. **Histoire gouvernementale de l'Angleterre de 1770 jusqu'à 1830,** trad. de l'anglais et précédée de la vie de l'auteur, par M. Mervoyer. 1867, 1 vol. in-8 de la *Bibliothèque d'histoire contemporaine.*   7 fr.

Sir G. CORNEWALL LEWIS. **Quelle est la meilleure forme de gouvernement?** Ouvrage traduit de l'anglais; précédé d'une Étude sur la vie et les travaux de l'auteur, par M. Mervoyer, docteur ès lettres. 1867, 1 vol. in-8.   3 fr. 50

DAMIRON. **Mémoires pour servir à l'histoire de la philosophie au XVIIIe siècle.** 3 vol. in-8.   12 fr.

DELAVILLE. **Cours pratique d'arboriculture fruitière** pour la région du nord de la France, avec 269 fig. In-8.   6 fr.

DELEUZE. **Instruction pratique sur le magnétisme animal,** précédée d'une Notice sur la vie de l'auteur. 1853. 1 vol. in-12.   3 fr. 50

DELORD (Taxile). **Histoire du second empire. 1848-1870.**
     1869. Tome Ier, 1 fort vol. in-8.   7 fr.
     1870. Tome II, 1 fort vol. in-8.   7 fr.
     1873. Tome III, 1 fort vol. in-8.   7 fr.
     1874. Tome IV, 1 fort vol. in-8.   7 fr.
     1874. Tome V, 1 fort vol. in-8.   7 fr.
     1875. Tome VI et dernier. 1 fort vol. in-8.   7 fr.

DENFERT (colonel). **Des droits politiques des militaires.** 1874, in-8.   75 c.

DOLLFUS (Charles). **De la nature humaine.** 1868, 1 vol. in-8.   5 fr.

DOLLFUS (Charles). **Lettres philosophiques.** 3e édition. 1869, 1 vol. in-18.   3 fr. 50

DOLLFUS (Charles). **Considérations sur l'histoire.** Le monde antique. 1872, 1 vol. in-8.   7 fr. 50

DUGALD-STEVART. **Éléments de la philosophie de l'esprit humain**, traduit de l'anglais par Louis Peisse, 3 vol. in-12.
9 fr.

DU POTET. **Manuel de l'étudiant magnétiseur.** Nouvelle édition. 1868, 1 vol. in-18. 3 fr. 50

DU POTET. **Traité complet de magnétisme**, cours en douze leçons. 1856, 3° édition, 1 vol. de 634 pages. 7 fr.

DUPUY (Paul). **Études politiques**, 1874. 1 v. in-8 de 236 pages.
3 fr. 50

DUVAL-JOUVE. **Traité de Logique**, ou essai sur la théorie de la science, 1855. 1 vol. in-8. 6 fr.

Éléments de science sociale. Religion physique, sexuelle et naturelle, ouvrage traduit sur la 7° édition anglaise. 1 fort vol. in-18, cartonné. 4 fr.

ÉLIPHAS LÉVI. **Dogme et rituel de la haute magie.** 1861, 2° édit., 2 vol. in-8, avec 24 fig. 18 fr.

ÉLIPHAS LÉVI. **Histoire de la magie**, avec une exposition claire et précise de ses procédés, de ses rites et de ses mystères. 1860, 1 vol. in-8, avec 90 fig. 12 fr.

ÉLIPHAS LÉVI. **La science des esprits**, révélation du dogme secret des Kabbalistes, esprit occulte de l'Évangile, appréciation des doctrines et des phénomènes spirites. 1865, 1 v. in-8. 7 fr.

FAU. **Anatomie des formes du corps humain**, à l'usage des peintres et des sculpteurs. 1866, 1 vol. in-8 et atlas de 25 planches. 2° édition. Prix, fig. noires. 20 fr.
Prix, figures coloriées. 35 fr.

FERRON (de). **Théorie du progrès** (Histoire de l'idée du progrès. — Vico. — Herder. — Turgot. — Condorcet. — Saint-Simon. — Réfutation du césarisme). 1867, 2 vol. in-18. 7 fr.

FERRON (de). **La question des deux Chambres.** 1872, in-8 de 45 pages. 1 fr.

EM. FERRIÈRE. **Le darwinisme.** 1872, 1 vol. in-18. 4 fr. 50

FICHTE. **Méthode pour arriver à la vie bienheureuse**, traduit par Francisque Bouiller. 1 vol. in-8. 8 fr.

FICHTE. **Destination du savant et de l'homme de lettres**, traduit par M. Nicolas. 1 vol. in-8. 3 fr.

FICHTE. **Doctrines de la science.** Principes fondamentaux de la science de la connaissance, trad. par Grimblot. 1 vol. in-8.
9 fr.

FLEURY (Amédée). **Saint Paul et Sénèque**, recherches sur les rapports du philosophe avec l'apôtre et sur l'infiltration du christianisme naissant à travers le paganisme. 2 vol. in-8. 15 fr.

FOUCHER DE CAREIL. **Leibniz, Descartes, Spinoza.** In-8.
4 fr.

FOUCHER DE CAREIL. **Lettres et opuscules de Leibniz.** 1 vol. in-8. 3 fr. 50

FOUCHER DE CAREIL. **Leibniz et Pierre le Grand.** 1 vol. in-8. 1874. 2 fr.

FOUILLÉE (Alfred). **La philosophie de Socrate.** 2 vol. in-8.
16 fr.

FOUILLÉE (Alfred). **La philosophie de Platon.** 2 vol. in-8.
16 fr.

FOUILLÉE (Alfred). **La liberté et le déterminisme.** 1 fort vol.
in-8.
7 fr. 50

FOUILLÉE (Alfred). **Platonis hippias minor sive Socratica.**
1 vol. in-8.
2 fr.

FRIBOURG. **Du paupérisme parisien,** de ses progrès depuis
vingt-cinq ans.
1 fr. 25

HAMILTON (William). **Fragments de Philosophie,** traduits de
l'anglais par Louis Peisse.
7 fr. 50

HÉGEL. Voy. p. 13.

HERZEN. **Œuvres complètes.** Tome Ier. *Récits et nouvelles.*
1874, 1 vol. in-18.
3 fr. 50

HERZEN. **De l'autre Rive.** 4e édition, traduit du russe par
M. Herzen fils. 1 vol. in-18.
3 fr. 50

HERZEN. **Lettres de France et d'Italie.** 1871, in-18. 3 fr. 50

HUMBOLDT (G. de). **Essai sur les limites de l'action de
l'État,** traduit de l'allemand, et précédé d'une Étude sur la vie
et les travaux de l'auteur, par M. Chrétien, docteur en droit.
1867, in-18.
3 fr. 50

ISSAURAT. **Moments perdus de Pierre-Jean,** observations,
pensées, rêveries antipolitiques, antimorales, antiphilosophiques,
antimétaphysiques, anti tout ce qu'on voudra. 1868, 1 v. in-18. 3 fr.

ISSAURAT. **Les alarmes d'un père de famille,** suscitées,
expliquées, justifiées et confirmées par lesdits faits et gestes de
Mgr. Dupanloup et autres. 1868, in-8.
1 fr.

JANET (Paul). **Histoire de la science politique** dans ses rapports avec la morale. 2 vol. in-8.
20 fr.

JANET (Paul). **Études sur la dialectique** dans Platon et dans
Hegel. 1 vol. in-8.
6 fr.

JANET (Paul). **Œuvres philosophiques de Leibniz.** 2 vol.
in-8.
16 fr.

JANET (Paul). **Essai sur le médiateur plastique de Cud-
worth.** 1 vol. in-8.
6 fr.

KANT. **Critique de la raison pure,** précédé d'une préface par
M. Jules BARNI. 1870, 2 vol. in-8.
16 fr.

KANT. **Critique de la raison pure,** traduit par M. Tissot.
2 vol. in-8.
16 fr.

KANT. **Éléments métaphysiques de la doctrine du droit,**
suivis d'un Essai philosophique sur la paix perpétuelle, traduits
de l'allemand par M. Jules BARNI. 1854, 1 vol. in-8. 8 fr.

KANT. **Principes métaphysiques du droit** suivi du *projet de
paix perpétuelle;* traduction par M. Tissot. 1 vol. in-8. 8 fr.

KANT. **Éléments métaphysiques de la doctrine de la vertu**, suivi d'un Traité de pédagogie, etc. ; traduit de l'allemand par M. Jules Barni, avec une introduction analytique. 1855, 1 vol. in-8.   8 fr.

KANT. **Principes métaphysiques de la morale**, augmenté des *fondements de la métaphysique des mœurs*, traduction par M. Tissot. 1 vol. in-8.   8 fr.

KANT. **La religion dans les limites de la raison**, traduit de l'allemand par J. Trullard. 1 vol. in-8.   7 f. 50

KANT. **La logique**, traduction de M. Tissot. 1 vol. in-4.   4 fr.

KANT. **Mélanges de logique**, traduction par M. Tissot, 1 vol. in-8.   6 fr.

KANT. **Prolégomènes à toute métaphysique future** qui se présentera comme science, traduction de M. Tissot, 1 vol. in-8.   6 fr.

KANT. **Anthropologie**, suivie de divers fragments relatifs aux rapports du physique et du moral de l'homme et du commerce des esprits d'un monde à l'autre, traduction par M. Tissot. 1 vol. in-8.   6 fr.

KANT. **Examen de la critique de la raison pratique**, traduit par J. Barni. 1 vol. in-8.   6 fr.

KANT. **Éclaircissements sur la critique de la raison pure**, traduit par J. Tissot. 1 vol. in-8.   6 fr.

KANT. **Critique du jugement**, suivie des *observations sur les sentiments du beau et du sublime*, traduit par J. Barni. 2 vol. in-8.   12 fr.

KANT. **Critique de la raison pratique**, précédée des *fondements de la métaphysique des mœurs*, traduit par J. Barni. 1 vol. in-8.   6 fr.

LABORDE. **Les hommes et les actes de l'insurrection de Paris** devant la psychologie morbide. Lettres à M. le docteur Moreau (de Tours). 1 vol. in-18.   3 fr. 50

LACHELIER. **Le fondement de l'induction.**   3 fr. 50

LACHELIER. **De natura syllogismi** apud facultatem litterarum Parisiensem, hæc disputabat.   1 fr. 50

LACOMBE. **Mes droits.** 1869, 1 vol. in-12.   2 fr. 50

LAMBERT. **Hygiène de l'Égypte.** 1873. 1 vol. in-18.   2 fr. 50

LANGLOIS. **L'homme et la Révolution.** Huit études dédiées à P.-J. Proudhon. 1867, 2 vol. in-18.   7 fr.

LE BERQUIER. **Le barreau moderne.** 1871, 2e édition, 1 vol. in-18.   3 fr. 50

LE FORT. **La chirurgie militaire** et les Sociétés de secours en France et à l'étranger. 1873, 1 vol. gr. in-8, avec fig.   10 fr.

LE FORT. **Étude sur l'organisation de la Médecine** en France et à l'étranger. 1874, gr. in-8.   3 fr.

LEIBNIZ. **Œuvres philosophiques**, avec une Introduction et des notes par M. Paul Janet, 2 vol. in-8. 16 fr.

LITTRÉ. **Auguste Comte et Stuart Mill**, suivi de *Stuart Mill et la philosophie positive*, par M. G. Wyrouboff. 1867, in-8 de 86 pages. 2 fr.

LITTRÉ. **Application de la philosophie positive** au gouvernement des Sociétés. In-8. 3 fr. 50

LORAIN (P.). **Jenner et la vaccine.** Conférence historique. 1870, broch. in-8 de 48 pages. 1 fr. 50

LORAIN (P.). **L'assistance publique.** 1871, in-4 de 56 p. 1 fr.

LUBBOCK. **L'homme avant l'histoire**, étudié d'après les monuments et les costumes retrouvés dans les différents pays de l'Europe, suivi d'une Description comparée des mœurs des sauvages modernes, traduit de l'anglais par M. Ed. BARBIER, avec 156 figures intercalées dans le texte. 1867, 1 beau vol. in-8, prix broché. 15 fr.

> Relié en demi-maroquin avec nerfs. 18 fr.

LUBBOCK. **Les origines de la civilisation.** État primitif de l'homme et mœurs des sauvages modernes. 1873, 1 vol. grand in-8 avec figures et planches hors texte. Traduit de l'anglais par M. Ed. BARBIER. 15 fr.

> Relié en demi-maroquin avec nerfs. 18 fr.

MAGY. **De la science et de la nature**, essai de philosophie première. 1 vol. in-8. 6 fr.

MARAIS (Aug.). **Garibaldi et l'armée des Vosges.** 1872, 1 vol. in-18. 1 fr. 50

MAURY (Alfred). **Histoire des religions de la Grèce antique.** 3 vol. in-8. 24 fr.

MAX MULLER. **Amour allemand.** Traduit de l'allemand. 1 vol. in-18 imprimé en caractères elzéviriens. 3 fr. 50

MAZZINI. **Lettres à Daniel Stern** (1864-1872), avec une lettre autographiée. 1 v. in-18 imprimé en caractères elzéviriens. 3 fr. 50

MENIÈRE. **Cicéron médecin**, étude médico-littéraire. 1862, 1 vol. in-18. 4 fr. 50

MENIÈRE. **Les consultations de madame de Sévigné**, étude médico-littéraire. 1864, 1 vol. in-8. 3 fr.

MERVOYER. **Étude sur l'association des idées.** 1864, 1 vol. in-8. 6 fr.

MEUNIER (Victor). **La science et les savants.**
1re année, 1864. 1 vol. in-18. 3 fr. 50
2e année, 1865. 1er semestre, 1 vol. in-18. 3 fr. 50
2e année, 1865. 2e semestre, 1 vol. in-18. 3 fr. 50
3e année, 1866. 1 vol. in-18. 3 fr. 50
4e année, 1867. 1 vol. in-18. 3 fr. 50

MICHELET (J.). **Le Directoire et les origines des Bonaparte.** 1872, 1 vol. in-8.   6 fr.

MILSAND. **Les études classiques** et l'enseignement public.
1873, 1 vol. in-18.   3 fr. 50

MILSAND. **Le code et la liberté.** Liberté du mariage, liberté
des testaments. 1865, in-8.   2 fr.

MIRON. **De la séparation du temporel et du spirituel.**
1866, in-8.   3 fr. 50

MORER. **Projet d'organisation de collèges cantonaux,**
in-8 de 64 pages.   1 fr. 50

MORIN. **Du magnétisme et des sciences occultes.** 1860,
1 vol. in-8.   6 fr.

MUNARET. **Le médecin des villes et des campagnes.**
4º édition, 1862, 1 vol. grand in-18.   4 fr. 50

NAQUET (A.). **La république radicale.** 1873, 1 vol. in-18.
                                                              3 fr. 50

NOURRISSON. **Essai sur la philosophie de Bossuet.** 1 vol.
in-8.   4 fr.

OGER. **Les Bonaparte** et les frontières de la France. In-18.
                                                               50 c.

OGER. **La République.** 1871, brochure in-8.   50 c.

OLLÉ-LAPRUNE. **La philosophie de Malebranche.** 2 vol. in-8.
                                                               16 fr.

PARIS (comte de). **Les associations ouvrières en Angleterre** (trades-unions). 1869, 1 vol. gr. in-8.   2 fr. 50
   Édition sur papier de Chine : broché.   12 fr.
   ———   reliure de luxe.   20 fr.

PUISSANT (Adolphe). **Erreurs et préjugés populaires.** 1873,
1 vol. in-18.   3 fr. 50

REYMOND (William). **Histoire de l'art.** 1874, 1 vol. in-8.
                                                                5 fr.

RIBOT (Paul). **Matérialisme et spiritualisme.** 1873, in-8.
                                                                6 fr.

RIBOT (Th.) **La psychologie anglaise contemporaine** (James
Mill, Stuart Mill, Herbert Spencer, A. Bain, G. Lewes, S. Bailey,
J.-D. Morell, J. Murphy). 1870, 1 vol. in-18.   3 fr 50

RIBOT (Th.). **De l'hérédité.** 1873, 1 vol. in-8.   10 fr.

RITTER (Henri). **Histoire de la philosophie moderne,** traduction française précédée d'une introduction par P. Challemel-
Lacour. 3 vol. in-8.   20 fr.

RITTER (Henri). **Histoire de la philosophie chrétienne**, trad. par M. J. Trullard. 2 forts vol. 15 fr.

RITTER (Henri). **Histoire de la philosophie ancienne**, trad. par Tissot. 4 vol. 30 fr.

SAINT-MARC GIRARDIN. **La chute du second Empire.** In-4. 4 fr. 50

SALETTA. **Principe de logique positive,** ou traité de scepticisme positif. Première partie (de la connaissance en général). 1 vol. gr. in-8. 3 fr. 50

SARCHI. **Examen de la doctrine de Kant.** 1872, gr. in-8. 4 fr.

SCHELLING. **Écrits philosophiques** et morceaux propres à donner une idée de son système, traduit par Ch. Bénard. In-8. 9 fr.

SCHELLING. **Bruno** ou du principe divin, trad. par Husson. 1 vol. in-8. 3 fr. 50

SCHELLING. **Idéalisme trancendantal,** traduit par Grimblot. 1 vol. in-8. 7 fr. 50

SIÈREBOIS. **Autopsie de l'âme.** Identité du matérialisme et du vrai spiritualisme. 2º édit. 1873, 1 vol. in-18. 2 fr. 50

SIÈREBOIS. **La morale** fouillée dans ses fondements. Essai d'anthropodicée. 1867, 1 vol. in-8. 6 fr.

SOREL (ALBERT). **Le traité de Paris du 20 novembre 1815.** Leçons professées à l'École libre des sciences politiques par M. Albert SOREL, professeur d'histoire diplomatique. 1873, 1 vol. in-8. 4 fr. 50

SPENCER (HERBERT). Voyez p. 3.

STUART MILL. Voyez page 3.

THULIÉ. **La folie et la loi.** 1867, 2ᵉ édit., 1 vol. in-8. 3 fr. 50

THULIÉ. **La manie raisonnante du docteur Campagne.** 1870, broch. in-8 de 132 pages. 2 fr.

TIBERGHIEN. **Les commandements de l'humanité.** 1872, 1 vol. in-18. 3 fr.

TIBERGHIEN. **Enseignement et philosophie.** 1873, 1 vol. in-18. 4 fr.

TISSOT. Voyez KANT.

TISSOT. **Principes de morale,** leur caractère rationnel et universel, leur application. Ouvrage couronné par l'Institut. 1 vol. in-8. 6 fr.

VACHEROT. **Histoire de l'école d'Alexandrie.** 3 vol. in-8.
24 fr.

VALETTE. **Cours de Code civil** professé à la Faculté de droit de Paris. Tome I, première année (Titre préliminaire — Livre premier). 1873, 1 fort vol. in-18.
8 fr.

VALMONT. **L'espion prussien.** 1872, roman traduit de l'anglais. 1 vol. in-18.
3 fr. 50

VÉRA. **Strauss. L'ancienne et la nouvelle foi.** 1873, in-8.
6 fr.

VÉRA. **Cavour et l'Église libre dans l'État libre,** 1874, in-8.
3 fr. 50

VÉRA. **Traduction de Hégel.** Voy. le catalogue complet.

VILLIAUMÉ. **La politique moderne,** traité complet de politique. 1873, 1 beau vol. in-8.
6 fr.

WEBER. **Histoire de la philosophie européenne.** 1871, 1 vol. in-8.
10 fr.

L'Europe orientale. Son état présent, sa réorganisation, avec deux tableaux ethnographiques, 1873. 1 vol. in-18.
3 fr. 50

Le Pays Jougo-Slave (Croatie-Serbie). Son état physique et politique, 1874. in-18.
3 fr. 50

L'armée d'Henri V. — Les bourgeois gentilshommes de 1871. 1 vol. in-18.
3 fr. 50

L'armée d'Henri V. — Les bourgeois gentilshommes, types nouveaux et inédits. 1 vol. in-18.
2 fr. 50

L'armée d'Henri V. — L'arrière-ban de l'ordre moral. 1874, 1 vol. in-18.
3 fr. 50

Annales de l'Assemblée nationale. Compte rendu *in extenso* des séances, annexes, rapports, projets de loi, propositions, etc. Prix de chaque volume.
15 fr.
Trente volumes sont en vente.

Loi de recrutement des armées de terre et de mer, promulguée le 16 août 1872. Compte rendu *in extenso* des trois délibérations. — Lois des 10 mars 1818, 21 mars 1832, 21 avril 1855, 1er février 1868. 1 vol. gr. in-4 à 3 colonnes.
12 fr.

Administration départementale et communale. Lois, décrets, jurisprudence (conseil d'État, cour de cassation, décisions et circulaires ministérielles). in-4.
8 fr.

RAPPORTS SE VENDANT SÉPARÉMENT

DE BESSÉGUIER.   Les événements de Toulouse sous le Gouvernement de la
Défense nationale. In-4.   2 fr. 50
SAINT-MARC GIRARDIN. — La chute du second Empire. In-4.   4 fr. 50
DE SUGNY. — Les événements de Marseille sous le Gouvernement de la Défense
nationale. In-4. —   10 fr.
DE SUGNY. — Les événements de Lyon sous le Gouvernement de la Défense
nationale. In-4.   7 fr.
DARU. — La politique du Gouvernement de la Défense nationale à Paris. In-4.
                                                                 15 fr.
CHAPER. — Examen au point de vue militaire des actes du Gouvernement de
la Défense à Paris. In-4.   15 fr.
CHAPER. — Les procès-verbaux des séances du Gouvernement de la Défense na-
tionale. In-4.   5 fr.
BOREAU-LAJANADIE. — L'emprunt Morgan. In-4.   4 fr. 50
DE LA BORDERIE. — Le camp de Conlie et l'armée de Bretagne. in-4.   10 fr.
DE LA SICOTIÈRE. — L'affaire de Dreux. In-4.   2 fr. 50

ENQUÊTE PARLEMENTAIRE

SUR

L'INSURRECTION DU 18 MARS

édition contenant *in-extenso* les trois volumes distribués à l'Assemblée nationale.

1° RAPPORTS. Rapport général de M. Martial Delpit. Rapports de MM. *de Meaux*,
sur les mouvements insurrectionnels en province ; *de Massy*, sur le mouvement insurrectionnel à Marseille ; *Meplain*, sur le mouvement insurrectionnel à Toulouse ;
de Chamaillard, sur les mouvements insurrectionnels à Bordeaux et à Tours ; *Delille*,
sur le mouvement insurrectionnel à Limoges ; *Vacherot*, sur le rôle des municipalités ;
Ducarre, sur le rôle de l'Internationale ; *Boreau-Lajanadie*, sur le rôle de la presse
révolutionnaire à Paris ; *de Cumont*, sur le rôle de la presse révolutionnaire en province ; *de Saint-Pierre*, sur la garde nationale de Paris pendant l'insurrection ; *de
Larochetheulon*, sur l'armée et la garde nationale de Paris avant le 18 mars. — Rapports de MM. *les premiers présidents de Cour d'appel* d'Agen, d'Aix, d'Amiens, de
Bordeaux, de Bourges, de Chambéry, de Douai, de Nancy, de Pau, de Rennes, de
Riom, de Rouen, de Toulouse. — Rapports de MM. les *préfets* de l'Ardèche, des
Ardennes, de l'Aude, du Gers, de l'Isère, de la Haute-Loire, du Loiret, de la Nièvre,
du Nord, des Pyrénées-Orientales, de la Sarthe, de Seine-et-Marne, de Seine-et-Oise,
de la Seine-Inférieure, de Vaucluse. — Rapports de MM. les chefs de légion de gen-
darmerie.

2° DÉPOSITIONS de MM. Thiers, maréchal Mac-Mahon, général Trochu, J. Favre,
Ernest Picard, J. Ferry, général Le Flô, général Vinoy, Choppin, Cresson, Leblond,
Edmond Adam, Metteval, Hervé, Bethmont, Ansart, Marseille, Claude, Lagrange,
Macé, Nusse, Mouton, Garcin, colonel Lambert, colonel Gaillard, général Appert,
Gerspach, Barral de Montaud, comte de Mun, Floquet, général Cremer, amiral
Saisset, Schœlcher, Tirard, Dubail, Denormandie, Vantrain, François Favre, Bellnigne,
Vacherot, Degouve-Denuncque, Desmarest, colonel Montaigu, colonel Ibos, général
d'Aurelle de Paladines, Roger du Nord, Baudouin de Mortemart, Lavigne, Ossude,
Ducros, Turquet, de Plœuc, amiral Pothuau, colonel Langlois, Luening, Danet,
colonel Le Mains, colonel Vabre, Héligon, Tolain, Fribourg, Dunoyer, Testu, Corbon,
Ducarre.

3° PIÈCES JUSTIFICATIVES. Déposition de M. le général Ducrot. Procès-verbaux
du Comité central, du Comité de salut public, de l'Internationale, de la délégation des
vingt arrondissements, de l'Alliance républicaine, de la Commune. — Lettre du
prince Czartoryski sur les Polonais. — Réclamations et errata.

**Édition populaire contenant *in extenso* les trois volumes distribués
aux membres de l'Assemblée nationale.**

Prix : **16** francs.

COLLECTION ELZÉVIRIENNE

Lettres de Joseph Mazzini à Daniel Stern (1864-1872), avec une lettre autographiée. — 3 fr. 50

Amour allemand, par MAX MULLER, traduit de l'allemand. 1 vol. in-18. — 3 fr. 50

La mort des rois de France depuis François 1er jusqu'à la Révolution française, études médicales et historiques, par M. le docteur CORLIEU, 1 vol. in-18. — 3 fr. 50

Libre examen, par LOUIS VIARDOT. 1 vol. in-18. — 3 fr. 50

L'Algérie, impressions de voyage, par M. CLAMAGERAN. 1 vol. in-18. — 3 fr. 50

La République de 1848, par J. STUART MILL, traduit de l'anglais par M. SADI CARNOT, 1 vol. in-18. — 3 fr. 50

BIBLIOTHÈQUE POPULAIRE

Napoléon Ier, par M. Jules BARNI, membre de l'Assemblée nationale. 1 vol. in-18. — 1 fr.

Manuel républicain, par M. Jules BARNI, membre de l'Assemblée nationale. 1 vol. in-18. — 1 fr.

Garibaldi et l'armée des Vosges, par M. Aug. MARAIS. 1 vol. in-18. — 1 fr. 50

Le paupérisme parisien, ses progrès depuis vingt-cinq ans, par E. FRIBOURG. — 1 fr. 25

ÉTUDES CONTEMPORAINES

Les bourgeois gentilshommes. — **L'armée d'Henri V**, par Adolphe BOUILLET. 1 vol. in-18. — 3 fr. 50

Les bourgeois gentilshommes. — **L'armée d'Henri V.** Types nouveaux et inédits, par A. BOUILLET. 1 v. in-18. 2 fr. 50

Les Bourgeois gentilshommes. — **L'armée d'Henri V.** L'arrière-ban de l'ordre moral, par A. Bouillet. 1 vol. in-18. — 3 fr. 50

L'espion prussien, roman anglais par V. VALMONT, traduit par M. J. DUBRISAY. 1 vol. in-18. — 3 fr. 50

La Commune et ses idées à travers l'histoire, par Edgar BOURLOTON et Edmond ROBERT. 1 vol. in-18. — 3 fr. 50

Du principe autoritaire et du principe rationnel, par M. Jean Chasseriau. 1873. 1 vol. in-18. — 3 fr. 50

La République radicale, par A. NAQUET, membre de l'Assemblée nationale. 1 vol. in-18. — 3 fr. 50

PUBLICATIONS

DE L'ÉCOLE LIBRE DES SCIENCES POLITIQUES

ALBERT SOREL. **Le traité de Paris du 20 novembre 1815.**
— I. Les cent-jours. — II. Les projets de démembrement. —
III. La sainte-alliance. Les traités du 20 novembre, par M. Albert
SOREL, professeur d'histoire diplomatique à l'École libre des
sciences politiques. 1 vol. in-8 de 153 pages. 4 fr. 50

RÉCENTES PUBLICATIONS SCIENTIFIQUES

AGASSIZ. **De l'espèce et des classifications en zoologie.**
1 vol. in-8. 5 fr.

ARCHIAC (D'). **Leçons sur la faune quaternaire,** professées
au Muséum d'histoire naturelle. 1865, 1 vol. in-8. 3 fr. 50

BAIN. **Les sens et l'intelligence,** trad. de l'anglais, 1874
1 vol. in-8. 10 fr.

BAGEHOT. **Lois scientifiques du développement des nations.** 1873, 1 vol. in-4, cartonné. 6 fr.

BÉRAUD (B.-J.). **Atlas complet d'anatomie chirurgicale
topographique,** pouvant servir de complément à tous les ouvrages d'anatomie chirurgicale, composé de 109 planches représentant plus de 200 gravures dessinées d'après nature par
M. Bion, et avec texte explicatif. 1865, 1 fort vol. in-4.

  Prix : fig. noires, relié. 60 fr.
  — fig. coloriées, relié. 120 fr.

Ce bel ouvrage, auquel on a travaillé pendant sept ans, est le
plus complet qui ait été publié sur ce sujet. Toutes les pièces dis-
séquées dans l'amphithéâtre des hôpitaux ont été reproduites
d'après nature par M. Bion, et ensuite gravées sur acier par les
meilleurs artistes. Après l'explication de chaque planche, l'auteur
a ajouté les applications à la pathologie chirurgicale, à la médecine
opératoire, se rapportant à la région représentée.

BERNARD (Claude). **Leçons sur les propriétés des tissus vivants** faites à la Sorbonne, rédigées par Emile ALGLAVE, avec 94 fig. dans le texte. 1866, 1 vol. in-8.	8 fr.

BLANCHARD. **Les Métamorphoses, les Mœurs et les Instincts des insectes,** par M. Emile Blanchard, de l'Institut, professeur au Muséum d'histoire naturelle. 1868, 1 magnifique volume in-8 jésus, avec 160 figures intercalées dans le texte et 40 grandes planches hors texte. Prix, broché.	30 fr.
   Relié en demi-maroquin.	35 fr.

BLANQUI. **L'éternité par les astres,** hypothèse astronomique, 1872, in-8.	2 fr.

BOCQUILLON. **Manuel d'histoire naturelle médicale.** 1871, 1 vol. in-18, avec 415 fig. dans le texte.	14 fr.

BOUCHARDAT. **Manuel de matière médicale,** de thérapeutique comparée et de pharmacie. 1873, 5ᵉ édition, 2 vol. gr. in-18.	16 fr.

BOUCHUT. **Histoire de la médecine et des doctrines médicales.** 1873, 2 vol. in-8.	16 fr.

BUCHNER (Louis). **Science et Nature,** traduit de l'allemand par A. Delondre. 1866, 2 vol. in-18 de la *Bibliothèque de philosophie contemporaine.*	5 fr.

CLÉMENCEAU. **De la génération des éléments anatomiques,** précédé d'une Introduction par M. le professeur Robin. 1867, in-8.	5 fr.

Conférences historiques de la Faculté de médecine faites pendant l'année 1865 (*les Chirurgiens érudits,* par M. Verneuil.—*Guy de Chauliac,* par M. Follin.—*Celse,* par M. Broca. — *Wurtzius,* par M. Trélat. — *Rioland,* par M. Le Fort.— *Leuret,* par M. Tarnier. — *Harvey,* par M. Béclard. — *Stahl,* par M. Lasègue. — *Jenner,* par M. Lorain. — *Jean de Vier,* par M. Axenfeld. — *Laennec,* par M. Chauffard. — *Sylvius,* par M. Gubler. — *Stoll,* par M. Parot). 1 vol. in-8.	6 fr.

DELVAILLE. **Lettres médicales sur l'Angleterre.** 1874, in-8.	1 fr. 50

DUMONT (L.-A.). **Hæckel et la théorie de l'évolution en Allemagne.** 1873, 1 vol. in-18.	2 fr. 50

DURAND (de Gros). **Essais de physiologie philosophique.** 1866, 1 vol. in-8.	8 fr.

DURAND (de Gros). **Ontologie** et psychologie physiologique. Études critiques. 1871, 1 vol. in-18.	3 fr. 50

DURAND (de Gros). **Origines animales de l'homme,** éclairées par la physiologie et l'anatomie comparative. Grand in-8, 1871, avec fig. 5 fr.

DURAND-FARDEL. **Traité thérapeutique des eaux minérales** de la France, de l'étranger et de leur emploi dans les maladies chroniques. 2ᵉ édition, 1 vol. in-8 de 780 p. avec cartes coloriées. 9 fr.

FAIVRE. **De la variabilité de l'espèce.** 1868, 1 vol. in-18 de la *Bibliothèque de philosophie contemporaine.* 2 fr. 50

FAU. **Anatomie des formes du corps humain,** à l'usage des peintres et des sculpteurs. 1866, 1 vol. in-8 avec atlas in-folio de 25 planches.

    Prix : fig. noires. 20 fr.

    — fig. coloriées. 35 fr.

W. DE FONVIELLE. **L'Astronomie moderne.** 1869, 1 vol. de la *Bibliothèque de philosophie contemporaine.* 2 fr. 50

GARNIER. **Dictionnaire annuel des progrès des sciences et institutions médicales,** suite et complément de tous les dictionnaires. 1 vol. in-12 de 600 pages. 7 fr.

GRÉHANT. **Manuel de physique médicale.** 1869, 1 volume in-18, avec 469 figures dans le texte. 7 fr.

GRÉHANT. **Tableaux d'analyse chimique** conduisant à la détermination de la base et de l'acide d'un sel inorganique isolé, avec les couleurs caractéristiques des précipités. 1862, in-4, cart. 3 fr. 50

GRIMAUX. **Chimie organique élémentaire,** leçons professées à la Faculté de médecine. 1872, 1 vol. in-18 avec figures. 4 fr. 50

GRIMAUX. **Chimie inorganique élémentaire.** Leçons professées à la Faculté de médecine, 1874, 1 vol. in-8 avec fig. 5 fr.

GROVE. **Corrélation des forces physiques,** traduit par M. l'abbé Moigno, avec des notes par M. Séguin aîné. 1 vol. in-8. 7 fr. 50

HERZEN. **Physiologie de la Volonté,** 1874. 1 vol. de la *Bibliothèque de Philosophie contemporaine.* 2 fr. 50

JAMAIN. **Nouveau Traité élémentaire d'anatomie descriptive et de préparations anatomiques.** 3ᵉ édition, 1867, 1 vol. grand in-18 de 900 pages, avec 223 fig. intercalées dans le texte. 12 fr.

JANET (Paul). **Le Cerveau et la Pensée.** 1867, 1 vol. in-18 de la *Bibliothèque de philosophie contemporaine.* 2 fr. 50

LAUGEL. **Les Problèmes** (problèmes de la nature, problèmes de la vie, problèmes de l'âme), 1873, 2ᵉ édition, 1 fort vol. in-8. 7 fr. 50

LAUGEL. **La Voix, l'Oreille et la Musique.** 1 vol. in-18 de la *Bibliothèque de philosophie contemporaine.* 2 fr. 50

LAUGEL. **L'Optique et les Arts.** 1 vol. in-18 de la *Bibliothèque de philosophie contemporaine.* 2 fr. 50

LE FORT. **La chirurgie militaire** et les sociétés de secours en France et à l'étranger. 1873, 1 vol. gr. in-8 avec figures dans le texte. 10 fr.

LEMOINE (Albert). **Le Vitalisme et l'Animisme de Stahl.** 1864, 1 vol. in-18 de la *Bibliothèque de philosophie contemporaine.* 2 fr. 50

LEMOINE (Albert). **De la physionomie et de la parole.** 1865. 1 vol. in-18 de la *Bibliothèque de philosophie contemporaine.* 2 fr. 50

LEYDIG. **Traité d'histologie comparée de l'homme et des animaux**, traduit de l'allemand par M. le docteur LAHILLONNE. 1 fort vol. in-8 avec 200 figures dans le texte. 1866. 15 fr.

LONGET. **Traité de physiologie.** 3ᵉ édition, 1873, 3 vol. gr. in-8. 36 fr.

LONGET. **Tableaux de Physiologie.** Mouvement circulaire de la matière dans les trois règnes, avec figures. 2ᵉ édition, 1874, 7 fr.

LUBBOCK. **L'Homme avant l'histoire**, étudié d'après les monuments et les costumes retrouvés dans les différents pays de l'Europe, suivi d'une description comparée des mœurs des sauvages modernes, traduit de l'anglais par M. Ed. BARBIER, avec 156 figures intercalées dans le texte. 1867. 1 beau vol. in-8, broché. 15 fr.
    Relié en demi-maroquin avec nerfs. 18 fr.

LUBBOCK. **Les origines de la civilisation**, état primitif de l'homme et mœurs des sauvages modernes, traduit de l'anglais sur la seconde édition. 1873, 1 vol. in-8 avec figures et planches hors texte. 15 fr.
    Relié en demi-maroquin. 18 fr.

MAREY. **Du mouvement dans les fonctions de la vie.** 1868, 1 vol. in-8, avec 200 figures dans le texte. 10 fr.

MAREY. **La machine animale**, 1873, 1 vol. in-8 avec 200 fig. cartonné à l'anglaise. 6 fr.

MOLESCHOTT (J.). **La Circulation de la vie**, Lettres sur la physiologie en réponse aux Lettres sur la chimie de Liebig, traduit de l'allemand par M. le docteur CAZELLES. 2 vol. in-18 de la *Bibliothèque de philosophie contemporaine.* 5 fr.

MUNARET. **Le médecin des villes et des campagnes,** 4ᵉ édition, 1862. 1 vol. gr. in-18.   4 fr. 50

ONIMUS. **De la théorie dynamique de la chaleur dans les sciences biologiques.** 1866.   3 fr.

QUATREFAGES (de). **Charles Darwin et ses précurseurs français.** Étude sur le transformisme. 1870, 1 vol. in-8. 5 fr.

RICHE. **Manuel de chimie médicale.** 1874, 2ᵉ édition, 1 vol. in-18 avec 200 fig. dans le texte.   8 fr.

ROBIN (Ch.). **Journal de l'anatomie et de la physiologie** normales et pathologiques de l'homme et des animaux, dirigé par M. le professeur Ch. Robin (de l'Institut), paraissant tous les deux mois par livraison de 7 feuilles gr. in-8 avec planches. Prix de l'abonnement, pour la France.   20 fr.

—   pour l'étranger.   24 fr.

ROISEL. **Les Atlantes.** 1874, 1 vol. in-8.   7 fr.

SAIGEY (Émile). **Les sciences au XVIIIᵉ siècle.** La physique de Voltaire. 1873, 1 vol. in-8.   5 fr.

SAIGEY (Émile). **La Physique moderne.** Essai sur l'unité des phénomènes naturels. 1868, 1 vol. in-18 de la *Bibliothèque de philosophie contemporaine.*   2 fr. 50

SCHIFF. **Leçons sur la physiologie de la digestion,** faites au Muséum d'histoire naturelle de Florence. 2 vol. gr. in-8.   20 fr.

SPENCER (Herbert). **Classification des sciences.** 1872, 1 vol. in-18.   2 fr. 50

SPENCER (Herbert). **Principes de psychologie,** trad. de l'anglais. Tome Iᵉʳ. 1 vol. in-8.   10 fr.

TAULE. **Notions sur la nature et les propriétés de la matière organisée.** 1866.   3 fr. 50

TYNDALL. **Les glaciers et les transformations de l'eau.** 1873, 1 vol. in-18 avec figures cartonné.   6 fr.

VULPIAN. **Leçons de physiologie générale et comparée du système nerveux,** faites au Muséum d'histoire naturelle, recueillies et rédigées par M. Ernest BRÉMOND. 1866, 1 fort vol. in-8.   10 fr.

VULPIAN. **Leçons sur l'appareil vaso-moteur** (physiologie et pathologie). 2 vol. in-8. 1875.   16 fr.

ZABOROWSKI. **De l'ancienneté de l'homme,** résumé populaire de la préhistoire. 1ʳᵉ partie. 1 vol. in-8.   3 fr. 50

— Deuxième partie. 1 vol. in-8.   5 fr. 50

PARIS. — IMPRIMERIE DE E. MARTINET, RUE MIGNON, 2

www.ingramcontent.com/pod-product-compliance
Ingram Content Group UK Ltd.
Pitfield, Milton Keynes, MK11 3LW, UK
UKHW021050150726
13693UKWH00007B/208